Reinhard Graf · Peter Schuler

Die Säuglingshüfte im Ultraschallbild: ein Atlas

2. Auflage

ISBN 3-8261-0014-X

Reinhard Graf · Peter Schuler

Die Säuglingshüfte im Ultraschallbild: ein Atlas

Zweite Auflage

Mit 685 Abbildungen

CHAPMAN & HALL
London · Glasgow · Weinheim · New York · Tokyo · Melbourne · Madras

Univ.-Prof. Dr. med. Reinhard Graf
Allgemeines und Orthopädisches
Landeskrankenhaus Stolzalpe
A-8852 Stolzalpe

Prof. Dr. med. Peter Schuler
Orthopädische Abteilung
Klinik St. Vincentius
Steinhäuser Straße 18
D-76135 Karlsruhe

Erste Auflage erschienen bei:

Die Deutsche Bibliothek – CIP-Einheitsaufnahme
Graf, Reinhard: Die Säuglingshüfte im Ultraschallbild : ein Atlas / Reinhard Graf ; Peter Schuler. – 2. Aufl. – London ; Glasgow ; Weinheim ; New York ; Tokyo ; Melbourne ; Madras : Chapman and Hall, 1995
ISBN 3-8261-0014-X
NE: Schuler, Peter:

Herstellerische Betreuung: PRO EDIT GmbH, D-69126 Heidelberg
Satz: Hagedornsatz GmbH, D-68519 Viernheim
Druck, Bindung: Appl OHG, D-86648 Wemding

Printed in the Federal Republic of Germany

Gedruckt auf säurefreiem Papier.

Vorwort zur 2. Auflage

Hüftreifungsstörungen gehören zu den häufigsten kongenitalen Fehlformen des Skelettsystems. Die Folgen einer nicht – oder zu spät erkannten Hüftreifungsstörung sind weitreichend und von großer Tragweite – nicht nur für den Betroffenen selbst und seiner Familie, sondern auch für das gesamte Sozialwesen. Nicht, oder zu spät, oder nicht adäquat diagnostizierte oder behandelte Hüftreifungsstörungen sind großteils für die präarthrotischen und arthrotischen Deformitäten des Hüftgelenkes verantwortlich. Große Anstrengungen wurden und werden weiterhin unternommen, um diese Erkrankung zu einem möglichst frühen Zeitpunkt zu diagnostizieren, weil, wie die letzten Jahre gezeigt haben, nur durch eine Frühestdiagnostik mit einer konsekutiv einsetzenden Frühesttherapie optimale Heilungschancen möglich sind.

Seit den Anfängen der Sonographie am Säuglingshüftgelenk ist mittlerweile mehr als ein Jahrzehnt verstrichen. Wie die Erfahrungen aus den Verlaufsbeobachtungen gezeigt haben, ist der Nutzen der Frühestdiagnose und der nun möglichen Frühestbehandlung von unschätzbarem Wert.

Erstaunlicherweise mußten die theoretischen Grundsätze der Hüftsonographie in diesem vergangenen Jahrzehnt im wesentlichen nicht geändert werden. Mit zunehmender Erfahrung durch viele Anwender wurde die Methode präziser, die Qualitätsstandards stiegen rapide. Hand in Hand mit dieser Entwicklung kam es auch zu einer Verbesserung der Gerätetechnik, einem verbesserten Auflösungsvermögen, Verbesserung der Meßtechnik und Standardisierung der Aufnahmetechnik. Durch den sprunghaften Anstieg der Zahl der in der Klinik und Praxis mit der Sonographie arbeitenden Kollegen stieg auch das Bedürfnis nach Informationsmaterial und leider auch die Fehlerzahl. Fehldiagnosen haben meist mehrere Ursachen: Zum einen kann die Hüftsonographie nicht aus einem Buch gelernt werden, sondern es bedarf einer intensiven Unterweisung und Schulung. Zum anderen müssen gewisse gerätetechnischen Spezifikationen eingehalten werden und sind bestimmte bildtechnische Standards und Landmarks Voraussetzungen für eine korrekte Diagnose. Trotz intensiver theoretischer und praktischer Ausbildung entstehen für die Anwender immer wieder Probleme bei der zu fordernden exakten und reproduzierbaren Standardebene und bei der Identifikation der anatomischen Strukturen. Nach der Erstauflage dieses Atlasses im Jahre 1985 waren wir der Meinung, mit der Erstausgabe die oben zitierten Probleme ausreichend diskutiert zu haben, so daß Neuauflagen nicht mehr notwendig sein würden. Leider hat die Erfahrung gezeigt, daß es unbedingt erforderlich ist, die Problematik neu zu diskutieren und sowohl den Anfängern als auch den Fortgeschrittenen ein Nachschlagewerk zur Verfügung zu stellen. Viel mehr als bei der ersten Auflage war es nun noch mehr unsere Intention bei der Erstellung dieses Atlasses, den sonographisch Tätigen ein Nachschlagewerk zur Verfügung zu stellen, mit dem er schnell bei seiner sonographischen Arbeit im diagnostischen Zweifelsfall seine Bilder überprüfen kann. Dem Anfänger soll der Atlas durch seinen systematischen Aufbau das gesamte derzeitige Wissen der Hüftsonographie anhand von typischen Bildern vermitteln. Bewußt wurde, so wie bei der Erstauflage, auf eine umfassende Zusammenstellung der theoretischen Grundlagen verzichtet. Entsprechend den gestiegenen Qualitätsansprüchen wurden gegenüber der Erstauflage viele Sonogramme ausgetauscht, aber auch einige minderer Qualität exemplarisch zum Vergleich belassen.

Die Autoren hoffen, daß dieser Atlas Ihre Arbeit mit der Hüftsonographie erleichtert und verbessert und daß er zum Wohle der uns anvertrauten kleinen Patienten beiträgt.

Stolzalpe und Karlsruhe, Frühjahr 1994

Reinhard Graf
Peter Schuler

Geleitwort zur 1. Auflage 1986

Die Orthopädie ist das Fachgebiet, das sich seit dem vergangenen Jahrhundert mit der wissenschaftlichen Untersuchung der Haltungs- und Bewegungsorgane intensiv befaßt. Darunter fallen insbesondere die Diagnose und Therapie der Hüftdysplasie, die mit einer Häufigkeit von etwa 5 % bei Neugeborenen die häufigste Störung überhaupt darstellt. Wegweisende Behandlungskonzepte wurden von A. Lorenz und F. Lange für die Therapie der anfangs als unbehandelbar geltenden Hüftluxation, die sich in etwa 0,2 % aus der Dysplasie entwickelt, aufgestellt. Anfang der 50er Jahre ging man von der komplizierten Gipsbehandlung mit ihrem nicht unerheblichen Anteil von Hüftkopfnekrosen zu unterschiedlichen funktionellen Therapieverfahren über. Biomechanische Grundlagenforschung und empirisch-therapeutische Erfahrungen haben den Erfolg in der Behandlung der Hüftdysplasie begründet. Demgegenüber blieb eine diagnostische Unsicherheit, die vor allem die ersten Monate nach der Geburt betraf. Die Röntgenuntersuchung kann bekanntlich verwertbare Aussagen erst dann liefern, wenn der Pfannenerker genügend ossifiziert ist, was in der Regel erst im 4. Lebensmonat der Fall ist. Damit verbleibt für die Zeit der knorpeligen Präformation des Pfannenerkers eine therapeutische Lücke, die mit mehr oder weniger sicheren diagnostischen Symptomen zu schließen versucht wurde. Das Bestreben der Orthopädie, ein diagnostisches Verfahren in der Hand zu haben, das auch die Frühveränderungen des Dysplasie exakt erfaßt, konnte lange nicht befriedigend gelöst werden, wenn man von der aufwendigen, invasiven Diagnostik der arthrographischen Darstellung der Hüftgelenke absieht.

Erst Grafs grundlegende Untersuchungen mit dem Ultraschall haben eine exakte Darstellung der knorpeligen Anlage des Hüftgelenkes geliefert und die Voraussetzungen geschaffen, die Dysplasiehüfte frühzeitig im Bild festzuhalten. Die nun möglich gewordene Frühestdiagnose und Frühestbehandlung sind für die Dysplasiehüfte von unschätzbarem Wert, wie auch die Untersuchungen durch meinen damaligen Mitarbeiter Schuler gezeigt haben.

Welche Bedeutung hat die Sonographie der Säuglingshüfte innerhalb von 7 Jahren erlangt? Sie kann als sichere Methode zur Frühestdiagnose der Hüftdysplasie herausgestellt werden, ohne einen invasiven Eingriff darzustellen. Sie ist ein entscheidender Faktor auf dem Weg, durch funktionelle Frühbehandlung eine anatomische Ausheilung der Hüftreifungsstörung zu erzielen. Es sollte allerdings nicht übersehen werden, daß diese neue Methode nur dann segensreich eingesetzt werden kann, wenn der, der sie betreibt, die Qualifikation für die Untersuchung und Behandlung des für den Menschen so wichtigen Hüftgelenkes besitzt. Mangelnde Kenntnis und Erfahrung führen nicht selten zu unklaren Befunden und damit zu fehlerhaften Diagnosen. Hier Abhilfe zu schaffen war das Ziel der Autoren bei der Zusammenstellung dieses Atlas. In einer umfassenden Darstellung wird jede sonographisch am Hüftgelenk erfaßbare Veränderung mit Bildern belegt und durch einen knapp gehaltenen Text beschrieben. Den Autoren wird es mit diesem Buch gelingen, dem Leser ihre große Erfahrung auf dem Gebiet der Hüftsonographie zu vermitteln. Alle mit der Hüftsonographie beschäftigten Kollegen werden dankbar dafür sein, daß in dem gut strukturierten und leicht lesbaren Werk auch auf Fehlermöglichkeiten bei der Darstellung und Interpretation eingegangen wird.

Karlsruhe, im November 1985

Graf und Schuler haben mit diesem Atlas ein grundlegendes Werk geschaffen, dem in Praxis und Klinik eine weite Verbreitung zu wünschen ist.

Karl Rossak

Danksagung

Unser besonderer Dank gilt unseren akademischen Lehrern und ehemaligen Chefs, Herrn Hofrat Univ.-Prof. Dr. H. Buchner, Herrn Prof. Dr. K. Rossak, Herrn Prof. Dr. med. O. Fettig sowie Herrn Prof. Dr. P. Griss.

Für die Zurverfügungstellung von Bildmaterial danken wir Herrn H. Merk, Magdeburg. Für die Bilddurchsicht, Korrektur sowie Beschaffung von neuen, verbesserndem Bildmaterial war uns Herr K. Lercher, Stolzalpe, eine unentbehrliche Hilfe.

Unsere Familien und Kinder bitten wir um Nachsicht für die nunmehr 15 Jahre, die wir mit der Hüftsonographie „vertan" haben. Ohne ihr Verständnis wäre die jahrelange, intensive Beschäftigung mit der Hüftsonographie nicht möglich gewesen.

Dem Verlag Chapman & Hall, insbesondere Frau Silvia Osteen, danken die Autoren für die Mühe und die hervorragende Ausstattung des Buches.

Reinhard Graf
Peter Schuler

Die Zeichnungen und Fotos stammen aus der Fotoabteilung des Landeskrankenhauses Stolzalpe (Herren A. Stöger, P. Wegwart), aus der Fotoabteilung des St.-Vincentius-Krankenhauses Karlsruhe (Herr Reinehr) sowie aus der Fotoabteilung des Klinikums der Philipps-Universität Marburg (Frau R. Junghans).

Inhalt

Mit freundlicher Genehmigung
von
Dr. Wilfrid Coenen, Orthopädie,
Villingen-Schwenningen

1 Problematik der Hüftsonographie

1.1 Allgemeines

Durch den rasanten technologischen Fortschritt hat die Hüftsonographie in den letzten Jahren eine stürmische Entwicklung erlebt. Die Anwendung des Ultraschalls zu diagnostischen Zwecken hat sich in wenigen Jahren, nicht zuletzt durch den Vorteil der Strahlenunschädlichkeit, zu einer nicht mehr wegzudenkenden Untersuchungsmethode entwickelt. Vor allem die Wiederholbarkeit ohne jegliche Strahlenbelastung macht sie auch für jene Teilgebiete der Medizin interessant, bei denen die Strahlenbelastung aufgrund der topographischen Gegebenheiten besonders gefürchtet wird. Neue Dimensionen in der Bildgebung werden durch verbesserte Auflösung, größere Eindringtiefe und variable dynamische Fokussierung bei der medizinisch-diagnostischen Anwendung eröffnet.

Mehr als die bisherigen bildgebenden Verfahren, die zur Abbildung der Säuglingshüfte herangezogen werden, verlangt aber die sonographische Schnittbildtechnik ein Höchstmaß an anatomischem Vorstellungsvermögen. Es müssen vom Untersucher nicht nur die Kenntnisse der normalen Anatomie verlangt werden, sondern auch beste Kenntnisse des patho-anatomischen Geschehens während des Luxationsvorganges. Neben diesen Grundvoraussetzungen ist eine qualifizierte Ausbildung in der Hüftsonographie unumgänglich notwendig.

1.2 Ausbildung in Hüftsonographie

Obwohl wir mit dem vorliegenden Atlas eine Lernhilfe zur Verfügung stellen, kann diese eine praktische Ausbildung nicht ersetzen. Es ist nicht möglich, ohne entsprechende Unterweisung durch Erfahrene die Technik der Hüftsonographie zu erlernen. Nicht genug kann vor dem Versuch, sich als Autodidakt die Methode anzueignen, gewarnt werden. Besonders die korrekte Aufnahmetechnik und Bildinterpretation und vor allem das Einzeichnen der Meßlinien zur Charakterisierung des Hüftsonogramms bedarf einer Unterweisung durch kundige Hand.

Nach übereinstimmender Auffassung sämtlicher mit der Hüftsonographie Vertrauten kann ein 3tägiger Grundkurs, gefolgt von einem 3tägigen Aufbaukurs, nur das Basiswissen vermitteln. Um die Kontinuität der Ausbildung zu wahren, sollten diese beiden Kursabschnitte ohne Unterbrechung absolviert werden. Nach diesem Basisprogramm ist es für den Neuling notwendig, eigene Erfahrungen mit der Hüftsonographie bei entsprechend großer Fallzahl zu sammeln. Die endgültige Qualitätssicherung sollte durch einen 2tägigen Abschlußkurs, bei dem sämtliche in der Zwischenzeit angefallenen Probleme in individuellen Gesprächen behandelt werden können, gewährleistet werden. Diese Ausbildung kann aber nur Einführung in das Thema, Abrundung der eigenen praktischen Erfahrungen und durch den Abschlußkurs die fachliche Rückkopplung mit dem Ausbilder geben und stellt ein Minimalprogramm dar. Kein verantwortungsbewußter Untersucher wird daher glauben, nach diesem Minimalprogramm in der Anwendung der Methode perfekt zu sein.

Insbesondere kommt bei der Hüftsonographie der Aspekt der dynamischen Untersuchung hinzu. Dies ist um so bemerkenswerter und kann nicht genug betont werden, da sich darin die Hüftsonographie grundsätzlich von der herkömmlichen statischen Röntgentechnik methodisch unterscheidet. Das alleinige sonographische Abbilden einer Hüfte muß als überholt, wenn nicht sogar als methodischer Irrtum ausgelegt werden.

Als Einführung in die Grundkenntnisse der Hüftsonographie sei auf die entsprechende Literatur verwiesen [5]. Der vorliegende Atlas soll durch sein reiches Bildmaterial das Einsehen in die verschiedenen sonographischen Hüfttypen und Verlaufskontrollen erleichtern. Er dient somit der Ergänzung schon vorhandenen Wissens und setzt bereits Grundkenntnisse der Hüftsonographie voraus.

2 Grundlagen der Hüftsonographie

2.1 Physikalische Grundlagen

Seit über 200 Jahren wird in der Medizin die Schallwelle zu diagnostischen Zwecken in Form der Perkussion benützt. In diesem Falle werden Frequenzbereiche benützt, die es ohne technischen Aufwand gestatten, Informationen aus dem Körperinneren mit Hilfe des Gehörs aufzunehmen. Hingegen ist der Schrei einer Fledermaus für das menschliche Ohr aufgrund seiner hohen Frequenz nicht hörbar. Diese Frequenzbereiche sind daher ohne technische Hilfsmittel für die menschlichen Sinnesorgane nicht wahrnehmbar.

Es werden nach internationalen Normen 3 Schallfrequenzbereiche definiert:

- **Infraschall**
  Dies sind Schallfrequenzen unterhalb der menschlichen Hörschwelle im Frequenzbereich unter 16 Hz.
- **Hörschall**
  Dies sind Schallfrequenzen zwischen 16 Hz und 20.000 Hz, die im Hörbereich des menschlichen Ohres liegen.
- **Ultraschall**
  Dies sind Schallfrequenzen über 20.000 Hz, welche oberhalb der menschlichen Hörgrenze liegen.

2.2 Spezielles Schallverhalten an der Säuglingshüfte

Beim Auftreffen der Ultraschallwellen an Grenzflächen mit verschiedenen akustischen Eigenschaften entsteht Reflexion. Diese wird auf dem Bildschirm als Punkt dargestellt, der um so kräftiger in seiner Echogenität ist, desto stärker die Reflexion erfolgt. Echos aus mittleren und tiefen Körperbereichen sind ohne zusätzliche künstliche Verstärkung schwächer als oberflächliche. Neben diesen allgemeinen Grundsätzen der Impulsechosonographie zeichnet sich die Hüfte durch spezielle Reflexionsmuster aus.

- Totale Reflexion erfolgt an den knöchernen Anteilen der Hüfte (knöchernes Pfannendach, Unterrand des Os ilium, knöcherner Anteil des koxalen Femurendes). Die Schallauslöschung hinter knöchernen Anteilen bezeichnet man als „Schallschatten".
- Der hyaline Knorpel ist echoarm oder echofrei. Alle hyalinknorpelig präformierten Strukturen, die sich als echoarme oder echofreie Zone sonographisch darstellen, werden als „Schallloch" bezeichnet.
- Das Labrum acetabulare ist aufgrund seiner faserknorpeligen Struktur echogen.
- Kollagenfaserige Gebilde (Gelenkkapsel, intermuskuläre Septen und Perichondrium) sind von starker Echogenität.
- Muskelgewebe erzeugt mittelstarke Reflexion.
- Die Beurteilung der histologischen Struktur im Bereich des knorpeligen Pfannendachs ist nur unter Hinzuziehung eines Referenzpunktes möglich [4, 5].

2.3 Gewebsschäden

Immer wieder wird die Frage nach möglichen Gewebsschäden bei der diagnostischen Ultraschallanwendung gestellt. Besonders interessant ist die Frage möglicher Gewebsschädigungen bei hohen Intensitätswerten und längerer zeitlicher Wirkung. Die heute zu diagnostischen Zwecken eingesetzten Ultraschallgeräte senden einen kurzen Ultraschallimpuls von einer Mikrosekunde Dauer in den Körper und schalten dann auf Empfang des Echos um. Das Verhältnis von Impulsdauer zu Sendepause beträgt 1 : 1000. Bei einer Untersuchungsdauer von 10 min werden lediglich über einen Zeitraum von 0,6 s Ultraschallwellen bestimmter Intensität abgestrahlt [2].

Nach genauen Untersuchungen wurde von der Weltgesundheitsorganisation in einem als sehr kritisch zu bewertenden Bericht zusammengefaßt, daß thermische, mechanische oder chemische Wirkungen und Chromosomenschäden bei im diagnostischen Bereich verwendetem Ultraschall in der Medizin zu keinen Schäden führen [6].

3 Prinzipielle Anforderungen an Untersucher und Untersuchungstechnik bei der sonographischen Exploration der Säuglingshüfte

Es muß grundsätzlich darauf hingewiesen werden, daß die Erstellung und Befundung des Hüftsonogramms, klinische Untersuchung und therapeutische Konsequenz eine funktionelle Einheit bilden und daher untrennbar miteinander verbunden sind.

Aus praktischen Gründen empfehlen wir, die notwendige klinische Untersuchung im Anschluß an die sonographische Abklärung der Hüfte durchzuführen. Die Säuglinge werden bei diesem Untersuchungsmodus durch die klinische Untersuchung nicht vorzeitig irritiert und liegen bei der sonographischen Untersuchung ruhiger. Nicht zuletzt hat der Untersucher die Möglichkeit, durch die nachträgliche klinische Abklärung bei bereits bekanntem, objektiviertem Hüftbefund seinen Tastbefund zu überprüfen, und kann so seine klinische Untersuchungstechnik verbessern.

3.1 Anforderungen an den Untersucher

- Gefordert wird nicht nur die exakte Einstellung der Meßebene, sondern auch die Einstellung der hinteren und vorderen Schnittebene. Nur unter diesen Bedingungen ist das tomogrammartige Durchmustern des tragenden Pfannendachbereichs möglich.

  Die Sonographie bietet die Möglichkeit, das Säuglingshüftgelenk tomogrammartig Schicht für Schicht zu scannern. Da sich aber, je nach topographischer und räumlicher Lage der Schnittebenen verschiedene anatomische Aspekte ergeben, ist es aus Gründen der Reproduzierbarkeit notwendig, sich auf eine standardisierte Ebene zu einigen. Aus bestimmten Gründen wurde daher eine Standardebene (= Meßebene) definiert. Es muß daher, um Hüftgelenke überhaupt sonographisch vergleichen zu können, unter allen Umständen diese Standardebene dargestellt werden. Darüber hinaus steht es natürlich jedem frei, sich durch andere Schnittebenen, die sich in Summa zu einem Gesamtgebilde zusammenfügen, einen Gesamteindruck der Überdachungsverhältnisse des Hüftkopfes zu verschaffen.
- Wie die Erfahrung bei der Ausbildung von Tausenden von Kollegen zeigt, wird der präzisen Lagerung und Abtasttechnik zu wenig Augenmerk geschenkt. Es empfiehlt sich daher, bei den Kursen schulmäßig die entsprechenden Handgriffe Schritt für Schritt an einer Puppe oder an einem Phantom einzuüben.
- Kenntnisse in der Technik der dynamischen Untersuchung mit Darstellung der Hüfte unter Zug und Druck, Ab- und Adduktion, Außen- und Innenrotation sind unabdingbar.
- Kenntnisse der Anatomie und der pathologischen Anatomie der Säuglingshüfte müssen als Grundvoraussetzung nicht besonders erwähnt werden.

3.2 Untersuchungstechnik

3.2.1 Organisationsempfehlungen

Die Untersuchung muß rasch durchgeführt werden. Mit zunehmender Untersuchungsdauer wird jeder Säugling, auch in der besten Lagerungsvorrichtung unruhig und erschwert daher das Aufsuchen der Standardebene. Es empfiehlt sich daher, bereits vor dem Untersuchungsraum einen Wickeltisch vorzubereiten, auf dem die Mutter ihr Kind in Ruhe entkleiden, gegebenenfalls auch in Ruhe säubern kann. Im Untersuchungsraum selbst sollte ein zweiter Tisch vorbereitet werden, auf dem die Mutter die mitgebrachten Utensilien ablegen kann. Um das Kind möglichst wenig zu beunruhigen, sollte die Mutter selbst das Kind zum Untersuchungstisch bringen. Es empfiehlt sich, die Untersuchungsliege auf einen Tisch zu montieren, wobei die Mutter dem Untersucher assistiert. Eine Hilfskraft wird dadurch eingespart, die Beruhigung des Kindes ist wesentlich besser möglich. Dieser Weg bis zur Untersuchung selbst sollte standardisiert werden, um möglichst wenig Zeit zu verlieren. Das Füttern vor der Untersuchung garantiert einen satten, zufriedenen Säugling. Ein Füttern während der Untersuchung sollte wegen der Gefahr des Verschluckens vermieden werden.

3.2.2 Lagerung des Säuglings (Abb. 3.1–3.10)

Eine standardisierte Lagerungs- und Abtasttechnik ermöglicht einen raschen Untersuchungsablauf und trägt somit wesentlich zur Präzision der Hüftsonogramme bei. Eine Untersuchung ohne Lagerungsschale ist bei heutigen Qualitätsansprüchen nicht empfehlenswert.

Die von uns konstruierte Lagerungsvorrichtung gewährt dem Säugling ein bequemes Liegen in Seitenlage und ist für verschiedene Altersstufen bestens geeignet[1].

[1] Hersteller: Fa. Radl KG, Luthergasse 4, A-8010 Graz, Österreich
Vertretung für Deutschland: Fa. Popp GmbH, Geuderstraße 12, D-90489 Nürnberg

3.2.3 Untersuchungsablauf und Abtasttechnik

Die Untersuchung erfolgt in Seitenlage. Das Kniegelenk des Säuglings darf nicht über die Randwülste der Lagerungsschale herausrutschen. Der Säugling sollte nicht durch Streckung der Beinchen unter Zug in eine Zwangshaltung gebracht werden. Leichte Beugung und Innenrotation der Beinchen kommt der Spontanhaltung des Säuglings in Seitenlage am nächsten und ermöglicht eine optimale Untersuchung [4, 5].

- **Handling des Transducers**
  Die Handhabung des Schallkopfes unterscheidet sich bei der Anwendung an der Säuglingshüfte von den üblichen Techniken in anderen Fachbereichen. Im Gegensatz zur abdominellen Anwendung wird bei der Hüftsonographie prinzipiell der Schallkopf mit beiden Händen geführt (Abb. 3.1). Dies ermöglicht eine standardisierte Ausgangsposition.
- **Ausgangsposition** (Abb. 3.1 u. 3.4)
  Korrekte Lagerung vorausgesetzt, ermöglicht diese Ausgangsposition mit in allen Raumrichtungen rechtwinkelig aufgesetztem Transducer die Grundstellung bei optimaler Ausgangsposition für alle weiteren Schnittebenen.
- **Suchlauf**
  Durch Verschieben des Transducers parallel zur Ausgangsposition wird das Zentrum der Säuglingshüfte, charakterisiert durch die Abbildung des Os ilium in der Fossa acetabuli, eingestellt. Erst danach erfolgt die Korrektur der Schnittebene.
- **Korrektur der Schnittebene**
  (Abb. 3.2, 3.5 u. 3.6)
  Durch kontinuierliches Drehen des Schallkopfes über dem Unterrand des Os ilium in der Fossa acetabuli wird tomogrammartig der Pfannendachbereich durchgemustert und neben der Standardebene auch die vordere und die hintere Schnittebene eingestellt. Es muß darauf geachtet werden, daß der Unterrand des Os ilium in der Fossa acetabuli, durch den die Rotationsachse des Schallwandlers während des Drehvor-

ganges geht, nicht verloren wird. Ein geübter Untersucher sollte in 20 s mit der Untersuchung einer Hüfte fertig sein. Der Unterrand des Os ilium, die korrekte Schnittebene und das Labrum acetabulare müssen korrekt eingestellt und klar dargestellt werden.

3.2.4 Zusammenfassung der Abtasttechnik und alternative Möglichkeiten

Prinzipiell ist die Frage zu klären, an welchen Stellen sich topographisch die Pathologie, die es zu diagnostizieren gibt, am Pfannenbereich befindet. Bei Betrachtung von Hüftpräparaten kann diese Frage leicht geklärt werden: Die pathologischen Veränderungen finden sich im Pfannendachbereich im vorderen, mittleren und hinteren-oberen Quadranten des Pfannendaches. Es erscheint daher sinnvoll, diesen Sektor von lateral her im Schnittbildverfahren tomogrammartig zu untersuchen. Der Untersucher kann sich daher einen sehr guten Überblick über den gesamten tragenden Pfannendachbereich verschaffen. Da die Überdachungsverhältnisse und Proportionen zwischen knorpeligem und knöchernen Pfannendach im vorderen, mittleren und dorsalen Pfannendachbereich verschieden sind, wird aus diesem Sektor eine definierte, reproduzierbare Meßebene zur Quantifizierung „herausgeklappt". Diese Meßebene ist die sog. Standardebene. Eine Ebene ist mathematisch durch 3 Punkte bestimmt: Diese 3 Punkte (Landmarks) sind im Falle der Hüftsonographie

- der Unterrand des Os ilium
- die korrekt eingestellte Darmbeinsilhoutte als Ausdruck der Schnittebene im mittleren Bereich und
- das gut sichtbare Labrum acetabulare.

In bestimmten Fällen ist es notwendig, die Stabilität des Hüftgelenks zu überprüfen. Dies gelingt auch bei seitlich liegendem Säugling durch den Streßtest ohne Probleme. Meßtechnisch läßt sich die Instabilität mit dem Winkelmeßsystem unter Zuhilfenahme des Knochenwinkels Alpha und des Knorpelwinkels Beta gut quantifizieren und darstellen [5].

Diesem heute geübten methodischen Verfahren steht die Untersuchungstechnik von Harcke gegenüber: Sie legt alleine Wert auf die Darstellung der Instabilität (Abb. 3.11, 3.12). Bei auf dem Rücken liegenden Säugling wird ein Transversalschnitt von lateral her angelegt, es wird ähnlich wie bei der klinischen Instabilitätsprüfung untersucht. Bei dieser Applikationsart durchschneidet die sonographische Ebene den vordersten und den dorsalsten Pfannendachanteil. Die Instabilität läßt sich dadurch gut darstellen, allerdings können die Überdachungsverhältnisse in keiner Weise reproduzierbar quantifiziert werden. Diese Zugänge basieren auf der Vorstellung, daß nur instabile Gelenke pathologisch sein können. Dysplastische oder reifungsverzögerte Gelenke können mit dieser Technik nicht erfaßt werden. Suzuki [6] benutzt bei auf dem Rücken liegenden Säugling einen langen Lineartransducer (Abb. 3.13), der senkrecht auf das Os pubis aufgesetzt wird, so daß beide Hüftgelenke im anterior-posterioren Strahlengang gleichzeitig untersucht werden. Ähnlich wie bei der Technik von Harcke werden allerdings nur luxierte Gelenke erfaßt. Fehlgebaute Pfannen bei zentrierten Gelenken können nicht diagnostiziert werden.

Die von uns als erster Zugangsweg gewählte Abtasttechnik von dorsal war ebenfalls in einer Zeit sinnvoll, als man sich noch begnügte mit Ultraschall einen völlig luxierten Hüftkopf in der Fossa iliaca darzustellen (Abb. 3.14)!

Lagerung und Abtasttechnik des linken Hüftgelenks

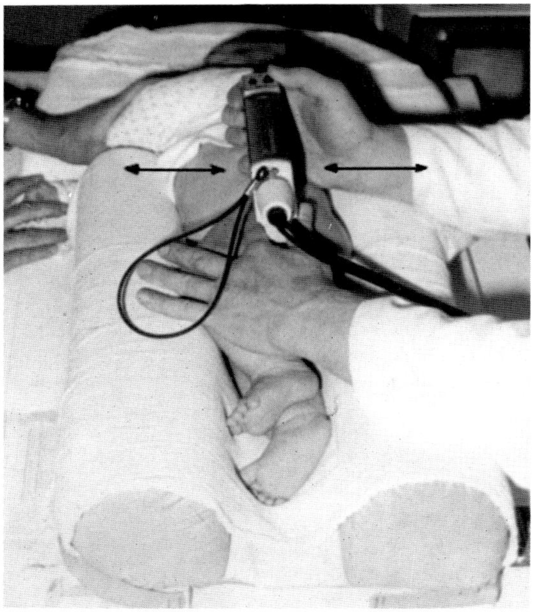

Abb. 3.1. Richtige Lagerung
Das Beinchen des Säuglings wird nicht gestreckt, sondern in Spontanhaltung, d. h. in der Regel mit leicht gebeugtem Knie, gelagert. Die flach aufgelegte Hand drückt das Knie leicht in die Halteschale hinein. Dadurch entsteht im Hüftgelenk eine leichte Innenrotation. Trochanter major, Schenkelhals und Azetabulum liegen nun in der Frontalebene. Der Schallwandler wird in sämtlichen Raumrichtungen gerade aufgesetzt und in dieser Stellung entsprechend der Pfeilrichtung nach ventral oder dorsal verschoben („Suchlauf"). Ein Verkippen des Schallkopfes sollte vermieden werden.
Sobald der Unterrand des Os ilium am Monitor sichtbar wird, wird das Sonogramm sofort „eingefroren". Bei stehendem Bild wird nun festgestellt, in welcher Schnittebene (zu weit ventral, zu weit dorsal) man sich befindet. Unter Augenkontrolle erfolgt nun bei stehendem Bild das Nachdrehen des Transducers gefühlsmäßig, wobei durch neuerliches Vor- und Zurückschieben des Transducers der Unterrand dargestellt wird. Sobald dies geschehen ist, erfolgt wiederum die Kontrolle der Schnittebene. Der Vorgang wiederholt sich solange, bis neben dem Unterrand des Os ilium die korrekte Schnittebene eingestellt ist. Wird der Transducer nicht verkippt, erfolgt die Darstellung des Labrum acetabulare spontan, ohne weitere Abtastbewegungen.

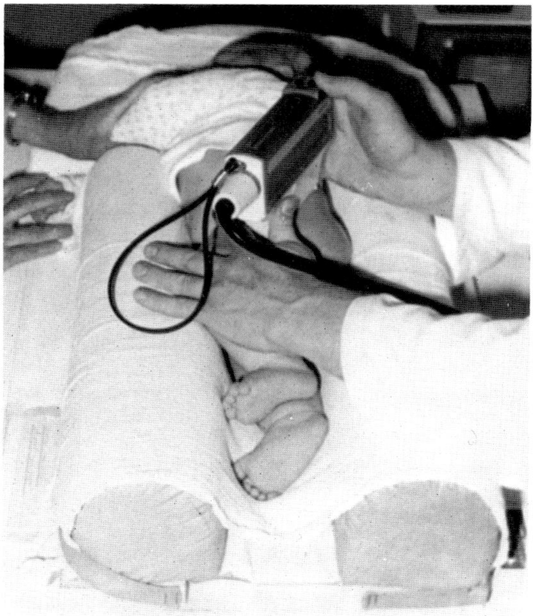

Abb. 3.2. Weiteres Vorgehen
Der ventrale, in diesem Fall der dorsale Pfannendachanteil, wird folgendermaßen dargestellt: Der Transducer wird von Haus aus so auf das Hüftgelenk aufgesetzt, daß der kraniale Anteil des Transducers über dem gewünschten Pfannendachbereich liegt. Dadurch wird quasi von außen bereits die Schnittebene vorgegeben. Durch Parallelverschiebung in dieser Position braucht nur mehr der Unterrand des Os ilium aufgesucht werden. Der Untersucher hat sich dadurch den Abtastvorgang wesentlich erleichtert, da er sich ausschließlich nur auf die Darstellung des Unterrandes des Os ilium konzentrieren muß, und die Schnittebene durch die Positionierung des Schallwandlers bereits vorgegeben wurde.

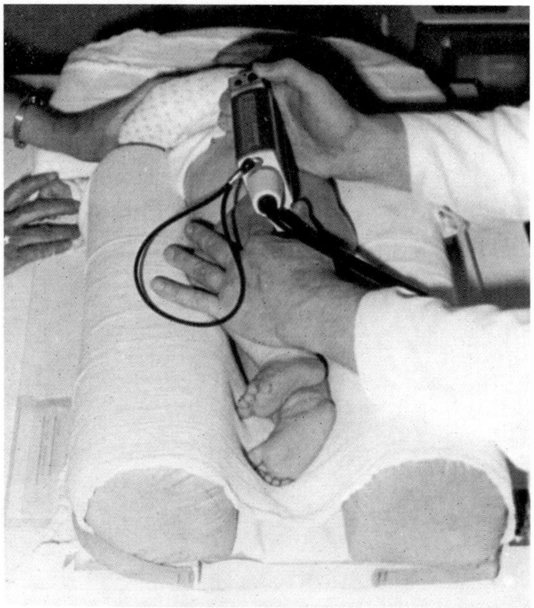

Abb. 3.3. Falsche Ausgangsposition
Der Transducer darf nicht gekippt werden.

Untersuchung des rechten Hüftgelenks

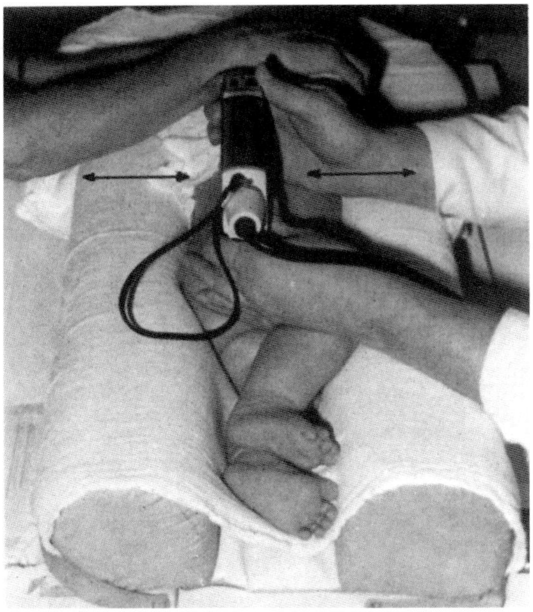

Abb. 3.4. Lagerung und Ausgangsposition
In Analogie zur Untersuchung der linken Hüfte in Abb. 3.1 wird der Säugling in Seitenlagerung mit spontan leicht angezogenem Beinchen gelagert. Die leichte Innenrotation des Beinchens wird durch Druck des Handgelenks nach unten herbeigeführt. Die Pfeilrichtungen markieren den Suchlauf.

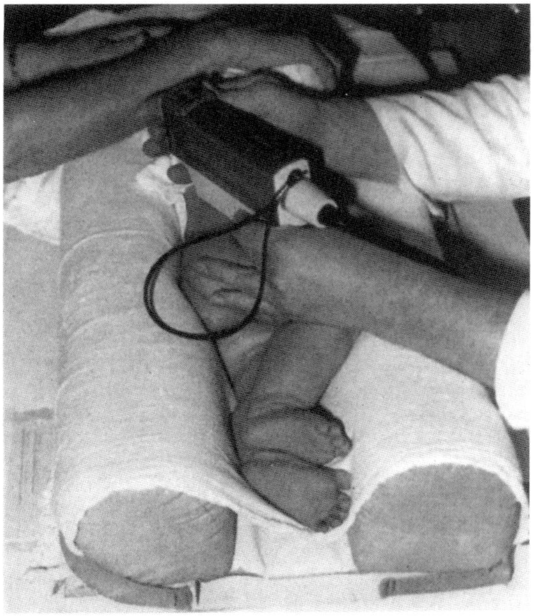

Abb. 3.5. Untersuchung des hinteren Pfannendachanteils
Durch Rotation um den Unterrand des Os ilium wird der hintere Pfannendachanteil dargestellt.

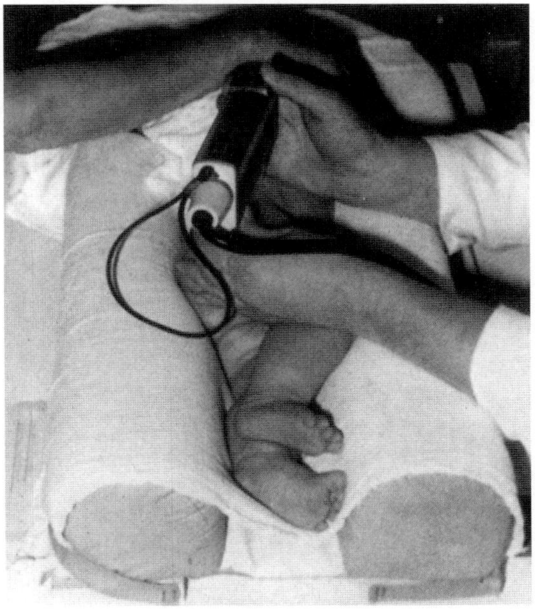

Abb. 3.6. Untersuchung des vorderen Pfannendachanteils
Durch Rotation um den Unterrand des Os ilium aus der Position, wie sie in Abb. 3.5 ersichtlich ist, kann der vordere Pfannendachanteil beurteilt werden.

Lagerungsfehler und Fehler in der Abtasttechnik

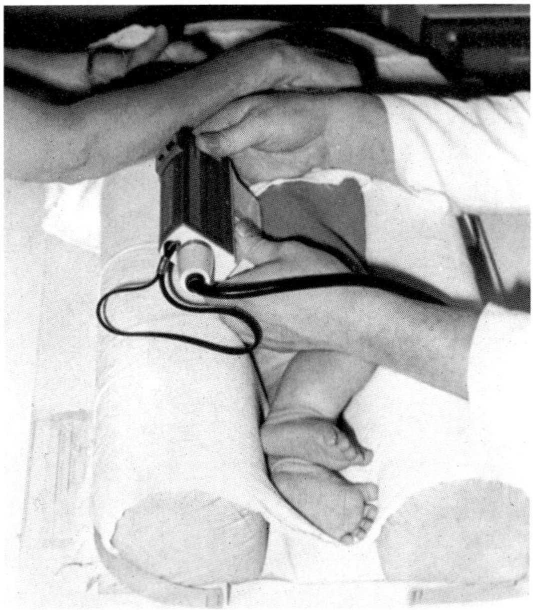

Abb. 3.7. Falsche Transducerposition
Der Säugling ist zwar korrekt gelagert, das Beinchen wird leicht nach innen rotiert und mit dem Handgelenk fixiert. Der Transducer ist aber falsch aufgesetzt. Vergleiche Abb. 3.4 mit der richtigen Position.

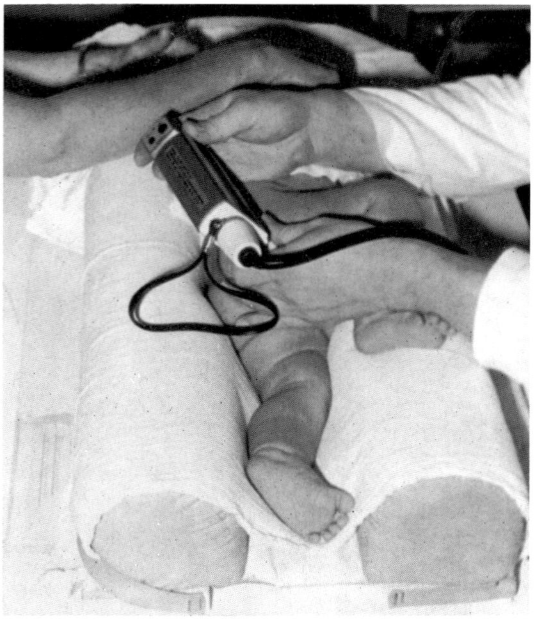

Abb. 3.8. Völlig falsche Lagerung und Abtasttechnik
Das Beinchen rutscht über den Randwulst heraus, dadurch rotiert der Trochanter major als Ankopplungspunkt nach dorsal und ermöglicht somit keine standardisierte Abtasttechnik.

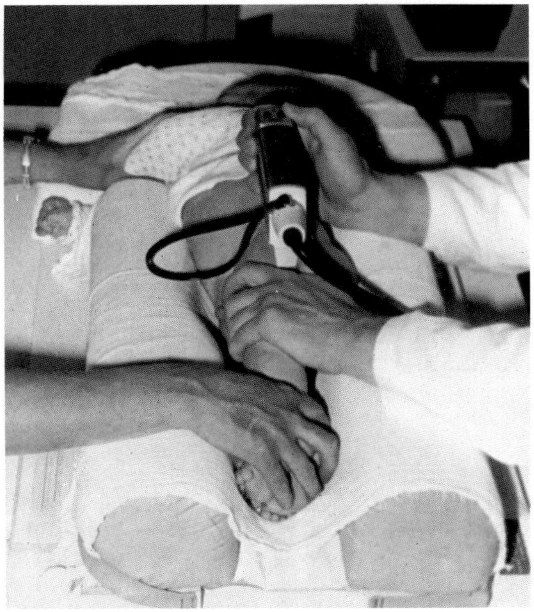

Abb. 3.9. Falsche Lagerungstechnik
Der Transducer ist zwar korrekt aufgesetzt, das Beinchen wird aber durch die Hilfsperson gestreckt. Zusätzlich umklammert der Untersucher noch das Kniegelenk und streckt dadurch das Beinchen noch mehr. Diese Stellung irritiert nicht nur den Säugling, sondern erschwert auch die Abtasttechnik. Der Trochanter major gerät hinter die Frontalebene. Das Aufsuchen der Standardebene wird dadurch erheblich erschwert.

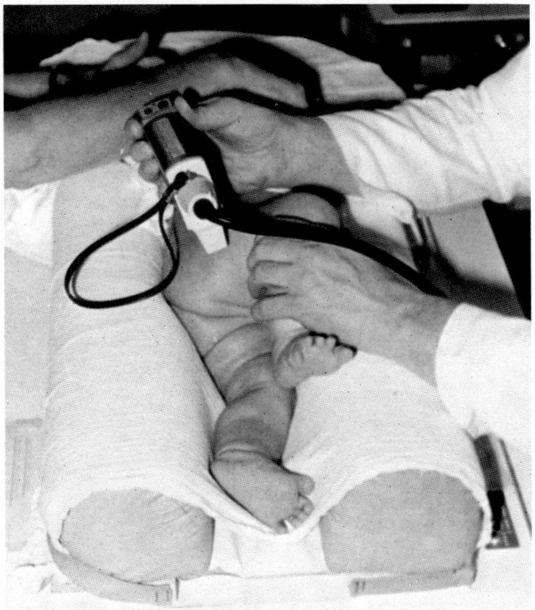

Abb. 3.10. Weiterer Fehler
Das Beinchen rutscht dem Untersucher über den Randwulst heraus, dadurch kann der Transducer nicht mit beiden Händen geführt werden.

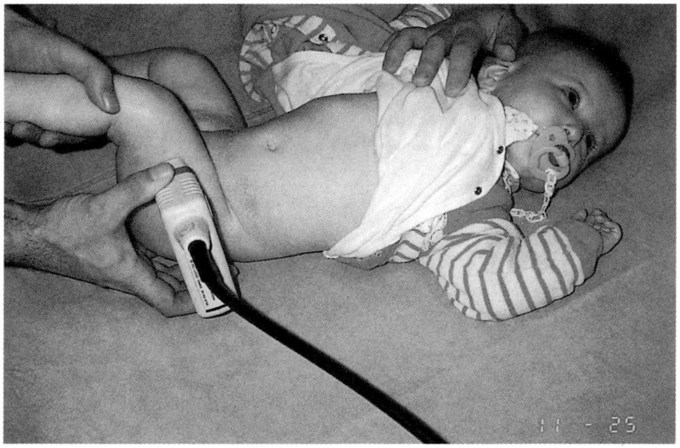

Abb. 3.11. Abtasttechnik nach Harcke – Transversalschnitt
Es wird in erster Linie die Instabilität getestet. Der sonographische Untersuchungsvorgang ist ähnlich dem klinischen. Eine Quantifizierung einer möglichen Instabilität erfolgt nicht.

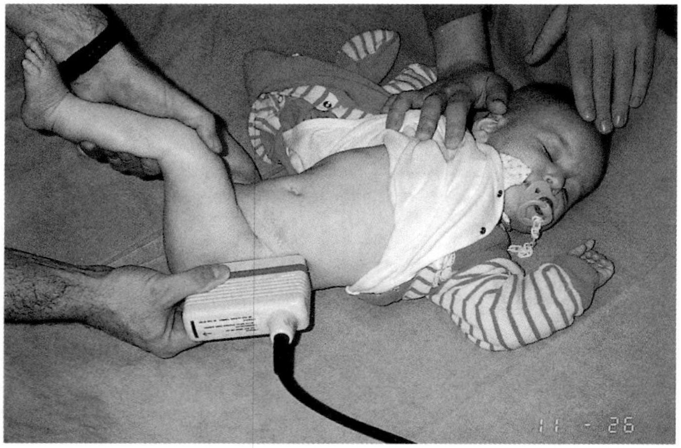

Abb. 3.12. Abtasttechnik nach Harcke – Frontalschnitt
Auch bei dieser Schnittführung wird vornehmlich Wert auf die Darstellung einer möglichen Instabilität gelegt. Eine Quantifizierung des Pfannendaches in seiner knöchernen und knorpeligen Komponente erfolgt nicht.

Abb. 3.13. Abtasttechnik nach Suzuki
Die Untersuchung des Pfannendaches erfolgt im anterior-posterioren Schallstrahl. Es werden beide Hüftgelenke gleichzeitig dargestellt.

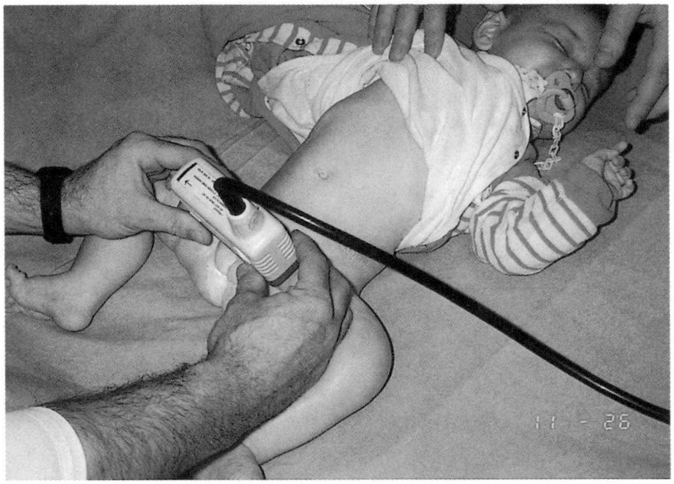

Abb. 3.14. Dorsaler Zugang (1980)
Diese Schalltechnik ist heute weitgehend verlassen. Sie kann lediglich völlig dislozierte Hüftköpfe in der Fossa glutealis darstellen und eignet sich nicht zur Dysplasiediagnose.

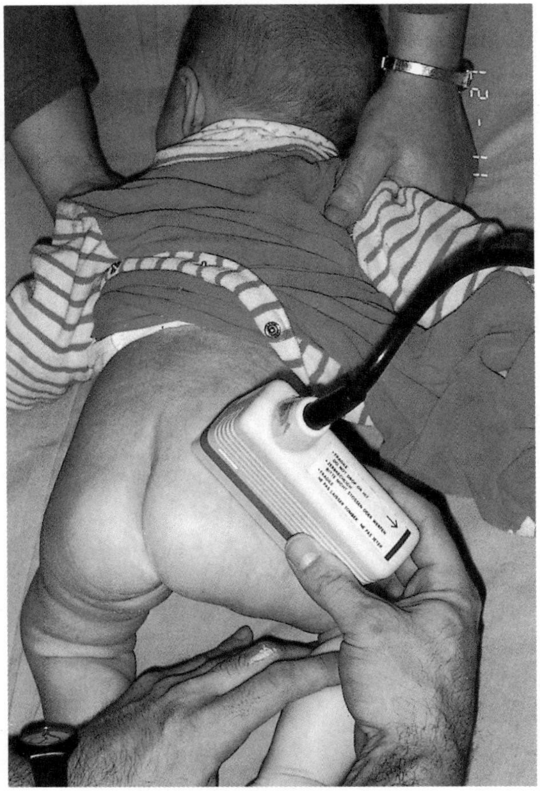

4 Apparative Ausstattung, Geräteabstimmung und Dokumentation

4.1 Ultraschallgeräte für die Säuglingshüfte

Besonders dem Anfänger macht die Auswahl eines entsprechenden Ultraschallgerätes für die Hüftsonographie Schwierigkeiten. Ist zwar die Untersuchung der Säuglingshüfte mit herkömmlichen, handelsüblichen Ultraschallgeräten prinzipiell möglich, so müssen doch einige spezielle Anforderungen an das Gerät gestellt werden.

4.1.1 Schallwandler

Um das geforderte Mindestmaß an Auflösung zu erreichen, ist die Verwendung eines 5-MHz-Transducers notwendig. Schallköpfe mit geringerer Megahertzzahl erbringen nicht die geforderte Detailauflösung. Werden nur und ausschließlich Neugeborene untersucht, empfiehlt sich ein 7-MHz-Schallkopf. Die Auflösung des 7-MHz-Transducers ist besser als die des 5-MHz-Schallkopfes und ermöglicht besonders bei den feinen Strukturen der Neugeborenenhüfte eine bessere Detailauflösung, die allerdings auf Kosten der Eindringtiefe geht. Dieser Verlust der Eindringtiefe kann zwar bei Neugeborenenhüften für die bessere Auflösung in Kauf genommen werden, bei größeren Kindern verhindert sie jedoch die Abbildung von in der Tiefe der Pfanne liegenden Strukturen.

4.1.2 Linear- oder Sektorscan

Die spezielle Schnittebenentechnik mit standardisierter Abtasttechnik unter Ausnützung der gut reproduzierbaren Schallschatten, die wesentlicher Bestandteil jedes Hüftsonogramms, insbesondere bei der geforderten Meßtechnik, ist, macht die Verwendung eines Parallelscan nahezu zur unabdinglichen Forderung. Wir haben sowohl Linear- als auch Sektorscanner auf ihre Verwendbarkeit überprüft und sind nach reiflichen experimentellen Untersuchungen zu dem Schluß gekommen, daß für das spezielle Anwendungsgebiet der Sonographie an der Säuglingshüfte der Linearscan dem Sektorscan vorzuziehen ist.

Sämtliche experimentellen Untersuchungen, die Erstellung der standardisierten Hüftsonogramme, die Einführung der Charakteristika mit Hilfe der Meßlinien und der Daten für den Knochenwinkel α und Knorpelwinkel β, wurden mit Linearscannern durchgeführt. Die exakte Schallschattenbildung, die wesentlich zu einer korrekten Diagnose und Meßtechnik beiträgt, setzt parallel einfallende Schallstrahlen voraus. In der Regel ist auch die Handhabung der Sektorscanner im speziellen Anwendungsgebiet mit der Forderung nach exakt reproduzierbaren Schnittebenen schwieriger als die von Linearscannern. Bei diesen kann sich der Untersucher bereits von außen gut über die zu erwartende Schnittebene bei der Untersuchung orientieren. Eine Wasservorlaufstrecke ist bei Linearscannern in der Regel nicht erforderlich. Dieser Umstand erleichtert das Handling gegenüber Sektorscannern wesentlich. Aus diesen und ähnlichen Gründen raten wir, zur Abbildung der Säuglingshüfte den Linearscan zu verwenden.

4.2 Wahl des Ultraschallgerätes

Um eine Diskriminierung zu vermeiden, haben wir im vorliegenden Atlas auf Firmennamen strikte verzichtet. Der Ultraschallinteressierte sollte sich die Gelegenheit nicht entgehen lassen, verschiedene Geräte nebeneinander oder kurz hintereinander zu testen. Die Darstellbarkeit des Labrum acetabulare bietet eine gute Möglichkeit, das Gerät hinsichtlich seines Auflösungsvermögens zu testen.

Der Untersucher darf nicht dem Irrtum unterliegen, daß mit kleinen Schallköpfen im Bereich der „kleinen Säuglingshüfte" bessere Bilder zu erzielen sind. Der Schallkopf muß in der Hand gehalten werden. Daher erschweren kleine Schallköpfe das Handling und die exakte Führung des Schallkopfes wesentlich. Bei der Auswahl des Gerätes muß nach entsprechender Testung hinsichtlich des Auflösungsvermögens das Gerät auf folgende Kriterien hin überprüft werden:

4.2.1 Bildformat

Bereits am Monitor muß eine eindeutige, rasche und klare Definition des Reifungsstadiums des Hüftgelenks möglich sein. Dies setzt neben einer guten Auflösung des Gerätes auch eine entsprechende Vergrößerung voraus. Dies bedeutet, daß das Bild bereits am Monitor eine genügende Bildgröße aufweisen muß. Nachträgliche Vergrößerung durch die Dokumentationseinrichtung selbst gehen auf Kosten des Auflösungsvermögens, da die Bildpunkte meist nur auseinandergezogen werden und das Bild vergröbern. Leider wurde der bisher geforderte Mindestabbildungsmaßstab von 1 : 1 am dokumentierten Bild nicht immer und überall eingehalten. Dies ist insofern von Bedeutung, da neuere Untersuchungen gezeigt haben, daß die Präzision des Sonogramms bei einer Vergrößerung von 1 : 2 um ein Vielfaches gegenüber dem Abbildungsmaßstab von 1 : 1 steigt.

4.2.2 Alphanumerik und Winkelmessung

Das Fehlen einer Schreibmaschinentastatur macht ein Ultraschallgerät im Routinebetrieb zur Qual. Bei modernen Geräten wurden die Zahlencodes zugunsten der Schreibmaschinentastatur aufgegeben.

Die meisten Geräte verfügen heute auch über die Einrichtung zur Messung des Knochenwinkels Alpha und Knorpelwinkels Beta. Gleichzeitig kann auch das Sonometer eingeblendet werden. Bei den Meßeinrichtungen ist darauf zu achten, daß es nicht durch Parallaxenfehler zu falschem Einzeichnen der Meßpunkte und Linien kommt. Die Meßeinrichtungen können oft sehr nützlich sein, brauchen aber etwas Zeit und unterbrechen somit den Untersuchungsvorgang.

4.3 Geräteabstimmung

(Abb. 4.1–4.4)

Um Fehlinterpretationen zu vermeiden und eine optimale Bildinformation zu erlangen, müssen Grundverstärkung, Tiefenausgleich und Monitorhelligkeit sorgfältig abgestimmt werden und sind den individuellen Notwendigkeiten der Hüftsonographie anzupassen. Nicht zuletzt spielt bei der Abstimmung des Monitors die Raumhelligkeit eine Rolle.

Prinzipiell wird das Ultraschallgerät so eingestellt, daß der hyaline Hüftkopf echoarm oder sogar echofrei ist. An allen Ultraschallgeräten stehen folgende Regelknöpfe zur Verfügung:

- Grundverstärkung
- Tiefenausgleich
- Prä- bzw. Postprocessing.

Wir raten, die Geräteabstimmung selbständig in Zusammenarbeit mit dem Techniker durchzuführen, diesem jedoch nicht die alleinige Geräteabstimmung zu übertragen. Das Monitorbild muß so abgestimmt werden, daß von der Oberfläche bis in die Tiefe des Azetabulums ein gleichmäßig helles, kontrastreiches Bild entsteht, bei dem die hyalinknorpelig präformierten Anteile von schwacher oder fehlender Echogenität sind. Zu hohe Grund- oder Ausgangsverstärkung erzeugen ein zu echoreiches, helles Bild. Die einzelnen Strukturen sind überstrahlt. Bei zu geringer Grundverstärkung ist das Bild zu dunkel und echoarm. Feine Echos werden nicht mehr abgebildet.

Durch den Tiefenausgleich können Echos, die aus der Tiefe kommen und daher schwächer sind, mehr verstärkt werden als oberflächliche. Dies ist die Grundvoraussetzung, um ein gleichmäßig helles Bild zu bekommen. In der Regel wird bei Hüftsonogrammen das Gerät so eingestellt, daß zuerst die aus der Tiefe kommenden Echos verstärkt werden und dann die mittleren und oberflächlichen Echos nach erfolgter Tiefeneinstellung auf diese primäre Abstimmung nachjustiert werden. Bei guter Ausgangsverstärkung und gut gewähltem Tiefenausgleich ist in der Regel nur in wenigen Fällen bei verschieden großen Kindern eine geringgradige Nachkorrektur notwendig. Die Abbildungen dieses Atlas sind in der täglichen Routineuntersuchung entstanden und waren auch primär nicht für eine Veröffentlichung vorgesehen. Wenn für den Untersucher die notwendigen Bildparameter sichtbar waren, wurde daher oft auf eine Nachkorrektur hinsichtlich der Geräteabstimmung verzichtet. Wir werden bei diesen Bildern auf die aufnahmetechnischen Mängel in den Legenden besonders hinweisen.

4.4 Dokumentation von Hüftsonogrammen

Die speziellen Anforderungen der Hüftsonographie machen auch eine spezielle Dokumentationsart erforderlich. Es ist notwendig, sowohl bei der bildlichen als auch bei der schriftlichen Dokumentation Mindestanforderungen und ein Schema beizubehalten.

4.4.1 Bilddokumentation

- Mindestanforderung
- Empfehlungen
- Bildsysteme.

Mindestanforderungen

Um den dynamischen Untersuchungsablauf und der speziellen Schnittebenentechnik gerecht zu werden, sind folgende Voraussetzungen notwendig:

1. 2 Bilder im Standardbereich,
2. Darstellung des Unterrandes des Os ilium, der korrekten Standardebene und des Labrum acetabulare,
3. Mindestabbildungsmaßstab 1 : 1 (besser 1 : 2).

Aus methodischen Gründen sind unbedingt 2 Sonogramme im Standardbereich notwendig. Bei interessanten oder schwierigen Fällen kann der Pfannendachbereich tomogrammartig durchgemustert und auch andere Schnittebenen mitdokumentiert werden. Ausgewertet und mit Meßwinkel quantifiziert darf jedoch nur der Standardbereich werden.

Eine Schnittebene ist auch vom mathematischen Standpunkt aus eine „Ebene“. Jede Ebene wird durch 3 Punkte definiert. Bei der Standardebene im Hüftsonogramm sind diese 3 Landmarks – Unterrand des Os ilium, die Standardebene, (erkenntlich an der gestreckten Darmbeinkontur) und das Labrum acetabulare. Wenn nur einer dieser 3 Landmarks sonographisch nicht dargestellt ist, kann die Ebene im Raum nicht zugeordnet werden und ist daher nicht verwertbar. Die Darstellung des Unterrandes des Os ilium signalisiert, daß die Schnittebene durch die Mitte des Acetabulums gelegt wurde. Die Darstellung der gestreckten Darmbeinsilhouette zeigt an, daß die Ebene dem Pfannendachbereich im mittleren Anteil, d. h. im tragenden Pfannendachteil getroffen hat. Klare Darstellung des Labrum acetabulare signalisiert als 3. Ebenenpunkt die orthograde Ebenenrichtung und daß keine Verkippung der Ebene vorliegt (s. auch Kap. 9).

Empfehlungen

In den Anfängen der Hüftsonographie wurde empfohlen, die Hüftsonogramme mit dunklen Echos auf hellem Bildhintergrund zu dokumentieren. Der Grund für diese Empfehlung war, daß durch diese

Abbildungsart die Sonogramme kontrastreicher erschienen und somit die Auswertung, vor allem aber das Ausmessen mit Hilfe der Meßlinien einfacher durchgeführt werden konnte. Durch die Verbesserung am Gerätesektor, insbesonders durch die Verbesserung des Postprocessing können die Sonogramme durch diese technische Einrichtung auch bei dunklem Bildhintergrund kontrastreich dokumentiert werden. Es wurde daher die ursprüngliche Empfehlung, dunkle Echos auf hellem Bildhintergrund zu dokumentieren, zugunsten des dunklen Bildhintergrundes mit hellen Echos abgeändert. Einige der Hüftsonogramme sind noch mit hellem Bildhintergrund im vorliegenden Atlas dokumentiert. In diesen Fällen wurde der Originalität und dem interessanten Fall Vorrang gegenüber der Systematik eingeräumt.

Die Eingabe des tatsächlichen Alters in Monaten oder Wochen zum Geburtsdatum hat sich im Routinebetrieb sehr bewährt. Besonders bei Verlaufskontrollen und bei der Beurteilung der Sonogramme in Abhängigkeit vom tatsächlichen Lebensalter erspart in dieser Art der Dokumentation zusätzliches Kopfrechnen.

Bei pathologischen Fällen empfehlen wir, die Dokumentation des gesamten tragenden Pfannendachbereichs im vorderen, mittleren und hinteren Abschnitt durchzuführen.

Bildsysteme (Abb. 4.5–4.7)

Ohne auf die Vielfalt der Dokumentationssysteme näher einzugehen, sollen nur die gebräuchlichsten kurz erwähnt und kommentiert werden.

- Sofortbildkamera
- Multiformatsysteme
- Videodokumentation
- Kleinbildformat
- Blattfilme
- Drykopies
- Computerdruckbild.

Sofortbildkamera

Sie liefert in der Regel bei den derzeit angebotenen Kameras zu kleine Bilder. Die Bildqualität läßt erfahrungsgemäß zu wünschen übrig. Die geforderte Dokumentation mit 4 Bildern pro Patient erhöht die Betriebskosten beträchtlich. Die zusätzliche Unterteilung des Bildformats bringt völlig unbrauchbare Bilder aufgrund der Kleinheit des Formats. Das Einzeichnen von Meßlinien bereitet große Schwierigkeiten, fallweise Korrekturen von Meßlinien sind aufgrund der geringen Oberflächenkratzfestigkeit kaum möglich. In Zukunft muß dieses Dokumentationssystem für die Säuglingshüfte als ungenügend abgelehnt werden.

Multiformatsysteme

Jedes Durchsichtbild ist einem Aufsichtbild hinsichtlich der Qualität überlegen. Dies bedingt auch die Überlegenheit der Multiformatsysteme. In unserem Hause hat sich die Dokumentation auf einer Foliengröße von 18 · 24 cm mit 4 Bildquadranten bewährt. Es kann somit auf einer Folie ein Patient zur Gänze mit 2 Schnittbildern pro Hüfte dokumentiert werden. Die Folien können in einer Röntgenentwicklungsmaschine mitentwickelt werden und stehen sofort, auch für eine meßtechnische Bearbeitung, zur Verfügung. Die Archivierung kann zusammen in einem bestehenden Röntgenarchiv mit fallweise zusätzlich angefertigten Röntgenaufnahmen problemlos durchgeführt werden. Diese Methode ist derzeit für die Hüftsonographie als optimal zu bezeichnen.

Videodokumentation

Diese Dokumentationsmöglichkeit verleitet in der Regel zur Dokumentation des gesamten Untersuchungsablaufs, so daß keine exakt eingestellten Standardschnittebenen dokumentiert werden. Ein Ausmessen der Bilder von Hand ist nicht möglich. Bei gleichzeitig notwendiger Röntgenaufnahme ist ein Vergleich ausgesprochen schwierig. Wir haben daher diese Dokumentationsart für die Hüftsonographie vollständig verlassen und können sie nicht weiterempfehlen. Lediglich aus Fortbildungsgründen haben wir Videobänder zur Demonstration des dynamischen Untersuchungsablaufes bei Zug- und Druckeinwirkung auf den Hüftkopf verwendet.

Kleinbildformat

Bei verhältnismäßig konstanter Einstellung des Ultraschallgerätes und entsprechend justierter Kamera liefert die Kleinbildkamera sehr gute Bilder. Als Nachteil muß die Bildgröße angesehen werden (Diaformat!). Ein Ausmessen von Hand ist nicht möglich. Außerdem müssen die Bilder nachvergrößert werden, was zusätzlichen Zeitaufwand und Kosten verursacht. Die Bilder stehen zu Vergleichszwecken nicht sofort zur Verfügung.

Blattfilmkamera

Dieses Dokumentationssystem ist ähnlich dem Multiformatsystem, wobei jedoch nur Einzelbilder im vorgenannten Format angefertigt werden. Die vier losen Einzelbilder müssen sofort zusammengeheftet werden, da ansonsten bei Kontrollen Verwechslungsmöglichkeiten bestehen.

Drykopie (Video-Thermoprinter)

Diese Art der Dokumentation ist derzeit die am häufigsten geübte, weil auch kostengünstig. Leider läßt die Bildqualität fallweise arg zu wünschen übrig. Viele der Thermoprinter besitzen nicht die nötige Vergrößerungseinrichtung, so daß die Sonogramme nicht dem Mindestvergrößerungsmaßstab von 1 : 1, geschweige dem anzustrebenden von 1 : 2 entsprechen.

Neben diesen fallweise auftretenden Insuffizienzen ist auch darauf zu achten, daß die Bildgeometrie bei Thermoprintern korrekt ist:

Durch Verschmutzen der Transportwalzen kommt es zu unregelmäßigem bzw. meist verlangsamtem Vorschub des Papierstreifens, so daß eine der Bildachsen sich verkürzt oder verlängert, und die Sonogramme entweder „gestaucht" oder in die Länge gezogen sein können. Es empfiehlt sich daher, auf den Sonogrammen bei Thermoprinterverwendung fallweise mit einem Stechzirkel die Abstände auf der X- und auf der Y-Achse nachzumessen bzw. fallweise ein Reinigungspapier durch den Thermoprinter zu schicken.

Computerdruckbild

Durch die Kombination des Ultraschallgeräts mit einem Computer kann die Datenverarbeitung vereinfacht werden. Es ist mit dem Computer bei dem Vorhandensein entsprechender Software möglich, die Sonogramme nachzuverarbeiten und über Laserdrucker in beliebiger Größe und Anzahl kostengünstig auszudrucken (Abb. 4.5).

4.4.2 Befundbeschreibung durch schriftliche Dokumentation

Die Beschreibung des Bildes soll kurz und prägnant sein. Die für die Befundbeschreibung verwendete Terminologie, die für die Hüftsonographie allgemein üblich ist, ist ausführlich beschrieben worden [5]. Aus didaktischen Gründen wird empfohlen, einen Hüftgelenkbefund nach folgenden Kriterien aufzubauen:

- Alter des Patienten,
- Deskription mit Beschreibung der knöchernen Formgebung des knöchernen Erkers und des knorpeligen Pfannendaches, wobei das letztere hinsichtlich seiner Echogenität zusätzlich beurteilt wird,
- Hüftkopfkern vorhanden: ja/nein,
- Eintragung der Meßlinien,
- Angabe der Winkel Alpha und Beta, genaue Typenbezeichnung nach dem Sonometer (Abb. 4.6),
- therapeutische Konsequenz.

Hinweise zur Diagnosestellung

Obwohl das gesamte Hüftgelenk tomogrammartig sonographisch „durchgemustert" werden kann, geht es doch primär um die Darstellung einer reproduzierbaren Meßebene (= Standardebene). Diese ist durch 3 Punkte, nämlich Unterrand des Os ilium, korrekt eingestellte Darmbeinsilhouette im tragenden Pfannendachbereich und Labrum acetabulare charakterisiert. Aufgrund der geringen Größenverhältnisse bewegen sich alle 3 Landmarks im Millimeterbereich. Es ist daher bei unruhigen Kindern schierig, alle 3 Landmarks gleichzeitig zur Darstellung zu bringen. Dies gelingt nur mit einer exakten, standardisierten Abtasttechnik bei relativer Ruhe des Säuglings. Die Untersuchung muß daher rasch und zügig durchgeführt werden. Zu lange Untersuchungen irritieren das Kind und führen in der Regel, da die Landmarks nicht gleichzeitig durch die Unruhe des Kindes erfaßt werden können, zu schlechten Ergebnissen. Exakt erlernt und praktizierte Abtasttechnik kombiniert mit korrekter Lagerung mit Beachtung des limitierten Zeitfaktors werden leider meist unterbewertet, sind aber die Schlüssel zu einem guten Hüftsonogramm.

- Bei der Diagnosefindung hat sich die Wertigkeit von der Befundbeschreibung zur Meßtechnik verschoben. Die Befundbeschreibung sollte aber weiterhin geübt werden um die Hüftsonogramm-spezifischen Strukturen möglichst genau hervorzuheben und zu klassifizieren.

4.4.3 Bildprojektion

Bei der Bildprojektion am Monitor oder am ausgedruckten Bild wurde ursprünglich die sog. Abdominalprojektion übernommen. Dies bedeutet, daß bei liegendem Patient „kranial“ am Monitor links ist. Dies würde bedeuten, daß die Abbildung eines Hüftgelenks so erfolgt, daß der Eindruck eines liegenden, linken Hüftgelenks entsteht. Durch 15jährige Erfahrung mit der Hüftsonographie hat es sich jedoch herausgestellt, daß aus hirnphysiologischen Gründen, wahrscheinlich bedingt durch die Halbseitendominanz unserer Hirnhälften, die Sonogramme leichter vom Gehirn erfaßt werden können, wenn die Hüftsonogramme, ähnlich wie in einem a.-p.-Röntgenstrahlengang projiziert werden. Ebenfalls aus den oben erwähnten Gründen ist wiederum das rechte aufrechtstehende Hüftgelenk in dieser Projektion leichter zu interpretieren als das linksstehende. Aus diesem Grund hat sich seit vielen Jahren die Abbildung der Hüftsonogramme in der sog. „rechts-a.-p.-stehenden“ Form eingebürgert und wird daher dringendst empfohlen. Es werden daher sämtliche Sonogramme so projiziert, daß sie einem rechten Hüftgelenk in einer Röntgen-a.-p.-Aufnahme ähnlich sind. Der Gewöhnungseffekt an diese Form der Projektion ist von allen möglichen Varianten der schnellste.

Leider gibt es nur wenige Ultraschallgeräte, die bei auf dem Gerät fix montiertem Monitor eine mechanische oder elektronische Bilddrehung ermöglichen. Eine simple und einfache Möglichkeit besteht darin, über den vorhandenen Videoausgang des Gerätes mit einem langen Kabel einen kleinen Zusatzmonitor oder Fernsehapparat anzuschließen, der in Blickrichtung des Untersuchers aufgestellt werden kann und um 90° gedreht wird. Diese Anordnung trägt nicht nur zum Untersuchungskomfort, sondern auch zur Präzisionserhöhung durch den gedrehten Monitor und der dabei gewonnen rechts-a.-p.-ähnlichen Projektion bei (Abb. 4.7).

Geräteabstimmung am Monitor

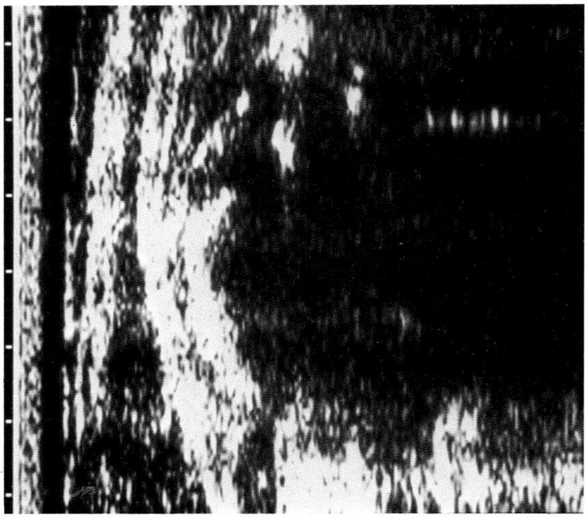

Abb. 4.1. Gute Grundverstärkung bei gut eingestelltem Tiefenausgleich
Das Bild ist von der Oberfläche (linker Bildrand) bis in die Tiefe (rechter Bildrand) gleichmäßig hell und gut verstärkt.

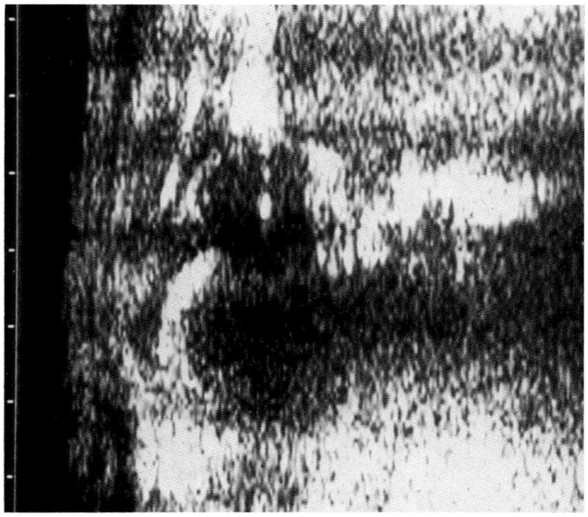

Abb. 4.2. Zu hoch eingestellter Tiefenausgleich
Die Tiefenechos (rechte Bildseite) sind gegenüber dem zu schwach verstärkten Anfangsecho (linker Bildrand) zu stark verstärkt.

Abb. 4.3. Zu hohe Grundverstärkung
Das Bild ist in seiner Gesamtheit von der Oberfläche bis in die Tiefe zu stark verstärkt.

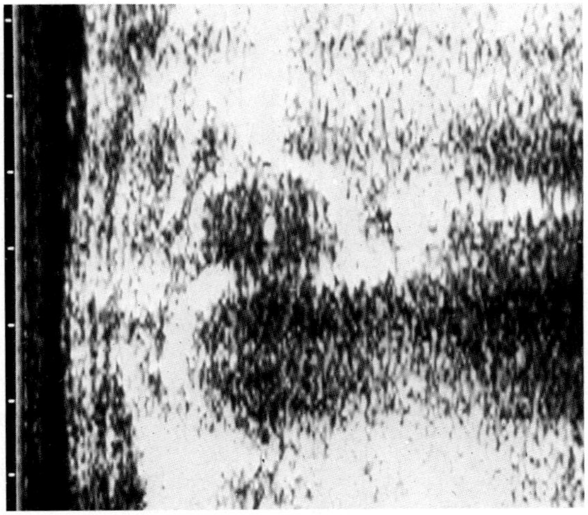

Abb. 4.4. Anfangsverstärkung zu stark eingestellt
Die oberflächlichen Echos am linken Bildrand sind zu stark verstärkt.

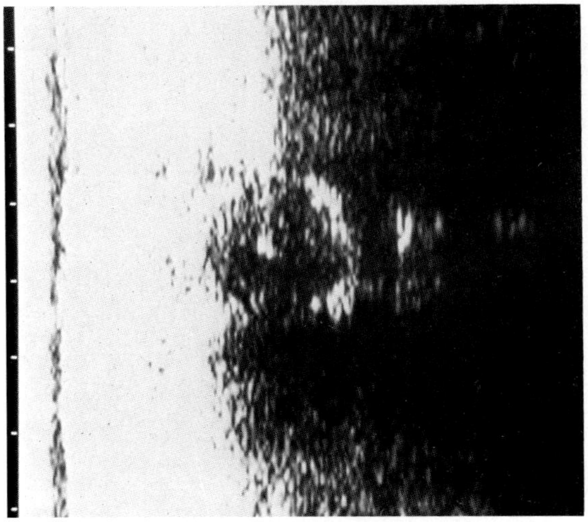

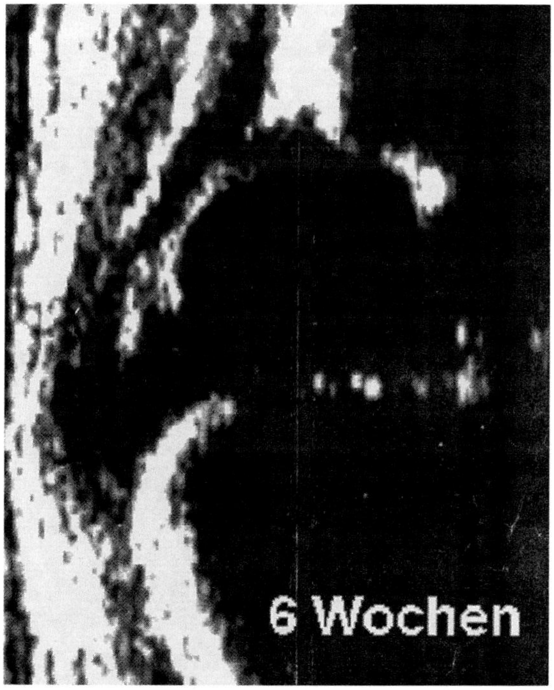

Abb. 4.5. Mit Laserdrucker angefertigtes Computerbild auf Papierformat A4

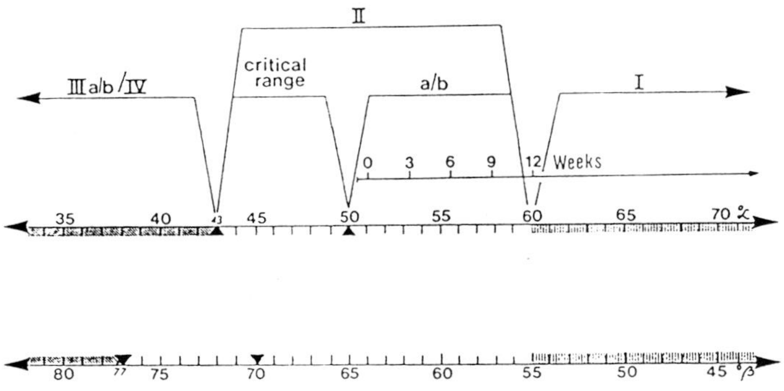

Abb. 4.6. Sonometer
Graphische Zuordnung der Winkelparameter zu den Hüfttypen.

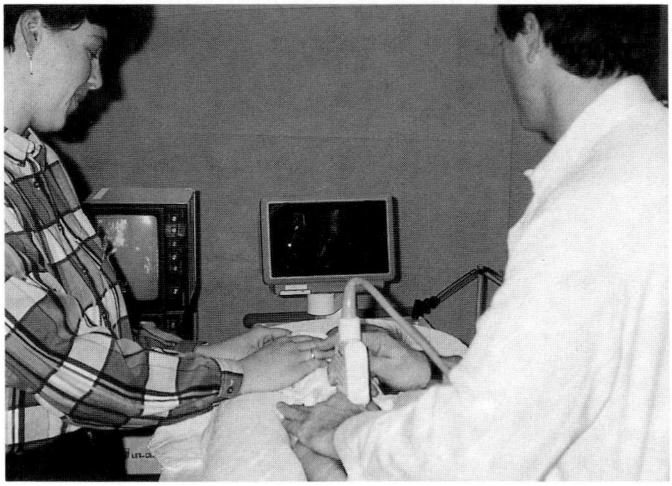

Abb. 4.7. Heutige Abtasttechnik
Der Untersucher steht rechts vom Untersuchungstisch. Die rechte Hand führt den Transducer und macht die feinen Einstellbewegungen, die linke Hand fixiert gleichzeitig das Kind. Die Mutter assistiert von der anderen Seite. Um ein aufrechtstehendes rechtes Hüftgelenk am Monitor zu sehen, wurde ein kleiner Zusatzmonitor um 90° gedreht. Dieser ist links neben der assistierenden Mutter aufgestellt und in direkter Blickrichtung des Untersuchers.

5 Wichtige Hinweise zur Handhabung und Systematik des vorliegenden Atlas

Wir möchten nochmals darauf hinweisen, daß es nicht Aufgabe eines Atlas sein kann, Grundwissen zu vermitteln. Dieser Atlas soll dem mit der Hüftsonographie bereits vertrauten Untersucher die Möglichkeit bieten, sein Wissen systematisch zu erweitern und zu vertiefen. Außerdem soll er durch seinen systematischen Aufbau dem Untersucher bei Problemen mit eigenen Hüftsonogrammen durch Analogien bei der Lösung einzelner Probleme helfen und Unterstützung in schwierigen Fällen geben.

Wir haben uns bemüht, im vorliegenden Atlas eine möglichst große Variationsbreite an Bildmaterial zu demonstrieren.

- Die Hüftsonogramme wurden mit verschiedenen Geräten angefertigt, um unterschiedliche Darstellungstechniken zu demonstrieren. Durch die Vielfalt der Abbildungstechniken sollen immer wiederkehrende Prinzipien der Hüftsonographie auch bei Verwendung verschiedener Geräte herausgestellt werden.

- In den Kapiteln mit spezieller Thematik haben wir beim Kopieren der Bildoriginale darauf geachtet, die themenbezogenen Bezugspunkte fototechnisch herauszuarbeiten. Für die Fragestellung weniger wichtiger Bildteile des Sonogramms wurden vernachlässigt.

- Manche der Sonogramme haben noch einen hellen Bildhintergrund: Zu Beginn der Hüftsonographie wurde der helle Bildhintergrund bevorzugt, da die Sonogramme mit ihren Meßpunkten dadurch kontrastreicher, härter und somit klarer dargestellt werden konnten. Durch den technologischen Fortschritt ist durch das Postprocessing ein ähnlich kontrastreiches Sonogramm auch bei dunklem Bildhintergrund möglich. Wir folgen daher der generellen Tendenz, Hüftsonogramme wieder auf dunklem Bildhintergrund zu dokumentieren, obwohl der helle Bildhintergrund wieder Vorteile beim Einzeichnen von Meßlinien mit Bleistift von Hand hat und daher von manchen Untersuchern nach wie vor bevorzugt wird. In Verwendung stand vorzugsweise ein 5-MgHz Linear Transducer, obwohl bis zu einem Alter von ca. 6 Wochen der heutige Qualitätsstandard die Verwendung eines 7- bzw. 7,5-MgHz Transducer verlangt. Um dem Prinzip der möglichst großen Bildvielfalt gerecht zu werden, haben wir die Bilder möglichst wenig selektioniert. Es wurden daher auch Hüftsonogramme mit verschieden großem Bildformat in Negativ- und Positivdarstellung und Bilder mit Aufnahme- und Abbildungsfehlern aufgenommen. Mit kritischen Bemerkungen in den Legenden soll auf spezielle Probleme zusätzlich hingewiesen werden. Im Kapitel „Verlaufskontrollen“ wurden weniger wichtige sonographische Zwischenkontrollen nicht angeführt. Anfangsbefund und vorläufiger Endbefund, ohne die zwischenzeitlich durchgeführten Kontrollen, sollen der Anschaulichkeit und dem Umfang des Atlas zugute kommen.

6 Sonographische Anatomie der Säuglingshüfte

Bei von lateral nach medial eingestrahltem Ultraschall durchdringt der Ultraschall nach der Haut die Subkutis sowie die Fascia lata und die Glutealmuskelschichten, ehe er auf das Gelenk trifft. Die Fascia lata und die intermuskulären Septen sind echogener als die dazwischenliegenden Muskelanteile und das subkutane Fett. Die Gelenkkapsel sowie das Labrum acetabulare sind ebenfalls echogen. Hyaline Knorpelanteile sind aufgrund ihrer histologischen Struktur echoarm bzw. echofrei und imponieren sonographisch als „Schalloch“. Am Knochen kommt es zur Totalreflexion und dahinter zur kompletten Schallauslöschung, die man als „Schallschatten“ bezeichnet.

6.1 Weichteile
(Abb. 6.1–6.11)

Der Weichteilmantel kommt besonders gut zur Darstellung, wenn Trochanter, Schenkelhals und Azetabulum möglichst in der Frontalebene liegen. Dies setzt eine korrekte Lagerungstechnik mit leicht innenrotiertem Hüftgelenk voraus.

Neugeborene haben gegenüber älteren Kindern einen relativ höheren Wassergehalt der Weichteile. Dies verlangt bei Neugeborenen daher eine relativ stärkere Grundverstärkung, um den Weichteilmantel darzustellen, als bei älteren Kindern.

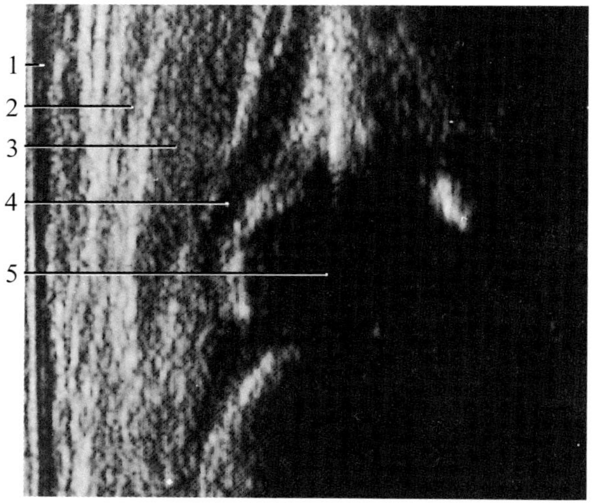

Abb. 6.1. K. H., 4 Monate, rechtes Hüftgelenk, Monitorbild
1 Subkutis
2 intermuskuläres Septum
3 Glutaeus medius
4 Glutaeus minimus
5 Hüftkopf

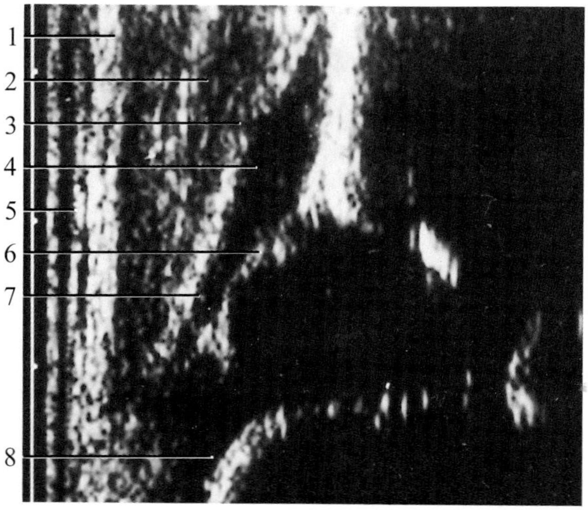

Abb. 6.2. R. J., 6 Monate, linkes Hüftgelenk
1 Fascia lata
2 Musculus glutaeus medius
3 intermuskuläres Septum
4 Musculus glutaeus minimus
5 Fascia lata
6 Labrum acetabulare
7 M. glutaeus minimus, medial davon die Gelenkkapsel, caudal davon findet sich die Umschlagfalte
8 Knorpel-Knochengrenze am Schenkelhals

Abb. 6.3. S. Y., 3 Monate, rechtes Hüftgelenk
Der Weichteilmantel ist gut dargestellt.
1 M. glutaeus maximus
2 M. glutaeus medius
3 Intermuskuläres Septum
4 M. glutaeus minimus
5 Fascia lata
6 Gelenkkapsel
7 Trochanter major
8 Knorpelig präformierter Anteil des Schenkelhalses

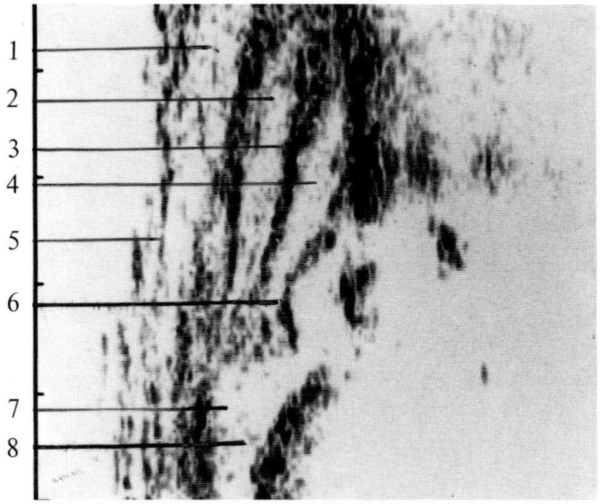

Abb. 6.4. B. O., 4 Monate, rechtes Hüftgelenk
1 M. glutaeus maximus
2 Besonders breiter M. glutaeus medius
3 M. glutaeus minimus
4 Trochanter major
5 M. vastus lateralis des M. quadriceps
6 Labrum acetabulare
7 Knöcherner Erker

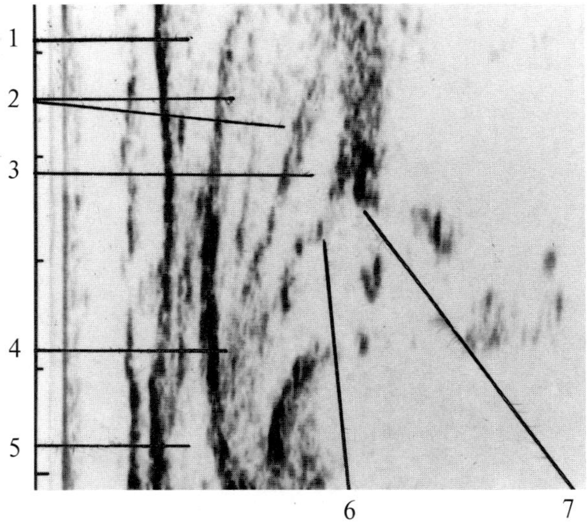

Abb. 6.5. H. L., 6 Monate, rechtes Hüftgelenk
1 Subkutis
2 Intermuskuläres Septum
3 M. glutaeus medius mit intramuskulärem Septum
4 Labrum acetabulare
5 Knorpelig präformiertes Pfannendach

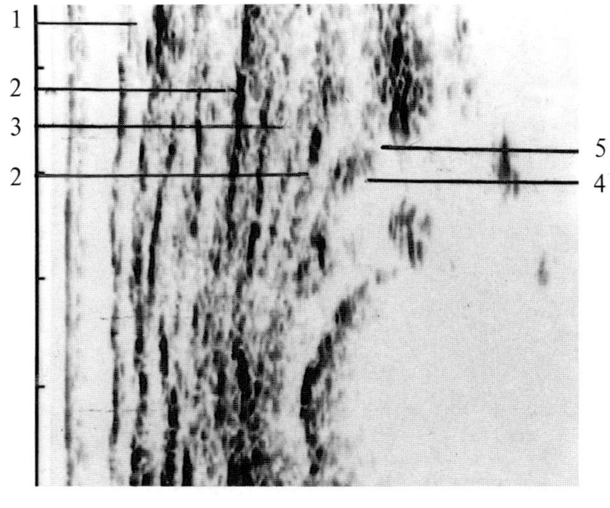

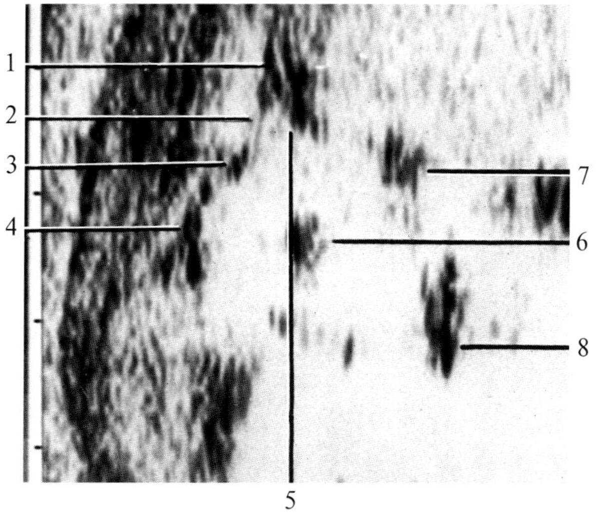

Abb. 6.6. E. D., 5 Monate, linkes Hüftgelenk
1 Perichondrium
2 Perichondriumloch
3 Labrum acetabulare
4 Gelenkkapsel
5 Knöcherner Erker
6 Hüftkopfkern
7 Taillierung
8 Os ischii

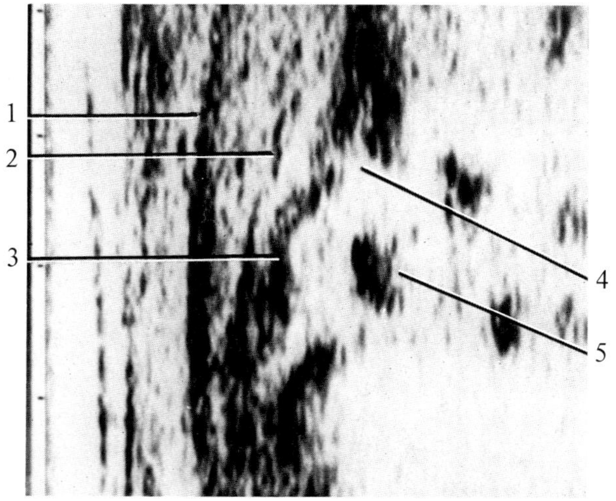

Abb. 6.7. N. W., 4,5 Monate, linkes Hüftgelenk
1 Septum intermusculare
2 Septum intermusculare zwischen M. glutaeus medius und M. glutaeus minimus
3 Gelenkkapsel
4 Knorpelig präformiertes Pfannendach
5 Hüftkopfkern

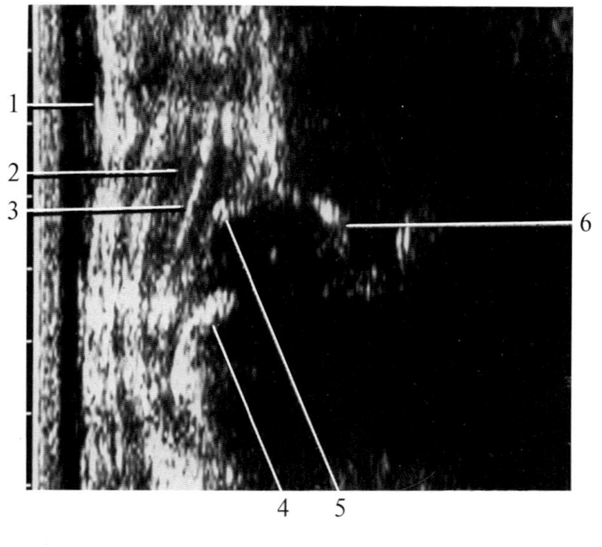

Abb. 6.8. S. T., 4 Monate, linkes Hüftgelenk, Monitorbild
1 Fascia lata
2 M. glutaeus medius
3 Intermuskuläres Septum
4 Knorpel-Knochen-Grenze
5 Labrum acetabulare
6 Unterrand des Os ilium

Abb. 6.9. S. T., 4 Monate, rechtes Hüftgelenk, Monitorbild
1 M. glutaeus medius
2 Intermuskuläres Septum
3 M. glutaeus minimus
4 Gelenkkapsel
5 Labrum acetabulare
6 Knorpelig präformiertes Pfannendach
7 Os-ilium-Unterrand

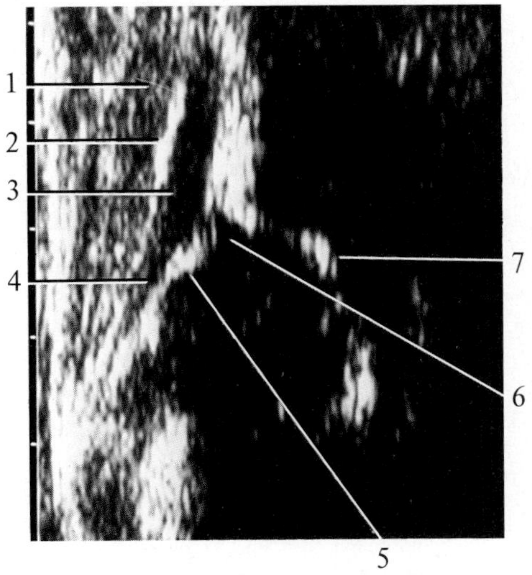

Abb. 6.10. G. M., 2 Monate, rechtes Hüftgelenk
1 Fascia lata
2 Intermuskuläres Septum, dazwischen M. glutaeus medius
3 Labrum acetabulare
4 Umschlagfalte

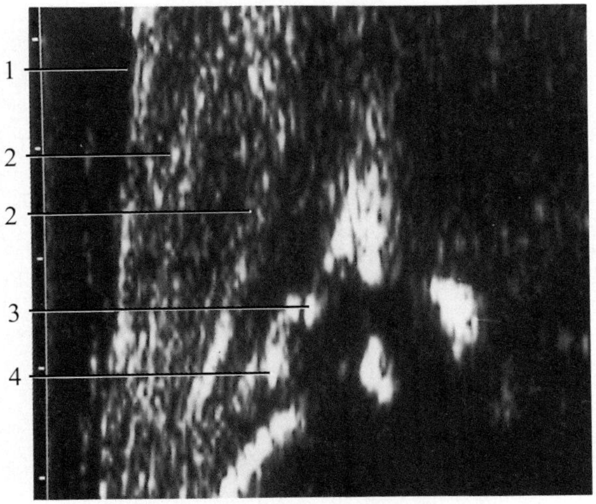

Abb. 6.11. I. E., 4 Monate, linkes Hüftgelenk
Der knöcherne Erker ist deutlich gerundet bei gerade noch ausreichender knöcherner Formgebung, das knorpelige Pfannendach wirkt auffallend breit, ist aber noch übergreifend.
1 Fascia lata
2 M. glutaeus minimus
3 Labrum acetabulare
4 Umschlagfalte
5 Knorpelig präformiertes Pfannendach
6 Hüftkopfkern

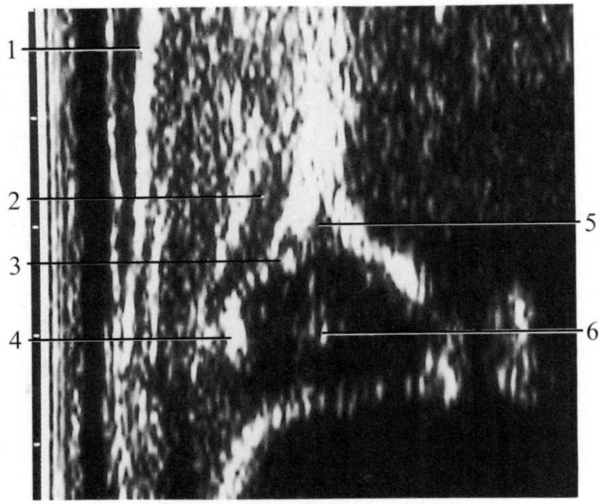

6.2 Trochanterformen und Knorpel-Knochen-Grenze
(Abb. 6.12–6.28)

Im Gegensatz zum Erwachsenen ist bei Säuglingen und Kindern der Schenkelhals ausgesprochen kurz. Die Knorpel-Knochen-Grenze am koxalen Femurende entwickelt differente Wachstumspotenzen, die verschiedene Verlaufsrichtungen der Knorpel-Knochen-Grenze zur Folge haben.

Je nach Stellung des koxalen Femurendes wird der Trochanter major, der als mehr oder weniger echoarme Zone imponiert, angeschnitten. Die äußere Begrenzung des Trochanter major ist sonographisch durch die einstrahlenden Sehnen aufgerauht und unregelmäßig begrenzt.

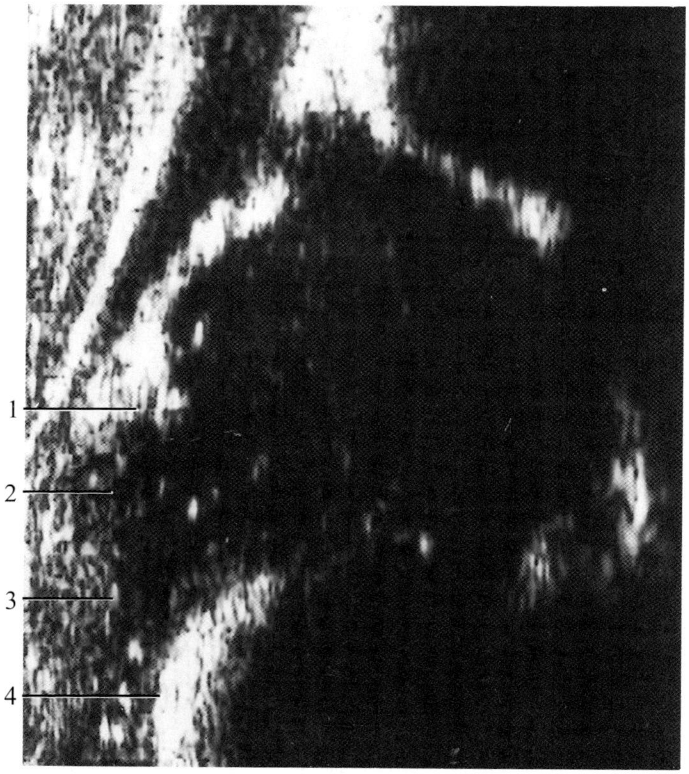

Abb. 6.12. M. E., 4 Monate, linkes Hüftgelenk, Monitorbild
1 Umschlagfalte
2/3 Trochanter major – Basis mit hyalinknorpelig präformiertem Schenkelhals
4 Knorpelknochengrenze

Abb. 6.13. K. A., 10 Monate, linkes Hüftgelenk
Das coxale Femurende und die Fossa acetabuli liegen exakt in der Frontalebene. Das Schalloch des Trochanter major und die Knorpel-Knochen-Grenze kommen gut zur Darstellung. Die Umschlagfalte wird durch den Umschlagpunkt von Gelenkkapsel zum Perichondrium deutlich abgegrenzt.
1 Labrum acetabulare
2 Gelenkkapsel
3 Umschlagpunkt Gelenkkapsel zu Perichondrium (= Umschlagfalte)
4 Schalloch des Trochanter major
5 Knorpel-Knochen-Grenze

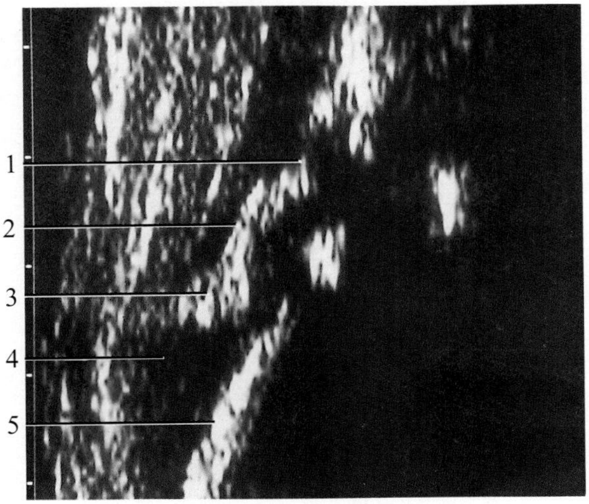

Abb. 6.14. K. B., 4 Monate, rechtes Hüftgelenk
Die Knorpel-Knochen-Grenze ist schräg angeschnitten, die Trochanterbasis mit dem ebenfalls schräg angeschnittenen Trochanter major gut sichtbar. Die Umschlagfalte, die den Umschlagpunkt von Gelenkkapsel zu Perichondrium des knorpelig präformierten Anteils des Schenkelhalses markiert, ist gut sichtbar.
1 Labrum acetabulare
2 Umschlagfalte
3 Trochanter major
4 Knorpel-Knochen-Grenze

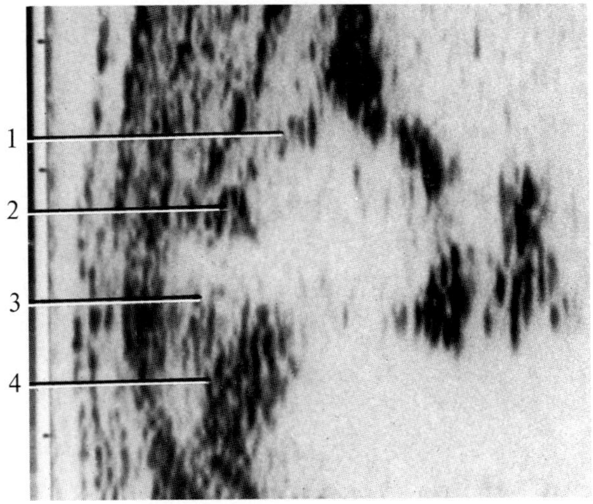

Abb. 6.15. S. A., 2 Monate, linkes Hüftgelenk
Das Labrum acetabulare ist gut sichtbar.
Die Umschlagfalte markiert den Übergang von Gelenkkapsel zu Perichondrium. Die Trochanterbasis und der knorpelig präformierte Schenkelhalsanteil ist gut sichtbar. Die Knorpel-Knochen-Grenze ist stark echogen.
1 Labrum acetabulare
2 Umschlagfalte
3 Trochanterbasis
4 Knorpel-Knochen-Grenze

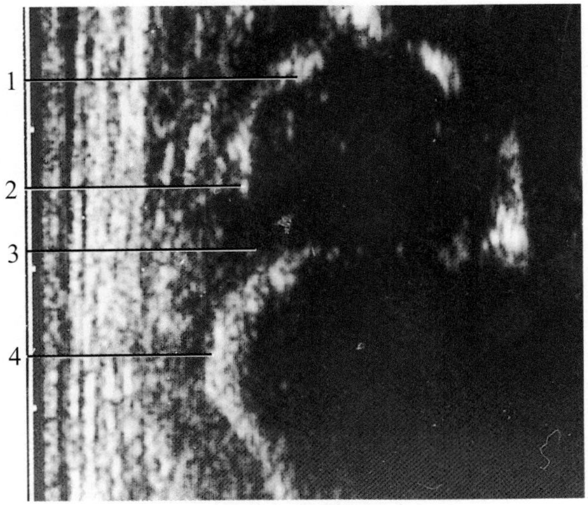

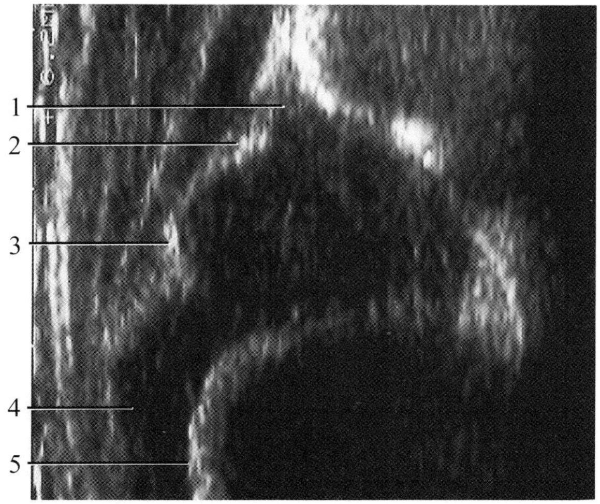

Abb. 6.16. G. R., 5 Tage, linkes Hüftgelenk
Die Knorpel-Knochen-Grenze kommt klar zur Darstellung. Der knorpelig präformierte Anteil des Schenkelhalses ist gut sichtbar. Der Trochanter major liegt durch die Rotation des koxalen Femurendes außerhalb der Schnittebene und wird daher nicht mehr dargestellt.
1 Knorpelig präformiertes Pfannendach
2 Labrum acetabulare
3 Umschlagfalte
4 Knorpelig präformierter Anteil des Schenkelhalses
5 Knorpel-Knochen-Grenze
(7 MgHz)

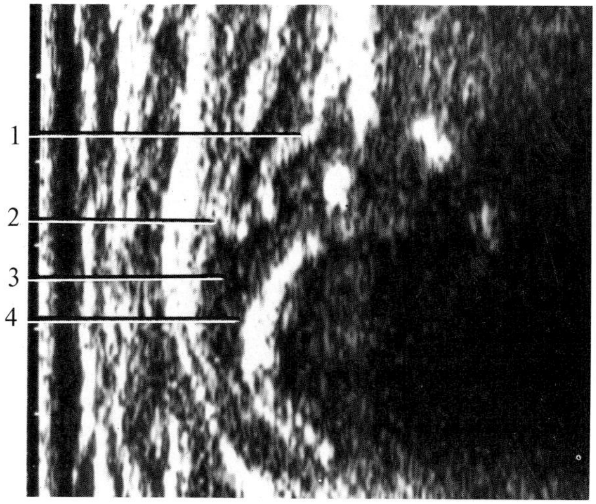

Abb. 6.17. S. T., 8 Monate, linkes Hüftgelenk, Monitorbild
Das koxale Femurende und die Fossa acetabuli liegen genau in der Frontalebene, daher kommen der Trochanter major mit der Trochanterspitze und die Knorpel-Knochen-Grenze gut zur Darstellung.
1 Labrum acetabulare
2 Trochanterspitze
3 Trochanter major
4 Knorpel-Knochen-Grenze

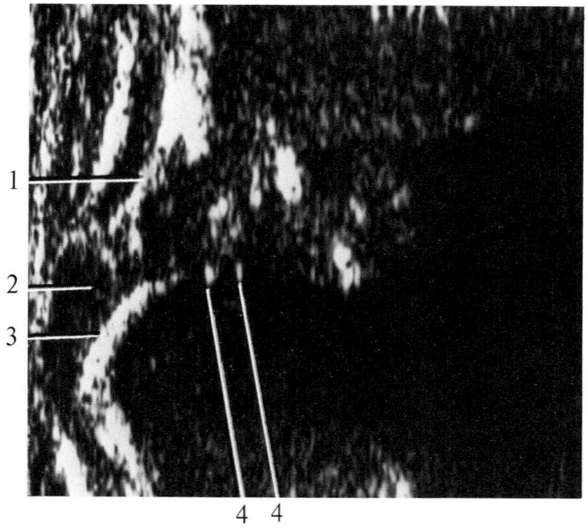

Abb. 6.18. M. M., 4 Monate, linkes Hüftgelenk, Monitorbild
Man sieht die Knorpel-Knochen-Grenze mit Schallpalisade, das Labrum acetabulare und die Trochanterbasis. Die Schallpalisade kommt durch die gerade tangential angeschnittene Knorpel-Knochen-Grenze zustande.
1 Labrum acetabulare
2 Trochanterbasis
3 Knorpel-Knochen-Grenze
4 „Schallpalisade" (Echos, die der Knorpel-Knochen-Grenze angehören)

Abb. 6.19. P. U., 7 Monate, linkes Hüftgelenk, Monitorbild
Es besteht eine starke Rotation des koxalen Femurendes, die an der steilgestellten Knorpel-Knochen-Grenze erkennbar ist.
1 Labrum acetabulare
2 Trochanterbasis
3 Einstrahlende Sehnen und Perichondrium
4 Knorpel-Knochen-Grenze

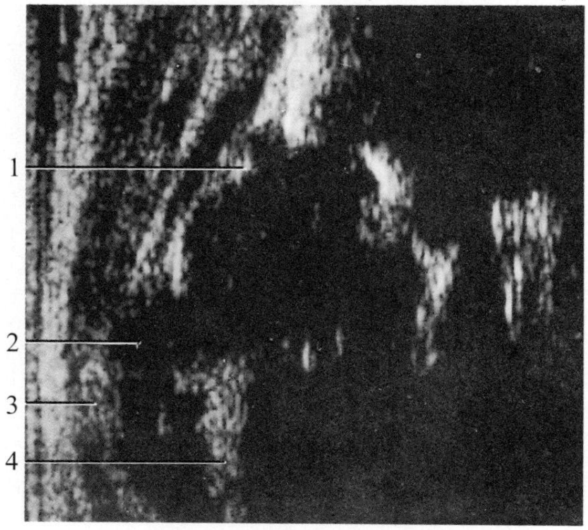

Abb. 6.20. U. K., 6 Monate, linkes Hüftgelenk, Monitorbild
Bei größeren Kindern ist die Knorpel-Knochen-Grenze in der Regel stark gewinkelt, so daß die medialen Anteile nicht mehr zur Darstellung kommen. Das Labrum acetabulare ist nur zart angedeutet, die Umschlagfalte ist gut sichtbar.
1 Labrum acetabulare
2 Umschlagfalte
3 Einstrahlende Sehnen
4 Hyaline Anteile des knorpelig präformierten Schenkelhalses und der Trochanterbasis
5 Knorpel-Knochen-Grenze
6 Hüftkopfkern

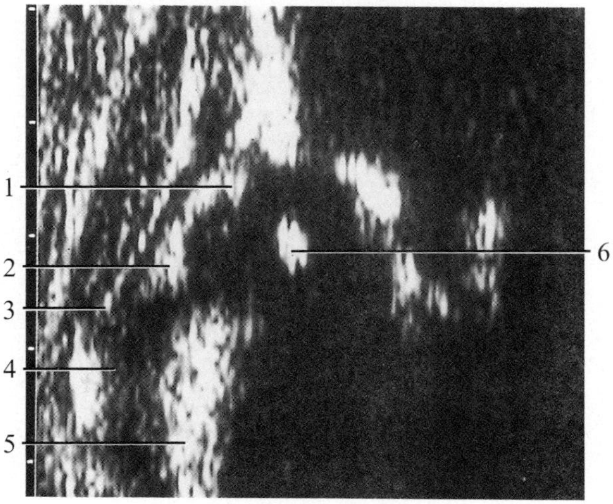

Abb. 6.21. R. N., 4 Monate, rechtes Hüftgelenk, Monitorbild
Das koxale Femurende ist stark rotiert, kenntlich durch die steilgestellte Knorpel-Knochen-Grenze, nur ein schmaler Anteil des knorpelig präformierten Schenkelhalses ist sichtbar, die Umschlagfalte ist deutlich zu erkennen.
1 Labrum acetabulare
2 Gelenkkapsel
3 Anteil des knorpelig präformierten Schenkelhalses
4 Knorpel-Knochen-Grenze
5 Umschlagfalte

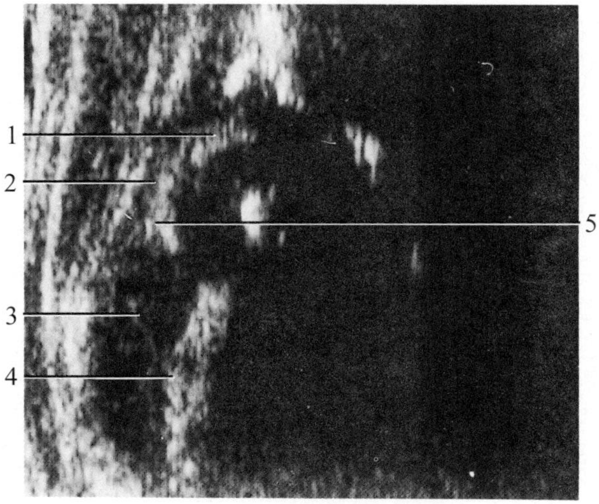

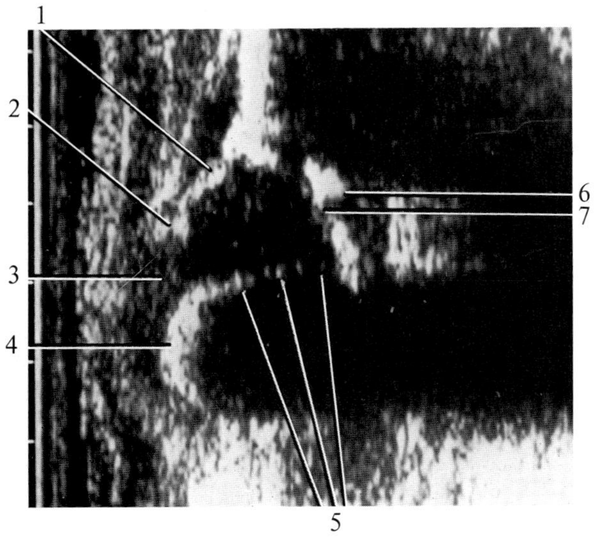

Abb. 6.22. G. E., 2 Monate, linkes Hüftgelenk, Monitorbild
Man erkennt eine deutlich sichtbare Knorpel-Knochen-Grenze, die bogenförmig in Form von Schallpalisaden weit nach medial verläuft.
1 Labrum acetabulare
2 Doppelecho der Umschlagfalte
3 Trochanterbasis mit hyalinem Schenkelhalsanteil
4 Knorpel-Knochen-Grenze
5 Schallpalisaden
6 Unterrand des Os ilium
7 Gewebe der Fossa acetabuli

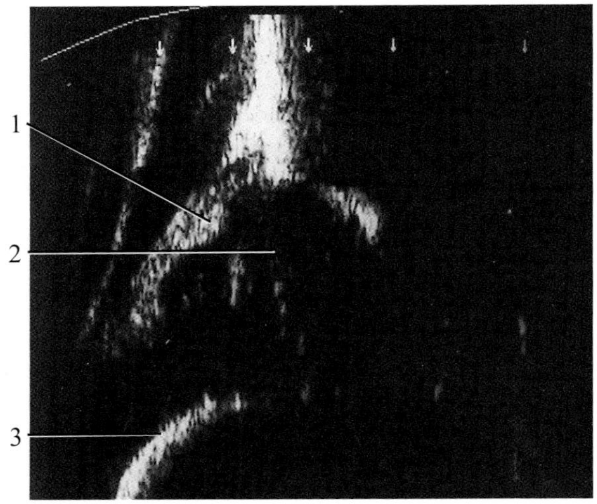

Abb. 6.23. R. J., 4 Wochen, linkes Hüftgelenk
Die knöcherne Formgebung ist gut, der knöcherne Erker ist eckig, das knorpelige Pfannendach ist den Hüftkopf übergreifend. Der Hüftkopfkern ist noch fehlend. Die Knorpel-Knochen-Grenze ist durch eine bogenförmige Echogenität gut erkennbar, das Labrum acetabulare an der Innenseite der Gelenkkapsel gut sichtbar. Das Septum intermusculare zwischen Musculus gluteus minimus und medius kommt ebenfalls gut zur Darstellung.
1 Labrum acetabulare
2 Hüftknopf
3 Knorpel-Knochen-Grenze
(7 MgHz)

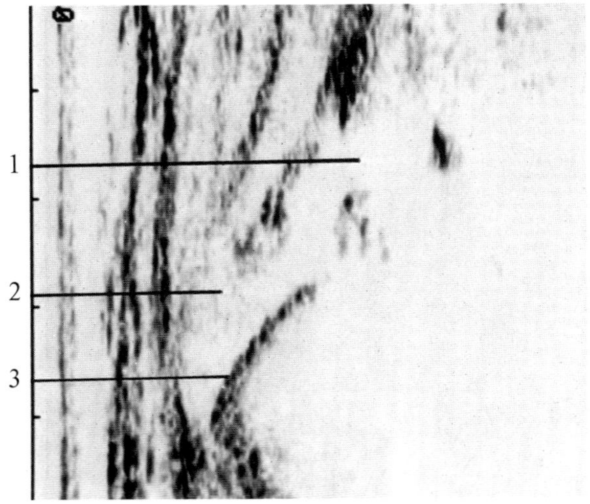

Abb. 6.24. G. M., 7 Monate, rechtes Hüftgelenk
Im Vergleich mit Abb. 6.23 ist der Verlauf der Knorpel-Knochen-Grenze im Schenkelhalsbereich nicht mehr bogenförmig. Der mediale Anteil der Knorpel-Knochen-Grenze gerät in den Schallschatten und kann daher nicht mehr eingesehen werden.
1 Hüftkopf
2 Trochanter major
3 Knorpel-Knochen-Grenze

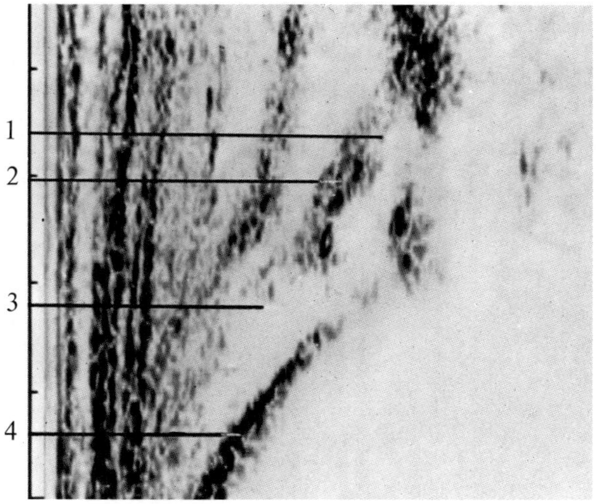

Abb. 6.25. M. M., 24 Monate, linkes Hüftgelenk
Die Knorpel-Knochen-Grenze ist bei dem 24 Monate alten Kleinkind deutlich nach proximal vorgewölbt. Aus ihrem Verlauf läßt sich die Weiterentwicklung des Schenkelhalses und die zunehmende Trennung des Trochanter major vom Hüftkopf ablesen. Die medialen Anteile der Knorpel-Knochen-Grenze liegen durch die Abwinkelung des Wachstumsplatte im Schallschatten.
1 Hyalinknorpelig präformiertes Pfannendach
2 Labrum acetabulare
3 Hyalinknorpeliger Anteil des Schenkelhases
4 Knorpel-Knochen-Grenze
Der Unterrand des Os ilium ist aufgrund des Kindesalters bereits ungenügend dargestellt.

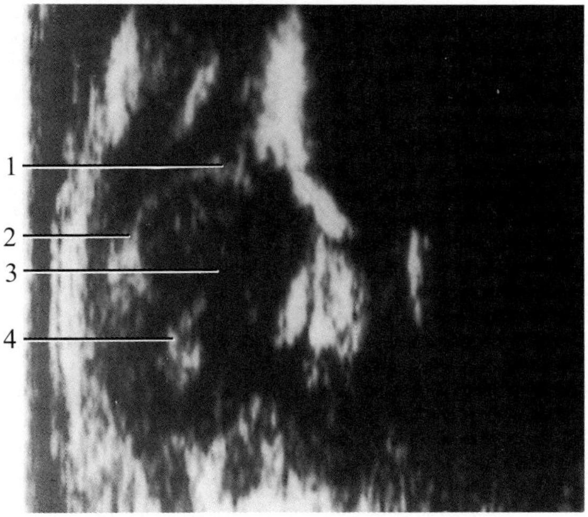

Abb. 6.26. F. A., 6 Wochen, linkes Hüftgelenk
Die knöcherne Pfanne ist schlecht, der knöcherne Erker ist flach. Das knorpelige Pfannendach ist nach kranial abgedrängt und echoarm. Der Hüftkopf hat bereits die Urpfanne verlassen. Das koxale Femurende ist stark rotiert, so daß die Knorpel-Knochen-Grenze nur mehr andeutungsweise zur Darstellung kommt..
1 Labrum acetabulare
2 Gelenkkapsel mit Umschlagfalte
3 Hüftkopf
4 Knorpel-Knochen-Grenze

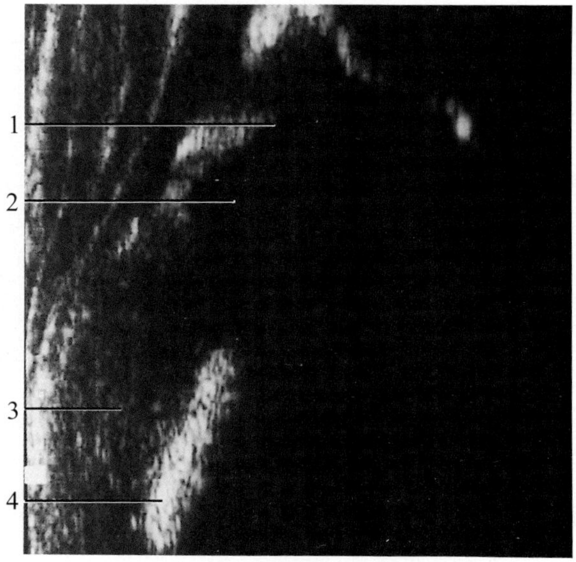

Abb. 6.27. G. R., 10 Wochen, rechtes Hüftgelenk
Es besteht ein Zustand nach Typ-III-Gelenk, das im Alter von 4 Wochen diagnostiziert wurde. Das Hüftgelenk wurde konservativ behandelt. Auffallend ist die mangelnde knöcherne Formgebung mit dem breiten, noch nicht verknöchernden knorpeligen Pfannendach. Die Knorpel-Knochen-Grenze verläuft gestreckt, der mediale Anteil ist nicht sichtbar.
1 Großes, breites noch nicht verknöchertes knorpeliges Pfannendach
2 Grenze zwischen Hüftkopfoberfläche und Labrum acetabulare
3 Hyalin-knorpelig präformierter Anteil des Schenkelhalses
4 Knorpel-Knochen-Grenze

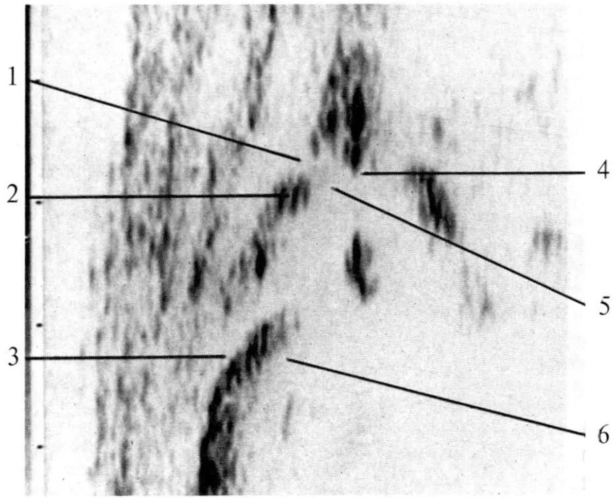

Abb. 6.28. E. A., 5 Monate, rechtes Hüftgelenk
Die Knorpel-Knochen-Grenze ist gut sichtbar, der knorpelig präformierte Anteil des Schenkelhalses schmal dargestellt. Die Knorpel-Knochen-Grenze ist stark abgewinkelt und kommt im medialen Anteil nicht zur Darstellung.
1 Perichondriumloch
2 Labrum acetabulare
3 Knorpel-Knochen-Grenze
4 Knöcherner Erker
5 Knorpelig präformiertes Pfannendach
6 Schallschatten hinter der Knorpel-Knochen-Grenze

6.3 Kopfkernentwicklung und Halbmondphänomen

(Abb. 6.29–6.60)

Die sonographische Darstellbarkeit des Hüftkopfkernes ist ungefähr 4–6 Wochen früher als im dazugehörigen Röntgenbild möglich [5]. Auch bei Neugeborenenhüften kann manchmal der Hüftkopfkern bereits nachgewiesen werden, wenn die Hüfte ein gutes Reifungsstadium aufweist.

Wird der Hüftkopfkern größer und stärker echogen, durchdringt der Schallstrahl nicht mehr den gesamten Hüftkopfkern, sondern bleibt an dessen lateraler Oberfläche, so daß der mediale Anteil des Hüftkopfkernes in den Schallschatten gerät. Es entsteht das typische sogenannte „Halbmondphänomen".

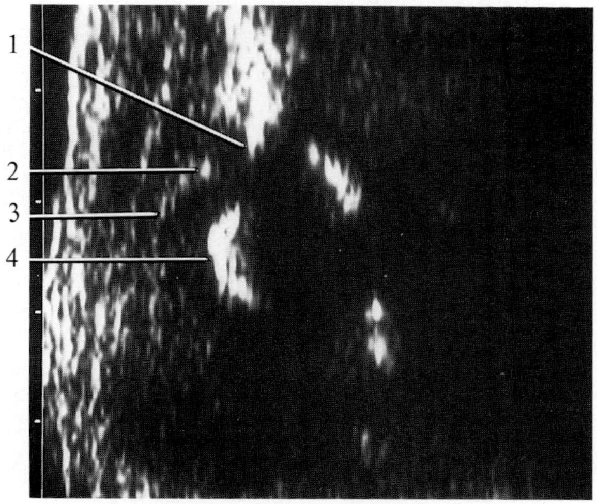

Abb. 6.29. R. A., 7 Monate, rechtes Hüftgelenk, Monitorbild
Es ist ein großer Hüftkopfkern vorhanden, der nur mehr in seinem lateralen Anteil als Halbmondphänomen imponiert.

1 Knöcherner Erker mit Erkerartefakt
2 Labrum acetabulare
3 Gelenkskapsel
4 Hüftkopfkern mit Halbmondphänomen

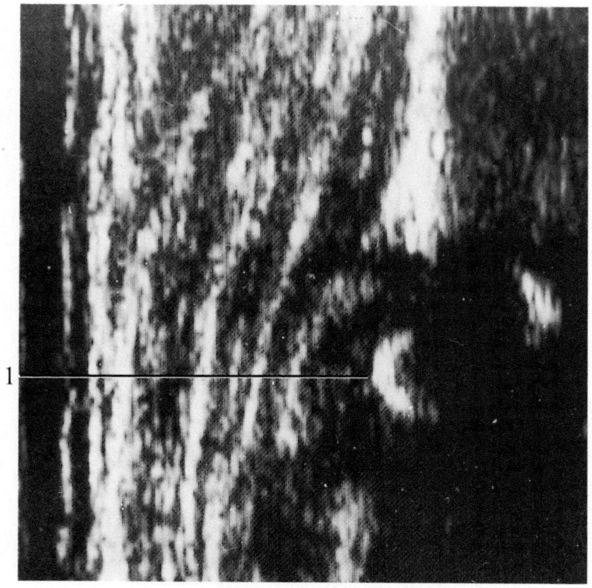

Abb. 6.30. E. R., 23 Monate, linkes Hüftgelenk
Bei weit fortgeschrittener Hüftkopfkernentwicklung stellt sich dieser im Sonogramm mit dem typischen Halbmondphänomen dar (1). Die zentralen und medialen Anteile des Hüftkopfkernes liegen im Schallschatten. Die Knorpel-Knochen-Grenze ist stark abgewinkelt, so daß auch hier die medialen Anteile sonographisch nicht dargestellt werden können.

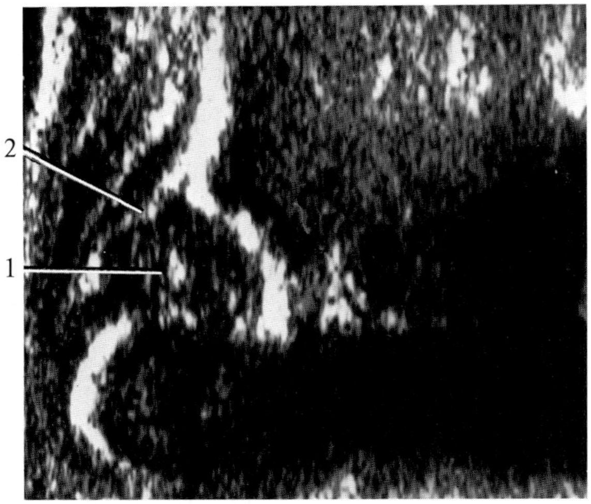

Abb. 6.31. F. F., 6 Wochen, rechtes Hüftgelenk, Monitorbild
Der zarte Hüftkopfkern ist deutlich sichtbar.
Im Gegensatz zum Sonogramm ist im Röntgenbild in Abb. 6.27 rechts der Kopfkern kaum sichtbar.
1 Hüftkopfkern
2 Labrum acetabulare
(Leicht dorsaler Schnitt)

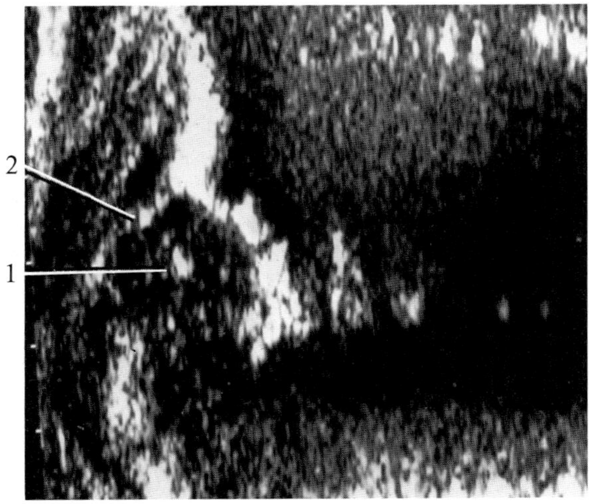

Abb. 6.32. Derselbe Patient wie in Abb. 6.31, jedoch linkes Hüftgelenk
Auch hier ist der Hüftkopfkern bereits deutlich sichtbar.
1 Hüftkopfkern
2 Labrum acetabulare

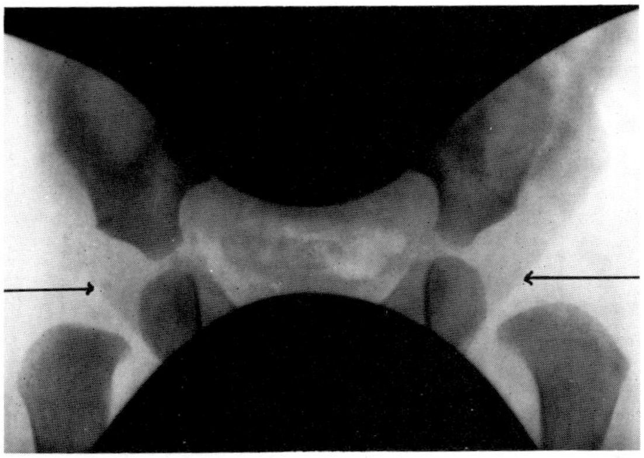

Abb. 6.33. Röntgenbild zu Abb. 6.31 und 6.32
Der Hüftkopfkern ist nur angedeutet sichtbar und mit Pfeilen markiert.

Abb. 6.34. P. L., 3 Monate, rechtes Hüftgelenk, Monitorbild
Obwohl auf dem Röntgenbild (Abb. 6.36) kein Hüftkopfkern sichtbar ist, kommt bereits ein deutliches Kopfkernecho zur Darstellung. Das Perichondriumloch kommt nur andeutungsweise zur Darstellung. Es besteht nur eine Echoschwächung.
1 Labrum acetabulare
2 Kopfkernecho
3 Angedeutetes Perichondriumloch

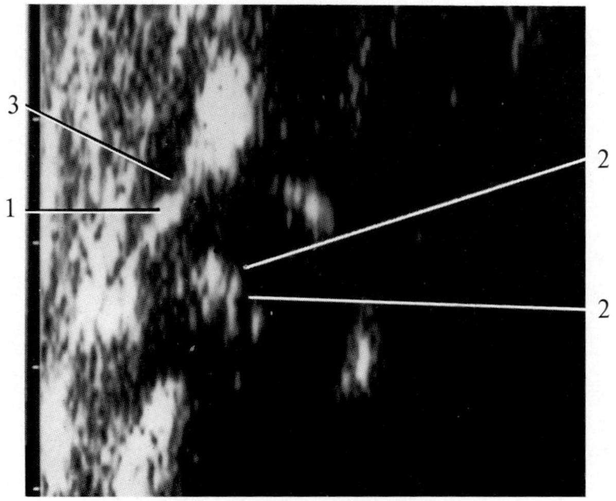

Abb. 6.35. Derselbe Patient wie in Abb. 6.34, jedoch linkes Hüftgelenk
Auch hier sieht man ein deutliches Doppelecho des Hüftkopfkernes. Gegenüber der rechten Seite ist es jedoch nicht so stark ausgeprägt. Auf dem Röntgenbild (Abb. 6.36) ist auf der linken Seite ebenfalls kein Hüftkopfkern sichtbar.
1 Labrum acetabulare
2 Doppelecho des Hüftkopfkernes

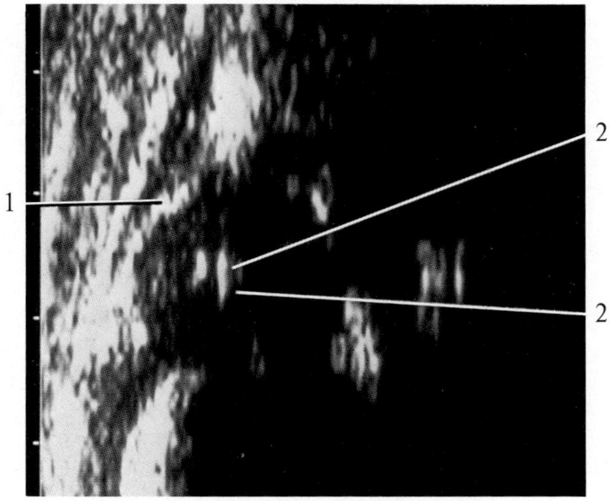

Abb. 6.36. Röntgenbild zu Abb. 6.34 und 6.35
Der Hüftkopfkern ist nicht sichtbar.

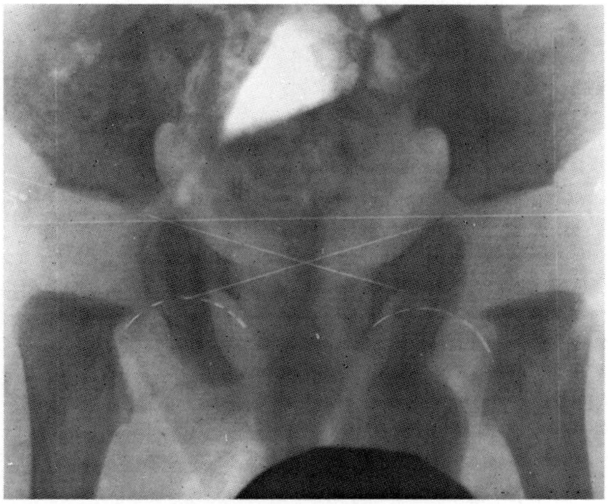

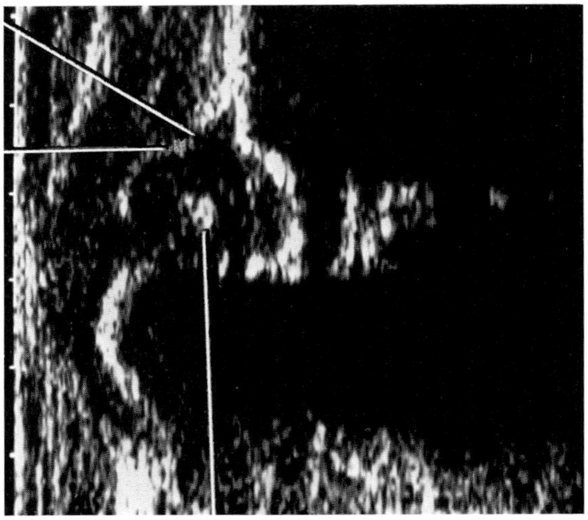

Abb. 6.37. R. A., 6 Wochen, rechtes Hüftgelenk, Monitorbild
Ein deutliches Kopfkernecho ist sichtbar. Die knöcherne Pfanne ist schlecht, der Knochenerker abgeflacht, das Knorpeldach bereits verdrängt.
1 Perichondriumloch
2 Labrum acetabulare
3 Kopfkernecho

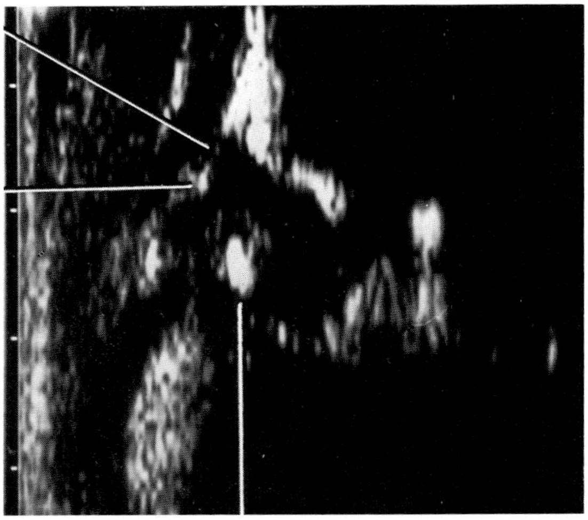

Abb. 6.38. K. A., 8 Wochen, rechtes Hüftgelenk, Monitorbild
Es ist ebenfalls ein deutliches Hüftkopfkernecho bei ausreichender Gesamtüberdachung und altersgemäßem Pfannendachbefund zu erkennen.
1 Perichondriumloch
2 Labrum acetabulare
3 Hüftkopfkern

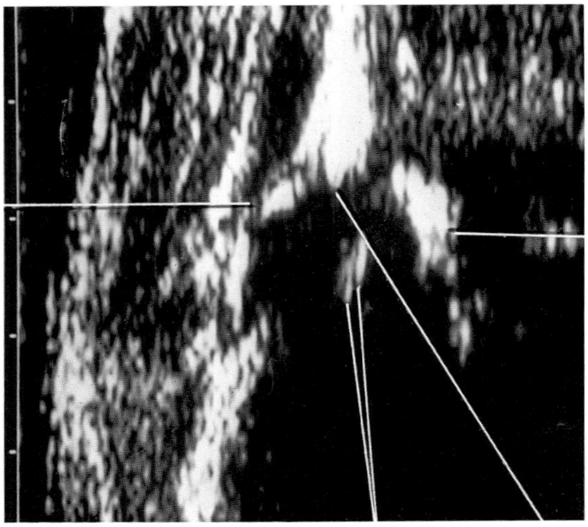

Abb. 6.39. B. A., 5 Monate, linkes Hüftgelenk, Monitorbild
Der knöcherne Erker ist bei guter knöcherner Formgebung eckig ausgebildet, der knorpelige Erker übergreifend; der Hüftkopfkern ist vorhanden, aber in seiner Struktur nicht einheitlich, sondern besteht aus zwei parallel nebeneinander liegenden Echos.
1 Labrum acetabulare
2 Kopfkernecho
3 Knöcherner Erker
4 Unterrand des Os ilium

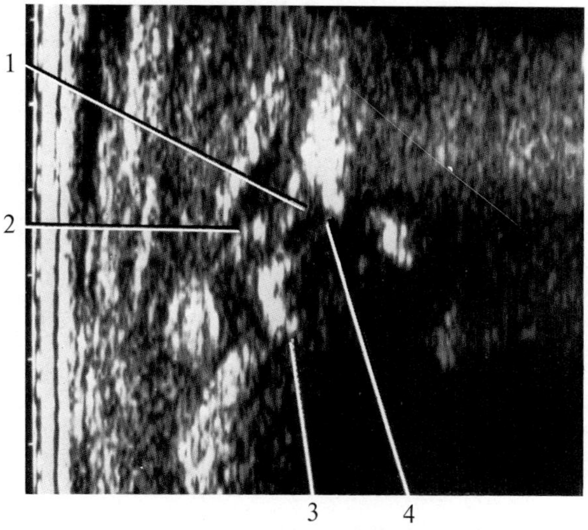

Abb. 6.40. G. V., 8 Monate, rechtes Hüftgelenk, Monitorbild
Man erkennt einen großen Hüftkopfkern mit typischem Halbmondphänomen, das fälschlicherweise oft als Kernlateralisation bezeichnet wird.
1 Knorpelig präformierter Erker
2 Labrum acetabulare
3 Hüftkopfkern
4 Leicht abgerundeter Knochenerker, entsprechend dem kleinen, mit Pfeil markierten Erkerdefekt in Abb. 6.41

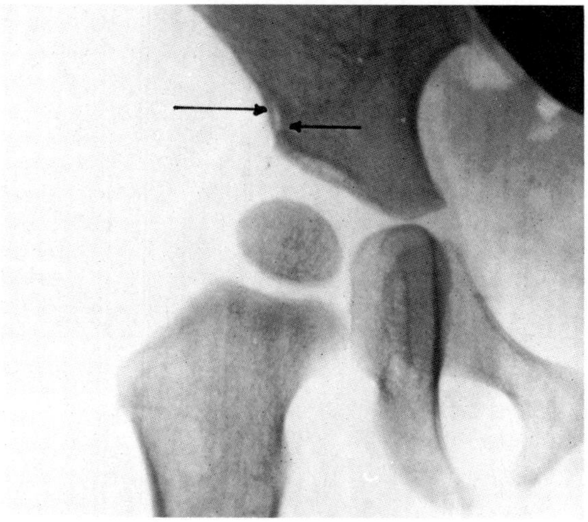

Abb. 6.41. Röntgenbild zu Abb. 6.40
Der Erkerdefekt ist mit einem Pfeil markiert.

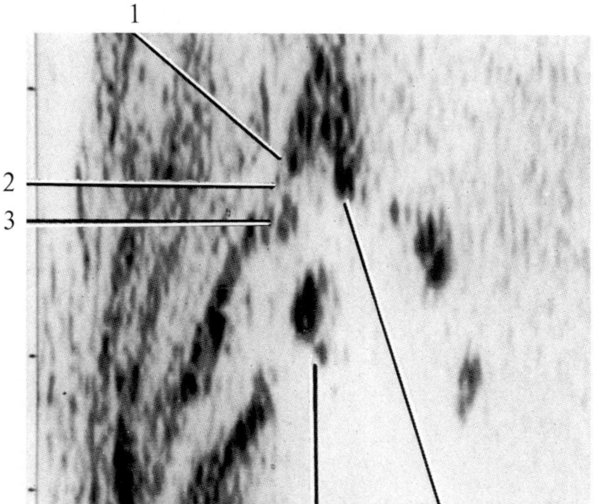

Abb. 6.42. H. V., 6 Monate, linkes Hüftgelenk
Das Halbmondphänomen ist durch den großen Hüftkopfkern bedingt. Im oberen Drittel ist das Perichondrium immer stark echogen. Das Perichondriumloch mit dem darunterliegenden Labrum ist gut sichtbar. Der eckig konturierte knöcherne Erker ist gut ausgebildet.
1 Perichondrium
2 Perichondriumloch
3 Labrum acetabulare
4 Hüftkopfkern
5 Knochenerker

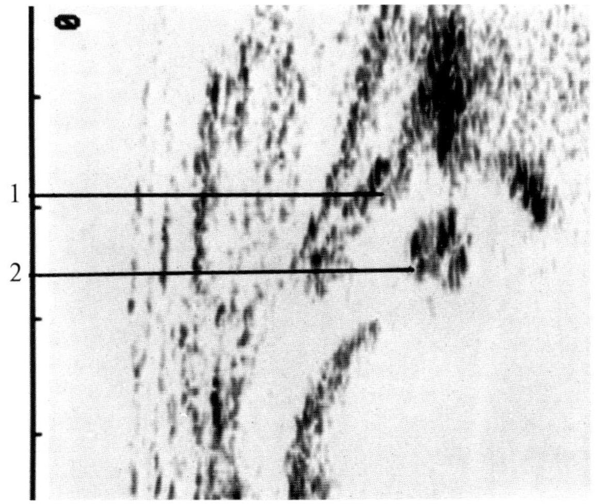

Abb. 6.43. M. J., 7 Monate, rechtes Hüftgelenk
Im Sonogramm wird ein frühes Stadium der Hüftkopfkernentwicklung dargestellt. Der Hüftkopfkern zeichnet sich noch als nahezu runde Struktur im Zentrum des Hüftkopfes ab. Bei noch geringer Kalksalzeinlagerung kann der Ultraschall noch so weit in den Hüftkopfkern eindringen, daß auch die medialen Anteile des Hüftkopfkernes dargestellt werden.
1 Labrum acetabulare
2 Hüftkopfkern in einem früheren Entwicklungsstadium

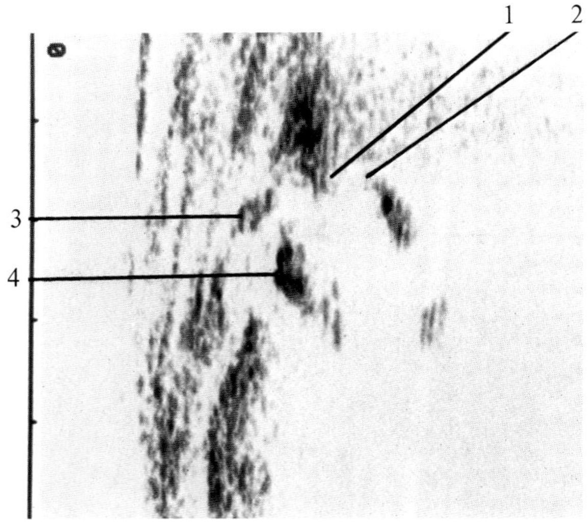

Abb. 6.44. S. R., 7 Monate, rechtes Hüftgelenk
Im Vergleich mit Abb. 6.43 ist die Hüftkopfkernentwicklung deutlich fortgeschritten. Durch zunehmende Kalksalzeinlagerung wird der Hüftkopfkern reflexreicher. Im Sonogramm stellen sich daher nur noch die lateralen Anteile des Hüftkopfkernes dar. Die medialen Anteile treten in den Schallschatten.
1 Knöcherner Pfannenerker
2 Schallschattenbildung durch den knöchernen Pfannenerker
3 Labrum acetabulare
4 Laterale Zirkumferenz des Hüftkopfkernes

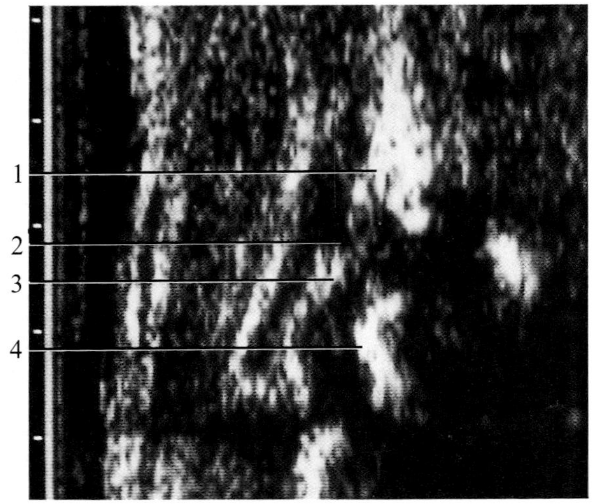

Abb. 6.45. R. N., 7 Monate, linkes Hüftgelenk
Der Hüftkopfkern ist bei diesem ebenfalls 7 Monate alten Säugling noch größer als in den Abb. 6.43 und 6.44. Der Hüftkopfkern stellt sich nur noch als lateral liegendes, halbmondförmiges Gebilde dar.
1 Proximaler, reflexreicher Anteil des Perichondriums
2 Perichondriumloch
3 Labrum acetabulare
4 Halbmondförmige Darstellung des Hüftkopfkernes

Abb. 6.46. B. M., 8 Monate, linkes Hüftgelenk
Man findet eine gute knöcherne und knorpelige Ausbildung der Hüftpfannenanlage. Der Hüftkopf mit deutlich nachweisbarer Hüftkopfkernentwicklung steht zentriert.
1 Schalloch des hyalinknorpelig präformierten Pfannendachs
2 Schalloch des Hüftkopfes mit Hüftkopfkernentwicklung
3 Schalloch des hyalinknorpelig präformierten Trochanter majors
Der Unterrand des Os ilium ist ungenügend dargestellt.

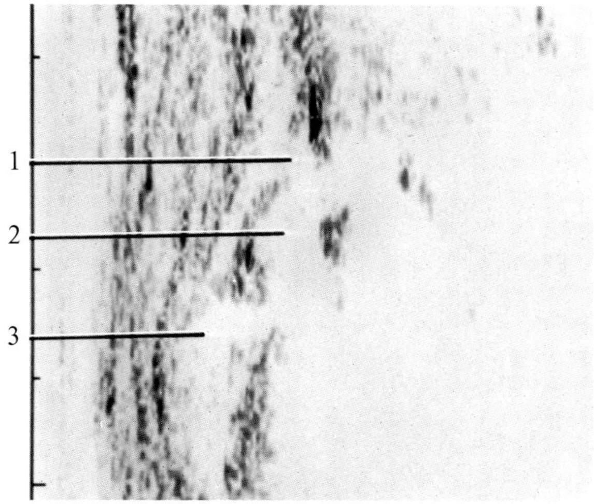

Abb. 6.47. Derselbe Patient wie in Abb. 6.46, rechtes Hüftgelenk
Eckig entwickelter knöcherner Pfannenerker mit deutlicher Schallschattenbildung, gute knöcherne und knorpelige Hüftkopfüberdachung, reflexreiche Darstellung der lateralen Zirkumferenz des Hüftkopfkernes. Durch das Halbmondphänomen kommen die medialen Anteile nicht zur Darstellung.

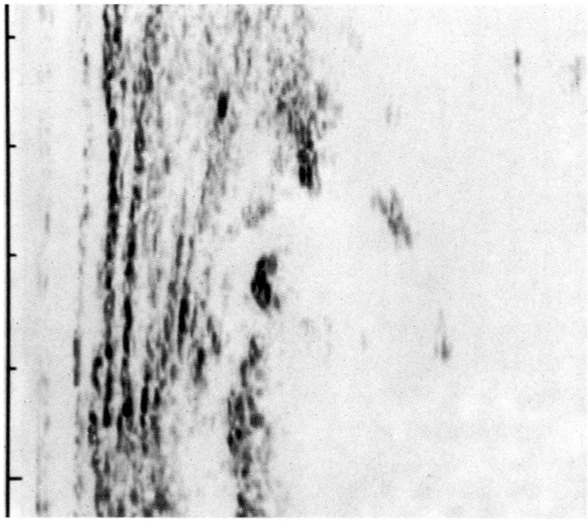

Abb. 6.48. Röntgenbild zu Abb. 6.46 und 6.47
Auch röntgenologisch findet man eine unterschiedliche Darstellung der Größe der Hüftkopfkerne bei einer nicht optimalen Beckenübersichtsaufnahme.

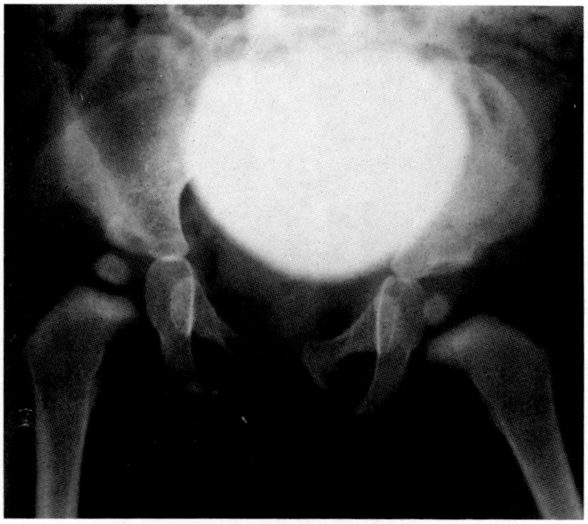

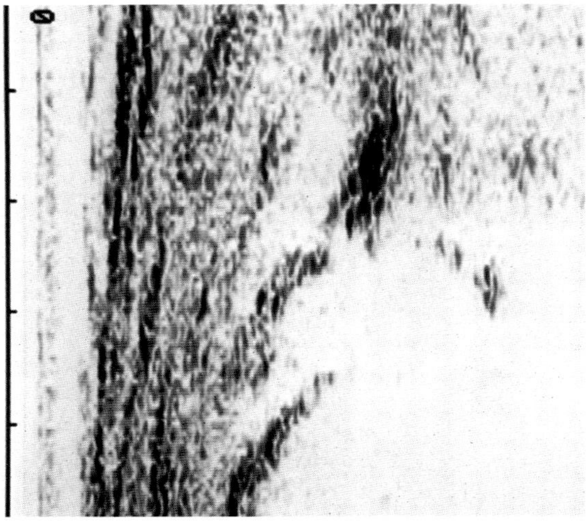

Abb. 6.49. P. L., 17 Monate, rechtes Hüftgelenk
Es ist ein nahezu eckig entwickelter, knöcherner Pfannenerker mit guter Ausformung des knöchernen Pfannendachs dargestellt. Die knorpelige Überdachung ist hinsichtlich Form und Struktur korrekt, der Hüftkopf ist über die Hälfte überdacht. Sonographisch besteht noch kein Hinweis für eine beginnende Kopfkernentwicklung.
[Aufnahmejahr 1981 (!)]

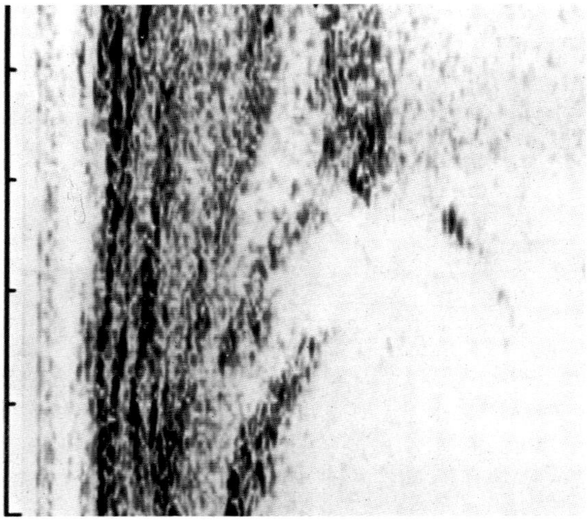

Abb. 6.50. Derselbe Patient wie in Abb. 6.49, linkes Hüftgelenk
Auch auf der linken Seite ist sonographisch noch keine Hüftkopfkernentwicklung nachweisbar bei sonst gut entwickelter knöcherner und knorpeliger Hüftpfannenanlage. Die Sonogramme Abb. 6.49 und Abb. 6.50 sind aufgrund ihrer ungenügenden Präzision (zu unscharfer Unterrand des Os ilium, Schnittebene, Labrumdarstellung) nach heutigem Standard unbrauchbar.

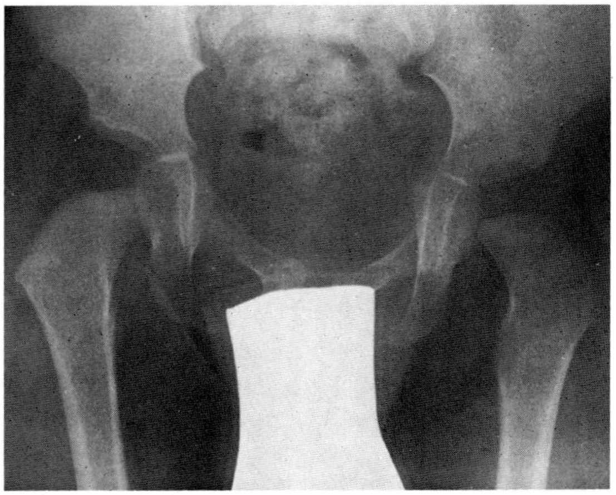

Abb. 6.51. Röntgenbild zu Abb. 6.49 und 6.50
Röntgenologisch sind ebenfalls noch keine Hüftkopfkerne nachweisbar.

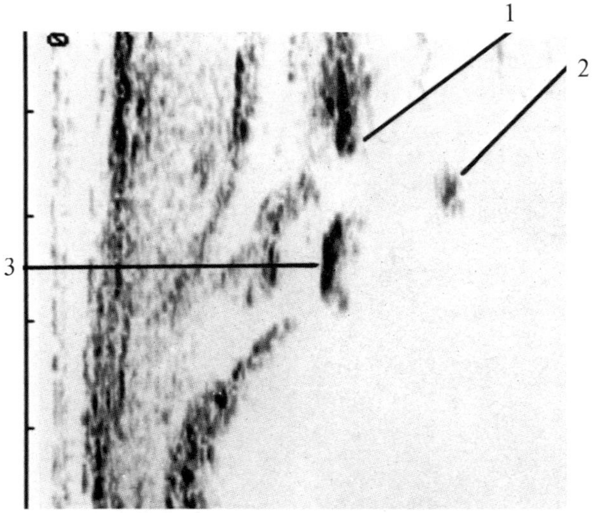

Abb. 6.52. A. N., 15 Monate, rechtes Hüftgelenk
Die knöcherne Formgebung ist gut, der knöcherne Erker ist eckig, das knorpelige Pfannendach den Hüftkopf übergreifend. Deutliche Darstellung des Halbmondphänomens durch Schallschattenbildung des ossifizierten, reflexreichen Hüftkopfkernes. Bei fehlender Darstellung der medialen Anteile des Hüftkopfkernes scheint der Hüftkopfkern im Sonogramm lateralisiert. Der Unterrand des Os ilium ist sonographisch noch gut darstellbar. Die Einsicht in die Tiefe des Azetabulums ist jedoch durch den Hüftkopfkern nicht mehr möglich.
1 Knöcherner Pfannenerker
2 Unterrand des Os ilium
3 Halbmondphänomen des Hüftkopfkernes

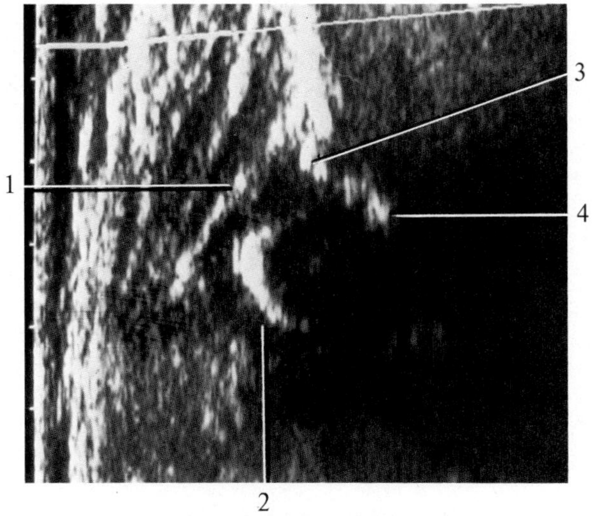

Abb. 6.53. S. T., 9 Monate, rechtes Hüftgelenk, Monitorbild
Das Sonogramm zeigt ein deutliches Halbmondphänomen, das fälschlich optisch eine „Lateralisation" des Hüftkopfes suggeriert. Aufnahmetechnisch schlechtes Bild, da das Labrum acetabulare ungenügend dargestellt ist, und die Schnittebene ebenfalls nicht korrekt ist (leicht dorsal!).
1 Labrum acetabulare
2 Halbmondphänomen
3 Knochenerker
4 Os ilium

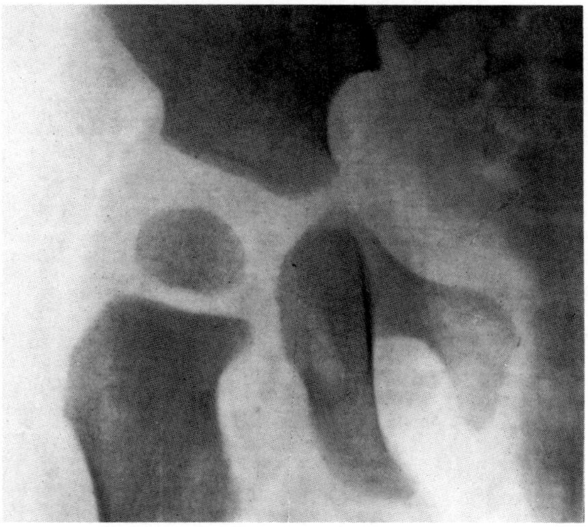

Abb. 6.54. Röntgenbild zu Abb. 6.53

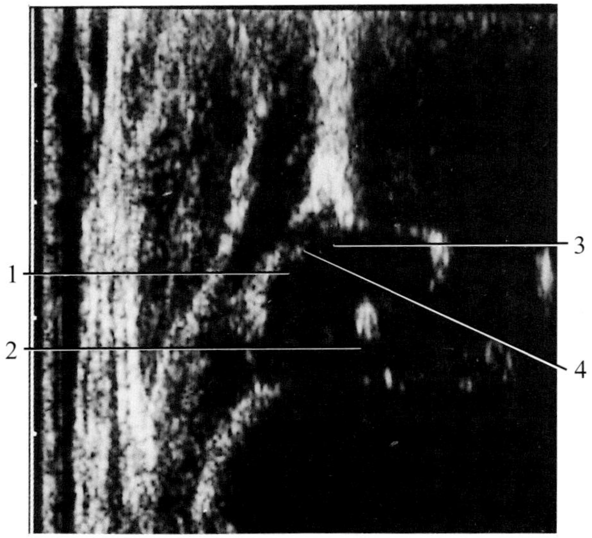

Abb. 6.55. N. J., 3 Monate, rechtes Hüftgelenk
Gute knöcherne Formgebung bei eckig ausgebildetem Erker und übergreifendem Knorpeldach. Der Hüftkopfkern ist noch zart angelegt.
1 Hüftkopf
2 Hüftkopf mit Kopfkern
3 Knorpelerker
4 Labrum acetabulare

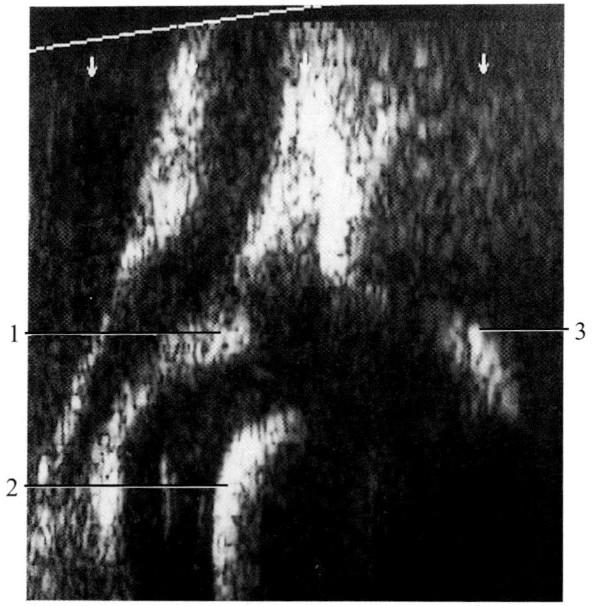

Abb. 6.56. R. W., 9 Monate, rechtes Hüftgelenk
Der Hüftkopfkern ist bereits sehr groß und kommt als typisches Halbmondphänomen zur Darstellung. Der knöcherne Erker ist eckig bei guter knöcherner Formgebung und schmal übergreifendem Knorpelerker.
1 Labrum acetabulare
2 Hüftkopfkern
3 Os ilium

Abb. 6.57. H. G., 6 Monate, linkes Hüftgelenk
Der Hüftkopfkern ist deutlich kleiner als in Abb. 6.56, weist aber bereits ebenfalls ein leichtes Halbmondphänomen auf. Bei Einbeziehung des Hüftkopfkerns in die Diagnose, ähnlich wie bei der Röntgenbeurteilung, erscheint fälschlich der Hüftkopf aufgrund des lateral stehenden Kernechos „lateralisiert".
1 Labrum acetabulare
2 Hüftkopfkern

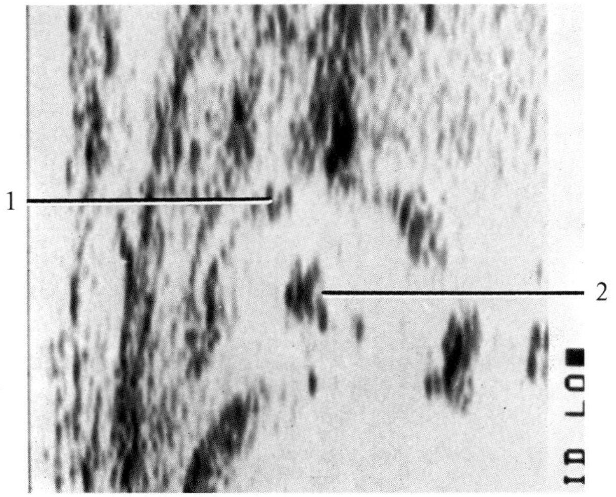

Abb. 6.58. S. N., Neugeborenes, rechtes Hüftgelenk
Noch im altersentsprechenden Normbereich liegende Hüftgelenksentwicklung mit guter knöcherner und knorpeliger Gesamtüberdachung, zentriert stehender Hüftkopf; noch keine Kopfkernentwicklung sonographisch nachweisbar.
1 Labrum acetabulare
2 Hüftkopf ohne Hüftkopfkern
3 knorpeliger Schenkelhals
4 Knorpel-Knochen-Grenze

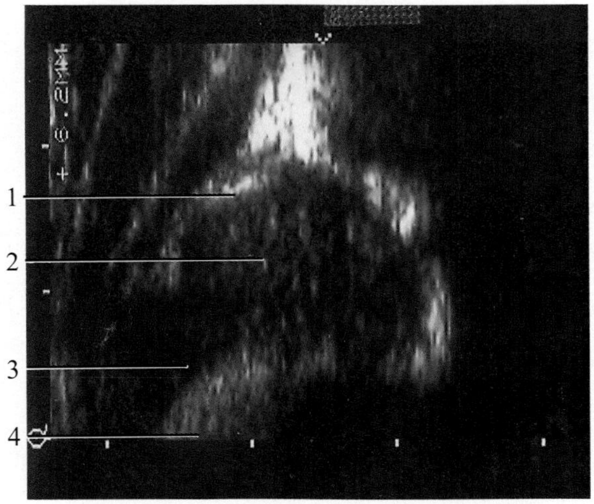

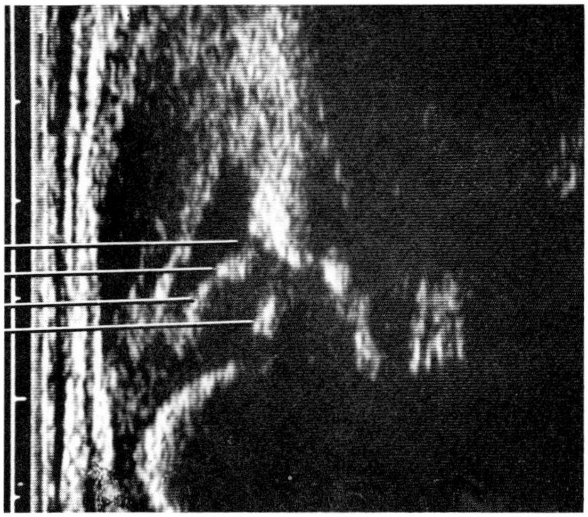

Abb. 6.59. B. A., 1 Tag, rechtes Hüftgelenk
Altersentsprechend sehr gut entwickeltes Hüftgelenk mit leichter Rundung im Bereich des knöchernen Pfannenerkers; hinter dem knöchernen Pfannenerker bereits eine deutliche Schallschattenbildung. Knorpelige Überdachung hinsichtlich Form und Struktur korrekt, zentriert stehender Hüftkopf, bereits überdurchschnittliche Kopfkernentwicklung bei dem 1 Tag alten Säugling.
1 Perichondriumloch
2 Labrum acetabulare
3 Gelenkkapsel
4 Hüftkopfkern

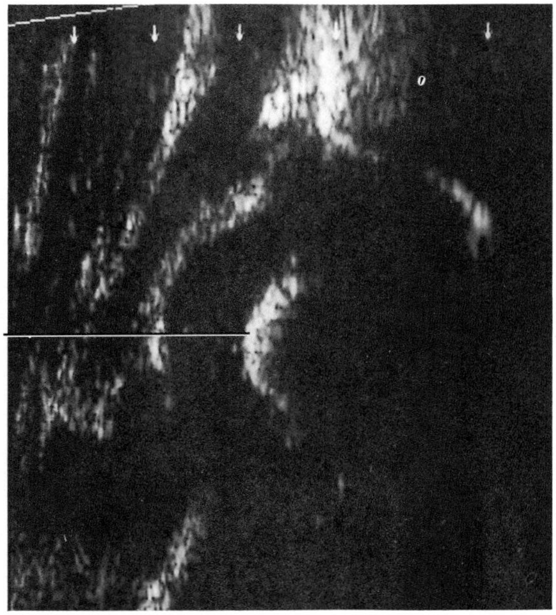

Abb. 6.60. C. A., 7 Monate, linkes Hüftgelenk
Die knöcherne Formgebung ist gut, der knöcherne Erker stark geschweift, das knorpelige Pfannendach den Hüftkopf übergreifend. Der Hüftkopfkern kommt als deutliches Halbmondphänomen zur Darstellung. Es ist nur die Lateralseite des Hüftkopfkerns sichtbar. Dieser Umstand darf nicht als Kopfkernlateralisation mißverstanden werden.
1 Hüftkopfkern, Halbmondphänomen

6.4 Perichondrium, Perichondriumloch, proximales Perichondrium, Labrumformen

(Abb. 6.61–6.104)

Das Perichondrium begrenzt das knorpelig präformierte Pfannendach (= Knorpelerker) nach lateral hin. Im proximalen Anteil ist das Perichondrium eher stärker und dicker ausgeprägt und imponiert daher als stärkere Echozone. Dieser obere Anteil des Perichondriums wird sonographisch als „proximales Perichondrium" bezeichnet. Der distal davon liegende Perichondriumanteil ist anatomisch dünner ausgeprägt, so daß dieser Anteil oft nur schwache – manchmal gar keine – Echos gibt, so daß scheinbar die laterale Begrenzung des knorpelig präformierten Pfannendaches in diesem Bereich fehlt. Dieser Anteil des Perichondriums wird als „Perichondriumloch" bezeichnet. Das Perichondrium besteht sonographisch daher aus dem proximalen Perichondrium und dem Perichondriumloch.

Das Labrum acetabulare ist echogen und liegt immer lateral-distal des Schallochs des Knorpelerkers dem Echo der Gelenkkapsel innen an. Es liegt immer distal-kaudal des Perichondriumlochs. Es ist anatomisch und sonographisch nicht immer gleich groß und mehr oder weniger dreieckig geformt.

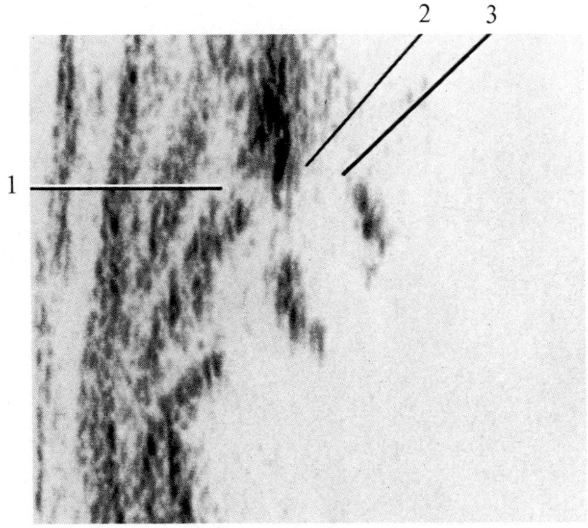

Abb. 6.61. A. J., 5 Monate, linkes Hüftgelenk
Bei fehlender Echogenität des hyalinknorpeligen Pfannendachs (Schalloch) und bei nicht dargestelltem Perichondrium entsteht, das Perichondriumloch. Hier ist das Labrum acetabulare deutlich als periphere Begrenzung des Schallochs unter der Gelenkkapsel zu erkennen. Hinter dem eckigen knöchernen Pfannenerker kommt es zur Schallschattenbildung. Kaudal des knöchernen Pfannenerkers kommt es in Folge des speziellen Reflexionsverhaltens des Knochens zur Artefaktbildung.
1 Perichondriumloch
2 Knöcherner Erker
3 Schallschatten
Schlechte Aufnahmetechnik, Unterrand des Os ilium ist nicht sicher abgrenzbar.

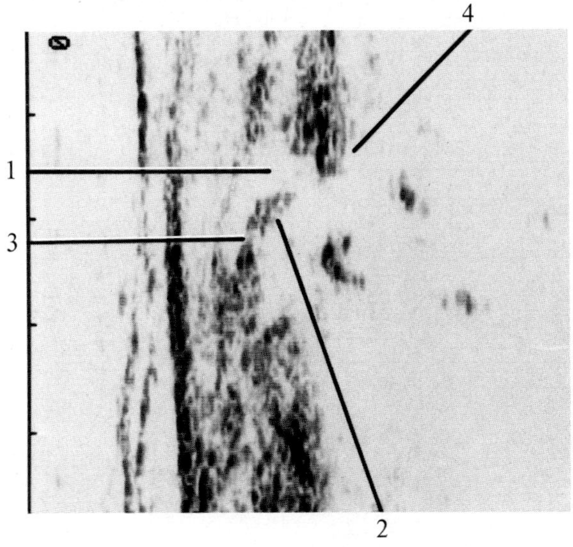

Abb. 6.62. V. C., 4 Monate, linkes Hüftgelenk
Im Vergleich mit Abb. 6.61 ist das Labrum acetabulare nicht so deutlich von der Gelenkkapsel zu differenzieren. Bei genauer Betrachtung findet sich jedoch das Labrum acetabulare der Gelenkkapsel innen anhängend am Übergang von Gelenkkapsel zu Perichondrium im Bereich des Perichondriumlochs.
1 Perichondriumloch
2 Labrum acetabulare
3 Gelenkkapsel
4 Knöcherner Erker

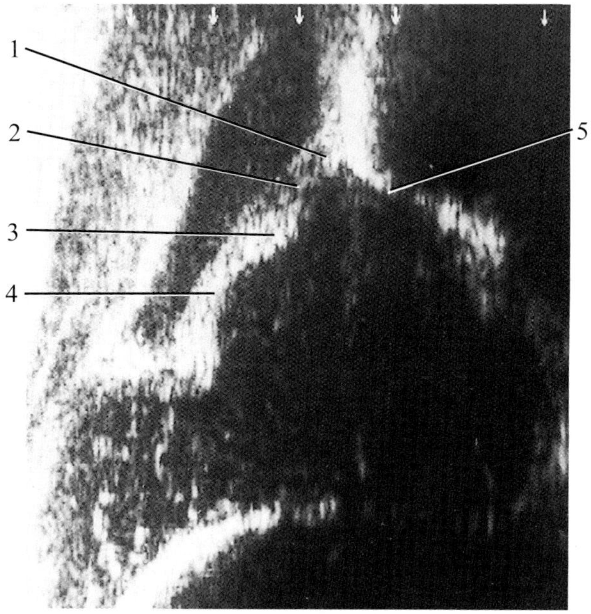

Abb. 6.63. F. W., 4 Monate, linkes Hüftgelenk
Das Labrum acetabulare ist als Echoknötchen lateral-distal des knorpelig präformierten Pfannendachs deutlich sichtbar; das Perichondrium ist ebenfalls gut sichtbar, aber im distalen Anteil weniger echogen als im proximalen. Das obere Drittel des Perichondriums ist in der Regel stark echogen.
1 Proximales Perichondrium
2 Perichondriumloch
3 Labrum acetabulare
4 Gelenkkapsel
5 Knöcherner Erker

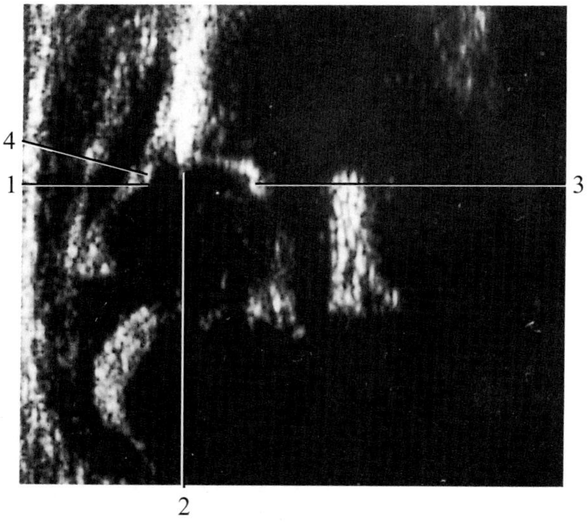

Abb. 6.64. N. J., 3 Monate, linkes Hüftgelenk
Das Labrum acetabulare ist zart dargestellt und an der Gelenkkapsel innen anliegend. Der knöcherne Erker ist eckig.
1 Labrum acetabulare – Spitze
2 Knochenerker
3 Unterrand des Os ilium
4 Labrum acetabulare, kranial-lateral davon das Perichondriumloch

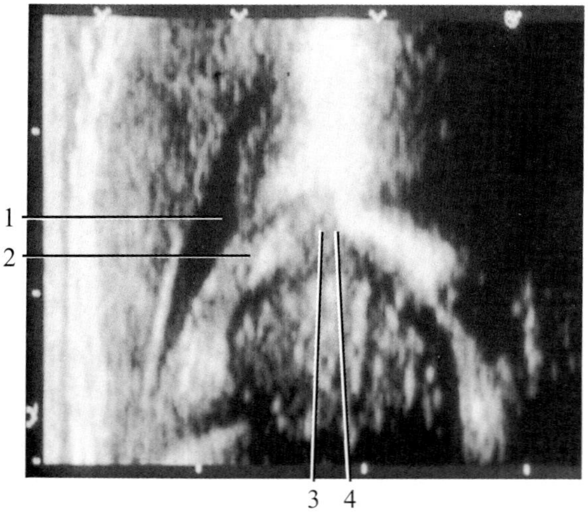

Abb. 6.65. W. E., Neugeborenes, rechtes Hüftgelenk
Das Perichondriumloch ist sichtbar, kaudal des Perichondriumlochs liegt der Gelenkkapsel das Labrum acetabulare innen an. Das Sonogramm wurde mit einem 7 MgHz-Schallkopf angefertigt. Gut sichtbar ist die dreieckige Struktur des Labrum acetabulare.
1 M. gl. minimus, medial davon das Perichondriumloch
2 Labrum acetabulare
3 Knorpeliger Erker
4 Knöcherner Erker
(Grundverstärkung zu hoch!)

Abb. 6.66. S. S., 2 Monate, rechtes Hüftgelenk
Das Labrum acetabulare ist als zartes Knötchen kaudal-distal des Perichondriumlochs deutlich sichtbar. Proximal des Perichondriumlochs endet das obere Drittel des Perichondriums als verhältnismäßig starkes Echo und darf nicht mit dem Labrum verwechselt werden. Das Labrum acetabulare behält immer Kontakt mit dem Hüftkopf. Der Umschlagpunkt ist markiert durch einen zarten Schallschatten (siehe Kapitel Meßtechnik).
Hüfttyp IIIa
1 proximales Perichondrium
2 Labrum acetabulare
3 Umschlagpunkt

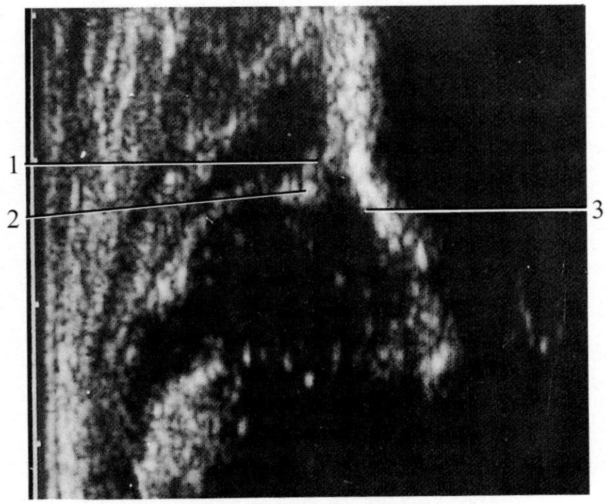

Abb. 6.67. H. V., 3 Monate, rechtes Hüftgelenk
1 Perichondriumloch
2 Labrum acetabulare
3 Knöcherner Erker

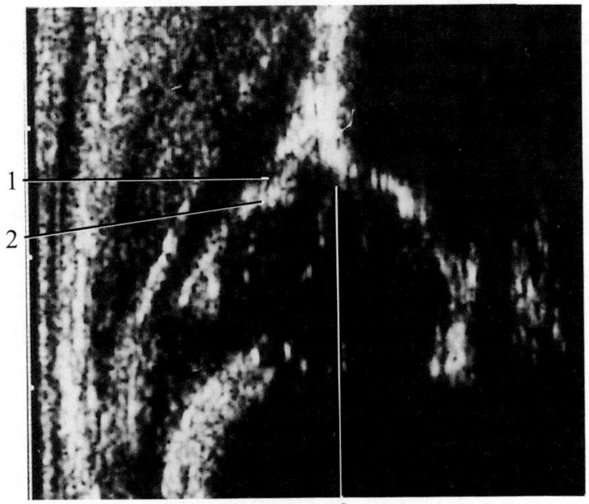

Abb. 6.68. R. T., 4 Wochen, rechtes Hüftgelenk
Der Hüftkopf wird abgegrenzt durch die Gelenkkapsel, er ist vollständig luxiert und liegt in den Weichteilen. Das Labrum acetabulare ist als deutliches Echo medial zwischen Hüftkopf und Knochenerker gut sichtbar. Die Gelenkkapsel mit dem Perichondrium ist zwischen Hüftkopf und knöchernen Pfannenanteilen „eingeschlagen".
Hüfttyp IV
1 Gelenkkapsel
2 Labrum acetabulare
3 Gelenkkapsel zwischen Hüftkopf und knöchernen Pfannenanteilen
4 Verdrängtes, knorpeliges Pfannendach
5 Hüftkopf

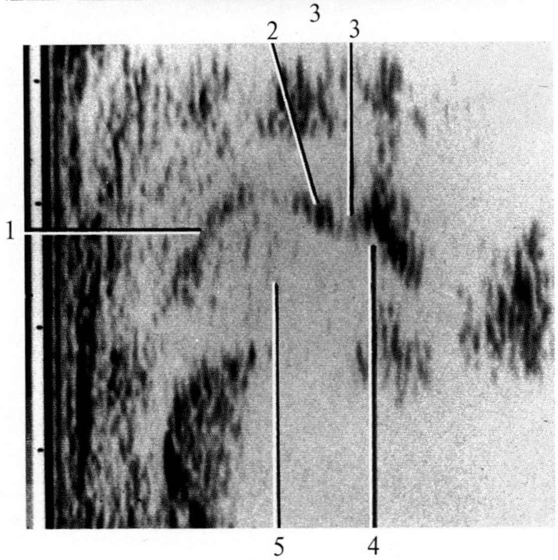

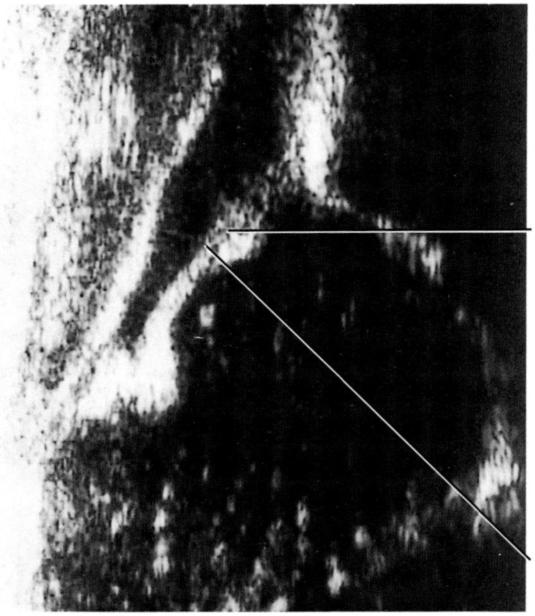

Abb. 6.69. C. A., 6 Wochen, rechtes Hüftgelenk
Das Labrum acetabulare ist deutlich sichtbar.
Es hängt frei in das Gelenk hinein, so daß zwischen Gelenkkapsel und Labrum acetabulare ein kleiner Recessus entsteht.

1 Gelenkkapsel, medial davon ist ein schmaler Recessus sichtbar, der die Labrumspitze gut sichtbar abgrenzt
2 Trennlinie zwischen Gelenkkapsel und Labrum acetabulare

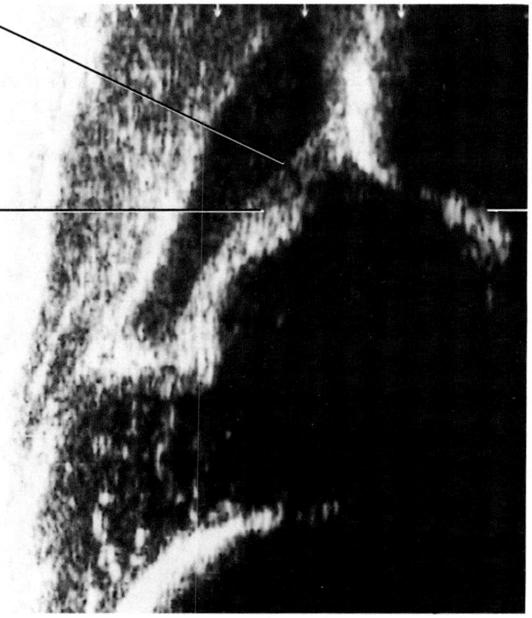

Abb. 6.70. Derselbe Patient wie in Abb. 6.69, jedoch linkes Hüftgelenk
Das Labrum acetabulare ist als massives Echo ohne den vorbeschriebenen Recessus sichtbar. Das Perichondriumloch befindet sich immer kranial des Labrum acetabulare.

1 Labrum acetabulare
2 Perichondriumloch
3 Os ilium

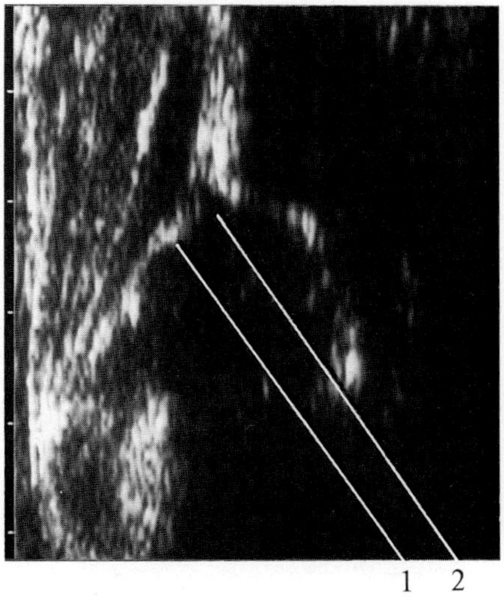

Abb. 6.71 a. F. W., 4 Monate, rechtes Hüftgelenk, Monitorbild
Das Labrum acetabulare liegt immer an jener Stelle, an der die Kopfkontur nach medial zieht und die Echos der Gelenkkapsel nach oben zieht, d. h. an jener Stelle, an der sich die Kopfkontur von den Echos der Gelenkkapsel trennt (siehe auch Skizze Abb. 6.71).
1 Labrum acetabulare
2 Knorpelerker (= hyalin knorpelig präformiertes Pfannendach)

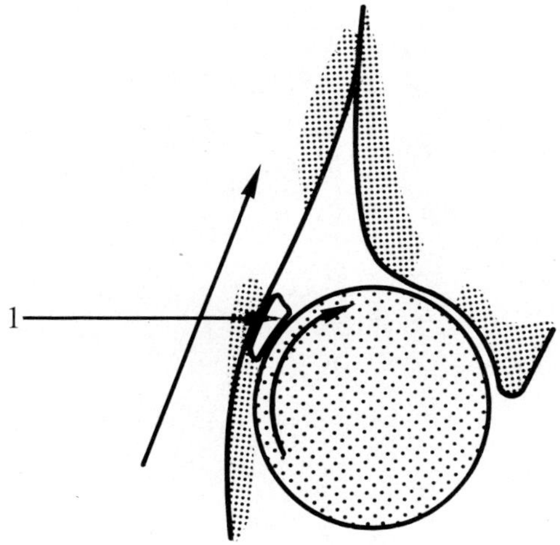

Abb. 6.71 b. Schematische Darstellung eines Hüftsonogramms
Das Labrum acetabulare liegt immer an jener Stelle, an der sich die nach medial ziehende Kopfkontur von den Echos oder nach oben ziehenden Gelenkskapsel abhebt.
1 Labrum acetabulare

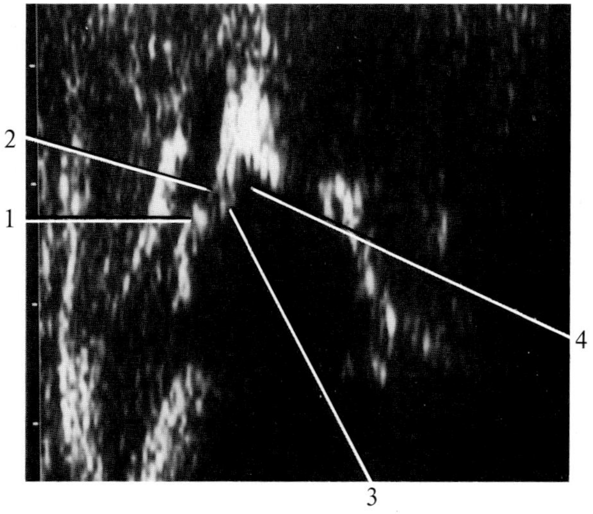

Abb. 6.72. M. N., 4 Monate, linkes Hüftgelenk, Monitorbild
Das Labrum acetabulare ist schwer zu erkennen. Es handelt sich aber um jenes Echo, welches kaudal und distal des Perichondriumlochs liegt. Die Echos proximal davon sind bereits einem zarten „Flüssigkeitsfilm" zuzuordnen.
1 Labrum acetabulare
2 Perichondriumloch
3 Flüssigkeitsfilm
4 Knorpelerker
Die Ursache des schlecht dargestellten Labrum ist sehr oft ein verkippt aufgesetzter Transducer (siehe Abb. 3.7)

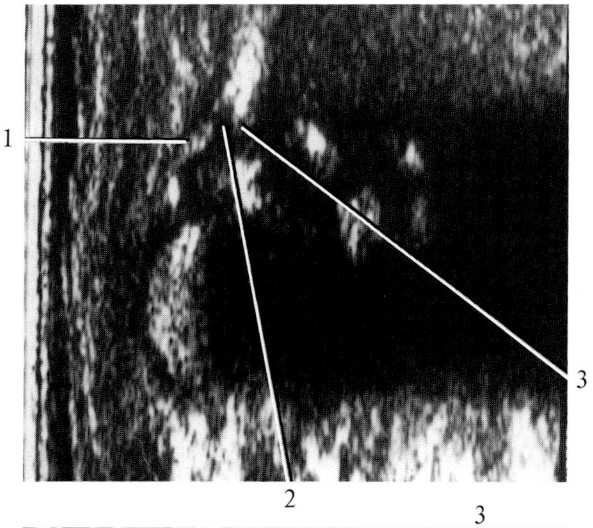

Abb. 6.73. S. L., 5 Monate, rechtes Hüftgelenk, Monitorbild
Das Labrum acetabulare ist keilförmig von den Echos der Gelenkkapsel nicht mehr sicher trennbar, jedoch kaudal-lateral des Knorpelerkers eindeutig zu identifizieren.
1 Labrum acetabulare
2 Knorpelerker
3 Knochenerker

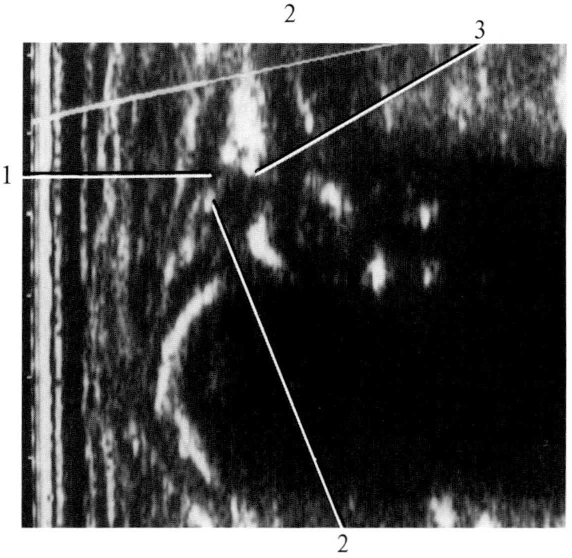

Abb. 6.74. B. K., 3 Monate, rechtes Hüftgelenk, Monitorbild
Das Labrum acetabulare ist mit dem Recessus, der das Labrum gut gegenüber der Gelenkkapsel abtrennt, deutlich sichtbar. Proximal davon liegt das Perichondriumloch.
1 Perichondriumloch
2 Labrum acetabulare
3 Knöcherner Erker

Abb. 6.75. G. W., 3 Monate, linkes Hüftgelenk
1 Labrum acetabulare
2 Hüftkopf
3 Knöcherner Erker

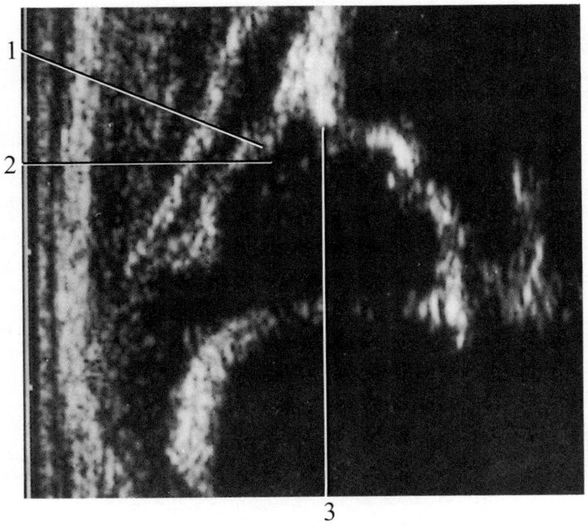

Abb. 6.76. Derselbe Patient wie in Abb. 6.75, jedoch 6 Monate alt, linkes Hüftgelenk
Das Labrum acetabule ist durch einen zarten Recessus von der Gelenkkapsel getrennt. Das Perichondriumloch ist zart angedeutet, der knöcherne Erker eckig.
1 Perichondriumloch
2 Labrum acetabulare
3 Umschlagfalte
4 Knochenerker

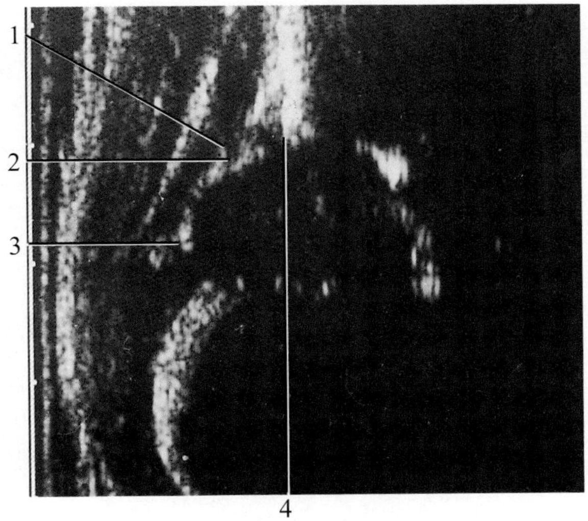

Abb. 6.77. S. G., 5 Monate, rechtes Hüftgelenk
Das Perichondriumloch ist deutlich sichtbar.
Das Labrum acetabulare begrenzt den breiten, knorpeligen Erker nach lateral-kaudal. Man erkennt einen deutlichen Schallschatten, der den Umschlagpunkt von Konkavität in Konvexität markiert.
1 Perichondriumloch
2 Labrum acetabulare
3 Knorpelerker
4 Schallschatten am Umschlagpunkt

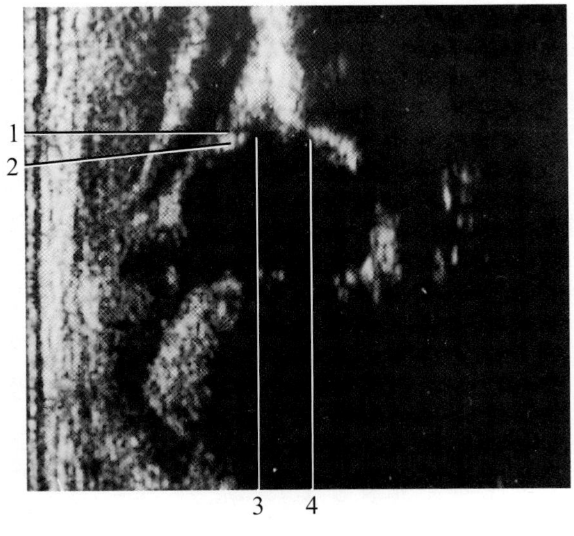

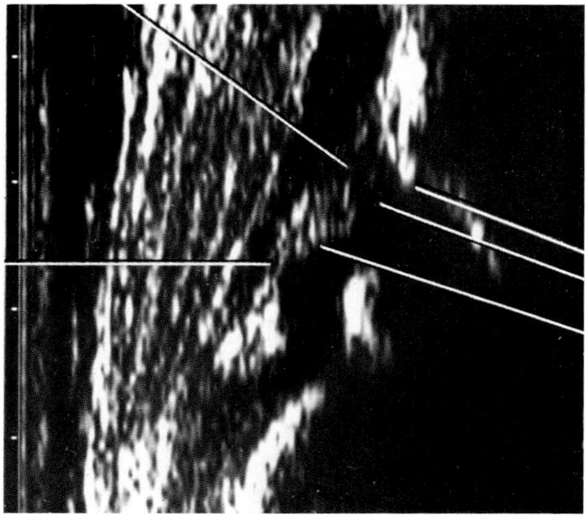

Abb. 6.78. E. E., 5 Monate, linkes Hüftgelenk, Monitorbild
Großes, gut ausgeprägtes Perichondriumloch (1). Das proximale Perichondrium ist nur angedeutet dargestellt. Großes Labrum acetabulare (5), das von der Gelenkkapsel (2) gut abgrenzbar ist.
Zur Standardsituation:
Folgt man der Hüftkopfkontur von lateral nach medial, ist die Reihenfolge Labrum acetabulare (5), knorpeliges Pfannendach (4) und knöcherne Pfanne mit knöchernem Erker (3) konstant und bei jedem Hüftgelenk wiederzufinden.

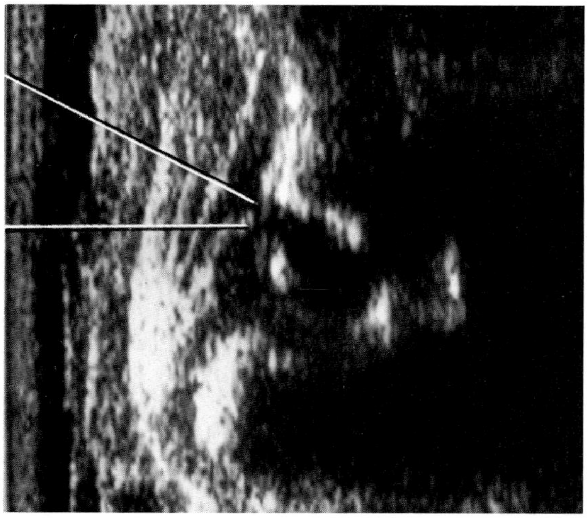

Abb. 6.79. G. R., 7 Monate, linkes Hüftgelenk, Monitorbild
Auch auf diesem kleinen Bild kann unter Zuhilfenahme des Perichondriumlochs das Labrum acetabulare kaudal der Gelenkkapsel innen anliegend lokalisiert werden.
1 Labrum acetabulare
2 Perichondriumloch

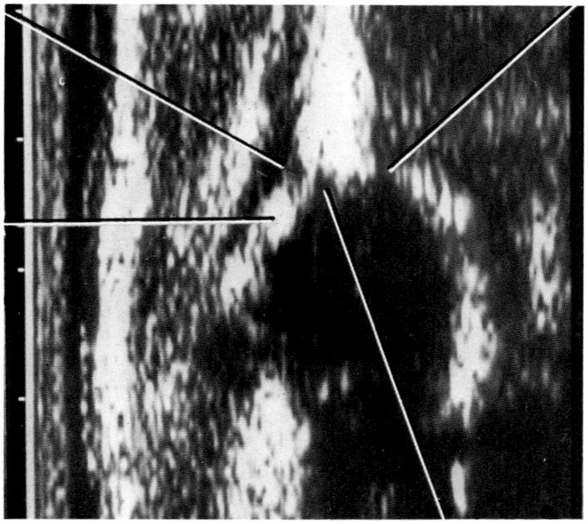

Abb. 6.80. S. V., 4 Wochen, linkes Hüftgelenk, Monitorbild
Das Labrum acetabulare ist gut sichtbar, proximal davon ein zart angedeutetes Perichondriumloch. Der Knorpelerker ist klein, man sieht einen deutlichen Schallschatten hinter dem knöchernen Erker.
1 Labrum acetabulare
2 Perichondriumloch
3 Knorpelerker
4 Schallschatten medial des knöchernen Erkers

Abb. 6.81. E. A., 10 Monate, rechte Hüfte
Die als Schalloch imponierenden hyalinknorpelig präformierten Anteile des koxalen Femurendes und des Azetabulums sind sonographisch dargestellt.
1 Schalloch des Hüftkopfes
2 Schalloch des Trochanter major
3 Schalloch der Trochanterbasis und des knorpelig präformierten Schenkelhalses
4 Schalloch des hyalinknorpelig präformierten Pfannendachs
5 Schalloch der hyalinknorpeligen Y-Fuge

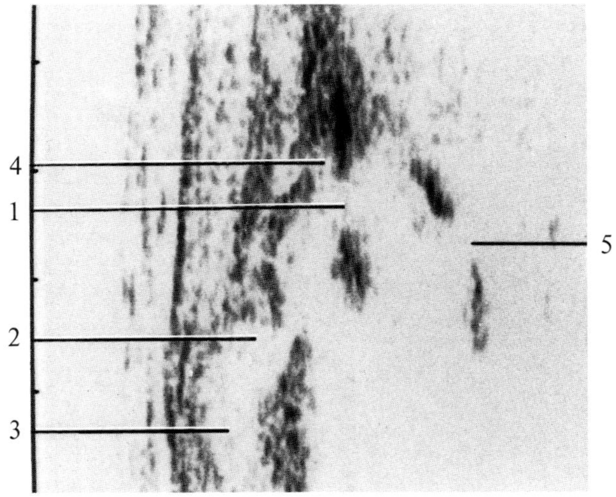

Abb. 6.82. P. P., 5 Monate, rechte Hüfte
Es kommt zur Schallschattenbildung durch Totalreflexion des Schallstrahls am koxalen Femurende und am Azetabulum.
1 Knorpel-Knochen-Grenze
2 Schallschatten (knöcherner Anteil des Schenkelhalses)
3/4 Schallschatten hinter dem knöchernen Pfannenerker

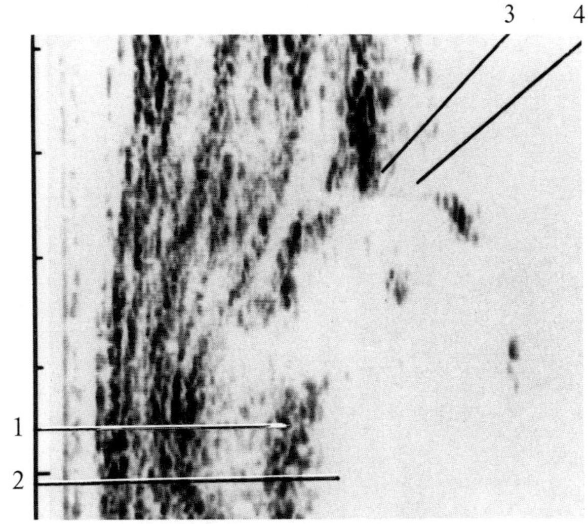

Abb. 6.83. K. J., $3\frac{1}{2}$ Monate, rechte Hüfte
Das Sonogramm dient der Differenzierung von Schalloch und Schallschatten. Durch Rotation des Beinchens ist das Schalloch des Trochanter major nahezu vollständig aus der Schnittebene gedreht. Hinter der Knorpel-Knochen-Grenze findet sich das sonographische Phänomen des Schallschattens (6).
1 Schalloch des hyalinknorpelig präformierten Hüftkopfs
2 Schalloch des hyalinknorpelig präformierten Pfannendachs
3 Schallschatten hinter dem knöchernen Pfannenerker
4 Schalloch der hyalinknorpeligen Y-Fuge
5 knorpelig präformierter Schenkelhals

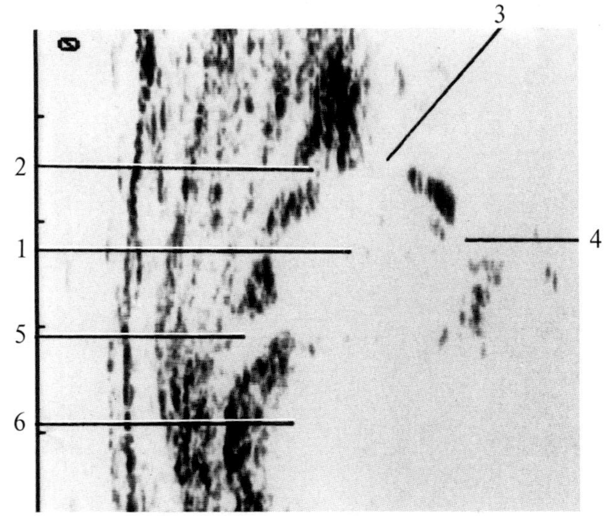

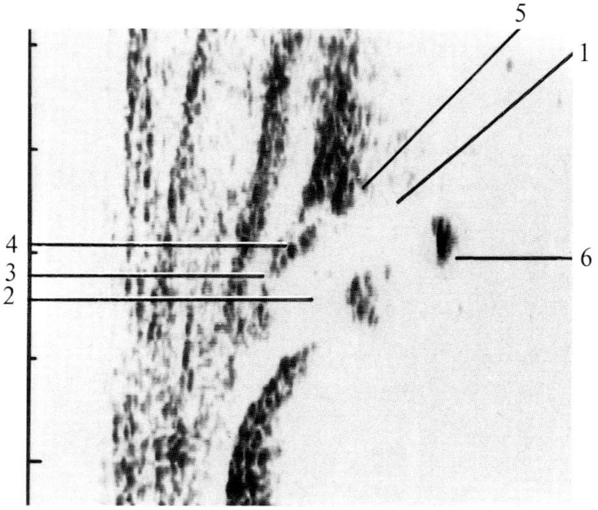

Abb. 6.84. W. K., 7 Monate, Sonogramm der linken Hüfte
Hinter dem gut ausgebildeten, knöchernen Pfannenerker stellt sich sonographisch bei guter knöcherner Ausformung des Azetabulums ein breiter Schallschatten dar (1). Der hyalinknorpelig präformierte Hüftkopf (2) wird durch die ihn umgebenden echoreichen Strukturen der Gelenkkapsel (3), des Labrum acetabulare (4), des knöchernen Pfannenerkers (5) und des Unterrandes des Os ilium (6) abgrenzbar.

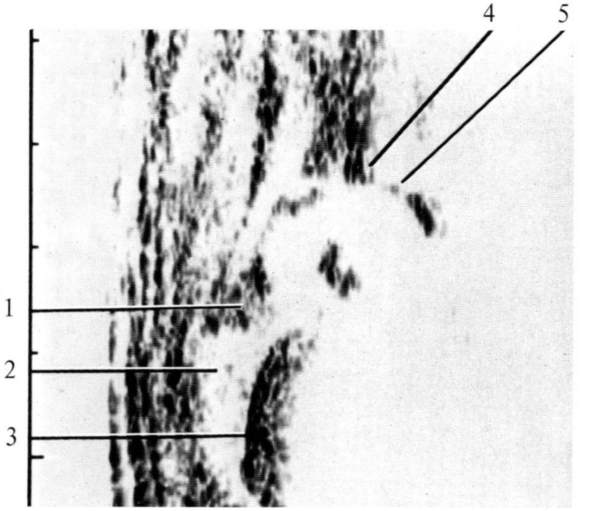

Abb. 6.85. R. E., 5 Monate, linkes Hüftgelenk
Die Spitze des Trochanterschallochs ist durch die vermehrte Echogenität der einstrahlenden Sehnen der Glutealmuskulatur gut zu erkennen. Das Schallloch der Trochanterbasis und des knorpelig präformierten Schenkelhalses (2) wird nach medial durch die Knorpel-Knochen-Grenze (3) begrenzt. Hinter dem knöchernen Pfannenerker (4) kommt es zur Schallschattenbildung (5). Dieser ist jedoch im Vergleich mit Abb. 6.84 deutlich kleiner.

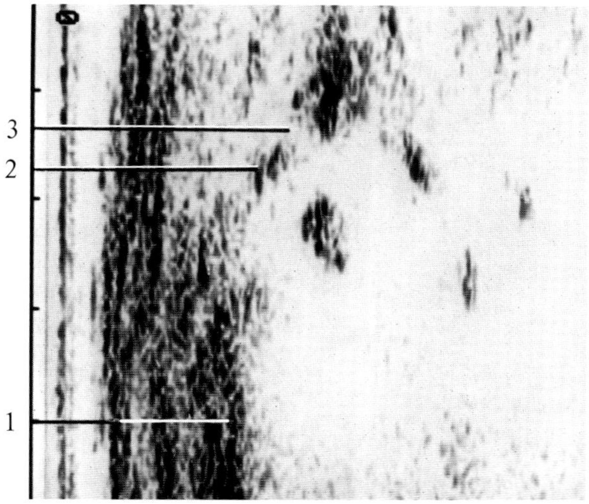

Abb. 6.86. N. B., 6 Monate, rechtes Hüftgelenk
Im Vergleich mit dem Sonogramm der Abb. 6.85 ist das Schalloch des Trochanter major durch verstärkte Rotation aus der Schnittebene herausgedreht. Hinter der knöchernen Oberfläche des Femurs kommt es zur Schallschattenbildung.
1 Femur
2 Labrum acetabulare
3 Schalloch des hyalinknorpelig präformierten Pfannendachs mit Perichondriumloch

Abb. 6.87. S. O., 4 Wochen, rechtes Hüftgelenk
Das Labrum acetabulare (1) imponiert als kleines Echoknötchen kaudal des Perichondriumlochs (2). Das proximale Perichondrium mit starker Echogenität deutlich ausgeprägt.
3 Darmbeinkontur

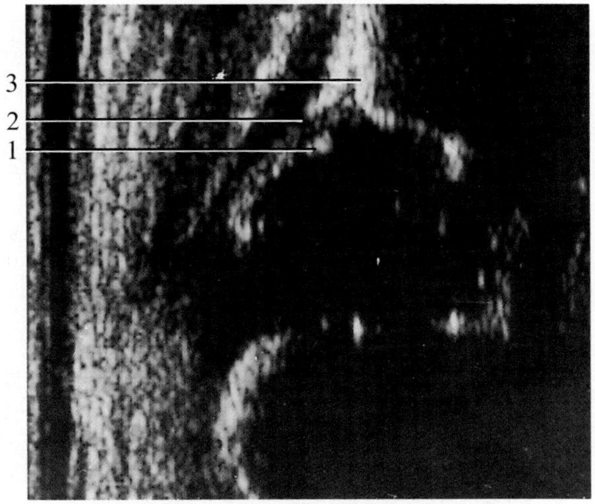

Abb. 6.88. R. J., 4 Monate, linkes Hüftgelenk
Der den Hüftkopf umhüllende Gewebsstreifen Gelenkkapsel – Perichondrium – Darmbeinperiost ist auch hier über dem knorpeligen Pfannendach unterbrochen. Bei fehlender Echogenität des hyalinknorpeligen Pfannendachs entsteht in der Umhüllung des Hüftkopfes sonographisch ein Loch, das Perichondriumloch (1).

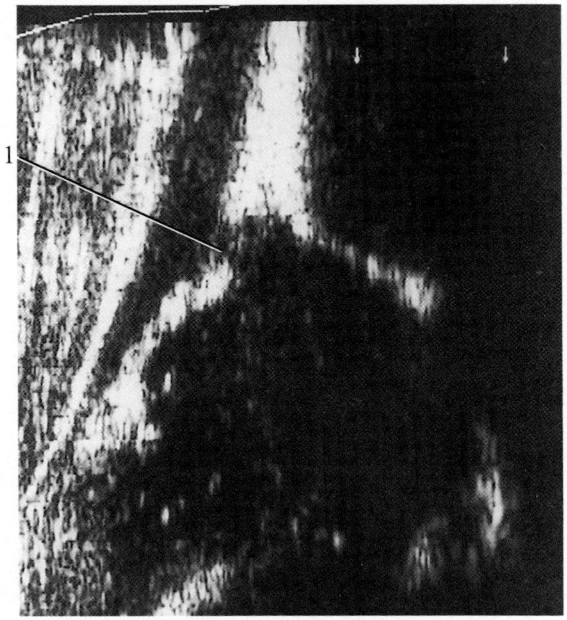

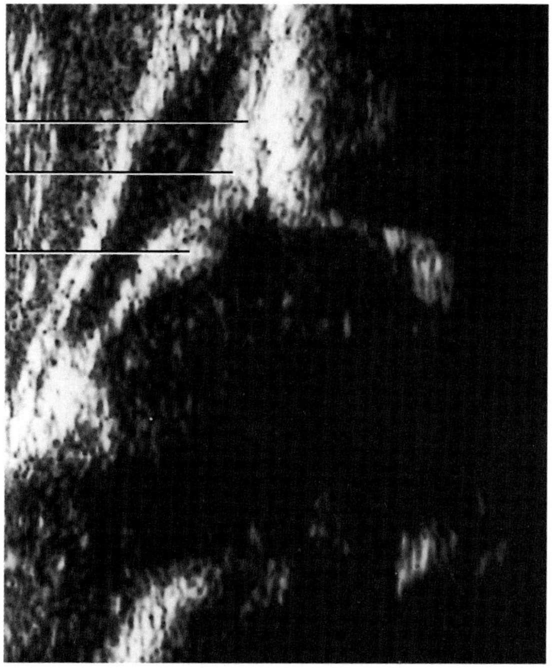

Abb. 6.89. O. C., 3 Monate, rechtes Hüftgelenk
Der kraniale Anteil des Perichondriums ist stark echogen (1) und geht fließend in das Darmbeinperiost über (2). Das Labrum acetabulare (3) läßt sich deutlich am Übergang vom Perichondrium zur Gelenkkapsel abgrenzen.

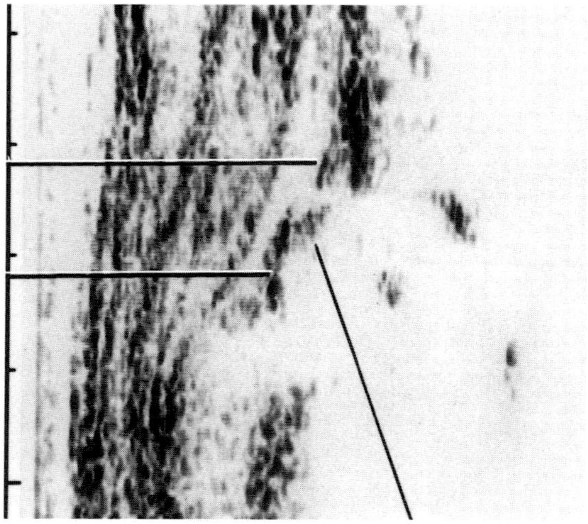

Abb. 6.90. P. P., 5 Monate, rechtes Hüftgelenk
Man sieht eine typische Darstellung des Perichondriumlochs. Das Labrum acetabulare befindet sich am Übergang von Perichondrium zu Gelenkkapsel und liegt innen der Gelenkkapsel an.
1 Gelenkkapsel
2 Labrum acetabulare
3 Kranialer, echogener Teil des Perichondriums

Abb. 6.91. P. S., 4 Wochen, rechtes Hüftgelenk
In bezug auf die laterale Begrenzung des Hüftkopfes wird ein nahezu identischer Befund wie in Abb. 6.90 dargestellt.
1 Gelenkkapsel
2 Labrum acetabulare
3 Übergang des kranialen Teils des Perichondriums in das Darmbeinperiost

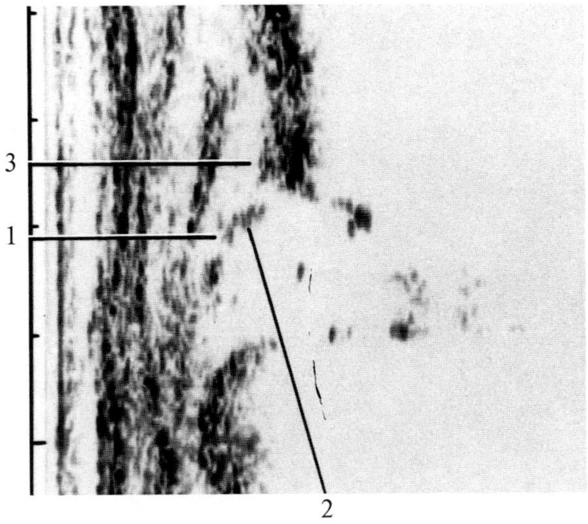

Abb. 6.92. F. A., 8 Wochen, linkes Hüftgelenk
Die knöcherne Formgebung mangelhaft, der knöcherne Erker stark abgerundet, das knorpelige Pfannendach noch übergreifend. Das sogenannte Perichondriumloch erleichtert die Identifizierung des Labrum acetabulare am Übergang vom Perichondrium zur Gelenkkapsel. Der kraniale Teil des Perichondriums stellt sich hier wiederum sehr stark echogen dar und geht dann in das Darmbeinperiost über.
1 Gelenkkapsel
2 Labrum acetabulare
3 Proximales Perichondrium

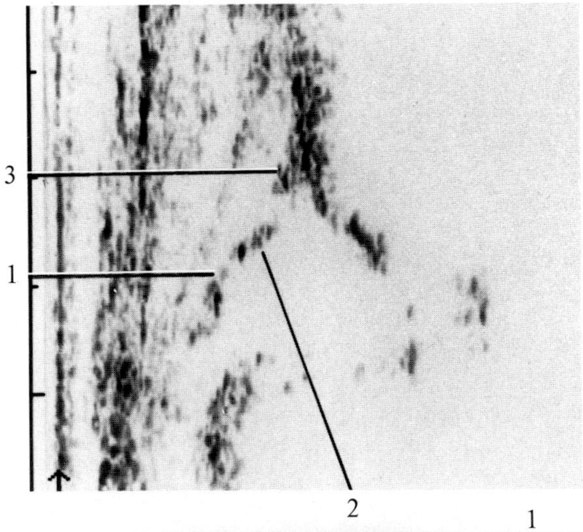

Abb. 6.93. Sch. D., 4 Monate, rechtes Hüftgelenk
Die knöcherne Formgebung ist gut, der knöcherne Erker stumpf, das knorpelige Pfannendach übergreifend. Das Labrum acetabulare stellt sich aufgrund seiner faserknorpeligen Struktur wieder gut dar.
1 Knöcherner Pfannenerkerbereich
2 Hyalinknorpelig präformiertes Pfannendach
3 Labrum acetabulare

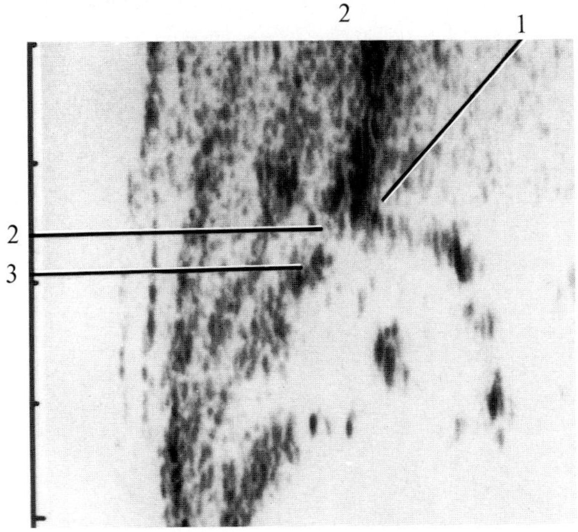

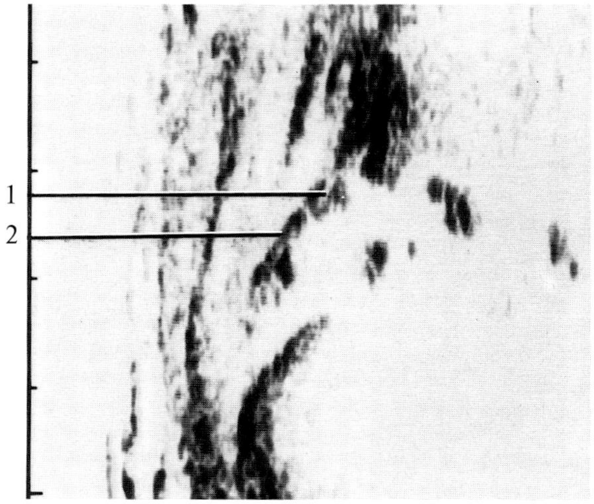

Abb. 6.94. W. S., 5 Monate, linkes Hüftgelenk
Es wird ein eckiger knöcherner Pfannenerker mit guter Ausformung des knöchernen Azetabulums dargestellt. Distal vom Schalloch des hyalinen Knorpels ist das dreieckige, echoreiche Labrum acetabulare (1) erkennbar. Es liegt der Gelenkkapsel (2) innen an. Bei der gewählten Tiefenverstärkung ist nahezu der gesamte Verlauf des Perichondriums im Sonogramm zu erkennen (dorsale Schnittführung!).

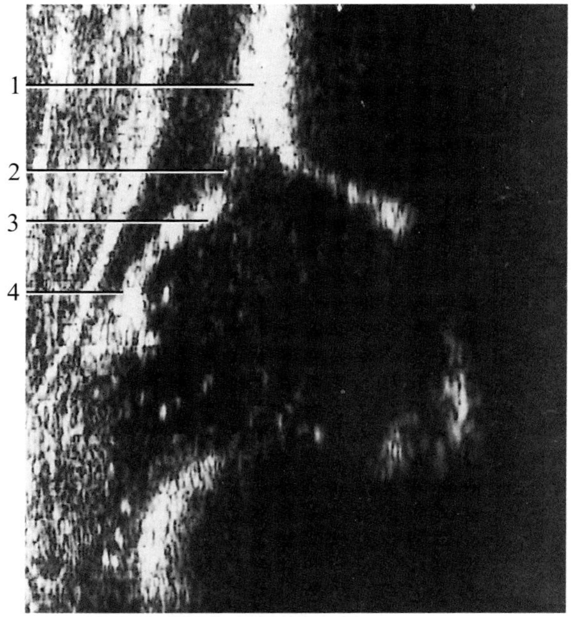

Abb. 6.95. R. E., 5 Monate, linkes Hüftgelenk
Auch hier ist das Labrum acetabulare noch deutlich als reflexreiche Struktur zu erkennen, die der Gelenkkapsel innen anliegt. Das Labrum acetabulare ist wiederum durch die reflexreiche Struktur distal des Schallochs des hyalinknorpeligen Pfannendachs zu identifizieren.
1 Übergang des proximalen Anteils des Perichondriums in das Darmbeinperiost
2 Perichondriumloch
3 Labrum acetabulare
4 Gelenkkapsel

Abb. 6.96. K. A., 9 Monate, linkes Hüftgelenk
Die knöcherne Hüftpfannenanlage mit übergreifendem knorpeligen Pfannendach ist gut entwickelt. Das große Labrum acetabulare schmiegt sich an der Peripherie des hyalinen Knorpels an der Gelenkkapsel innen an.
1 Proximaler, reflexreicher Anteil des Perichondriums
2 Labrum acetabulare
3 Gelenkkapsel

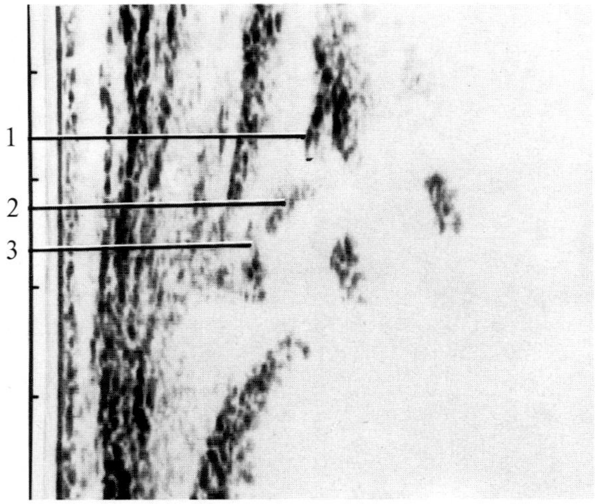

Abb. 6.97. S. C., 6 Monate, linkes Hüftgelenk
Erkennbar ist ein geschweifter knöcherner Pfannenerker mit guter knöcherner Formgebung. Der das Hüftgelenk umhüllende Gewebsstreifen bestehend aus Gelenkkapsel, Perichondrium und Darmbeinperiost ist in gesamter Länge zu erkennen. Medial anliegend an der Gelenkkapsel ist das große, reflexreiche Labrum acetabulare abgrenzbar.
1 Geschweifter knöcherner Pfannenerker
2 Knorpelerker
3 Labrum acetabulare
4 Gelenkkapsel

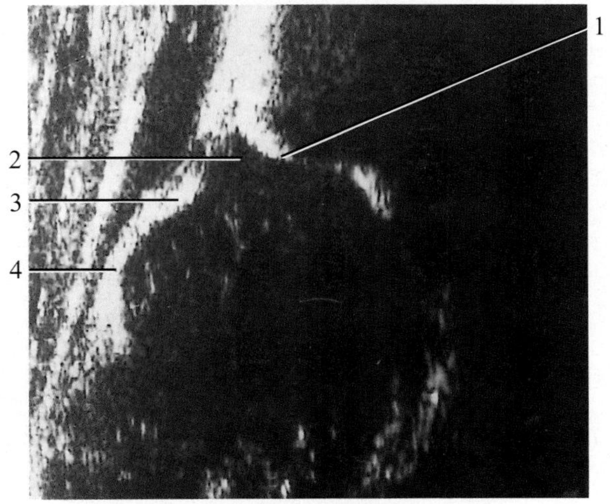

Abb. 6.98. E. H., 6 Monate, rechtes Hüftgelenk
Im Vergleich mit Abb. 6.96 und 6.97 ist das Labrum acetabulare deutlich kleiner. Ausgehend von der Anatomie, daß das Labrum acetabulare jenem reflexreichen Echo entspricht, das dem Schalloch des hyalinen Knorpels nach peripher folgt, läßt es sich jedoch eindeutig identifizieren.
1 Knöcherner Erker
2 Hyalinknorpeliges Pfannendach
3 Labrum acetabulare
4 Gelenkkapsel

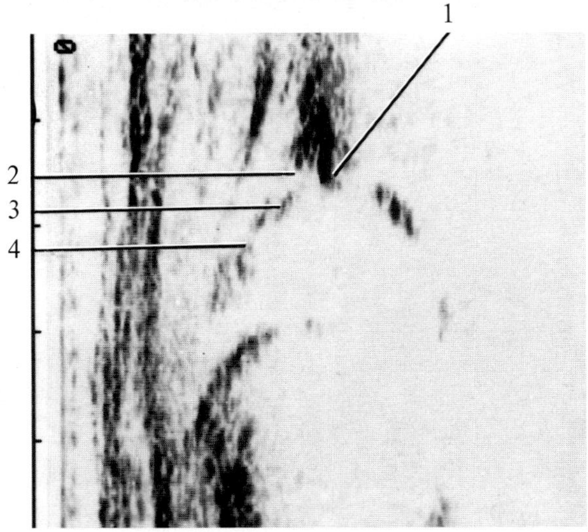

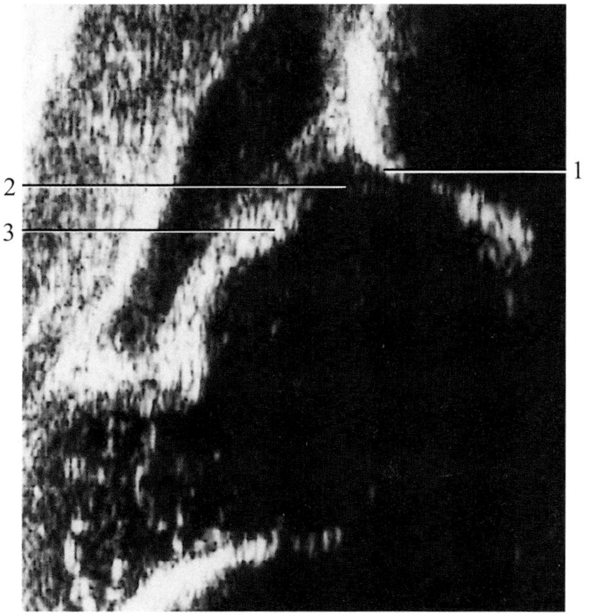

Abb. 6.99. S. D., 10 Wochen, linkes Hüftgelenk
Es besteht ein breites knorpeliges Pfannendach (2), lateral-distal davon ist das Echo des Labrum acetabulare deutlich sichtbar und der Gelenkkapsel innen anliegend (3). Eine direkte Abgrenzung von der Gelenkkapsel durch einen Recessus ist nicht möglich.
1 Knöcherner Erker
2 Knorpeliges Pfannendach
3 Echoknötchen des Labrum acetabulare

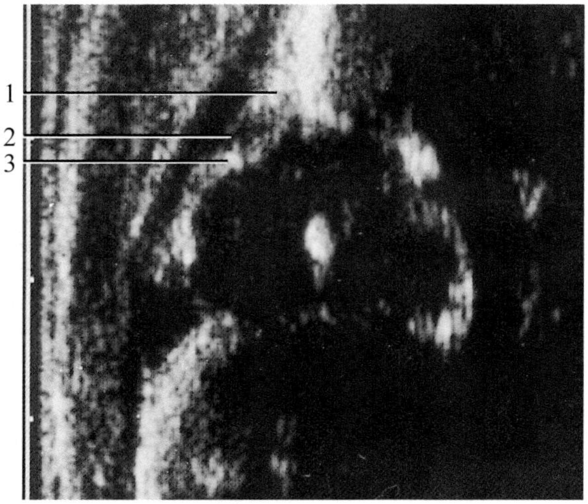

Abb. 6.100. M. S., 8 Monate, rechtes Hüftgelenk
Die knöcherne Formgebung ist gut, der knöcherne Erker geschweift bei gut übergreifendem knorpeligen Pfannendach. Zur Identifizierung des Labrum acetabulare kann das Perichondriumloch mit herangezogen werden. Es markiert den Übergang der Gelenkkapsel in das Perichondrium. Das Labrum acetabulare hängt an diesem Übergang frei vom knorpeligen Erker in das Gelenk hinein.
1 Proximaler, echoreicher Anteil des Perichondriums
2 Übergang Gelenkkapsel – Perichondrium, (Perichondriumloch)
3 Labrum acetabulare

Abb. 6.101. S. M., 7 Monate, linkes Hüftgelenk, Monitorbild
Das knöcherne Pfannendach sowie der knöcherne Erker sind gut bzw. eckig ausgeformt. Der knorpelige Erker ist schmal übergreifend.
1 Perichondriumloch
2 Labrum acetabulare
3 Schallschatten
4 Os ilium
5 Knorpelerker

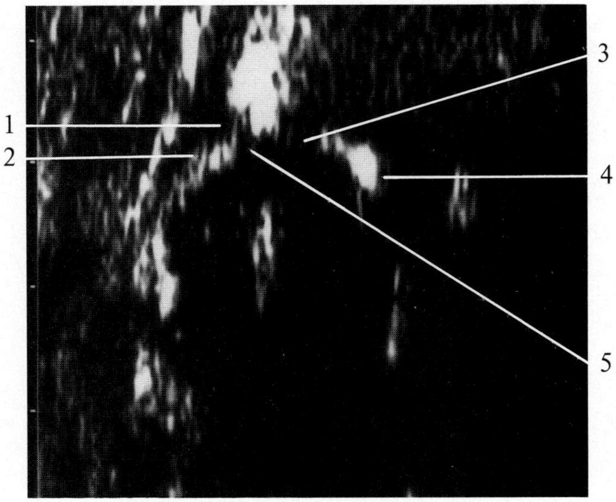

Abb. 6.102. T. C., 8 Wochen, linkes Hüftgelenk
Der knöcherne Pfannenerker ist bei ausreichender knöcherner Formgebung leicht gerundet. Die knorpelige Überdachung ist übergreifend. Der Hüftkopf ist in der Gesamtheit über die Hälfte von der knöchernen und knorpeligen Form umschlossen. Auf diesem Sonogramm ist das Labrum acetabulare nicht so deutlich dargestellt. Bei genauem Hinsehen ist jedoch als Echoverdichtung distal des Schalloches vom hyalinen Knorpel zu erkennen. Zudem kann wiederum das Perichondriumloch zur Identifizierung des Labrum acetabulare mit herangezogen werden.
1 Gelenkkapsel
2 Labrum acetabulare
3 Perichondriumloch

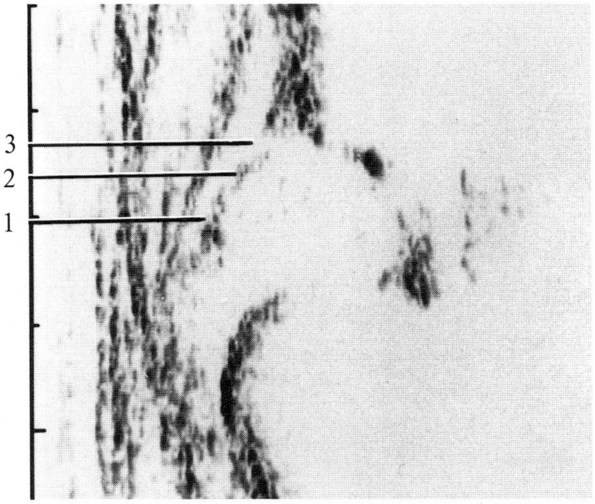

Abb. 6.103. M. S., 7 Monate, linkes Hüftgelenk
Für eine exakte Analyse der Hüftgelenksverhältnisse ist das Sonogramm unbrauchbar. Bei schlechter Aufnahmetechnik ist das knorpelige Pfannendach und das Labrum acetabulare nicht mit Sicherheit zu identifizieren. Dieses Sonogramm kann zur Beurteilung nicht verwendet werden (Pseudohüftsonogramm).

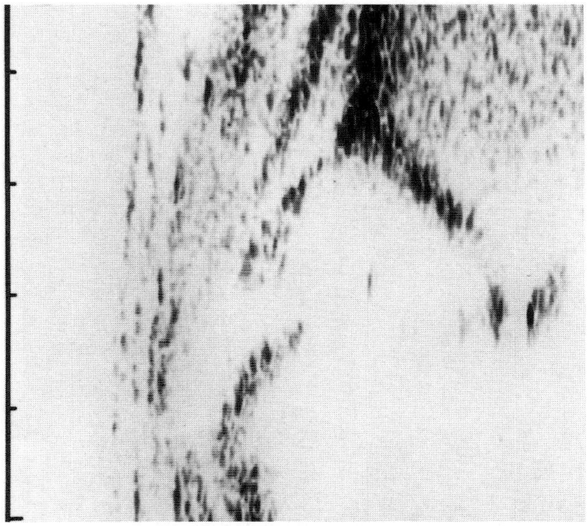

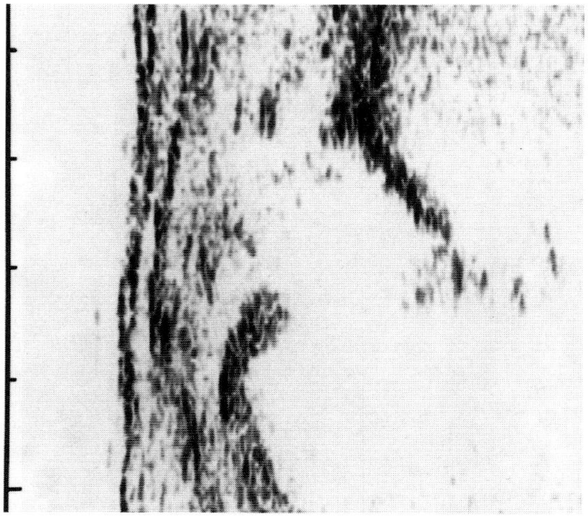

Abb. 6.104. P. S., 4 Monate, linkes Hüftgelenk
Es liegt ein völlig unzureichendes Sonogramm bei schlechter Aufnahmetechnik vor. Auch hier ist keine Aussage über die knöcherne und knorpelige Überdachung des Hüftkopfes möglich. Dieses Sonogramm darf nicht interpretiert werden. Der Unterrand des Os ilium ist nicht sicher abgrenzbar, das Labrum acetabulare unzureichend dargestellt.

6.5 Os ilium, Gewebe der Fossa acetabuli, Ligamentum capitis femoris
(Abb. 6.105–6.127)

Der Unterrand des Os ilium, der der Fossa acetabuli zugehört und nur durch lockeres Bindegewebe bedeckt ist, ist zur Beurteilung der Säuglingshüfte im Sonogramm unumgänglich notwendig. Von lateral nach medial besteht der Pfannenboden im Bereich der Fossa acetabuli aus drei Schichten. Die erste Schicht entspricht dem Ligamentum capitis femoris, die zweite oder mittlere Schicht dem lockeren Gewebe der Fossa acetabuli, die dritte mediale Schicht ist der Pfannenboden, bestehend aus Os ilium, Os ischii und Os pubis, die durch die Schenkel der Y-Fuge zusammengehalten werden.

Der Unterrand des Os ilium in der Fossa acetabuli ist durch lockeres Bindegewebe der mittleren Schicht bedeckt, sonographisch kommt es daher oft zu einer scheinbaren Verlängerung des Unterrandes des Os ilium nach kaudal. Der lateral des Os ilium liegende, zarte Echostreifen wird durch die sogenannte Taillierung vom Unterrand des Os ilium abgegrenzt [5].

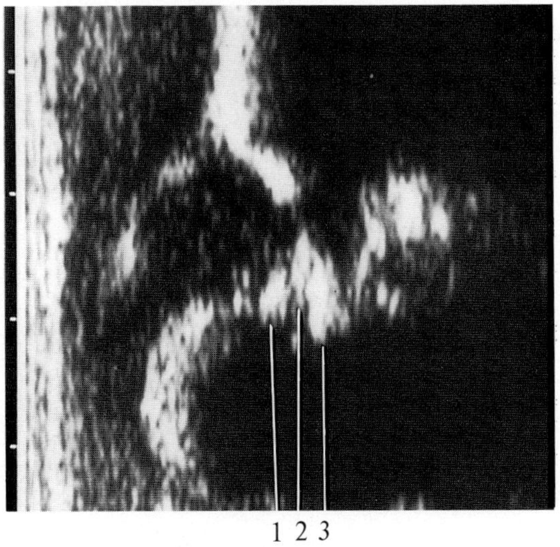

Abb. 6.105. W. D., Neugeborenenhüfte, rechtes Hüftgelenk, Monitorbild
Die dreischichtige Echostrukturierung in der Tiefe der Fossa acetabuli kommt deutlich zur Ansicht.
1 Ligamentum capitis femoris
2 Gewebe der Fossa acetabuli
3 Os ischiadicum
Die Monitorjustierung ist nicht korrekt, dadurch stimmen die Abbildungsmaßstäbe auf der X- und auf der Y-Achse nicht mehr. Das Sonogramm erscheint daher etwas in die Länge gezogen und in seiner Geometrie verzerrt.

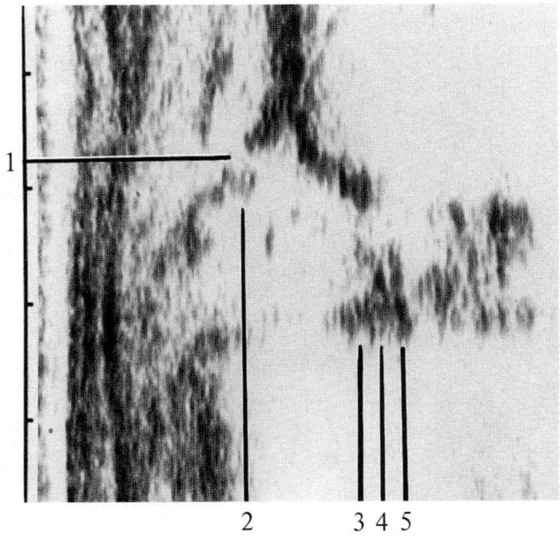

Abb. 6.106. H. S., 4 Wochen, linkes Hüftgelenk
Abgerundeter knöcherner Pfannenerker bei ausreichender knöcherner Hüftkopfüberdachung. Das knorpelige Pfannendach ist in der Basis verbreitert. In der Fossa acetabuli lassen sich die drei Schichten von lateral nach medial abgrenzen: Ligamentum capitis femoris (3), Gewebe der Fossa acetabuli (4) und Os ischii (5).
1 Perichondriumloch
2 Labrum acetabulare

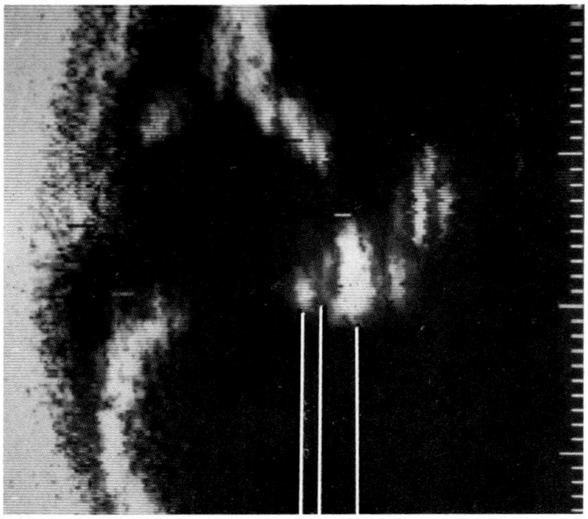

Abb. 6.107. P. R., 5 Wochen, rechtes Hüftgelenk, Monitorbild
Dargestellt ist die typische 3schichtige Echogenität der Fossa acetabuli. Von lateral nach medial sieht man:
1 Ligamentum capitis femoris (starkes Echo)
2 Schwaches Echo des lockeren Gewebes der Fossa acetabuli
3 Os ischii
Noch mit einem Compoundscan aufgenommenes Sonogramm aus dem Jahre 1979 (!).

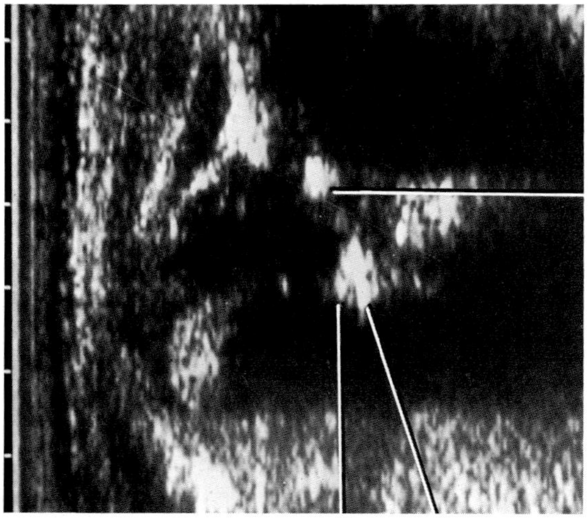

Abb. 6.108. G. E., 2 Monate, linkes Hüftgelenk, Monitorbild
Die Taillierung markiert den Unterrand des Os ilium (1). Das Echo des Ligamentum capitis femoris (2) ist als lateralste Echozone gut sichtbar. Zwischen Ligamentum und Os ischii (3) liegt ein schwächeres Echo, kenntlich durch eine kleine Einziehung, die dem lockeren Gewebe der Fossa acetabuli entspricht.

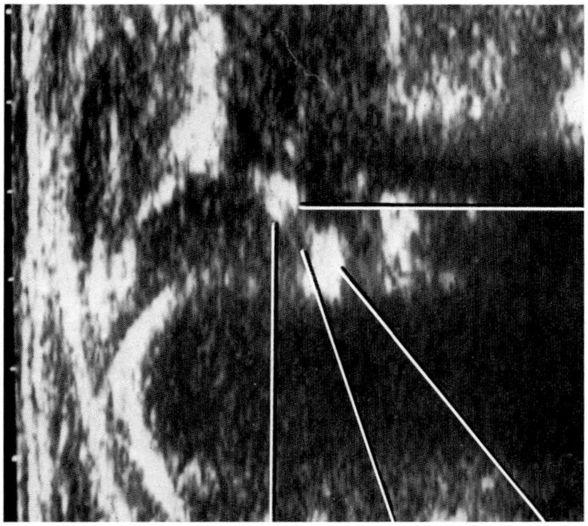

Abb. 6.109. S. T., 3,5 Monate, linkes Hüftgelenk, Monitorbild
Man sieht den Unterrand des Os ilium (1), lateral davon das Ligamentum capitis femoris (2), das in die: Fovea centralis einstrahlt. Zwischen Os ilium und Ligamentum capitis femoris findet sich ein schwacher Echostreifen (3), der dem Gewebe der Fossa acetabuli entspricht.
4 Os ischii

Abb. 6.110. L. H., 4 Monate, rechtes Hüftgelenk
Der Unterrand des Os ilium (1) wird durch eine zarte Grenzlinie vom kelchförmigen Gewebe der Fossa acetabuli (2) getrennt. Das Labrum acetabulare (3) ist nicht ideal dargestellt. „Schalenform" des Gewebes der Fossa acetabuli.

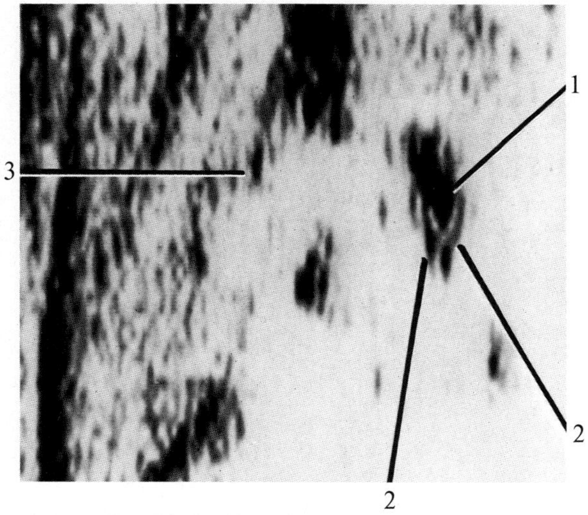

Abb. 6.111. T. E., 4 Monate, linkes Hüftgelenk
Die typische 3schichtige Echogenität in der Tiefe der Fossa acetabuli ist gut erkennbar.
Man sieht das Os ilium (1), das Gewebe der Fossa acetabuli (2) als mittleres Echo, lateral davon das Ligamentum capitis femoris (3) und medial davon das starke Echo des Os ischii.
4 Os ischii
5 Labrum acetabulare
Der Unterrand des Os ilium ist „fragmentiert".
Es sollte darauf geachtet werden, daß das Os ilium ein klarer „Fleck" ist. Fragmentierungen sollten vermieden werden.

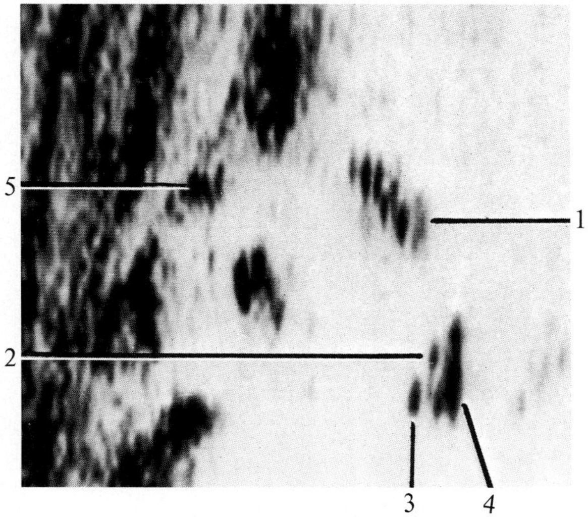

Abb. 6.112. P. D., 4 Wochen, linkes Hüftgelenk
Bei diesem 4 Wochen alten Säugling ist die anatomische Situation in der Tiefe der Hüftpfanne schwierig. Die mit 1 bezeichnete Struktur gehört noch zu den Schallpalisaden der Knorpel-Knochen-Grenze am Schenkelhals. Der Schnitt wurde durch den absteigenden Schenkel der Y-Fuge gelegt, der kaudalste Teil des Ligamentum capitis femuris (2) liegt dem Bindegewebe bzw. dem Perichondrium der Y-Fuge auf. (3/4).
Medial davon liegt nach der schallarmen Zone der Y-Fuge das Perichondrium der Y-Fuge an der Beckeninnenwand (5).
6 Labrum acetabulare
7 Perichondriumloch
8 Proximales Perichondrium

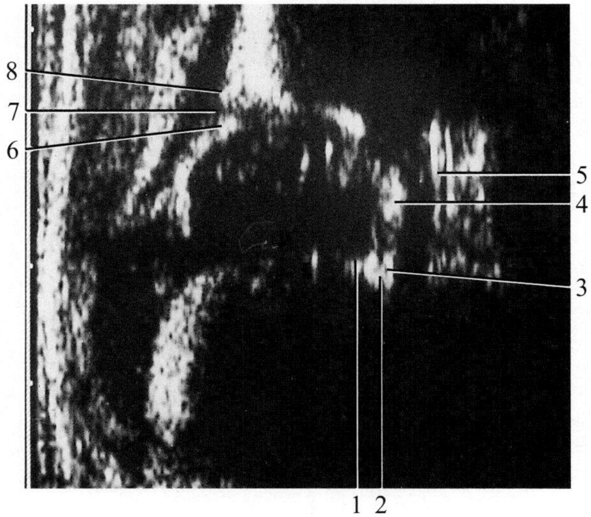

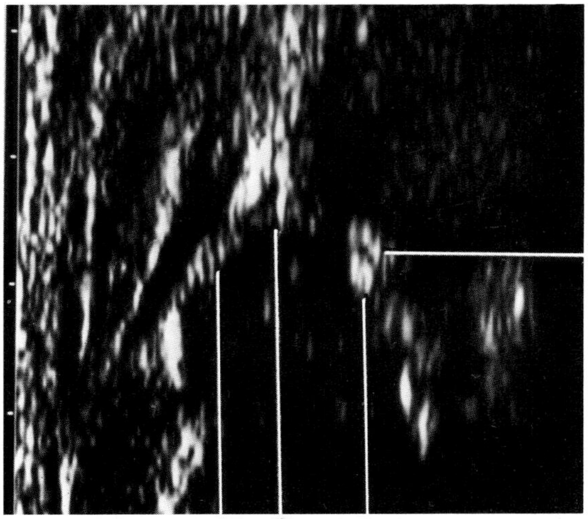

Abb. 6.113. G. M., 3,5 Monate, linkes Hüftgelenk, Monitorbild
Die Bildqualität ist relativ schlecht.
Der zwischen dem Ligamentum capitis femoris und dem Os ilium liegende echoschwache Gewebsstreifen entspricht dem Gewebe der Fossa acetabuli.
1 Unterrand des Os ilium
2 Ligamentum capitis femoris
3 Knöcherner Erker
4 Labrum acetabulare

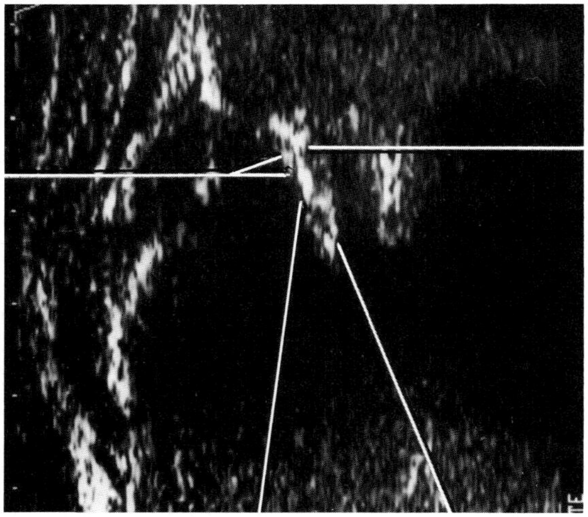

Abb. 6.114. B. A., 5 Monate, linkes Hüftgelenk, Monitorbild
Das Ligamentum ist an seiner Ansatzstelle, der Fovea centralis (1), gut sichtbar, der Gewebsstreifen medial davon ist dem Gewebe der Fossa acetabuli zugehörig (2). Noch weiter medial liegt in der Tiefe der Fossa acetabuli das Os ischii (3). Der Unterrand des Os ilium (4) mit der Taillierung ist gut sichtbar.

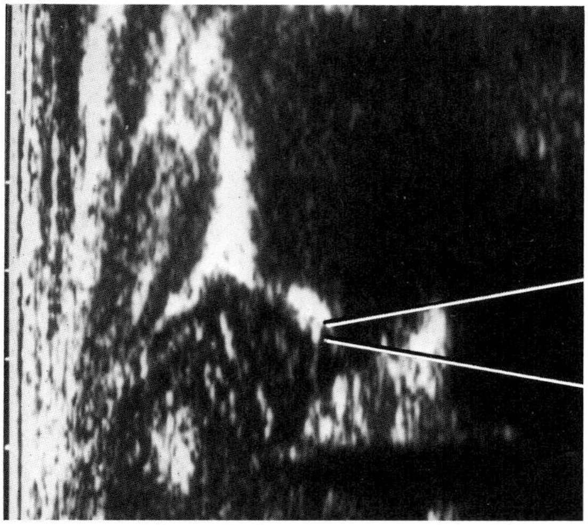

Abb. 6.115. T. M., 8 Wochen, rechtes Hüftgelenk, Monitorbild
Die Taillierung (1) ist gut sichtbar. Das Gewebe der Fossa acetabuli ist zipfelförmig nach kaudal ausgezogen (2).

Abb. 6.116. N. J., 5 Monate, linkes Hüftgelenk, Monitorbild
Man erkennt deutlich die Taillierung am Unterrand des Os ilium am Übergang zum Gewebe der Fossa acetabuli, das zipfelförmig vor dem Os ilium nach kaudal zieht. Der knöcherne Erker ist gut ausgebildet.
1 Os ilium mit Taillierung
2 Gewebe der Fossa acetabuli
3 Labrum acetabulare
4 Knochenerker

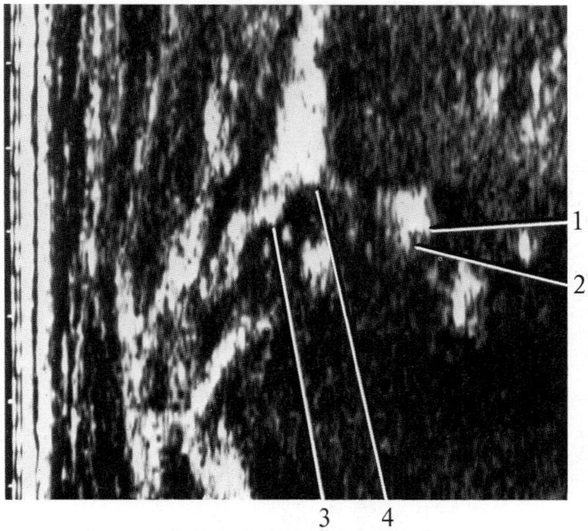

Abb. 6.117. K. V., 3 Monate, linkes Hüftgelenk, Monitorbild
Der Unterrand des Os ilium (1) ist klar dargestellt, das Labrum acetabulare (2) gut sichtbar. Os ischiadicum (3) und Perichondrium (4) an der Beckeninnenseite sind erkennbar.

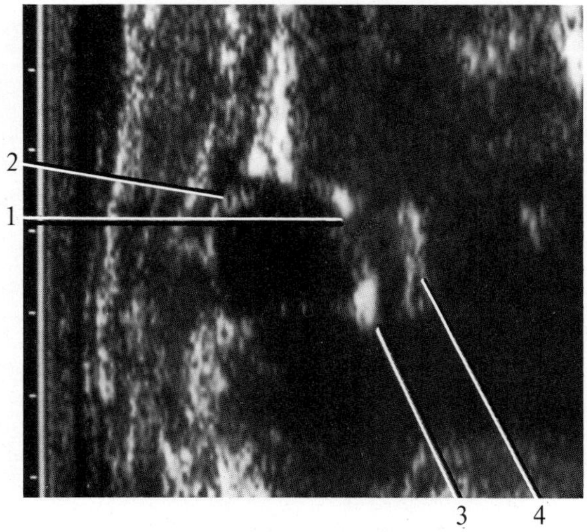

Abb. 6.118. S. R., 5 Monate, rechtes Hüftgelenk, Monitorbild
Der Unterrand des Os ilium ist nicht mehr sehr klar einsehbar (1). Er wird optisch durch die „ausgefransten“ Echos des Gewebes der Fossa acetabuli (2) nach distal verlängert.
3 Labrum acetabulare

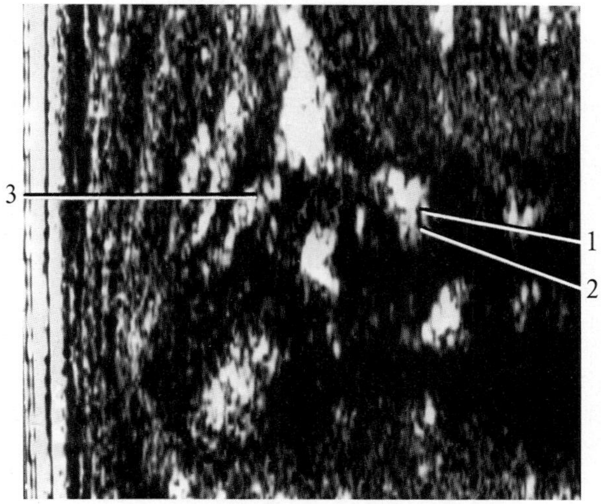

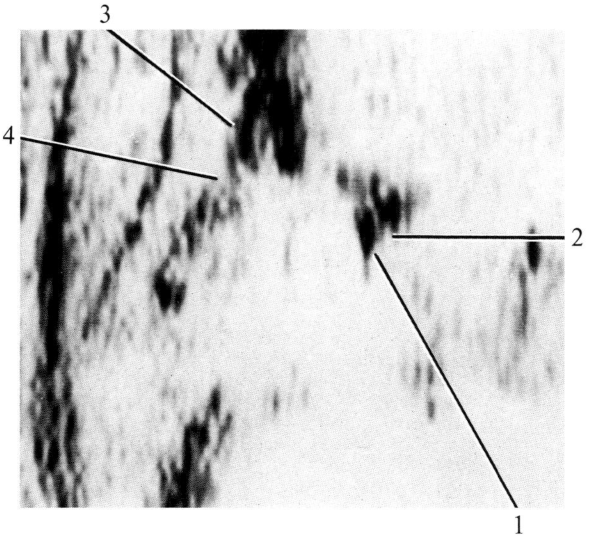

Abb. 6.119. G. S., 4 Wochen, rechtes Hüftgelenk Der Unterrand des Os ilium ist durch die Taillierung deutlich markiert. Das lateral davon liegende Echo ist der Fovea centralis und dem Ligamentum capitis femoris zugehörig. Die zwischen den beiden Strukturen liegende zarte Trennlinie entspricht dem Fettgewebe der Fossa acetabuli.
1 Ligamentum capitis femoris
2 Taillierung
3 Proximales Perichondrium
4 Perichondriumloch

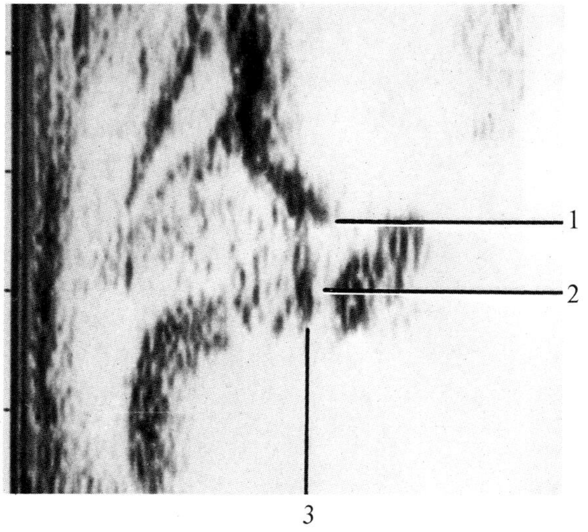

Abb. 6.120. L. M., 17 Tage, linkes Hüftgelenk Bei diesem Sonogramm wurde Wert auf die Darstellung der Strukturen in der Tiefe der Fossa acetabuli gelegt. Aus diesem Grunde wurde auch das Labrum acetabulare nicht gut herausgearbeitet.
1 Os ilium
2 Absteigender Schenkel der Y-Fuge
3 Ligamentum capitis femoris
(Aufnahme: 5 MgHz)

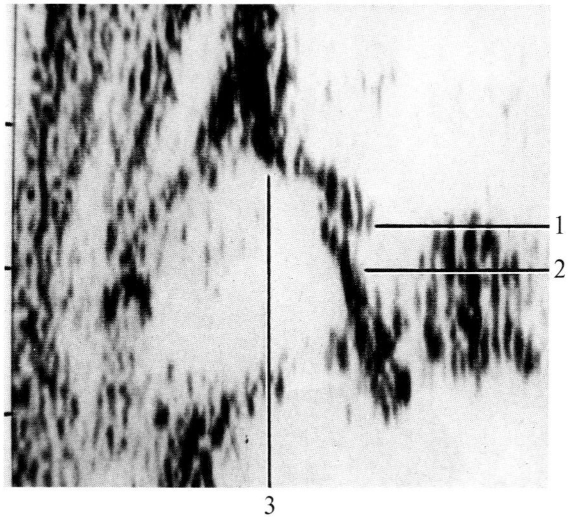

Abb. 6.121. K. L., 4 Wochen, linkes Hüftgelenk Die knöcherne Formgebung ist ausreichend, der knöcherne Erker ist rund, das knorpelige Pfannendach übergreifend. Das Ligamentum capitis femoris kommt gut zur Darstellung. Der Unterrand des Os ilium ist scharf begrenzt. Die Aufhellungszone zwischen Ligament und Unterrand des Os ilium entspricht dem Gewebe der Fossa acetabuli.
1 Unterrand des Os ilium
2 Ligamentum capitis femoris
3 Knöcherner Erker
(Aufnahme: 5 MgHz)

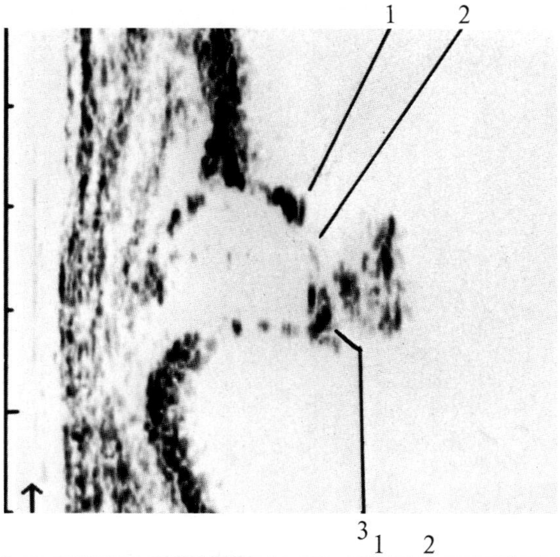

Abb. 6.122. R. J., 4 Wochen, linkes Hüftgelenk
Gute knöcherne Formgebung bei stumpfem, knöchernem Erker, das knorpelige Pfannendach ist übergreifend. Noch keine Kopfkernentwicklung. Die Knorpel-Knochen-Grenze kann bis in die Tiefe der Fossa acetabuli verfolgt werden. Der Unterrand des Os ilium ist klar und deutlich im Sonogramm durch das starke Echo dargestellt. Darunter schließt sich das Schalloch der hyalinknorpeligen Y-Fuge an. Distal davon stellen sich die Strukturen in der Fossa acetabuli dar.
1 Unterrand Os ilium
2 Y-Fuge
3 Strukturen in der Fossa acetabuli

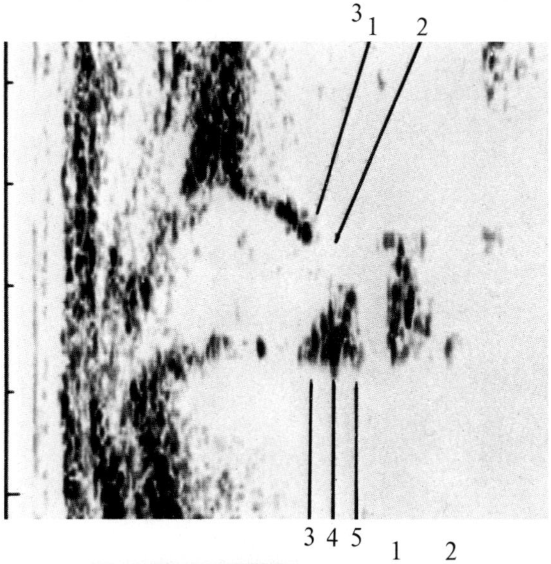

Abb. 6.123. E. H., 6 Wochen, linkes Hüftgelenk
Der Unterrand des Os ilium ist klar dargestellt, daran anschließend das Schalloch der Y-Fuge. Kaudal davon liegen die Strukturen der Fossa acetabuli, das Ligamentum capitis femoris, Fettbindegewebspolster und das Os ischii.
1 Unterrand Os ilium
2 Y-Fuge
3 Ligamentum capitis femoris
4 Gewebe der Fossa acetabuli
5 Os ischii

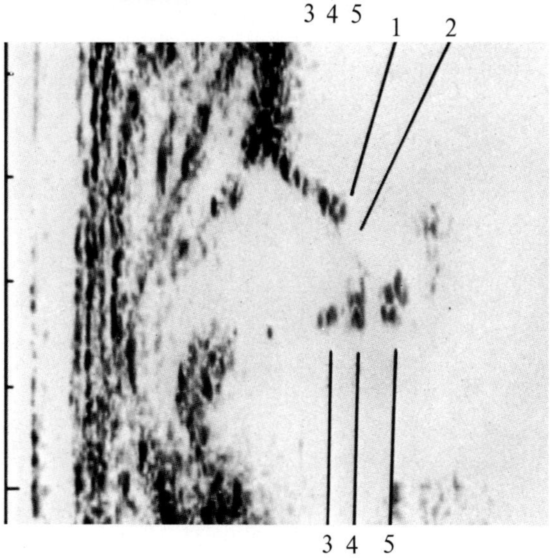

Abb. 6.124. S. D., 8 Wochen, rechtes Hüftgelenk
Abrundung des knöchernen Pfannenerkers und bereits mangelhafte knöcherne Formgebung.
Das knorpelige Pfannendach ist verbreitert und zieht noch übergreifend über den Hüftkopf; noch keine Kopfkernentwicklung. Deutliche Darstellung der drei Strukturen in der Fossa acetabuli.
1 Unterrand des Os ilium
2 Y-Fuge
3 Ligamentum capitis femoris
4 Gewebe der Fossa acetabuli
5 Os ischii

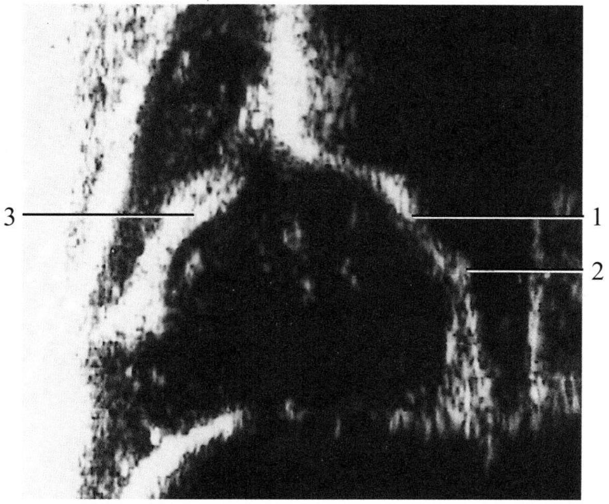

Abb. 6.125. R. E., 5 Monate, linkes Hüftgelenk
Die knöcherne Pfanne ist den Hüftkopf übergreifend (Typ I). Der Unterrand des Os ilium als wichtigste „Landmark" ist klar und deutlich vom Gewebe der Fossa acetabuli getrennt.
1 Unterrand des Os ilium
2 Gewebe der Fossa acetabuli
3 Labrum acetabulare

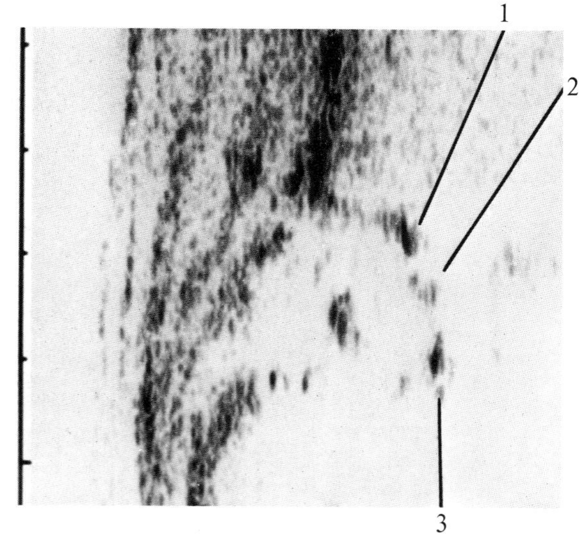

Abb. 6.126. S. D., 4 Monate, rechtes Hüftgelenk
Es findet sich eine insgesamt gute knöcherne und knorpelige Ausbildung der Hüftpfannenanlage mit beginnender Kopfkernentwicklung. Zwischen den starken Echos des Unterrandes des Os ilium und des Os ischii liegt das Schalloch des hyalinen Knorpels der Y-Fuge.
1 Unterrand des Os ilium
2 Y-Fuge
3 Os ischii

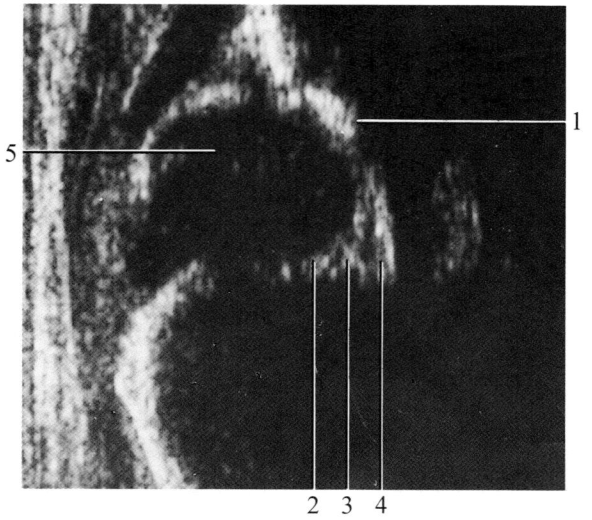

Abb. 6.127. S. C., 6,5 Monate, linkes Hüftgelenk
Man erkennt die Abrundung des knöchernen Pfannenerkers mit schlechter knöcherner Formgebung und verbreitertem knorpeligem Pfannendach. Die Aufnahme zeigt, daß das Fettbindegewebspolster in der Fossa acetabuli bis an den Unterrand des Os ilium zieht.
1 Unterrand des Os ilium
2 Ligamentum capitis femoris
3 Gewebe der Fossa acetabuli
4 Os ischii
5 Hüftkopf

6.6 Flüssigkeitsfilm
(Abb. 6.128–6.150)

Bei gut ausgebildeten Hüftkopfpfannensystemen liegt der Pfannendachknorpel dem Knorpel des Hüftkopfes so eng an, daß der schmale Gelenkspalt nicht sichtbar gemacht werden kann. Bei der dynamischen Untersuchung gelingt es aber manchmal, eine minimale Gelenkspaltverbreiterung, bedingt durch physiologische Inkongruenzen, herbeizuführen. Die Flüssigkeitsansammlung im Gelenkspalt führt zu einem Impedanzsprung und kann als Trennlinie zwischen Hüftkopf und Pfannendachknorpel gut zur Ansicht gebracht werden.

Besonders bei Hüften mit großem Pfannendachknorpel, bei eher mangelhaft ausgebildeter knöcherner Formgebung (Typ-II-Hüften), kommt es zu einem stärkeren Federn des Kopf-Pfannen-Systems bei der dynamischen Untersuchung mit konsekutivem breitem Flüssigkeitsfilm.

Möglicherweise führt die minimale Gelenkspalterweiterung mit konsekutiver Flüssigkeitsansammlung zu einem Impedanzsprung, so daß die Grenze zwischen dem hyalinen Hüftkopf und der knorpeligen Pfanne dargestellt werden kann. Die Ursache für diese Grenzechos besteht aber möglicherweise auch in einem differenten Aufbau der einander zugekehrten Knorpelzellschichten von Hüftkopf und knorpeliger Pfanne. Es wäre daher besser vom „sogenannten Flüssigkeitsfilm" zu sprechen.

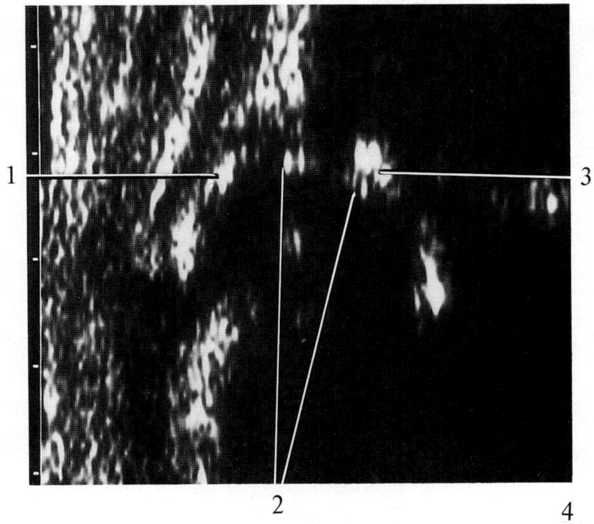

Abb. 6.128. K. P., 6 Monate, rechtes Hüftgelenk, Monitorbild
1 Labrum acetabulare
2 Flüssigkeitsfilm
3 Os ilium

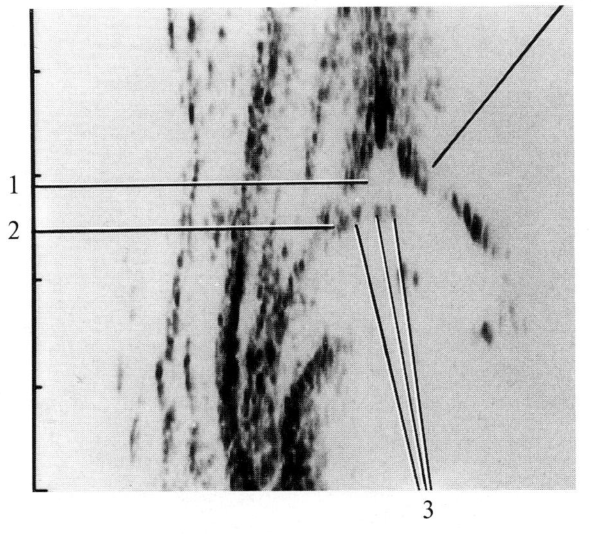

Abb. 6.129. K. M., 3 Monate, linkes Hüftgelenk
Die knöcherne Formgebung ist mangelhaft, der knöcherne Erker rund, der knorpelige Erker ist sehr groß, breit und übergreift den Hüftkopf. Der Flüssigkeitsfilm ist angedeutet sichtbar und grenzt den Hüftkopf gegenüber dem breiten knorpeligen Pfannendach ab.
1 Knorpelerker
2 Labrum acetabulare
3 Flüssigkeitsfilm
4 knöcherner Erker

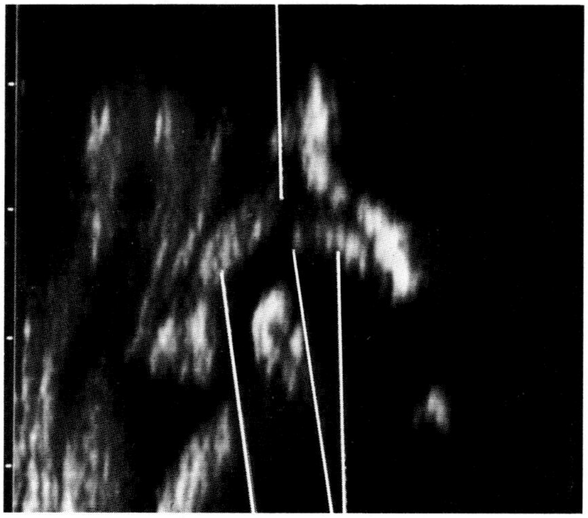

Abb. 6.130. S. C., 11 Monate, Monitorbild
Der breite, nach medial ziehende „Flüssigkeitsfilm" ist als Trennlinie zwischen dem breiten, übergreifenden knorpeligen Pfannendach und dem Hüftkopf gut sichtbar. Die knöcherne Formgebung ist mangelhaft bei stark gerundetem Erker.
1 Labrum acetabulare
2 Flüssigkeitsfilm
3 Knorpelerker

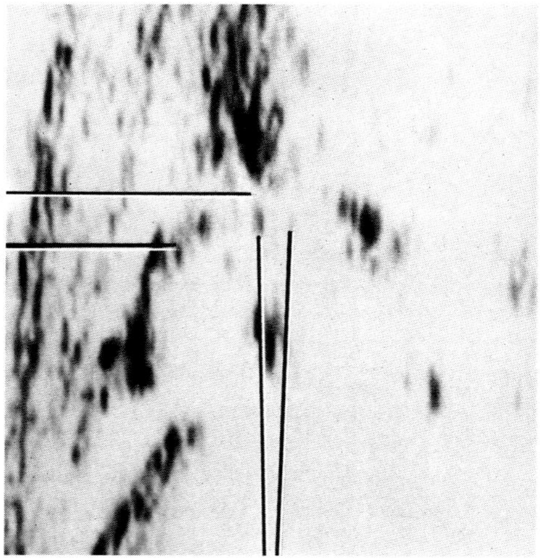

Abb. 6.131. A. W., 4 Monate, linkes Hüftgelenk
Der Flüssigkeitsfilm ist durch wenige Echos nur zart angedeutet.
1 Labrum acetabulare
2 Flüssigkeitsfilm
3 Breites knorpeliges Pfannendach

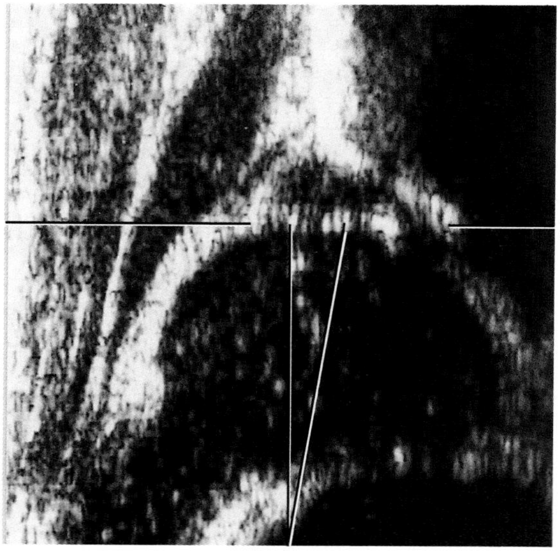

Abb. 6.132. K. V., 4 Wochen, linkes Hüftgelenk
1 Zarter Flüssigkeitsfilm
2 Unterrand des Os ilium
3 Labrum acetabulare

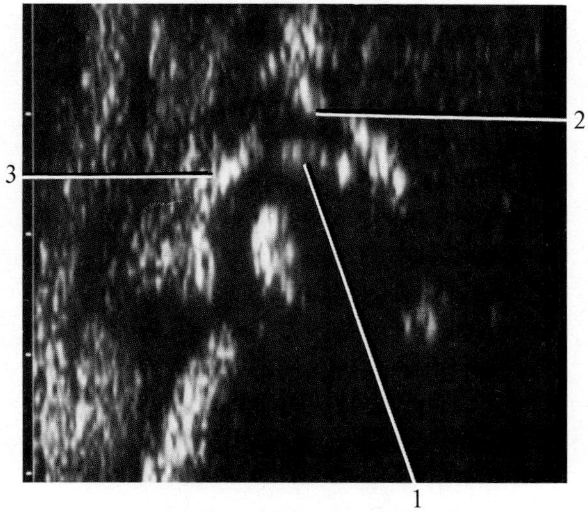

Abb. 6.133. S. C., 11 Monate, rechtes Hüftgelenk, Monitorbild
Der Flüssigkeitsfilm, der den Hüftkopf gegenüber dem breiten Pfannendachknorpel trennt, ist gut sichtbar.
1 Flüssigkeitsfilm
2 Knochenerker
3 Labrum acetabulare

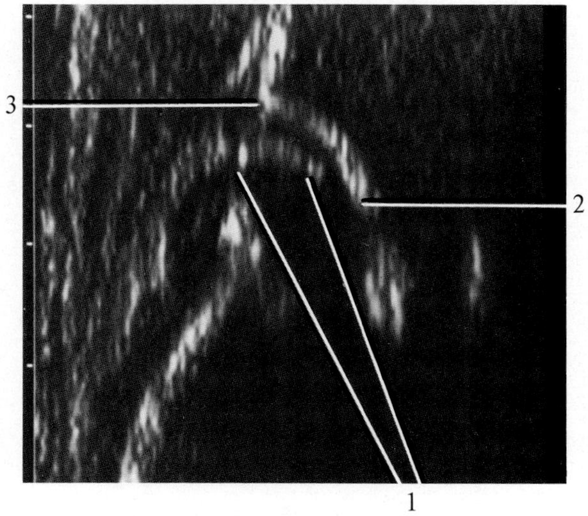

Abb. 6.134. Derselbe Patient wie in Abb. 6.133, linkes Hüftgelenk, Monitorbild
Auch auf der linken Seite trennt der breite Flüssigkeitsfilm den Hüftkopf vom Pfannendachknorpel.
1 Flüssigkeitsfilm
2 Os ilium
3 Knöcherner Erker

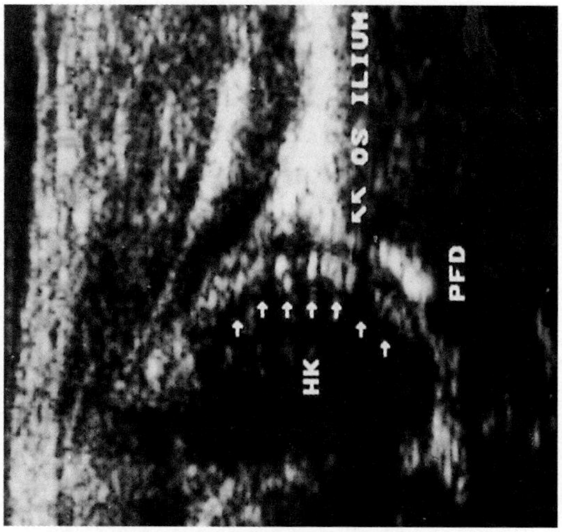

Abb. 6.135. P. K., 6 Monate, linkes Hüftgelenk, Monitorbild
Das etwas überstrahlte Bild ist von minderer Aufnahmequalität. Der Flüssigkeitsfilm ist jedoch gut sichtbar und mit Pfeilen markiert.
Die Beurteilung ist aber möglich, weil die 3 typischen Landmarks gut dargestellt sind.

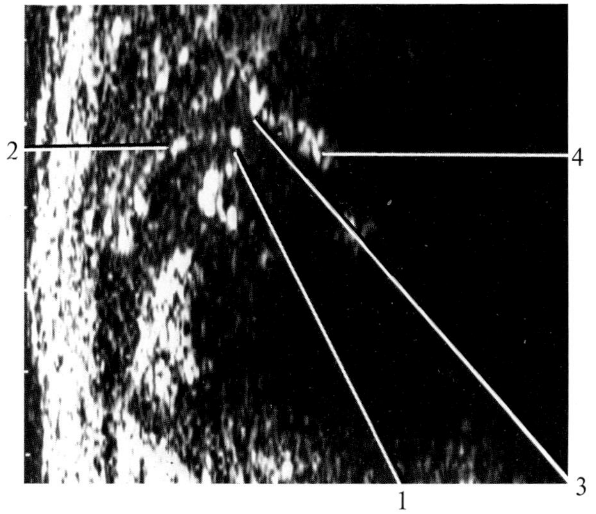

Abb. 6.136. G. S., 8 Monate, rechtes Hüftgelenk, Monitorbild
Die Hüfte weist einen sehr breiten knorpeligen Erker auf. Die knöcherne Formgebung ist schlecht. Das Sonogramm entspricht der rechten Seite in Abb. 6.138.
1 Flüssigkeitsfilm
2 Labrum acetabulare
3 Knöcherner Erker
4 Unterrand Os ilium
Der Unterrand des Os ilium und die Darmbeinsilhouette sind ungenügend dargestellt, das Sonogramm ist für eine Beurteilung ungeeignet.

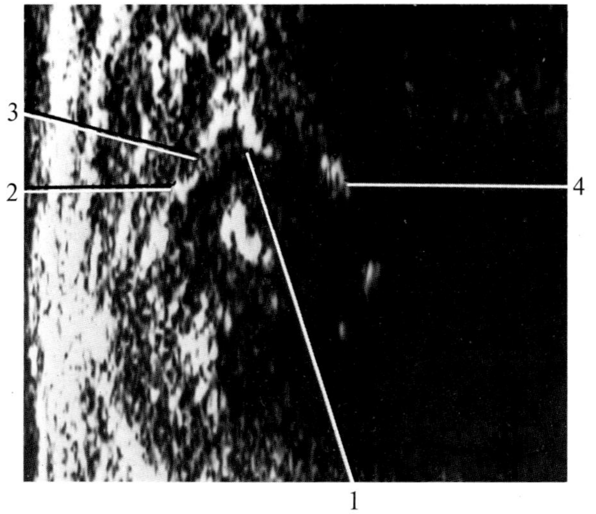

Abb. 6.137. Derselbe Patient wie in Abb. 6.136, jedoch linkes Hüftgelenk, Monitorbild
Der Flüssigkeitsfilm ist nicht sichtbar. Die knöcherne Formgebung ist mangelhaft, bei etwas angerundetem knöchernen Erker und breitem knorpeligen Pfannendach, entsprechend Abb. 6.138 links. Der breite knorpelige Pfannenerker entspricht dem Verknöcherungsdefekt am Pfannenerker im Röntgenbild links.
1 Knöcherner Erker
2 Labrum acetabulare
3 Perichondriumloch
4 Unterrand des Os ilium
Nach heutigen Qualitätskriterien ist auch dieses Sonogramm aufgrund der nicht völlig korrekt dargestellten Standardebene unbrauchbar.

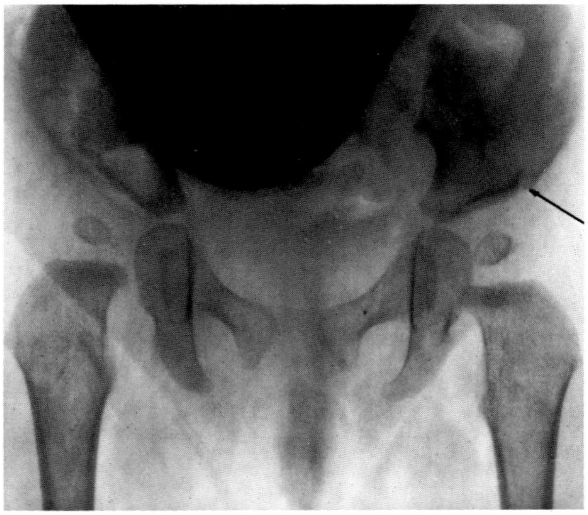

Abb. 6.138. Röntgenbild zu Abb. 6.136 und 6.137
Der Knochendefekt am Pfannenerker entspricht dem knorpeligen Erker in Abb. 6.137 und ist mit einem Pfeil markiert.

Abb. 6.139. I. D., 6 Wochen, rechtes Hüftgelenk
Man sieht einen breiten Flüssigkeitsfilm (1) mit breit übergreifendem Knorpelerker (2) bei abgerundetem knöchernem Erker (3).
4 Labrum acetabulare

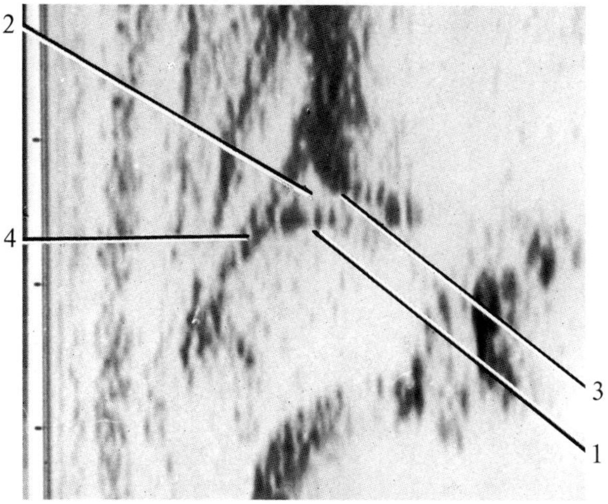

Abb. 6.140. E. G., 4 Monate, linkes Hüftgelenk
Der Flüssigkeitsfilm ist deutlich sichtbar. Die Taillierung, die den Unterrand des Os ilium markiert, ist gut dargestellt.
1 Flüssigkeitsfilm
2 Labrum acetabulare
3 Taillierung

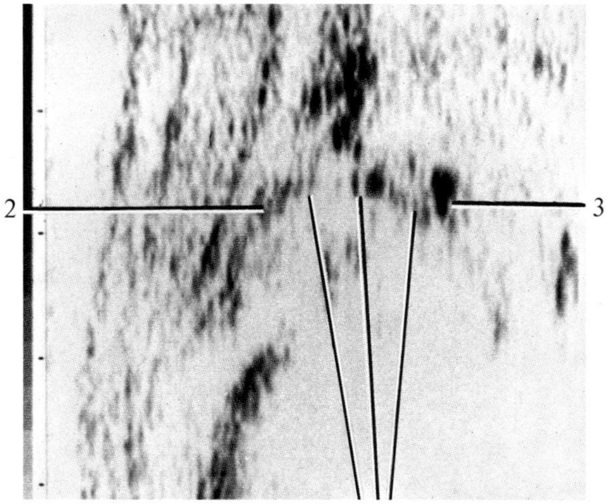

Abb. 6.141. W. M., 9 Monate, linkes Hüftgelenk, Monitorbild
1 Perichondriumloch
2 Labrum acetabulare
3 Knorpeliges Pfannendach
4 Os ilium
5 Flüssigkeitsfilm

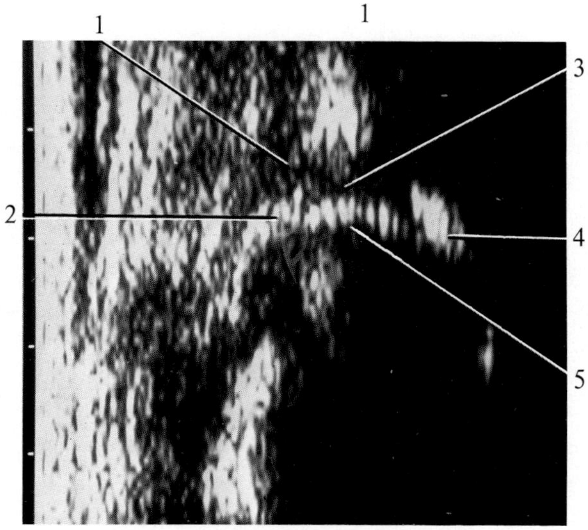

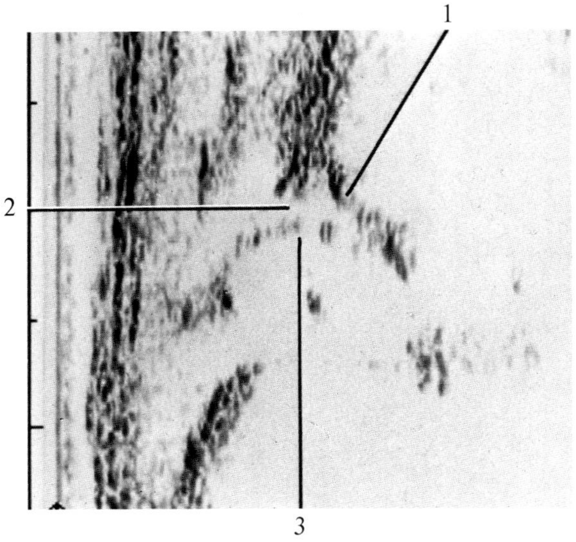

Abb. 6.142. S. D., 4 Monate, rechtes Hüftgelenk
Der Flüssigkeitsfilm (3) ist deutlich sichtbar. Das knorpelige Pfannendach ist verbreitert (2), der knöcherne Erker erscheint stark abgerundet (1). Der Unterrand des Os ilium ist nicht klar dargestellt, der breite Echostreifen, proximales Perichondrium-Periost-Darmbeinsilhouette, weist auf eine starke Verkippung des Transducers bei der Aufnahmetechnik hin.

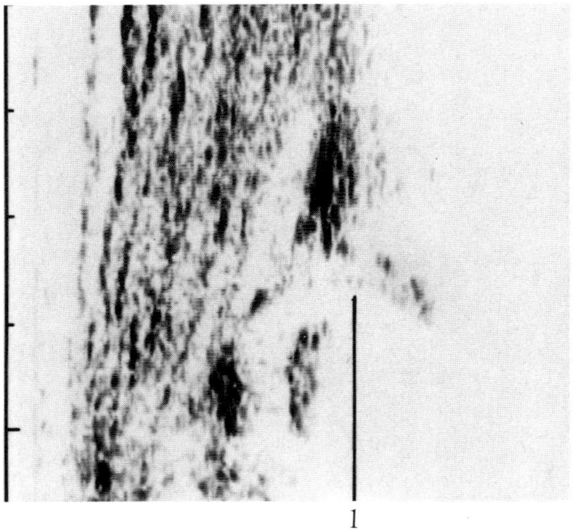

Abb. 6.143. R. N., 7 Monate, linkes Hüftgelenk
Man erkennt einen eckigen knöchernen Pfannenerker mit guter knöcherner und knorpeliger Überdachung des Hüftkopfes. Der Gelenkspalt wird auch hier durch den Flüssigkeitsfilm (1) markiert. Der Unterrand des Os ilium ist „fragmentiert"! Schlechte Bildqualität!

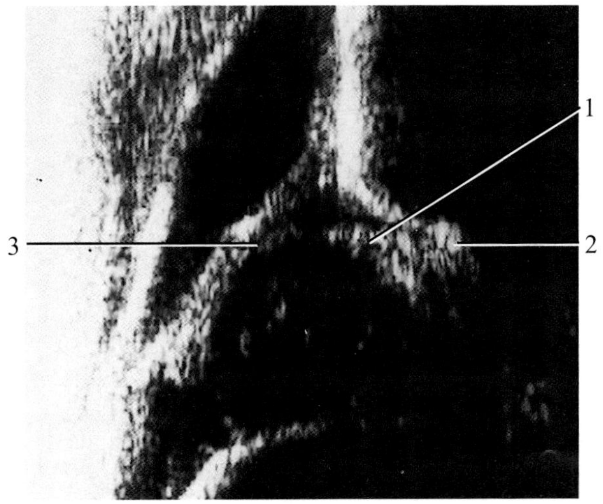

Abb. 6.144. W. S., 8 Wochen, linkes Hüftgelenk
St.p. eines Hüftgelenks vom Typ IIIa nach vierwöchiger konservativer Behandlung. Die Trennlinie zwischen Hüftkopf und knorpeliger Pfannendachanlage ist deutlich sichtbar.

1 Trennlinie zwischen Hüftkopf und hyalin-knorpelig präformiertem Pfannendach („Flüssigkeitsfilm")
2 Unterrand des Os ilium
3 Labrum acetabulare

Abb. 6.145. K. M., 6 Monate, rechtes Hüftgelenk
Abflachung des knöchernen Pfannenerkers mit schlechter knöcherner Formgebung, verbreitertes, noch über den Hüftkopf hinwegziehendes knorpeliges Pfannendach. Unmittelbar neben dem Labrum acetabulare kommt ein kleiner Flüssigkeitsfilm als Trennlinie zwischen Hüftkopfknorpel und Pfannendachknorpel zur Darstellung.
1 Hyalinknorpeliges Pfannendach
2 Labrum acetabulare mit Gelenkkapsel
3 Flüssigkeitsfilm

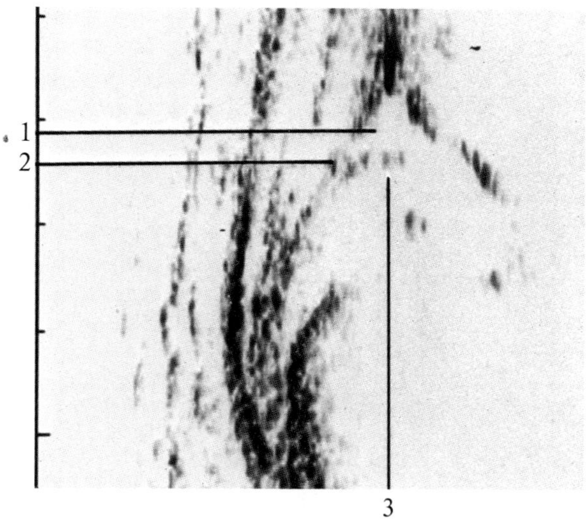

Abb. 6.146. Derselbe Patient wie in Abb. 6.145, rechtes Hüftgelenk
Der Flüssigkeitsfilm markiert wieder den Gelenkspalt als Trennlinie zwischen Hüftkopfknorpel und Pfannendachknorpel. Im Vergleich mit der Voraufnahme ist der Flüssigkeitsfilm noch deutlicher dargestellt, die Abgrenzung der oberen Zirkumferenz des Hüftkopfes ist im Sonogramm gut möglich. Auch im lateralen Anteil ist eine deutliche Trennung zwischen Gelenkkapsel (2), Labrum acetabulare (1) und Flüssigkeitsfilm (3) gut möglich.

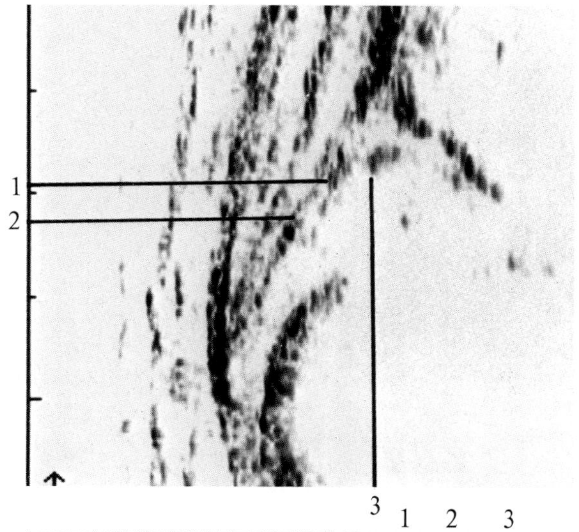

Abb. 6.147. B. M., 6 Monate, rechtes Hüftgelenk
Der Flüssigkeitsfilm stellt sich besonders häufig bei Gelenken mit einer Hüftreifungsstörung dar. Vereinzelt bildet sich der Flüssigkeitsfilm wie in dieser Abbildung bei guter knöcherner Formsicherung ab. Er darf in diesem Fall nicht mit dem Unterrand des Os ilium verwechselt werden.
1 Knöcherner Erker
2 Schallschatten hinter dem knöchernen Erker
3 Unterrand des Os ilium
4 Labrum acetabulare
5 Flüssigkeitsfilm

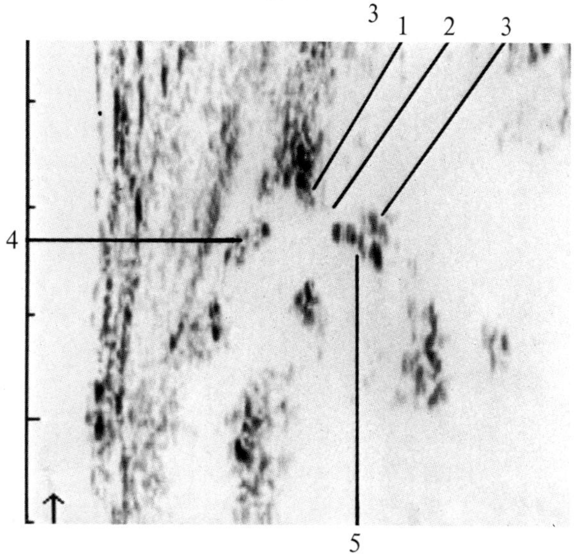

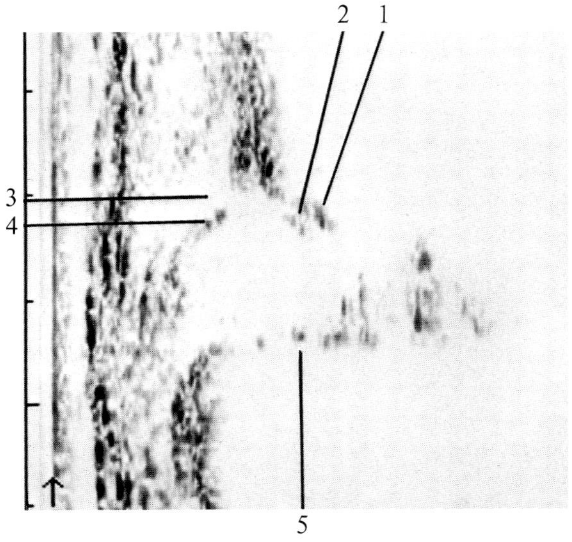

Abb. 6.148. F. A., 6 Wochen, rechtes Hüftgelenk
Im altersentsprechenden Normbereich liegende Hüftgelenksentwicklung. Unter dem knöchernen Pfannendach ist der Flüssigkeitsfilm deutlich zu erkennen. An der lateralen Begrenzung des Hüftkopfes stellt sich distal des Schallochs vom hyalinknorpeligen Pfannendach das Labrum acetabulare dar. Dieses darf nicht mit einem Flüssigkeitsfilm verwechselt werden. Vergleiche dazu Abb. 6.146.
1 Unterrand des Os ilium
2 Flüssigkeitsfilm
3 Perichondriumloch
4 Labrum acetabulare
5 Schallpalisade der Knorpel-Knochen-Grenze

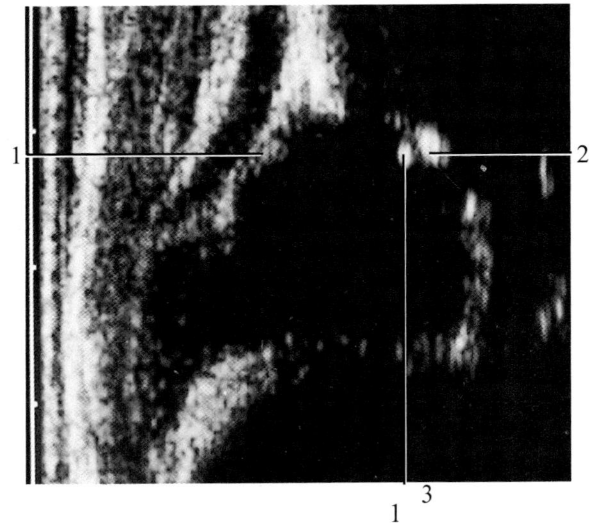

Abb. 6.149. S. N., 6 Wochen, rechtes Hüftgelenk
Die knöcherne Formgebung ist gut, der knöcherne Erker ist eckig, das knorpelige Pfannendach den Hüftkopf übergreifend. Manchmal kommt es zu einer knötchenförmigen Echogenität (3) lateral des Unterrandes des Os ilium (2). Es ist dies in der Regel die Fovea centralis. Bei der dynamischen Untersuchung zeigt sich, daß sich diese punktförmige Echogenität mit dem Hüftkopf mitbewegt. Durch dieses Phänomen läßt sich die Fovea centralis vom Unterrand des Os ilium leicht differenzieren.
1 Labrum acetabulare

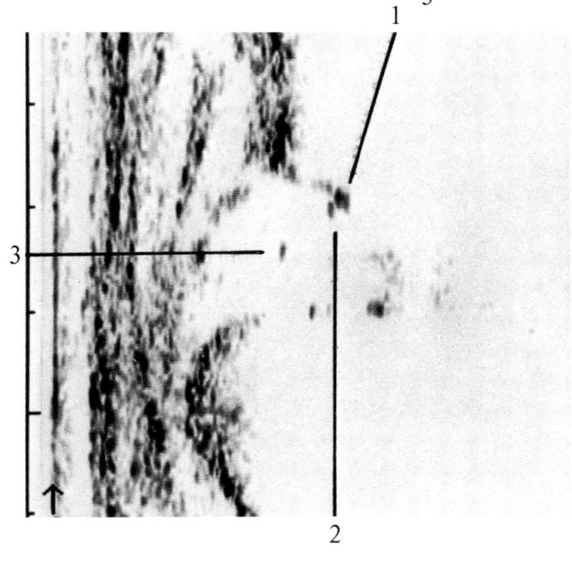

Abb. 6.150. P. S., 4 Wochen, rechtes Hüftgelenk
Die knöcherne Formgebung ist ausreichend, altersentsprechend, bei leichter Rundung des knöchernen Erkers. Die knorpelige Überdachung ist übergreifend bei beginnender Hüftkopfkernentwicklung. Auch hier stellt sich eine punktförmige Echogenität unmittelbar vor dem Unterrand des Os ilium dar. Sie entspricht dem Ansatz des Ligamentum capitis femoris in der Fovea centralis.
1 Unterrand des Os ilium
2 Ansatz des Ligamentum capitis femoris in der Fovea centralis
3 Beginnende Kopfkernentwicklung

7 Typeneinteilung, knöcherne und knorpelige Erkerformen, knöcherne Formgebung und Befundbeschreibung

Die morphologische Beschreibung eines Hüftgelenks umfaßt in der Reihenfolge ihrer Bedeutung:

1. Die knöcherne Pfanne, auch knöcherne Formgebung oder knöcherne Formsicherung genannt. Die knöcherne Formsicherung beschreibt das feste, belastbare, knöcherne Pfannendach.
2. Der knöcherne Erker. Im Bereiche des knöchernen Erkers finden Ossifikationsvorgänge statt, die bei entsprechender Analyse der Erkerform wichtige Auf- und Rückschlüsse über die Prognose des Pfannendachwachstums geben können.
3. Die Beschreibung des hyalin knorpeligen, präformierten Pfannendachs („Knorpeldach", „Knorpelerker") gibt Aufschluß über die knorpelige Überdachung des Hüftkopfes sowie bei entsprechenden Deformierungen bei dezentrierten (= luxierten) Gelenken über den Typ der Hüftgelenkluxation.

Auch die beste Deskription wird immer mehr oder weniger der Subjektivität des Beurteilers unterliegen und kann eine Objektivierung durch Messung nicht ersetzen.

Eine Zusammenfassung der entsprechenden morphologischen Beschreibungen in Korrelation zum jeweiligen Typ ist in der folgenden Tabelle ersichtlich.

Typ		Knöcherne Formgebung	Knöcherner Erker	Knorpeliger Erker
I a ausgereifte Hüfte (jedes Lebensalter)		gut	eckig	übergreifend
I b (jedes Lebensalter)		gut	meist geschweift („stumpf")	übergreifend
Physiologische Verknöcherungsverzögerung altersgemäß	II a(+)	ausreichend	rund	übergreifend
II a mit Reifungsdefizit (bis 3. Lebensmonat)	II a(−)	mangelhaft	rund	übergreifend
II b Verknöcherungsverzögerung (ab 3. Lebensmonat)		mangelhaft	rund	übergreifend
II g oder II c gefährdete oder kritische Hüfte (jedes Lebensalter)		mangelhaft	rund bis flach	noch übergreifend
D Hüfte am Dezentrieren (jedes Lebensalter)		hochgradig mangelhaft	rund bis flach	verdrängt
Dezentrierte Gelenke III a		schlecht	flach	nach kranial verdrängt, ohne Strukturstörung
III b		schlecht	flach	nach kranial verdrängt, mit Strukturstörung
IV		schlecht	flach	nach kaudal verdrängt

7.1 Eckiger und geschweifter Knochenerker
(Abb. 7.1–7.20)

Bei der Beschreibung der Erkerformen bei vollausgereiften Hüften entsprechend der sonographischen Klassifizierung Typ I können zwei differente Erkerformen unterschieden werden:

● **Der eckige Knochenerker**
Diese Erkerform ist durch einen scharf begrenzten und eckig konturierten knöchernen Erker charakterisiert. Sie tritt vornehmlich bei Typ-Ia-Hüften auf.

● **Der sogenannte „geschweifte" (= „stumpfe") Erker**
Bei dieser Erkerform fehlt die laterale scharfe Erkerkonturierung. Statt dessen findet sich eine leichte Rundung des knöchernen Erkers. Dadurch erscheint der knorpelige Erker etwas breiter. Hüften mit geschweiftem Erker sind meistens Typ-Ib-Hüften entsprechend dem etwas breiteren knorpeligen Erker.

Beide Erkerformen gehören dem Typ I an. Der α-Winkel ist 60° oder größer.

Dieses Phänomen der verschiedenen Ausprägungsformen des knöchernen Erkers ist uns auch aus der Röntgendarstellung des Pfannendaches bekannt: Bei korrekten Pfannendachwinkeln und guten Überdachungsverhältnissen gibt es einerseits Hüften, die eine scharfe eckige Pfannenerkerkonturierung aufweisen, andererseits Hüften, bei denen diese scharfkantige Erkerentwicklung fehlt und der Pfannendacherker leicht geschwungen bis abgerundet zur Darstellung kommt. Bei der Beschreibung des Sonogramms bei Typ-I-Hüften darf der Begriff „rund" für die Erkerbeschreibung nicht verwendet werden, da er für Typ-II-Hüften reserviert ist. Die Ausformung des knöchernen Pfannendaches, die unabhängig von der Erkerkonturierung ist, wird bei Typ-I-Hüften mit dem Terminus „gute knöcherne Formgebung" (Formsicherung) beschrieben.

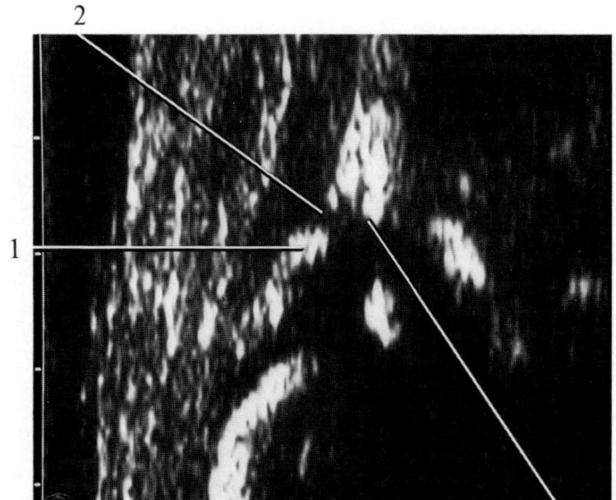

Abb. 7.1. D. A., 5 Monate, linkes Hüftgelenk, Monitorbild
Die knöcherne Formgebung ist sehr gut, der knöcherne Erker ist eckig konturiert, das Knorpeldach ist gut übergreifend, schmal und dreieckig.
1 Labrum acetabulare
2 Perichondriumloch
3 Eckiger knöcherner Erker

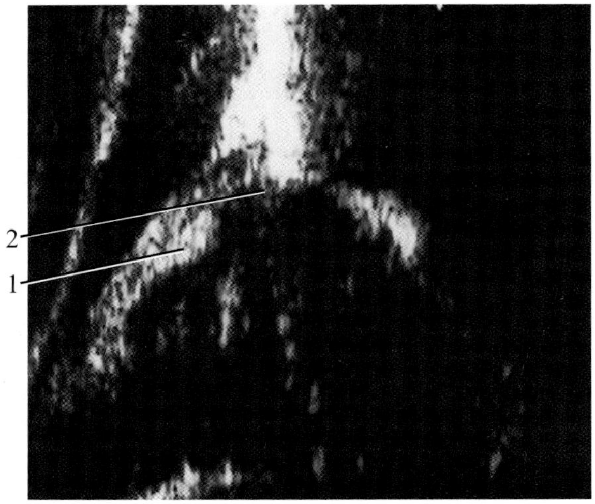

Abb. 7.2. E. Z., 3 Monate, rechtes Hüftgelenk
Der knöcherne Erker ist eckig bei guter knöcherner Formgebung und schmal, dreieckig, spitzzipfelig übergreifendem Knorpelerker.
Hüfttyp I
1 Labrum acetabulare
2 Knochenerker

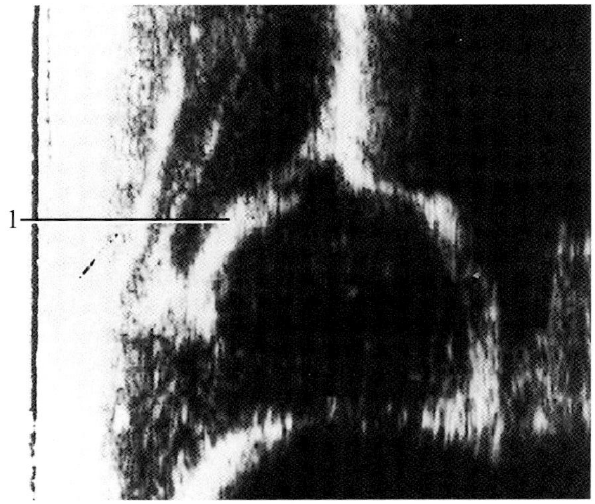

Abb. 7.3. Derselbe Patient wie in Abb. 7.2, jedoch linkes Hüftgelenk
Der knöcherne Erker ist geschweift bei guter knöcherner Formgebung. Der Knorpelerker ist aufgrund der leichten Schweifung etwas verbreitert, aber übergreifend.
Hüfttyp I
1 Labrum acetabulare mit Gelenkkapsel
Vergleiche die Erkerkonturierung Abb. 7.2 – Abb. 7.3

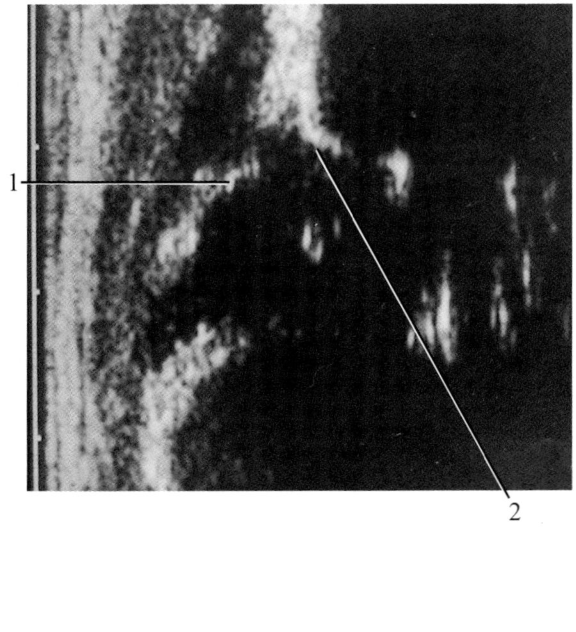

Abb. 7.4. R. F., 4 Monate, linkes Hüftgelenk
Der knöcherne Erker (2) ist geschweift bei guter knöcherner Formgebung. Der Knorpelerker ist schmal übergreifend (Hüfttyp I).
1 Labrum acetabulare

Abb. 7.5. E. K., 2 Monate, rechtes Hüftgelenk
Schweifung des knöchernen Erkers bei guter knöcherner Formgebung und übergreifendem knorpeligem Pfannendach.
Hüfttyp I
1 Labrum acetabulare
2 Geschweifter knöcherner Erker

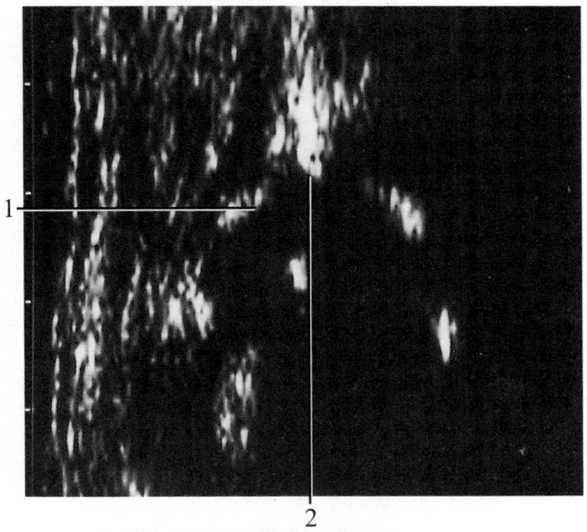

Abb. 7.6. F. W., 4 Monate, linkes Hüftgelenk, Monitorbild
Deutliche Schweifung des knöchernen Erkers bei guter knöcherner Formgebung. Der Hüftkopfkern fehlt.
Hüfttyp I
1 Geschweifter Knochenerker
2 Labrum acetabulare
3 Os ilium

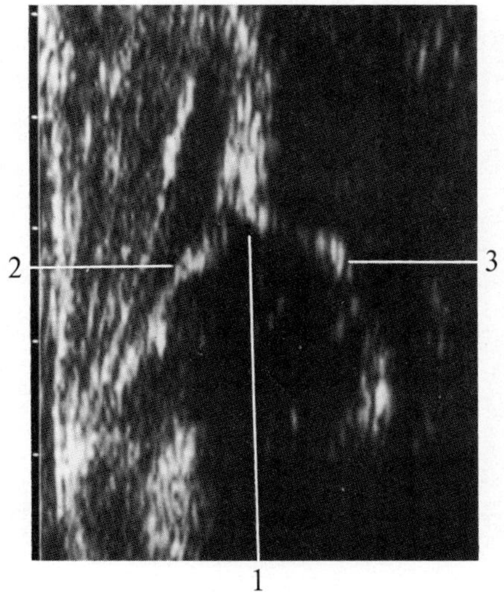

Abb. 7.7. R. P., 4 Monate, rechtes Hüftgelenk
Deutliche Schweifung des knöchernen Erkers bei guter Formgebung und übergreifendem knorpeligem Pfannendach. Die Grund- und Pfannendachlinie sind eingezeichnet.
Hüfttyp I
1 Geschweifter Knochenerker

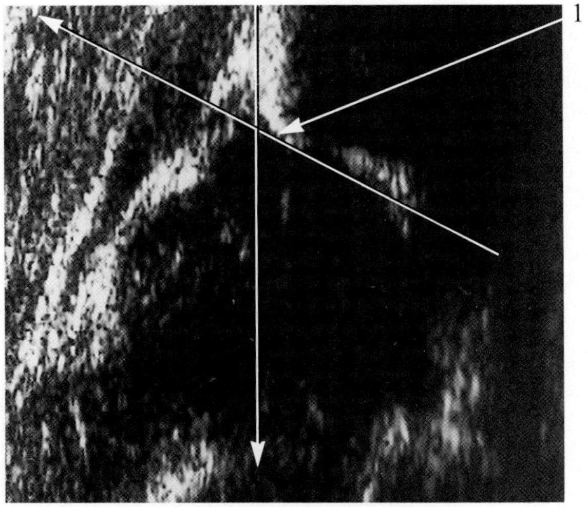

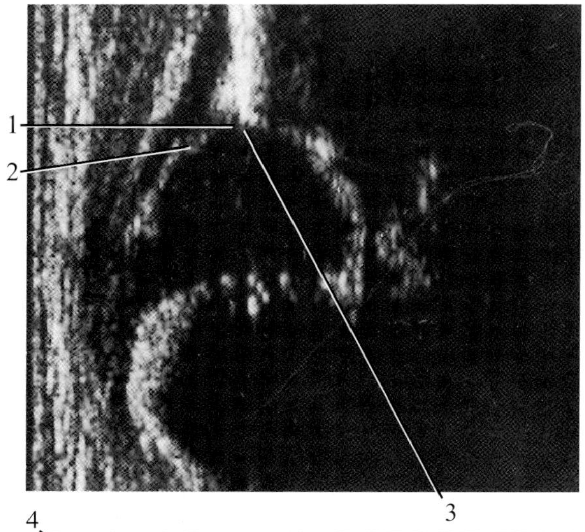

Abb. 7.8. S. T., 5 Monate, linkes Hüftgelenk
Eckiger knöcherner Erker bei guter knöcherner Formgebung, übergreifender Knorpelerker, Hüftkopfkern nicht vorhanden.
Hüfttyp I
1 Knorpelerker
2 Labrum acetabulare
3 Knochenerker

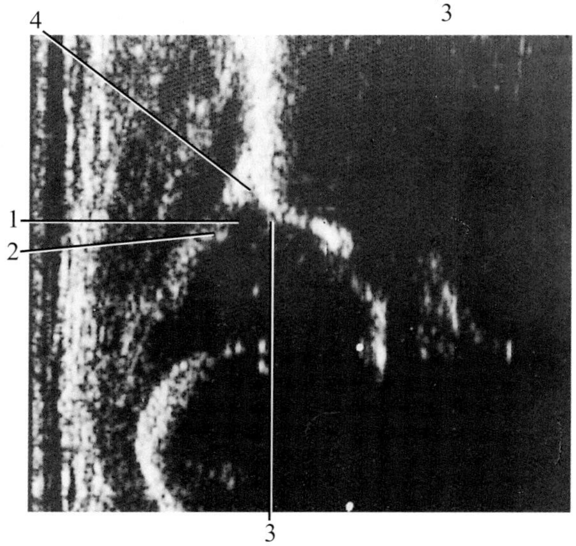

Abb. 7.9. Derselbe Patient wie in Abb. 7.8, rechtes Hüftgelenk
„Leicht gerundeter" („geschweifter") knöcherner Erker bei ausreichender knöcherner Formgebung. Das knorpelige Pfannendach wird bereits von proximal nach kausal als Ausdruck einer Nachverknöcherung echogen.
1 Knorpeliges Pfannendach
2 Labrum acetabulare
3 Knochenerker, „geschweift"
4 Beginnende Nachverknöcherung

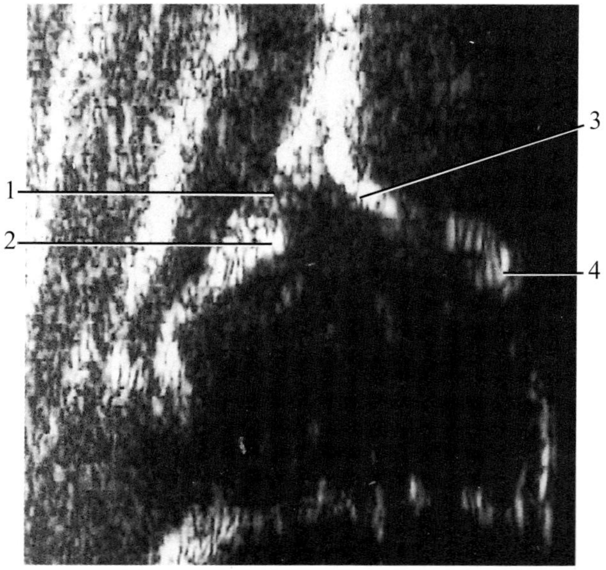

Abb. 7.10. Zum Vergleich mit Abb. 7.8 und 7.9
Deutlich gerundeter knöcherner Erker bei gerade noch ausreichender knöcherner Formgebung (Neugeborenenhüfte).
Hüfttyp II
1 Perichondriumloch
2 Labrum acetabulare
3 Runder Knochenerker
4 Os ilium

Abb. 7.11. W. M., 5 Monate, rechtes Hüftgelenk, Monitorbild
Geschweifter knöcherner Erker mit zartem Schallschatten hinter dem knöchernen Erker, gute knöcherne Formgebung, der knorpelige Erker ist breit übergreifend.
1 Knöcherner Erker
2 „Formgebung" (= knöcherne Pfanne)
3 Schallschatten am Umschlagpunkt

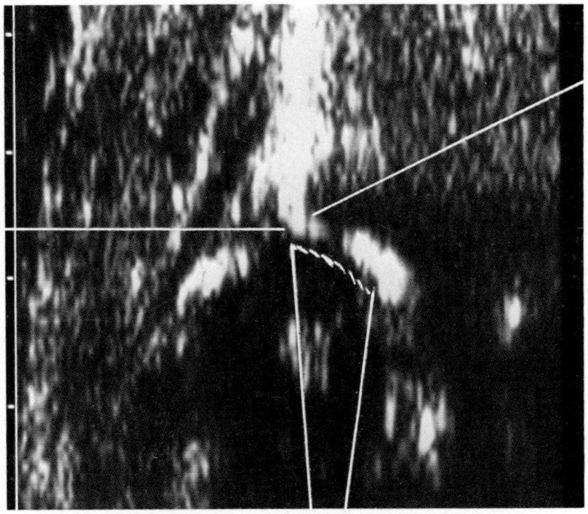

Abb. 7.12. R. S. 5 Monate, rechtes Hüftgelenk, Monitorbild
Eckiger knöcherner Erker bei guter knöcherner Formgebung. Der knorpelige Erker ist schmal übergreifend. Die Meßlinien sind eingezeichnet.
Hüfttyp I
Ob Typ Ia oder Ib vorliegt, kann nur durch den β-Wert bestimmt werden.

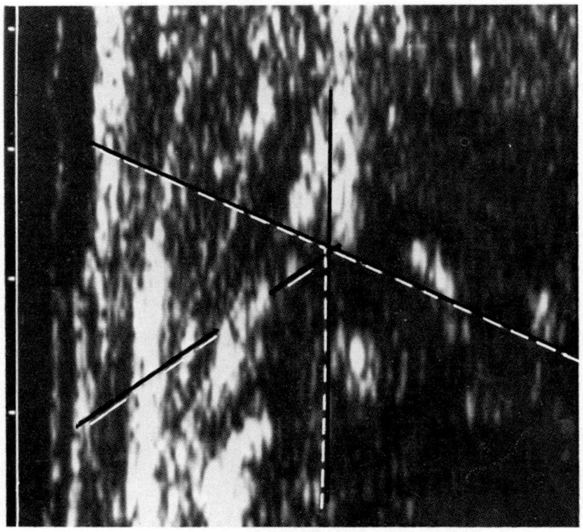

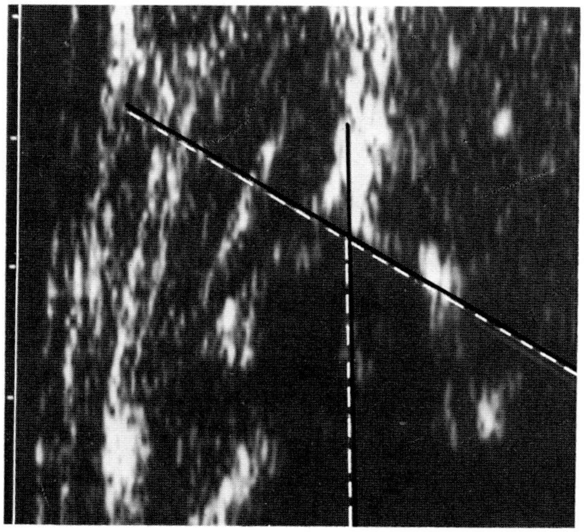

Abb. 7.13. Derselbe Patient wie in Abb. 7.12, jedoch linkes Hüftgelenk
Leichte Schweifung des knöchernen Erkers bei guter knöcherner Formgebung. Der knorpelige Erker ist gegenüber rechts eine Spur breiter. Vergleiche auch Röntgenbild Abb. 7.14.
Hüfttyp I

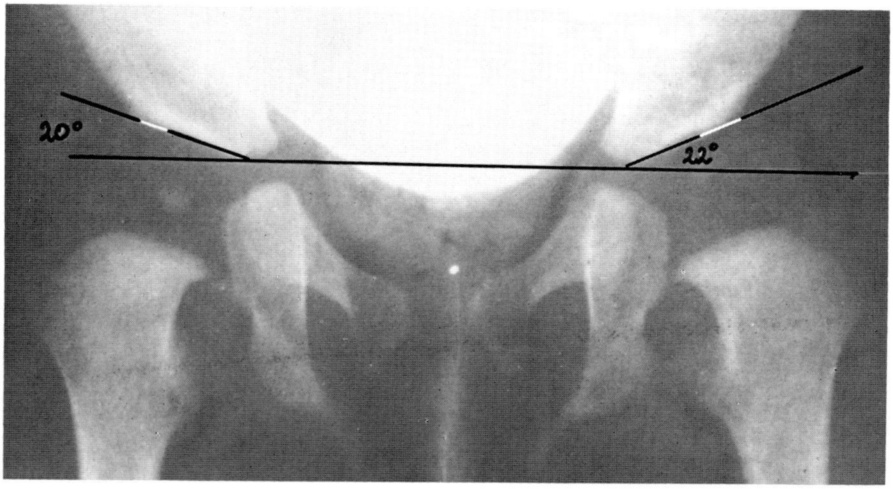

Abb. 7.14. Röntgenbild zu Abb. 7.12 und 7.13
Links ist der Pfannendachwinkel entsprechend der leichten Schweifung in Abb. 7.13 2° höher als rechts.

Abb. 7.15. E. A., 7 Monate, rechtes Hüftgelenk Eckiger, gut konturierter knöcherner Pfannenerker mit deutlicher Schallschattenbildung. Das Labrum acetabulare sowie der Unterrand des Os ilium sind gut erkennbar. Der knorpelige Erker ist schmal übergreifend und von normaler Form und Struktur.
1 Labrum acetabulare
2 Physiologisches U (= Knorpelerkerrest)
3 Eckiger knöcherner Pfannenerker mit Schallschatten

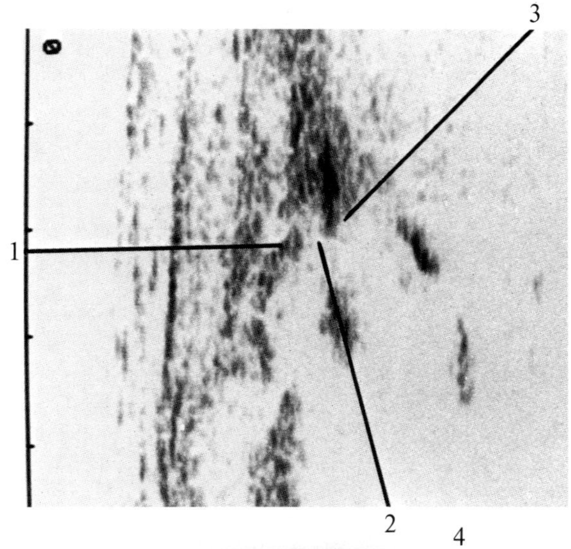

Abb. 7.16. S. Y., 7 Monate, rechtes Hüftgelenk Der knöcherne Erker ist eckig und scharf konturiert. Hinter dem knöchernen Pfannenerker deutliche Schallschattenbildung, weit aufgebrauchter und verknöcherter Knorpelerker, distal davon der Gelenkkapsel innen anliegend das Labrum acetabulare.
1 Gelenkkapsel
2 Labrum acetabulare
3 Physiologisches U
4 Eckiger, scharf konturierter knöcherner Pfannenerker
5 Hüftkopfkern mit Halbmondphänomen

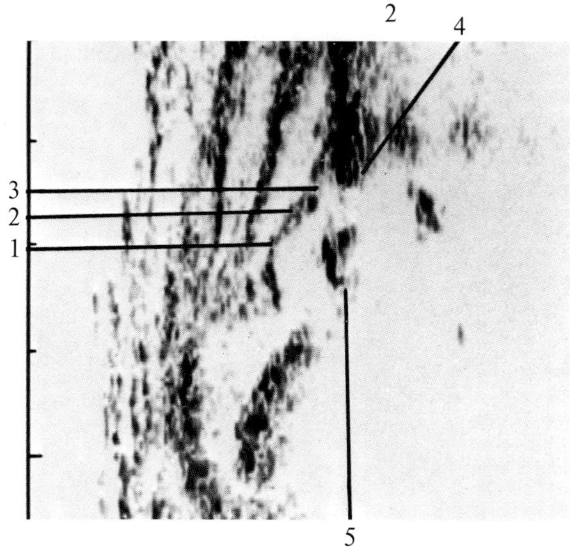

Abb. 7.17. W. A., 11 Monate, rechtes Hüftgelenk Gute knöcherne Formgebung bei leichter Schweifung des knöchernen Erkers, der Knorpelerker übergreifend. Der Unterrand des Os ilium ist gut von den Gewebsanteilen der Fossa acetabuli durch eine leichte Taillierung abgrenzbar.
1 Gelenkkapsel
2 Labrum acetabulare
3 Knöcherner Pfannenerker mit leichter Schweifung
4 Unterrand des Os ilium
5 Hüftkopfkern

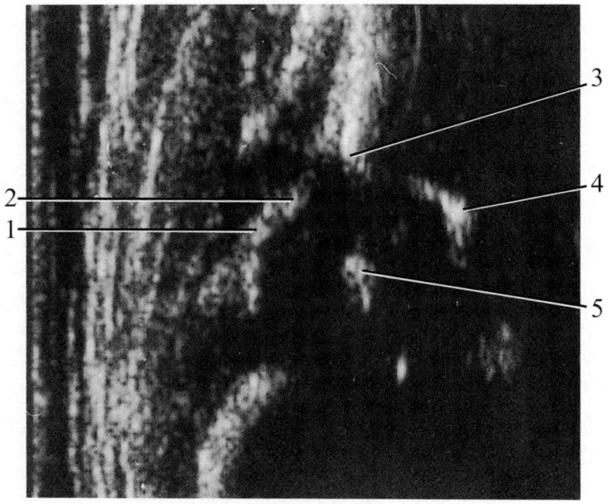

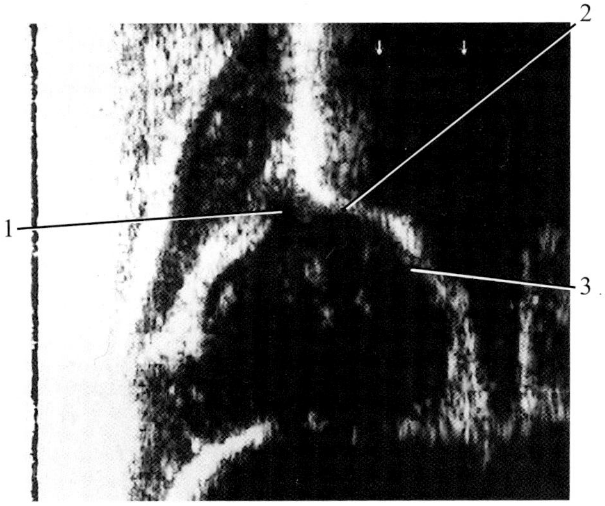

Abb. 7.18. T. C., 8 Wochen, linkes Hüftgelenk Stark geschweifter knöcherner Pfannenerker mit guter knöcherner Formgebung. Das knorpelige Pfannendach ist übergreifend und in der Struktur echoarm, noch keine Kopfkernverdichtung.
1 Geschweifter knöcherner Pfannenerker
2 Schallschattenbildung am Umschlagpunkt
3 Unterrand des Os ilium

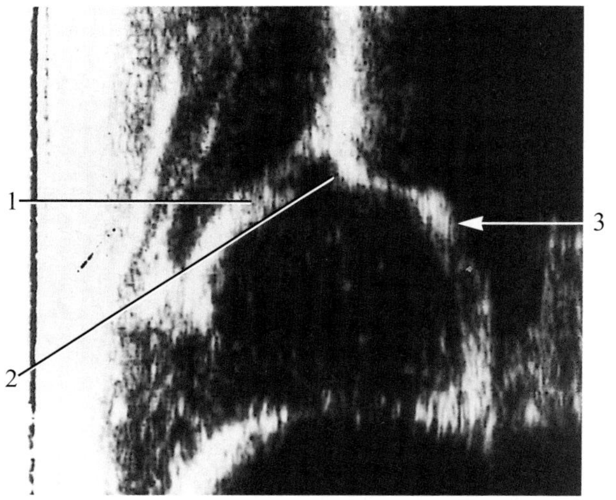

Abb. 7.19. T. B., 3 Monate, linkes Hüftgelenk Geschweifter knöcherner Pfannenerker bei guter knöcherner Formgebung des Azetabulums. Der knorpelige Erker ist übergreifend und von normaler Form und Struktur.
1 Labrum acetabulare
2 Geschweifter knöcherner Pfannenerker
3 Unterrand des Os ilium

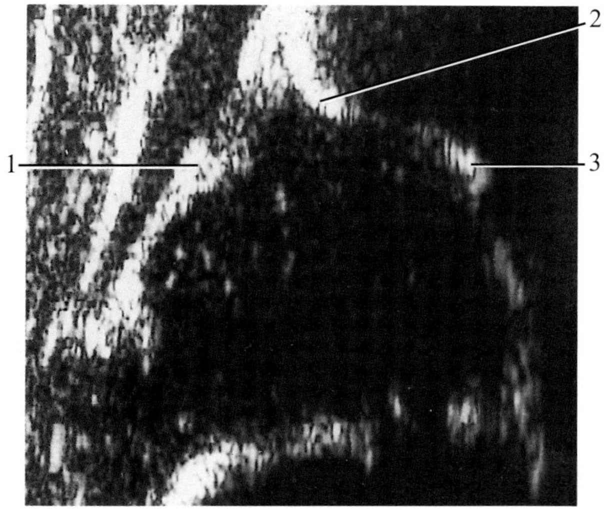

Abb. 7.20. N. J., 4 Wochen, linkes Hüftgelenk Die knöcherne Formgebung ist gut, der knöcherne Erker stark geschweift, dadurch erscheint auch das knorpelige Pfannendach etwas verbreitert, den Hüftkopf gut übergreifend.
1 Labrum acetabulare
2 Geschweifter knöcherner Erker
3 Unterrand des Os ilium

7.2 Runder Knochenerker

(Abb. 7.21–7.28)

Ist der knöcherne Erker abgerundet, so hat dies eine mangelhafte knöcherne Formgebung (Formsicherung) zur Folge. Aus der mangelhaften knöchernen Formgebung und dem abgerundeten knöchernen Erker ergibt sich eine Verschiebung des Knorpel-Knochen-Verhältnisses bei der Gesamtüberdachung. Das knorpelige Pfannendach wird daher breit, behält aber noch seine korrekte Form und übergreift den Hüftkopf gut. Für die Beschreibung der knöchernen Formgebung stehen bei Typ-II-Hüften die Begriffe „ausreichend" und „mangelhaft" zur Verfügung.

Der Begriff „ausreichend" wird bei Typ-II-Gelenken, die altersgemäße knöcherne Ausformungen haben und jünger als 3 Monate sind, verwendet.

Der Begriff „mangelhaft" dokumentiert eine unzureichende, nicht altersentsprechende knöcherne Formsicherung.

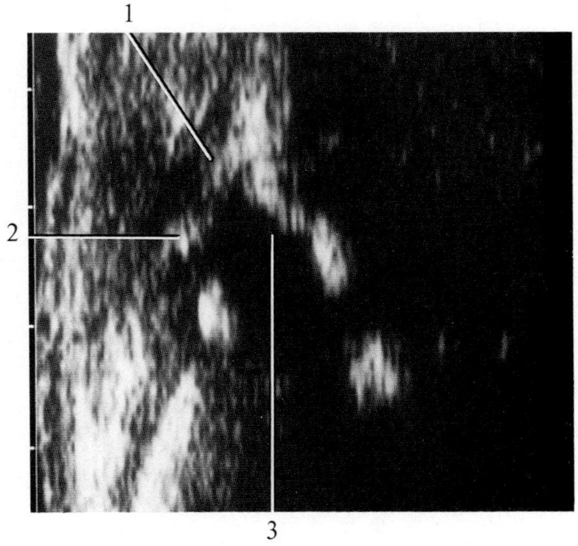

Abb. 7.21. E. T., 8 Monate, rechtes Hüftgelenk, Monitorbild
Der knöcherne Erker ist abgerundet, bei mangelnder knöcherner Formgebung. Der knorpelige Pfannendachanteil ist breit und übergreifend.
1 Proximales Perichondrium
2 Labrum acetabulare
3 Abgerundeter knöcherner Erker
Deutliche Geometriefehler des Bildschirmes, das Sonogramm erscheint in die Länge gezogen!

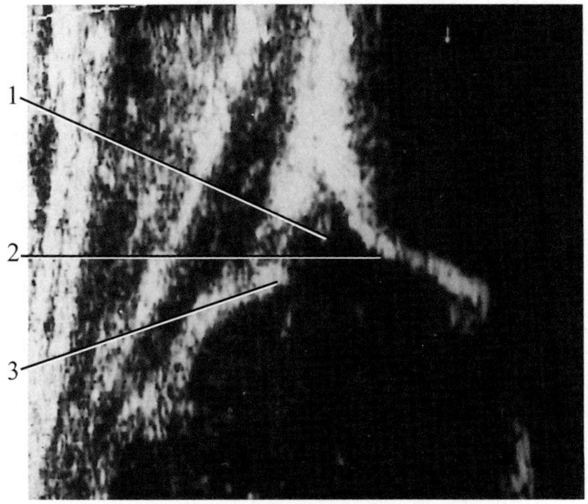

Abb. 7.22. S. N., 3 Wochen, rechtes Hüftgelenk
Deutlich abgerundeter knöcherner Pfannenerker bei soeben noch ausreichender knöcherner Hüftkopfüberdachung. In der Basis verbreitertes, echoarmes knorpeliges Pfannendach, das ergänzend den Hüftkopf noch gut übergreift. Das Labrum acetabulare ist als schwaches Echo, der Gelenkkapsel innen anhängend, im Sonogramm zu erkennen (3).
1 Knorpelig präformiertes Pfannendach
2 Abgerundeter knöcherner Pfannenerker

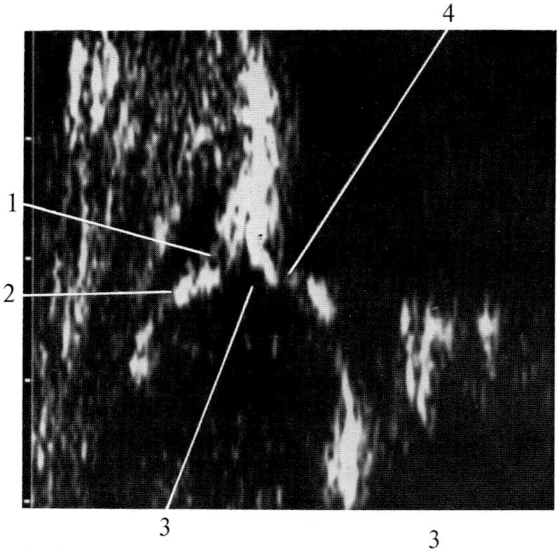

Abb. 7.23. F. A., 4 Wochen, rechtes Hüftgelenk, Monitorbild
Runder knöcherner Erker (3) bei ausreichender knöcherner Formgebung. Der knorpelige Erker ist breit übergreifend.
1 Perichondriumloch
2 Labrum acetabulare
4 Schallschatten

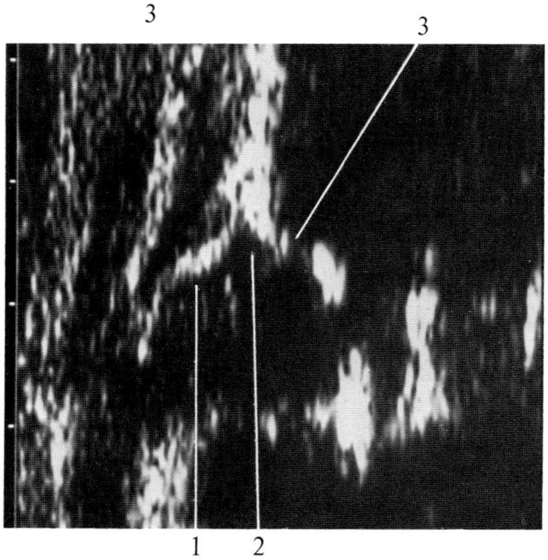

Abb. 7.24. Derselbe Patient wie in Abb. 7.23, jedoch linkes Hüftgelenk, Monitorbild
Knöcherner Erker abgerundet bei ausreichender knöcherner Formgebung. Der knorpelige Erker ist breit übergreifend.
1 Labrum acetabulare
2 Knorpelerker
3 Schallschatten

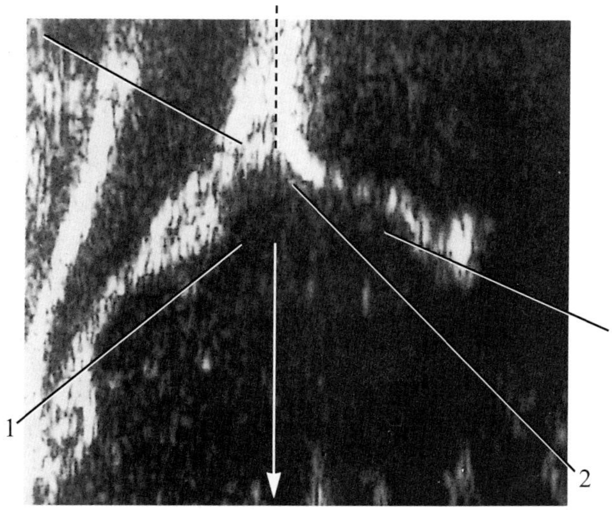

Abb. 7.25. U. M., 4 Wochen, linkes Hüftgelenk
Knöcherner Erker rund (2) bei ausreichender knöcherner Formgebung. Der breite knorpelige Erker ist lateral begrenzt durch das gut sichtbare Labrum acetabulare. Die Grund- und Pfannendachlinie sind eingetragen. (1) Hüftkopf
$\alpha = 58°$
Hüfttyp II a

Abb. 7.26. G. A., 10 Wochen, rechtes Hüftgelenk
Als Ausnahme von der Regel findet man hier eine relativ gute Erkerkonturierung (2) bei ausreichender, aber nicht guter knöcherner Formgebung ($\alpha = 57°$, $\beta = 82°$). Breiter knorpeliger Erker, Labrum acetabulare (1), deutlicher Schallschatten (3) hinter dem gut ausgebildeten knöchernen Erker.
Hüfttyp II a
Der bereits eckig konturierte Erker ist Ausdruck der beginnenden Nachverknöcherung.

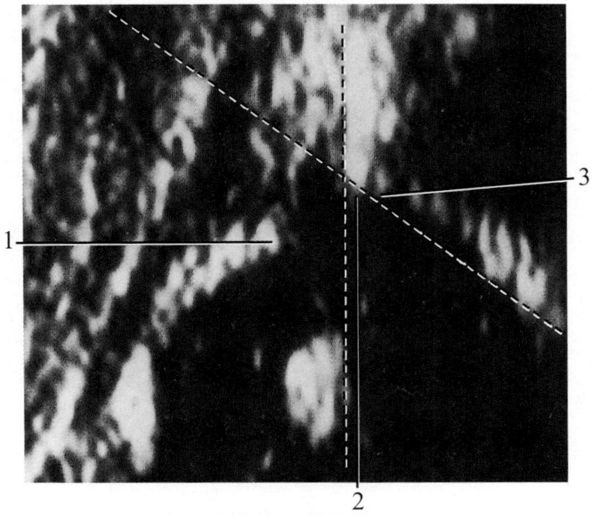

Abb. 7.27. B. C., 2 Monate, rechtes Hüftgelenk, Monitorbild
Die knöcherne Formgebung ist bereits mangelhaft bei stark gerundetem knöchernem Erker. Das knorpelige Pfannendach ist sehr breit und gerade noch übergreifend.
Hüfttyp II
1 Knorpelig präformiertes Pfannendach
2 Labrum acetabulare
3 Abgerundeter knöcherner Erker
Das Gelenk entspricht nicht dem geforderten Reifungsstand eines 2 Monate alten Gelenks, daher „mangelhaft", meßtechnisch: Typ II a (–).

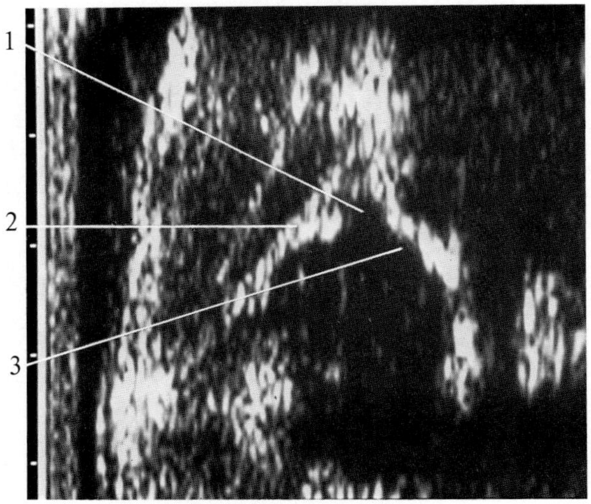

Abb. 7.28. S. N., 2 Monate, rechtes Hüftgelenk, Monitorbild
Der knöcherne Erker ist stark gerundet bei ausreichender knöcherner Formgebung. Der Knorpelerker ist breit übergreifend.
Hüfttyp II
1 Perichondriumloch
2 Labrum acetabulare
3 Gerundeter knöcherner Erker
4 Unterrand des Os ilium

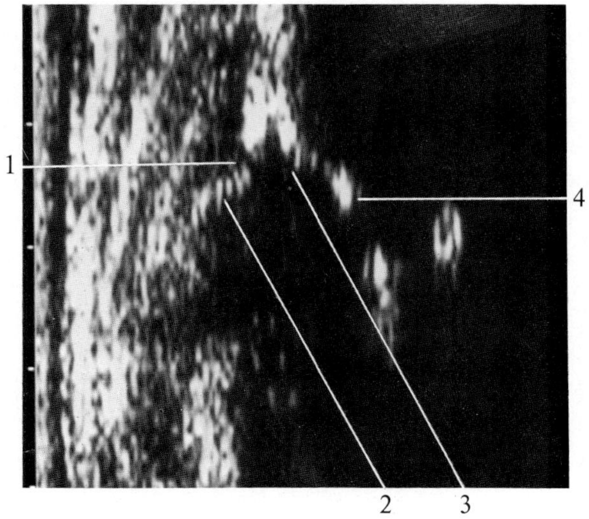

7.3 Flacher Knochenerker
(Abb. 7.29–7.39)

Hüftpfannen, die sehr schlecht ausgebildet sind und die radiologisch als Flachpfannen imponieren, weisen, wenn überhaupt, in den meisten Fällen nur eine sehr geringe Ausprägung des knöchernen Erkers auf. Der Knochenerker ist „flach“. Dementsprechend ist auch die Ausformung der knöchernen Pfanne schlecht:

Die „knöcherne Formgebung“ ist schlecht. Von wenigen Hüften im Grenzbereich abgesehen, sind Hüften mit Flachpfannen, schlechter knöcherner Formgebung und flachem Knochenerker dezentriert. Wie die Sonographie zeigt, hat der Hüftkopf das verbreiterte knorpelige Pfannendach verdrängt.

Dezentrierte Hüften, bei denen der Hüftkopf das knorpelige Pfannendach nach kranial verdrängt hat, werden als Typ-III-Hüften bezeichnet.

Als Typ-IV-Hüften bezeichnet man jene Hüften, bei denen der Hüftkopf das knorpelige Pfannendach nicht mehr nach kranial vor sich herschiebt, sondern der Pfannendachknorpel vom Hüftkopf nach medial und mediokaudal gedrängt wird. Typ-III- und Typ-IV-Hüften können in einem normalen Röntgenbild nicht differenziert werden. Ein Typ-IV-Gelenk entspricht nicht zwangsweise einem radiologisch hochdezentiert stehendem Hüftkopf! [5].

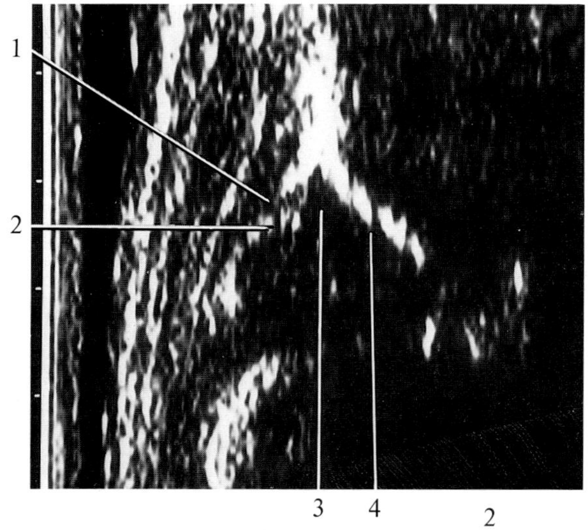

Abb. 7.29. F. C., 3 Monate, rechtes Hüftgelenk, Monitorbild
Der knöcherne Erker ist flach bei schlechter knöcherner Formgebung. Das knorpelige Pfannendach ist breit, das Labrum acetabulare bereits etwas angehoben, nach oben verdrängt und echoarm.
1 Perichondriumloch
2 Labrum acetabulare
3 Knorpelerker
4 Ehemaliger knöcherner Erker, markiert durch einen zarten Schallschatten.

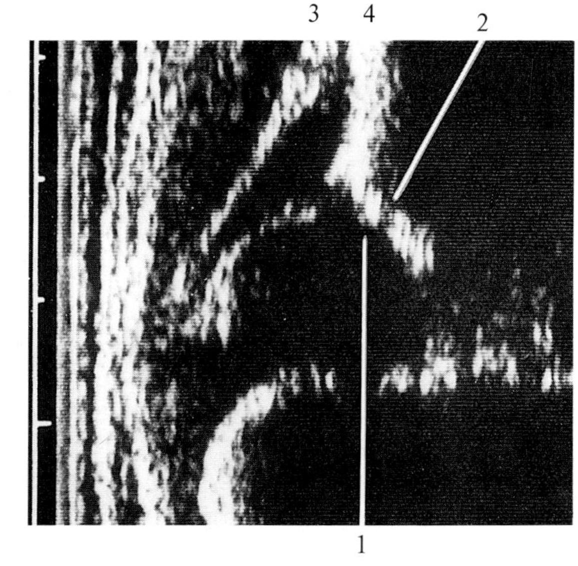

Abb. 7.30. S. D., 2 Tage, linkes Hüftgelenk, Monitorbild
Die knöcherne Formgebung ist schlecht, der knöcherne Erker ist abgeflacht. Verbreitertes, echoarmes, nach oben abgedrängtes knorpeliges Pfannendach. Dezentriert stehender Hüftkopf. Die Schallschattenbildung am Umschlagpunkt ist im Sonogramm deutlich zu erkennen.
1 Abgeflachter knöcherner Pfannenerker
2 Schallschattenbildung am Umschlagpunkt

Abb. 7.31. W. L., 6 Wochen, rechtes Hüftgelenk
Der Knochenerker ist nur angedeutet und flach, die knöcherne Formgebung schlecht (schiefe Ebene!), der Knorpelerker breit und verdrängt, aber von normaler echoarmer Struktur.
1 Labrum acetabulare
2 Nach kranial verdrängtes Knorpeldach
3 Knöcherner Erker
4 Proximales Perichondrium
Typ III a

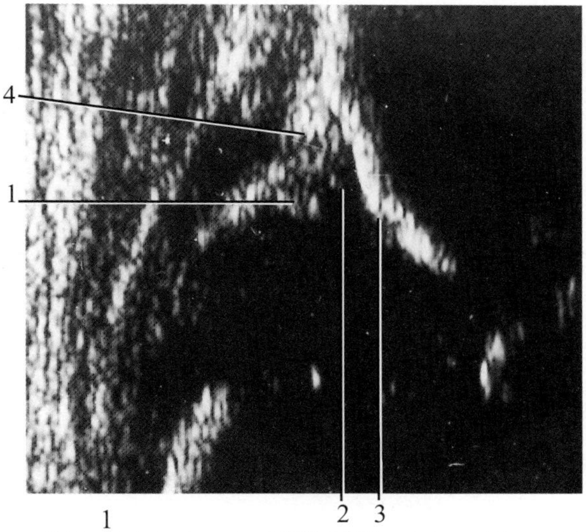

Abb. 7.32. K. D., 4 Wochen, linkes Hüftgelenk
Flacher knöcherner Erker bei schlechter knöcherner Formgebung. Der Knorpelerker ist verbreitert, von normaler echoarmer Struktur und nach kranial verdrängt.
Hüfttyp III a
1 Perichondriumloch
2 Labrum acetabulare
3 Umschlagfalte
4 Knöcherner Erker
5 Unterrand Os ilium

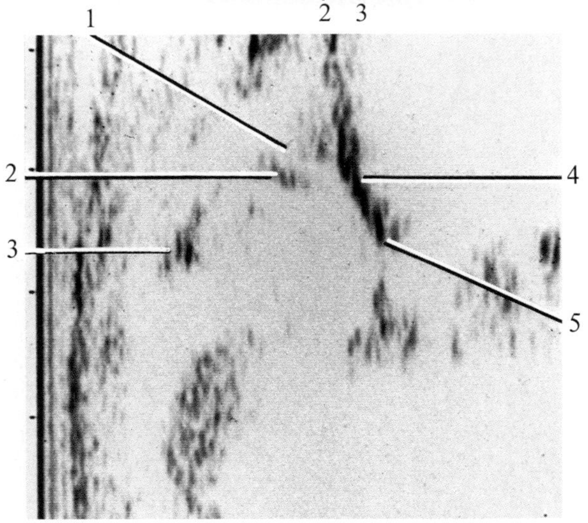

Abb. 7.33. B. S., 5 Wochen, linkes Hüftgelenk
Knöcherner Erker flach, knöcherne Formsicherung schlecht, knorpeliges Pfannendach verbreitert und nach kranial verdrängt, aber von normaler echoarmer Struktur. Das Labrum acetabulare ist angehoben.
Hüfttyp III a
1 Proximales Perichondriumdrittel
2 Perichondriumloch
3 Labrum acetabulare
4 Knorpelerker
5 Knochenerker
6 Os ilium

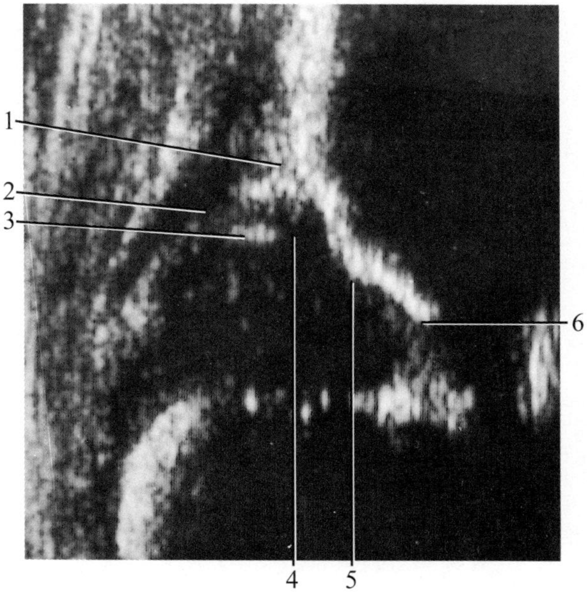

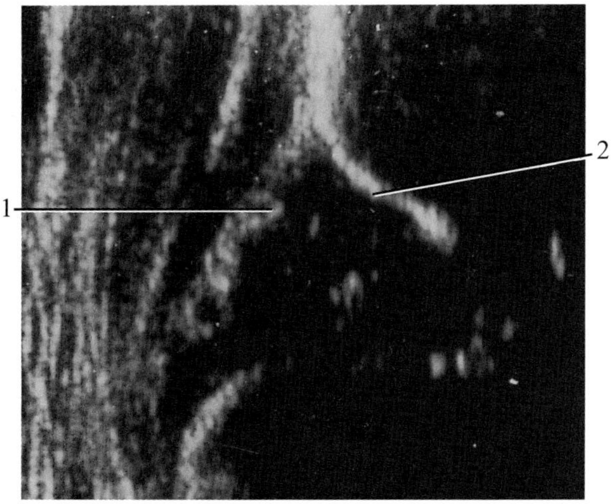

Abb. 7.34. K. M., 6 Monate, rechtes Hüftgelenk
Stark abgerundeter knöcherner Pfannenerker mit mangelhafter Ausformung des Azetabulums. Das knorpelige Pfannendach ist übergreifend und verbreitert. Die Struktur ist echoarm. Hüftkopf steht zentriert.
1 Labrum acetabulare
2 Stark abgerundeter knöcherner Pfannenerker (= Umschlagpunkt)

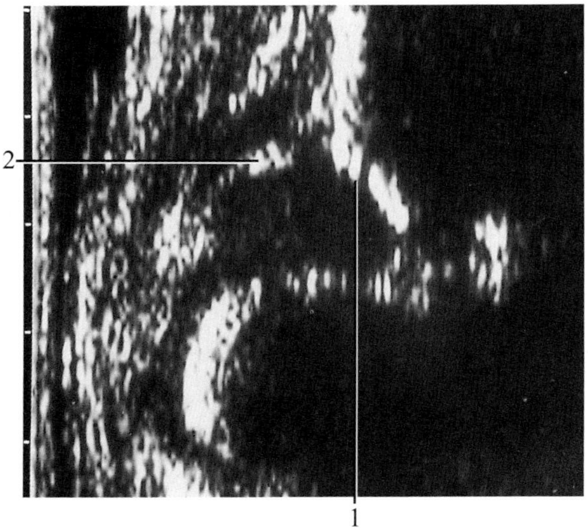

Abb. 7.35. K. J., 3 Monate, linkes Hüftgelenk
Abgeflachter knöcherner Pfannenerker mit fließendem Übergang in das schlecht ausgeformte knöcherne Pfannendach. Das knorpelige Pfannendach ist verbreitert und bereits leicht nach oben außen aufgebogen.
1 Abgeflachter knöcherner Pfannenerker
2 Labrum acetabulare

Abb. 7.36. S. D., 4 Monate, rechtes Hüftgelenk
Abgeflachter knöcherner Pfannenerker, schlechte knöcherne Formgebung. Das echoarme, breite knorpelige Pfannendach ist bereits nach oben verdrängt. Dieses läßt sich vom ebenfalls echoarmen Hüftkopfkern durch den Flüssigkeitsfilm abgrenzen.
1 Flüssigkeitsfilm
2 Abgeflachte knöcherne Pfanne

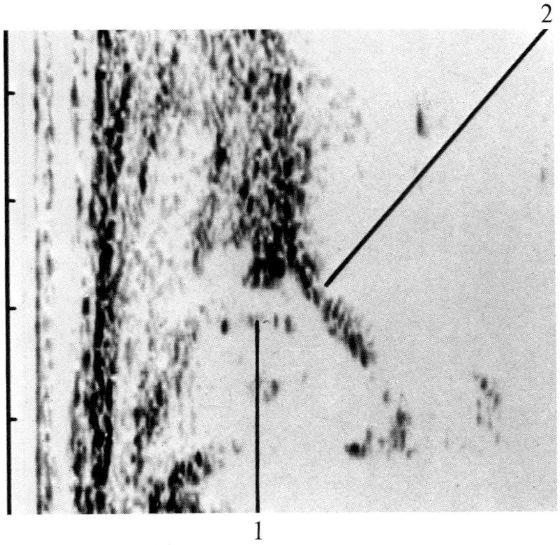

Abb. 7.37. P. S., 3,5 Monate, linkes Hüftgelenk
Stark abgeflachter knöcherner Pfannenerker mit fließendem Übergang des Azetabulums in die Darmbeinkontur, nach oben außen abgedrängtes Labrum acetabulare.
Hüfttyp III a
1 Proximales Perichondrium mit Reverberationen im proximalen Anteil des Knorpelerkers
2 Labrum acetabulare
3 Gelenkkapsel
4 Knöchernes Pfannendach mit Umschlagpunkt

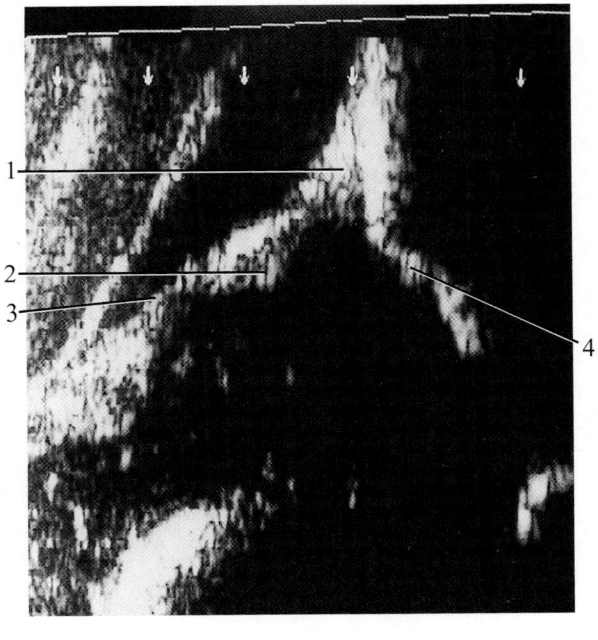

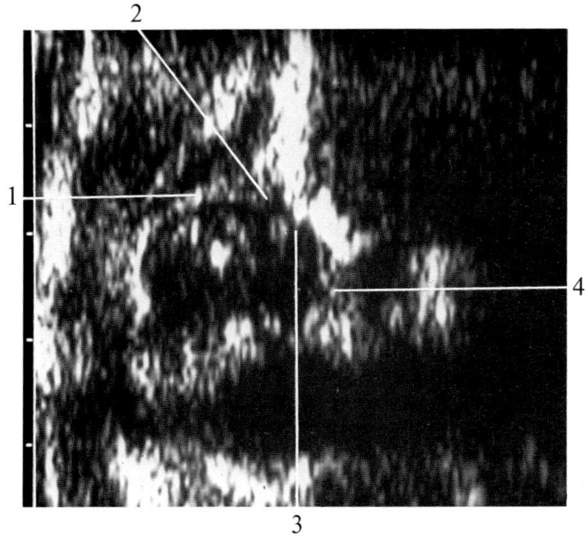

Abb. 7.38. B. M., 4 Wochen, linkes Hüftgelenk, Monitorbild
Der knöcherne Erker ist flach, die knöcherne Formgebung schlecht. Das knorpelige Pfannendach ist mit dem Labrum nach kranial verdrängt und zeigt eine beginnende Echogenität.
Hüfttyp III a
1 Labrum acetabulare
2 Knorpelerker
3 Knöcherner Erker
4 Gewebe der Fossa acetabuli
Die Echogenität im Knorpelerker im Vergleich zur Echogenität im hyalinen Anteil des Hüftkopfes ist ungefähr gleich. Die Echogenität im Knorpelerker ist daher bedingt durch die Abstimmung des Gerätes und darf nicht als Strukturstörung bezeichnet werden.

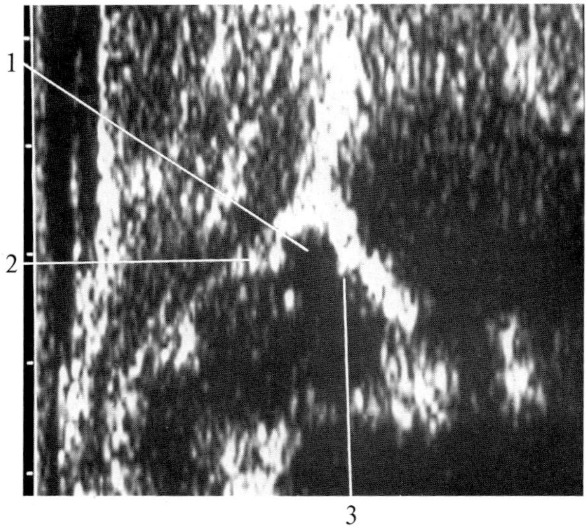

Abb. 7.39. U. C., 6 Wochen, linkes Hüftgelenk, Monitorbild
Der knöcherne Erker ist flach und nur angedeutet, die knöcherne Formgebung schlecht (schiefe Ebene!). Das knorpelige Pfannendach ist breit und mit dem Labrum nach lateral-kranial verdrängt. Die Struktur des knorpeligen Pfannendachs erscheint noch echoarm.
Hüfttyp III a
1 Knorpelerker
2 Labrum acetabulare
3 Knöcherner Erker

7.4 Knorpelerkerformen
(Abb. 7.40–7.53)

Je nach Ausprägung des knöchernen Pfannendachs wird dieses durch verschiedene, knorpelig präformierte Pfannendachformen ergänzt. Das knorpelig präformierte Pfannendach (= Knorpelerker) wird als „schmal übergreifend", „breit übergreifend", „breit verdrängt" und mit oder ohne Strukturstörungen beschrieben.

In der heutigen Terminologie beschränkt man sich allerdings auf die Begriffe „übergreifend" und „verdrängt", wobei bei dem Begriff „verdrängt" noch zwischen „verdrängt mit Strukturstörungen" und „verdrängt ohne Strukturstörungen" unterschieden wird. Der Terminus „übergreifend" inkludiert automatisch ein zentriertes Gelenk, während der Terminus „verdrängt" automatisch ein dezentriertes Gelenk beschreibt. Der Knorpelerker wird lateral von den Echos des Perichondriums begrenzt. Der proximale, dicke Anteil wird als **„proximales Perichondrium"** bezeichnet, der distale Anteil, der aufgrund seiner anatomischen Struktur dünner ist und daher weniger, manchmal fast gar keine Echos gibt, als **„Perichondriumloch."**

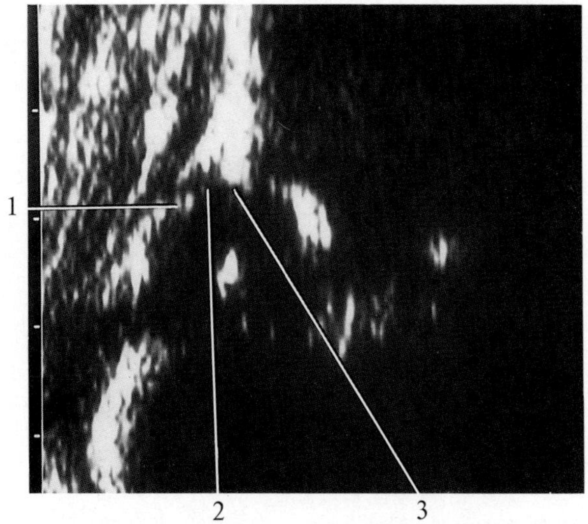

Abb. 7.40. K. N., 3 Monate, linkes Hüftgelenk, Monitorbild
Der knöcherne Erker ist eckig bei guter knöcherner Formgebung. Der Knorpelerker übergreift den Hüftkopf und ist im proximalen Anteil bereits aufgebraucht.
1 Labrum acetabulare
2 Knorpelerker
3 knöcherner Erker

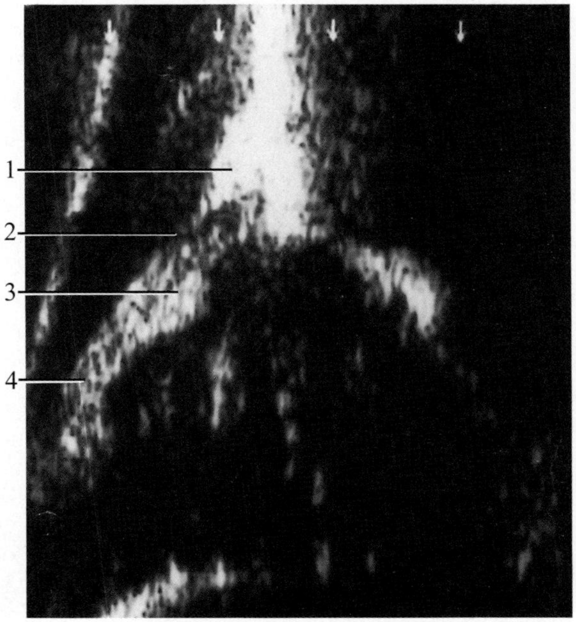

Abb. 7.41. F. M., 7 Monate, rechtes Hüftgelenk
Eckiger knöcherner Pfannenerker mit guter knöcherner Hüftkopfüberdachung. Der Knorpelerker ist schmal übergreifend und echoarm. Distal davon ist an der Gelenkkapsel innen anhängend das Labrum acetabulare zu erkennen.
1 Proximaler Anteil des Perichondrium
2 Perichondriumloch
3 Labrum acetabulare
4 Gelenkkapsel

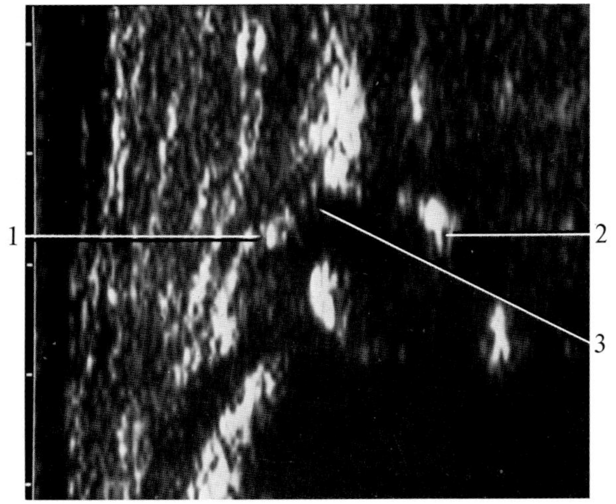

Abb. 7.42. B. M., 8 Monate, linkes Hüftgelenk, Monitorbild
Der knöcherne Erker ist eckig bei guter knöcherner Formgebung. Das knorpelige Pfannendach ist schmal und übergreifend.
1 Labrum acetabulare der Gelenkkapsel innen anliegend
2 Unterrand des Os ilium mit Taillierung
3 Knorpelerker

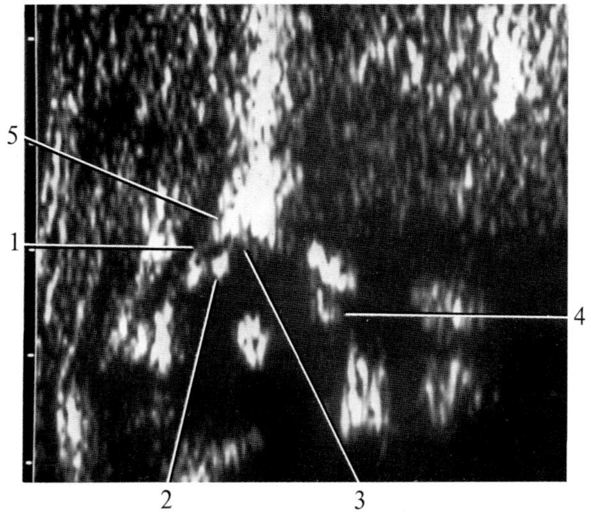

Abb. 7.43. F. S., 4 Monate, linkes Hüftgelenk, Monitorbild
Der knöcherne Erker ist eckig, der knorpelige Erker kurz, aber gut übergreifend und schmal. Gegenüber der Abb. 7.42 ist das knorpelige Pfannendach deutlich kürzer. Vergleiche auch Abb. 7.44 mit erheblich breiterem und gut einsehbarem knorpeligem Pfannendach.
1 Perichondriumloch mit knorpeligem Erker
2 Labrum acetabulare
3 Knorpelig präformierter Pfannenerker
4 Gewebe der Fossa acetabuli
5 Proximales Perichondrium

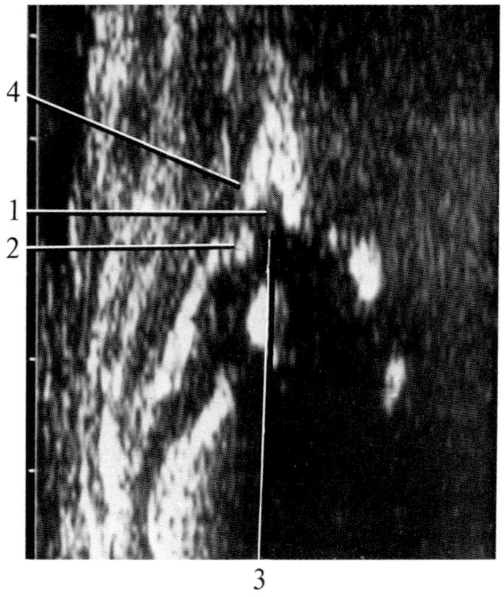

Abb. 7.44. H. V., 6,5 Monate, linkes Hüftgelenk, Monitorbild
Eckiger knöcherner Erker bei gut ausgeprägtem knöchernem Pfannendach. Der knorpelige Erker ist breit, aber gut übergreifend.
1 Perichondriumloch
2 Labrum acetabulare
3 Knorpelerker
4 Proximales Perichondrium
Das Bild erscheint durch einen Geometriefehler in die Länge gezogen.

Abb. 7.45. W. B., 6 Monate, rechtes Hüftgelenk
Eckiger knöcherner Pfannenerker mit guter knöcherner Formgebung. Das knorpelige Pfannendach ist schmal übergreifend und zieht dreiecksförmig nach kaudal distal und ist übergreifend. Sonographisch ist das hyalinknorpelige Pfannendach echoarm.
1 Gelenkkapsel
2 Labrum acetabulare
3 Hyalinknorpeliges echoarmes Pfannendach

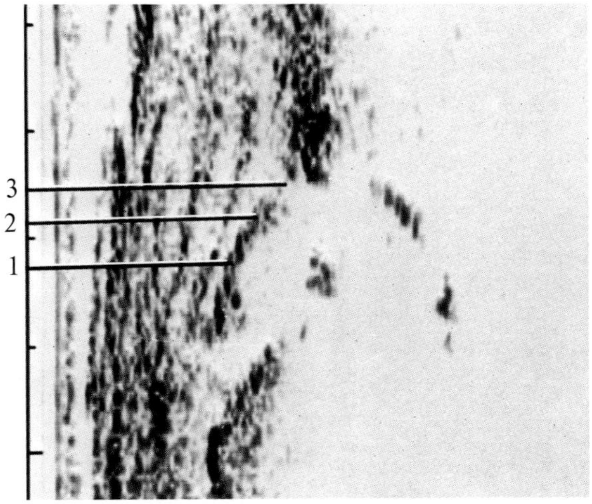

Abb., 7.46. K. J., 3 Monate, rechtes Hüftgelenk
Eckiger, gut konturierter knöcherner Pfannenerker mit Schallschattenbildung, klare Darstellung des Unterrandes des Os ilium. Das knorpelige Pfannendach zieht dreiecksförmig nach unten und führt zu einer übergreifenden Hüftkopfüberdachung.
1 Gelenkkapsel
2 Labrum acetabulare
3 Hyalinknorpeliges Pfannendach
4 Knöcherner Erker
Der Knorpelerker ist im proximalen Anteil weitgehend „aufgebraucht" und ossifiziert. Er kommt wesentlich kleiner als der Knorpelerker in Abb. 7.47 zur Darstellung.

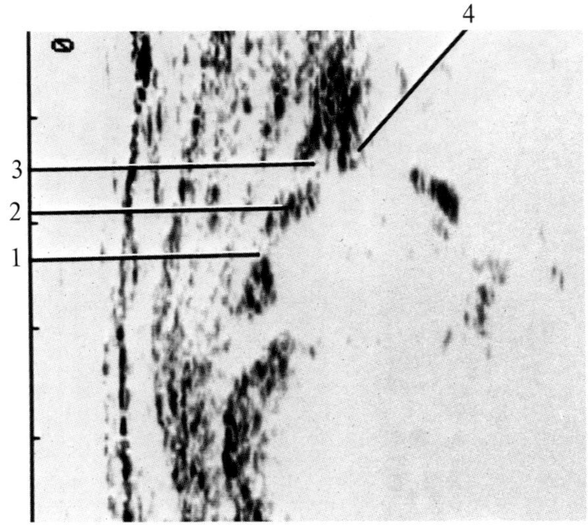

Abb. 7.47. D. K., 9 Monate, linkes Hüftgelenk
Noch deutliche Abrundung des knöchernen Pfannenerkers bei mangelhafter knöcherner Formgebung. Der knöcherne Defekt wird durch ein breites knorpeliges Pfannendach kompensiert. Dieses zieht übergreifend über den Hüftkopf hinweg. Der Flüssigkeitsfilm im Gelenkspalt zeichnet die Trennung zwischen kranialer Zirkumferenz des Hüftkopfes einerseits und dem knorpeligen Pfannendach und den Gelenkknorpel andererseits.
1 Labrum acetabulare
2 Hyalinknorpeliges Pfannendach
3 Gerundeter knöcherner Pfannenerker
4 Flüssigkeitsfilm

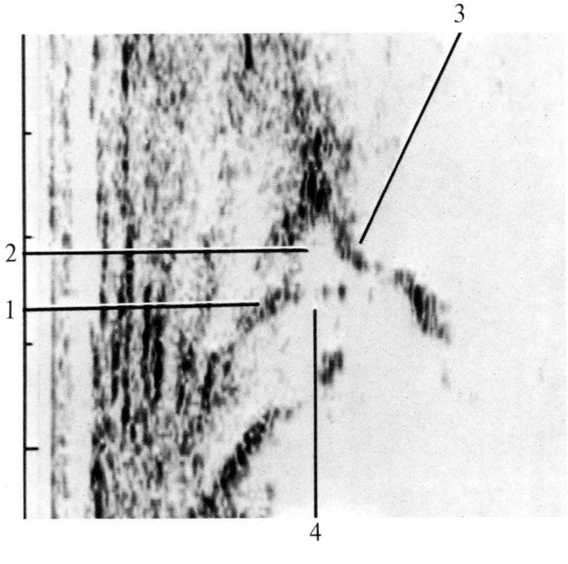

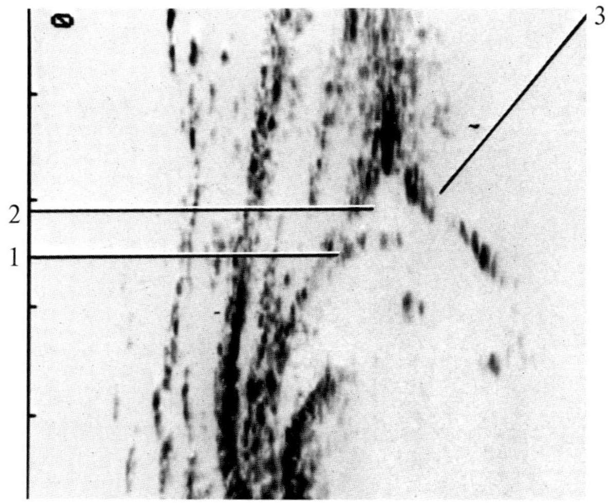

Abb. 7.48. K. M., 6 Monate, rechtes Hüftgelenk
Deutliche Abrundung des knöchernen Pfannenerkers und mangelhafter knöcherne Formgebung, nach unten, über den Hüftkopf hinwegziehendes, in der Basis verbreitertes knorpeliges Pfannendach. Das gesamte hyalinknorpelige Pfannendach ist echoarm. Die Grenze zwischen Pfannendach und Gelenkknorpel sowie zwischen dem Hüftkopf wird wiederum durch einen Flüssigkeitsfilm angedeutet dargestellt.
1 Labrum acetabulare
2 Verbreitertes, echoarmes knorpeliges Pfannendach
3 Abgerundeter knöcherner Pfannenerker (ehemals Typ-IIIa-Gelenk nach der Repositions- und Retentionsphase)

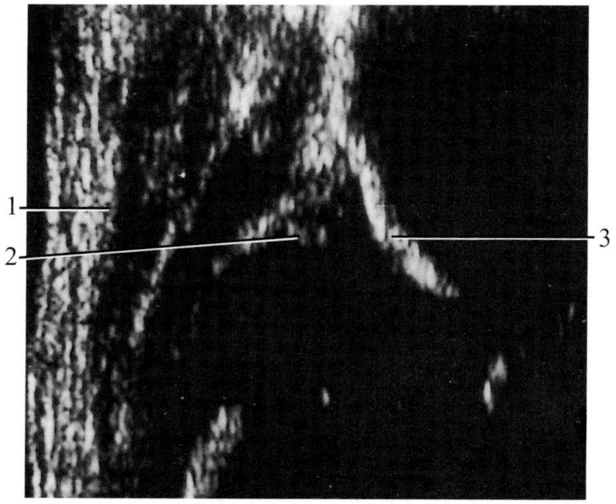

Abb. 7.49. M. S., 4 Wochen, linkes Hüftgelenk
Bereits abgeflachter knöcherner Pfannenerker mit schlechter knöcherner Formgebung. Der Hüftkopf kann nicht mehr im Azetabulum gehalten werden. Das Labrum acetabulare und die angrenzenden knorpeligen Pfannendachanteile sind bereits nach oben aufgebogen. Das Labrum acetabulare ist der Gelenkkapsel innen anhängend am Perichondriumloch zu erkennen.
1 Muskelseptum
2 Labrum acetabulare mit cranial verdrängtem Knorpelerker
3 Knochenerker

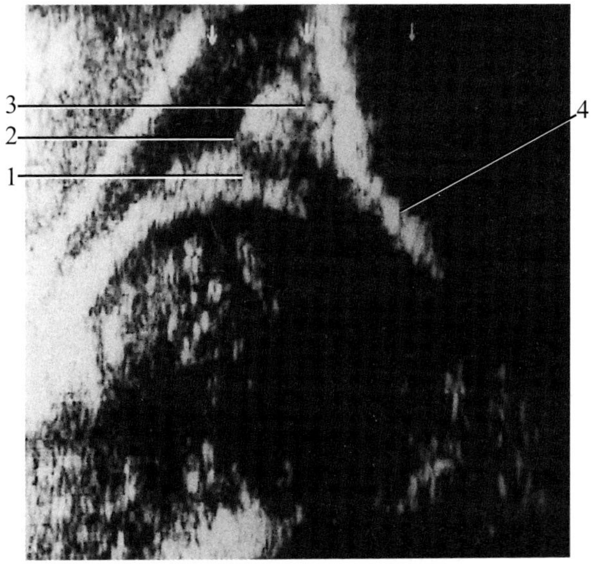

Abb. 7.50. B. A., 5 Tage, rechtes Hüftgelenk
Die knöcherne Formgebung ist schlecht, der knöcherne Erker abgeflacht. Auch hier ist das Labrum acetabulare mit dem angrenzenden knorpeligen Pfannendachanteil bereits nach oben außen aufgebogen. Die Gelenkkapsel ist durch den luxierenden Hüftkopf abgedrängt. Die Struktur des hyalinknorpeligen Pfannendachs ist im Vergleich mit dem hyalinen Hüftkopf nicht verändert.
1 Labrum acetabulare
2 Perichondriumloch
3 Proximales Perichondrium mit Reverbarationen im proximalen Anteil des Knorpelerkers
4 Abgeflachte, knöcherne Pfanne

Abb. 7.51. S. S., 6 Monate, linkes Hüftgelenk
Schlechte knöcherne Formgebung bei abgeflachtem knöchernem Erker, das knorpelige Pfannendach ist nach kranial verdrängt und im Vergleich zur echoarmen Struktur des hyalinen Hüftkopfes eher echoreich.
1 Nach kranial verdrängter Knorpelerker mit beginnender Strukturstörung
2 Gelenkkapsel
3 Umschlagfalte
Typ III b

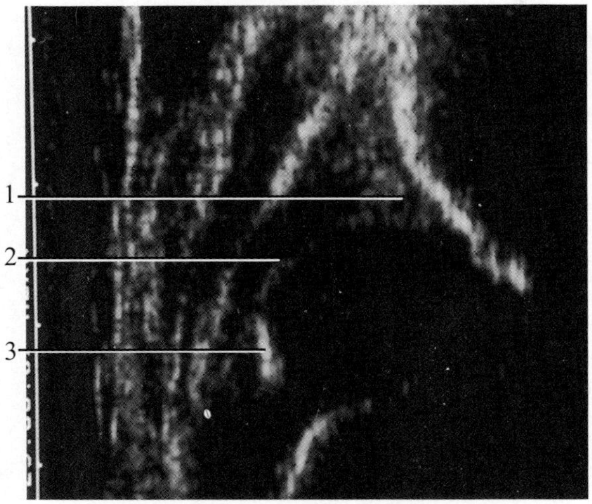

Abb. 7.52. K. J., 6 Wochen, rechtes Hüftgelenk
Abgeflachter knöcherner Pfannenerker, schlechte knöcherne Formgebung. Der Hüftkopf steht dezentriert und hat die Gelenkkapsel haubenförmig nach oben außen abgehoben. Das hyalinknorpelige Pfannendach zeigt bereits im kranialen Anteil ein vermehrtes Reflexverhalten als Hinweis für eine beginnende Strukturveränderung.
1 Hyalinknorpeliges Pfannendach mit beginnender vermehrter Echogenität im kranialen Anteil (?)
2 Labrum acetabulare

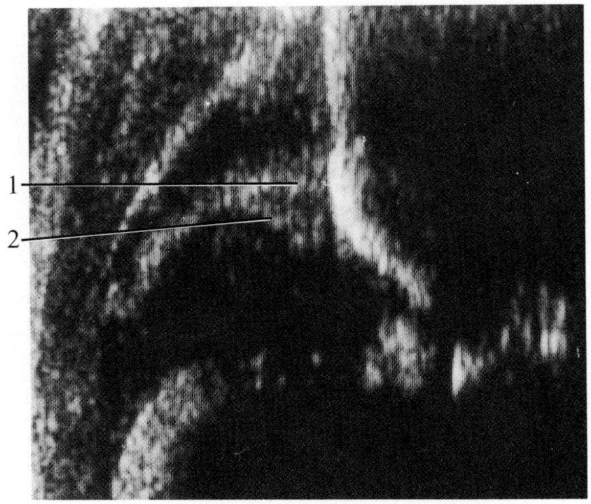

Abb. 7.53. H. P., 4 Wochen, linkes Hüftgelenk, Compoundbild, Monitorbild
Der knöcherne Erker ist flach mit völlig unzureichender knöcherner Formgebung, das knorpelige Pfannendach ist verbreitert und nach kranial verdrängt; völlig echoarmer knorpeliger Erker.
Hüfttyp IIIa
1 Strukturarmer Knorpelerker
2 Labrum acetabulare
3 Knöcherner Erker
Aufnahmejahr 1979 (!) 5-MgHz-Transducer.

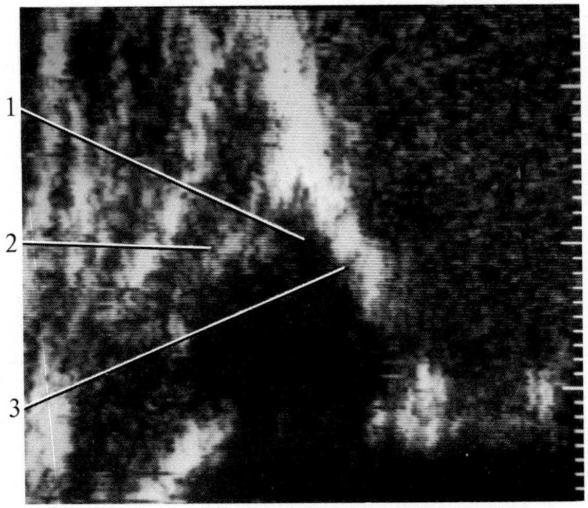

8 Meßtechnik

Zur Charakterisierung der knorpeligen und knöchernen Verhältnisse des Pfannendachs werden Pfannendach-, Grund- und Ausstellungslinie eingezeichnet [5]. Pfannendach- und Grundlinie schließen den Knochenwinkel α, Grund- und Ausstellungslinie den Knorpelwinkel β ein.

Grundsätzlich dürfen nur Sonogramme in der Standardebene ausgemessen werden. Die Überdachungsverhältnisse im dorsalen und im ventralen Pfannendachanteil unterscheiden sich grundsätzlich, so daß als reproduzierbare Meßebene nur die sog. Standardebene herangezogen werden darf. Sie hat durch gesteigerte Präzision zunehmend an Bedeutung gewonnen, setzt aber einen entsprechenden Vergrößerungsmaßstab voraus. Die Meßtechnik dient zur Absicherung der morphologischen Befundung.

8.1 Pfannendachlinie
(Abb. 8.1–8.23)

Zum Einzeichnen der Pfannendachlinie wird zuerst der Unterrand des Os ilium aufgesucht. Es ist dabei zu beachten, daß das Echo des Unterrandes des Os ilium nicht mit den Echos von Ligamentum capitis femoris oder dem Echo des Fett- und Bindegewebes verwechselt wird. Der Unterrand des Os ilium stellt den Drehpunkt für eine Linie dar, die um diesen Punkt tangential an die knöcherne Pfanne gelegt wird. Die ursprüngliche Definition „tangential an den knöchernen Erker" oder „zum knöchernen Erker" wurde aus Praktikabilitätsgründen fallengelassen. Die eben zitierte Definition gilt für eckige, stumpfe, runde oder flache Erker gleichermaßen.

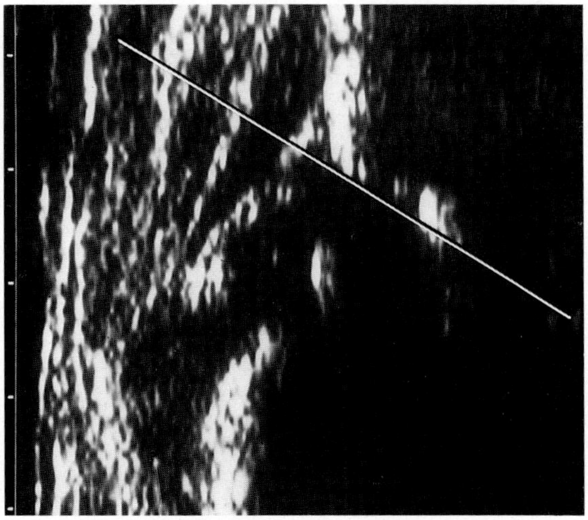

Abb. 8.1. K. E., 9 Monate, rechtes Hüftgelenk, Monitorbild
Die Pfannendachlinie schneidet die Gewebsanteile am Unterrand des Os ilium ab und liegt tangential dem knöchernen Erker an.

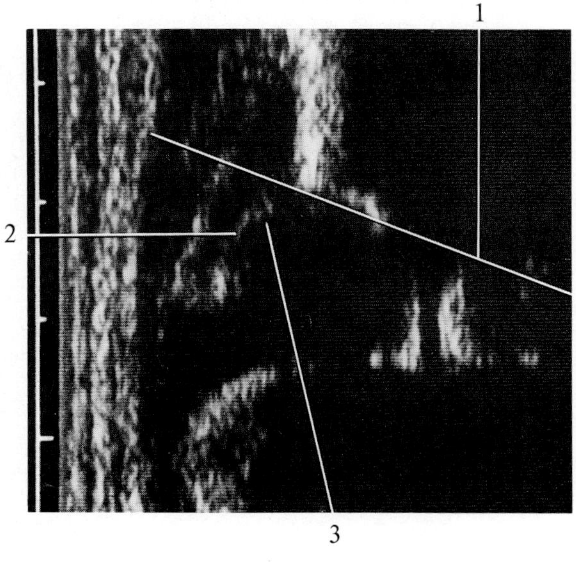

Abb. 8.2. R. B., 2 Tage, rechtes Hüftgelenk, Monitorbild
Bereits sehr gut entwickeltes Hüftgelenk bei der Neugeborenenuntersuchung. Der knöcherne Erker ist eckig bei guter knöcherner Formgebung. Die Pfannendachlinie wird vom Unterrand des Os ilium tangential an die knöcherne Pfanne angelegt.
1 Pfannendachlinie
2 Gelenkkapsel
3 Labrum acetabulare

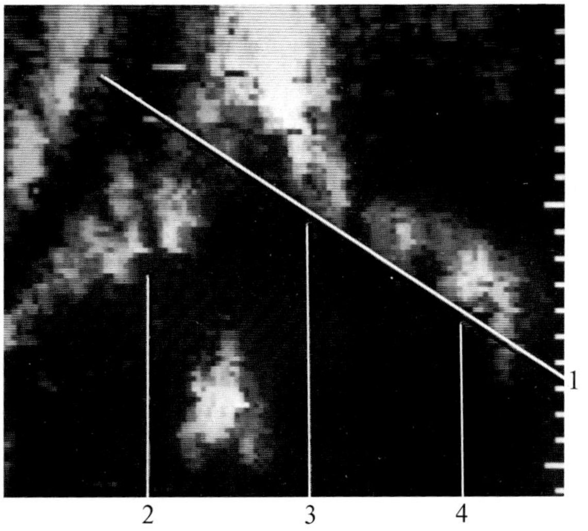

Abb. 8.3. G. A., 7 Monate, linkes Hüftgelenk, Monitorbild
Die Pfannendachlinie berührt den Unterrand des Os ilium und ist tangential am runden knöchernen Erker angelegt.
1 Pfannendachlinie
2 Labrum acetabulare
3 Knöcherner Erker
4 Os ilium
Compoundscanner mit 7-MgHz-Transducer, Aufnahmejahr 1981. Beachte die hervorragende Auflösung und Detaildarstellung.

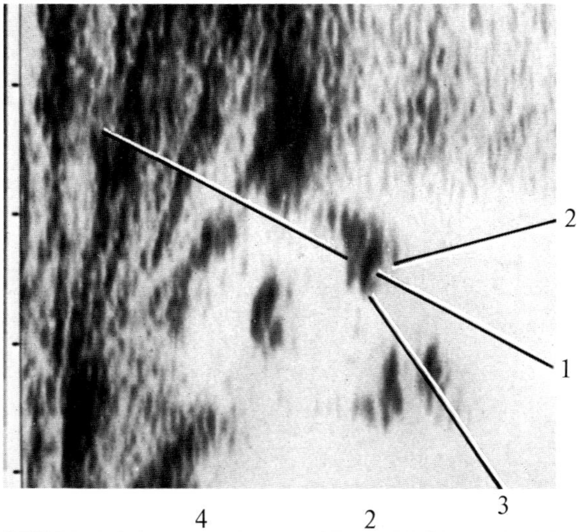

Abb. 8.4. A. E., 4 Monate, rechtes Hüftgelenk
Die Pfannendachlinie ist am Unterrand des Os ilium (1), kenntlich durch die Taillierung (2), angelegt. Das Gewebe der Fossa acetabuli (3) muß mit der Pfannendachlinie abgeschnitten werden.

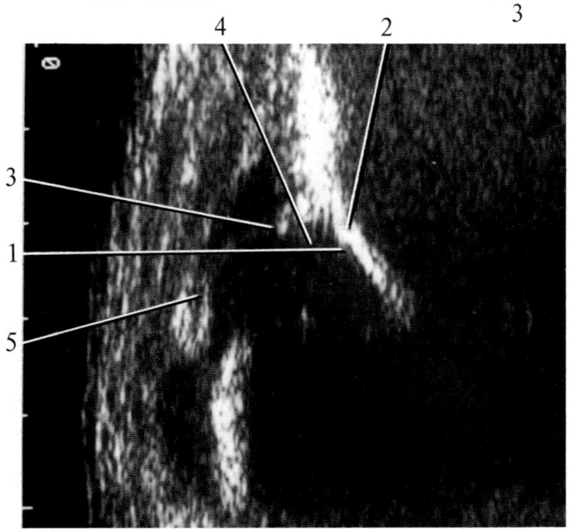

Abb. 8.5. G. S., 3 Monate, linkes Hüftgelenk, Monitorbild
Der Umschlagpunkt ist durch eine zarte Schallschattenbildung gekennzeichnet, knöcherne Flachpfanne. Das knorpelige Pfannendach ist verbreitert und nach kranial abgedrängt.
1 Knöcherner Erker (Umschlagpunkt)
2 Schallschatten
3 Labrum acetabulare
4 Knorpelerker
5 Gelenkkapsel
Durch die Deskription und Morphologie ist ein Typ IIIa sicher, dadurch erübrigt sich auch ein Ausmessen des Sonogramms (s. auch Kap. 10.3).

Abb. 8.6. O. M., 3 Monate, rechtes Hüftgelenk, Monitorbild
Die Pfannendachlinie (1) ist am Erker korrekt tangential angelegt, das Gewebe der Fossa acetabuli (3) abgeschnitten, die Meßlinie geht durch die Taillierung (2), die den Unterrand des Os ilium markiert.
4 Labrum acetabulare
5 Perichondriumloch
6 Proximales Perichondrium

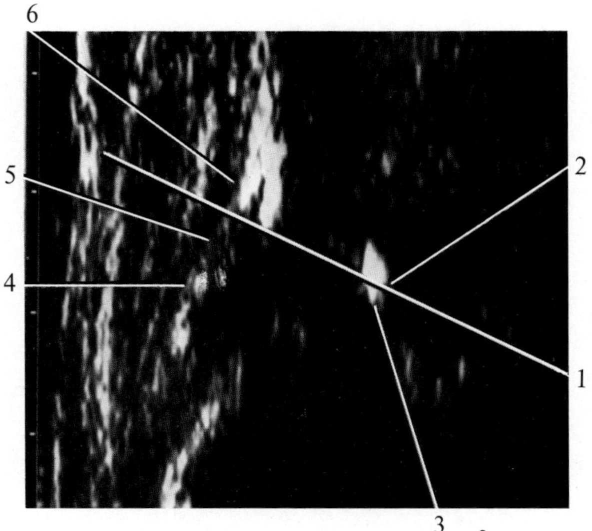

Abb. 8.7. T. T., 6 Monate, rechtes Hüftgelenk, Monitorbild
Die Meßlinie (1) schneidet das Gewebe der Fossa acetabuli (4) ab und liegt dem knöchernen Erker (3) tangential an.
2 Labrum acetabulare
5 Erkerartefakt

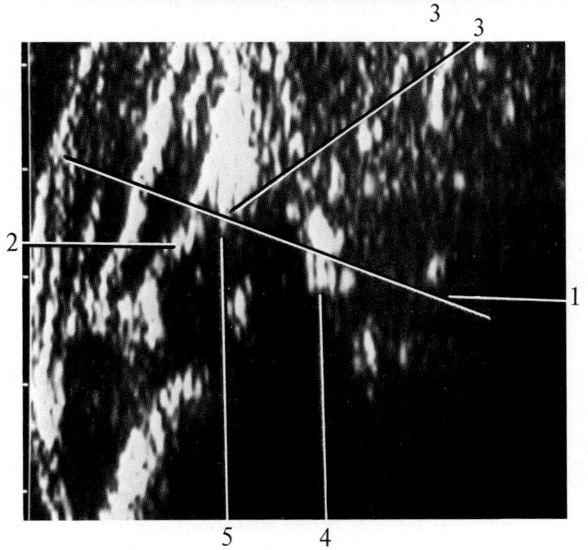

Abb. 8.8. U. N., 4 Monate, rechtes Hüftgelenk
Die Pfannendachlinie (1) schneidet ebenfalls die „ausgefransten“ Echos des Gewebes der Fossa acetabuli (3) ab.
Der knöcherne Erker ist geschweift bei guter knöcherner Formsicherung, das knorpelige Pfannendach ist schmal, spitz und übergreifend.
Hüfttyp I
2 Taillierung
4 Knöcherner Erker

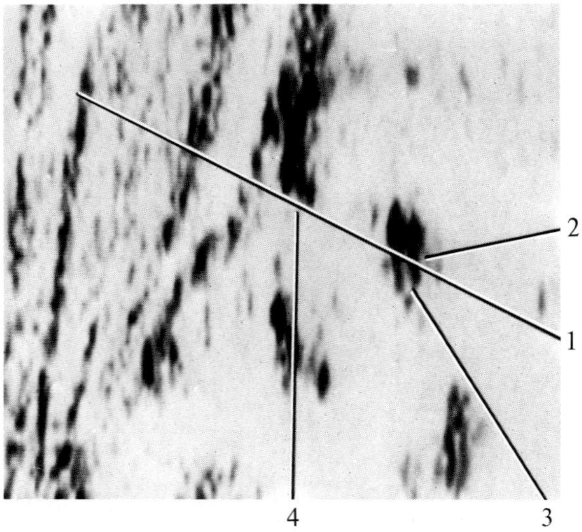

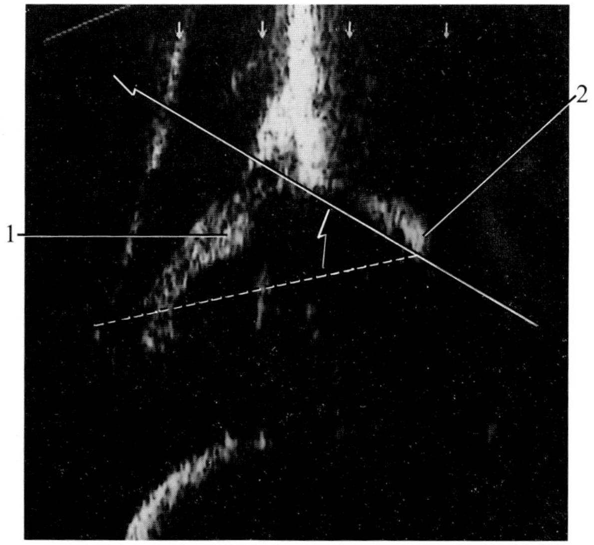

Abb. 8.9. H. S., 2 Wochen, rechtes Hüftgelenk
Die Pfannendachlinie ist tangential an den knöchernen Erker angelegt und benutzt den Unterrand des Os ilium als Drehpunkt.
1 Labrum acetabulare
2 Unterrand des Os ilium

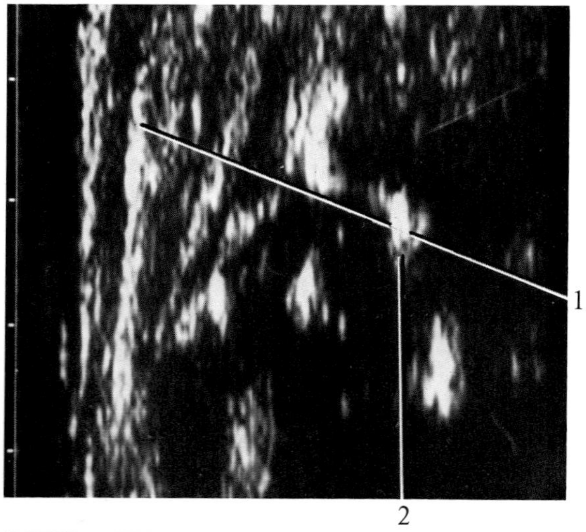

Abb. 8.10. K. K., 5 Monate, linkes Hüftgelenk, Monitorbild
Die Pfannendachlinie (1) kann am Unterrand des Os ilium nicht sicher angelegt werden, da der Unterrand des Os ilium nicht klar zur Ansicht kommt. Die „gefransten" Echos (2) gehören bereits dem Gewebe der Fossa acetabuli an. Die Taillierung ist nicht sicher erkennbar.

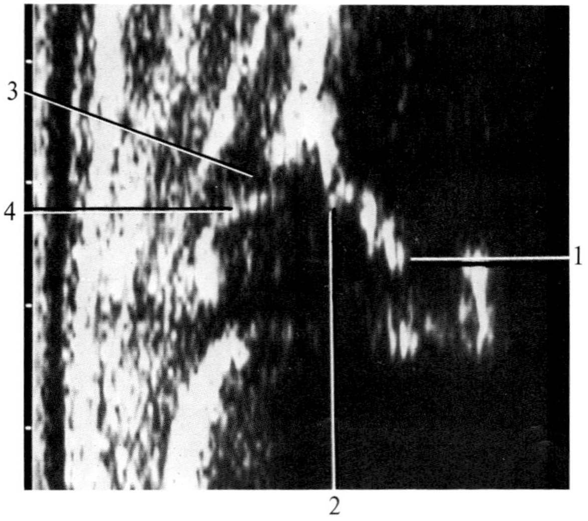

Abb. 8.11. G. S., 5 Monate, rechtes Hüftgelenk, Monitorbild
Der Unterrand des Os ilium ist nicht sicher dargestellt. Die Echos in der Tiefe der Fossa acetabuli (1) können nicht mit Sicherheit identifiziert werden. Das Einzeichnen der Pfannendachlinie ist in diesem Falle problematisch.
2 Knöcherner Erker
3 Perichondriumloch
4 Labrum acetabulare

Abb. 8.12. B. J., 6 Monate, rechtes Hüftgelenk
Eckiger knöcherner Pfannenerker, gute knöcherne Formgebung. Die knorpelige Überdachung ist hinsichtlich Form und Struktur korrekt. In der Aufnahme ist die Pfannendachlinie vom Unterrand des knöchernen Erkers zum Unterrand des Os ilium eingezeichnet.
1 Labrum acetabulare
2 Knöcherner Erker
3 Unterrand des Os ilium
4 Pfannendachlinie

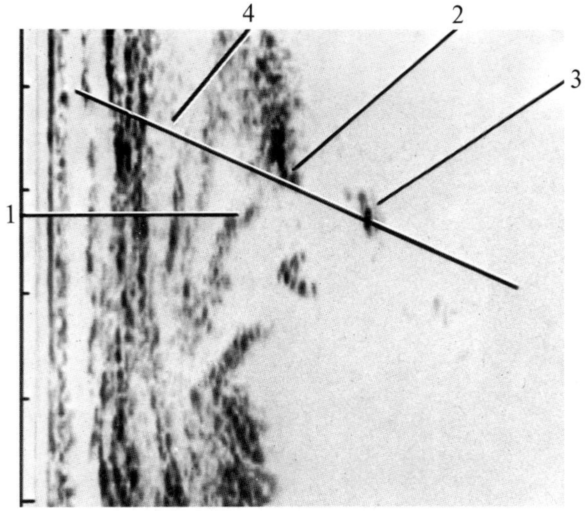

Abb. 8.13. B. J., 6 Monate, rechtes Hüftgelenk
Derselbe Patient am gleichen Untersuchungstag wie in Abb. 8.12 mit einer leicht geänderten Schnittebene, wie an der Darstellung des Hüftkopfkernes zu erkennen ist. Zudem ist im Vergleich mit der Abb. 8.12 eine unscharfe Ausziehung des Unterrandes des Os ilium zu erkennen. Dies entspricht einem Bindegewebsstreifen des die Fossa acetabuli auskleidenden Gewebes. Die Pfannendachlinie wird durch die Taillierung an den Unterrand des Os ilium gelegt.
1 Labrum acetabulare
2 Knöcherner Erker
3 Unterrand des Os ilium
4 Bindegewebszipfel in der Fossa acetabuli
5 Pfannendachlinie

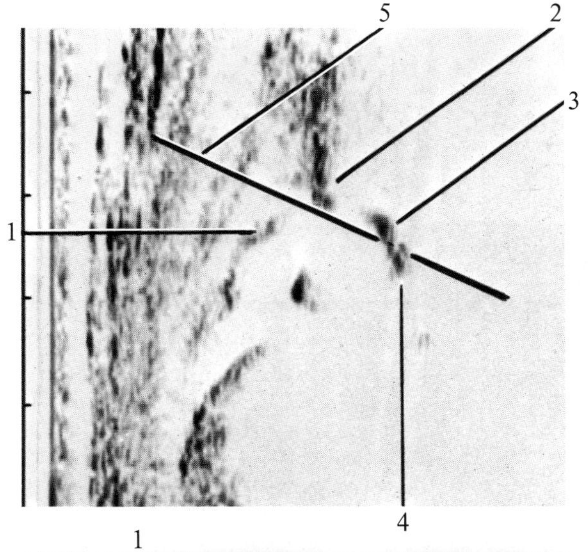

Abb. 8.14. K. J., 7 Monate, rechtes Hüftgelenk, Monitorbild, altes Compoundbild
Eckiger knöcherner Pfannenerker, übergreifende knorpelige Überdachung, zentriert stehender Hüftkopf mit Kopfkernentwicklung. Die Pfannendachlinie wird am Unterrand des Os ilium durch die Taillierung gelegt. Der Bindegewebszipfel der Fossa acetabuli wird abgeschnitten.
1 Pfannendachlinie

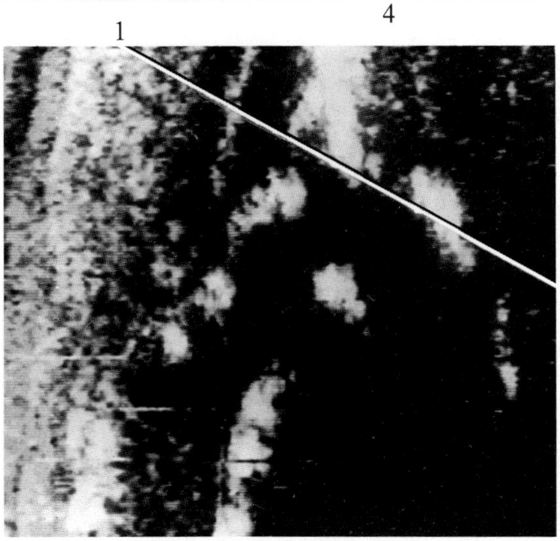

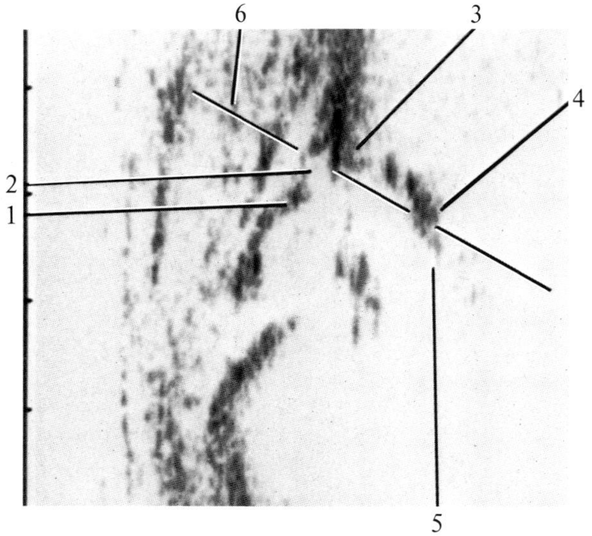

Abb. 8.15. M. J., 3,5 Monate, rechtes Hüftgelenk
Eckiger knöcherner Pfannenerker, dreiecksförmige, übergreifende knorpelige Überdachung, zentriert stehender Hüftkopf mit beginnender Kopfkernentwicklung. In der Abb. ist die Pfannendachlinie vom knöchernen Pfannenerker zum Unterrand des Os ilium eingezeichnet. Abgeschnitten wird der Bindegewebsanteil der Fossa acetabuli, welcher sich durch die unterschiedliche Echogenität vom Unterrand des Os ilium abgrenzen läßt.
1 Labrum acetabulare
2 Hyalinknorpeliges Pfannendach
3 Knöcherner Erker
4 Unterrand des Os ilium
5 Fettbindegewebe
6 Pfannendachlinie

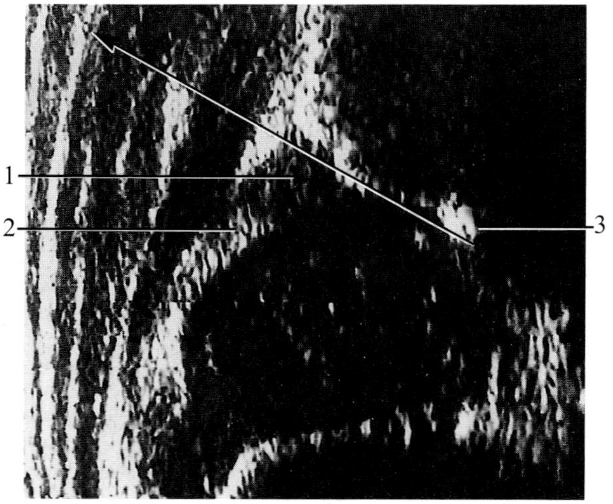

Abb. 8.16. C. S., 10 Wochen, linkes Hüftgelenk
Es besteht ein deutlicher Verknöcherungsdefekt im Bereich des Pfannendaches. Das knorpelige Pfannendach ist sehr breit, den Hüftkopf übergreifend. Die knöcherne Pfanne läuft stufenförmig vom knöchernen Erker nach kranial. Die Pfannendachlinie ist im Erkerbereich falsch eingezeichnet: sie verläuft nicht „berührend" sondern fälschlich im Knochenecho.
1 Knorpeliges Pfannendach
2 Labrum acetabulare
3 Unterrand des Os ilium

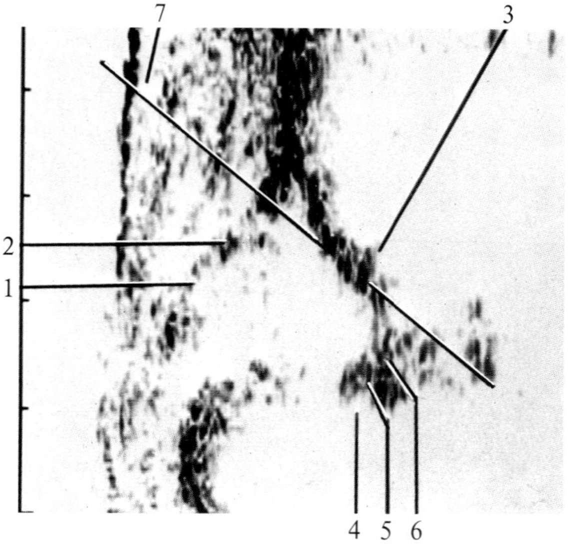

Abb. 8.17. W. B., 2,5 Monate, linkes Hüftgelenk
Abgeflachter knöcherner Pfannenerker mit schlechter knöcherner Formgebung, Abdrängung des Labrum acetabulare und der angrenzenden knorpeligen Pfannendachanteile nach oben außen, bereits dezentriert stehender Hüftkopf. Bei abgeflachtem knöchernem Pfannenerker wurde die Pfannendachlinie tangential an den lateralsten Punkt der knöchernen Pfanne gelegt.
1 Gelenkkapsel
2 Labrum acetabulare
3 Unterrand des Os ilium
4 Ligamentum capitis femoris
5 Bindegewebe der Fossa acetabuli
6 Os ischii
7 Pfannendachlinie

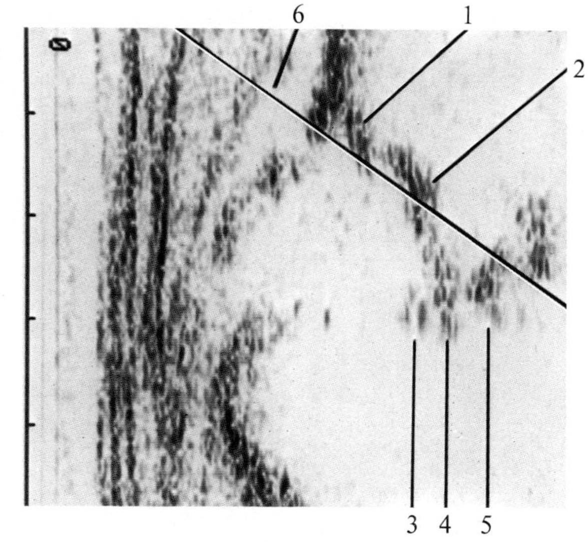

Abb. 8.18. S. C., 6,5 Monate, linkes Hüftgelenk
Der Unterrand des Os ilium ist in dieser Aufnahme nicht so deutlich abgrenzbar. Verfolgt man jedoch das Gewebe der Fossa acetabuli vom Pfannengrund her bis zum Unterrand des Os ilium, so zeigt sich, daß dieses durch die unterschiedliche Echogenität vom Unterrand des Os ilium abgrenzbar ist. Zudem zieht dieses als mittlere Schicht vor den knöchernen Pfannendachanteil.
1 Gerundeter knöcherner Pfannenerker
2 Unterrand des Os ilium
3 Ligamentum capitis femoris
4 Gewebe der Fossa acetabuli
5 Os ischii
6 Pfannendachlinie

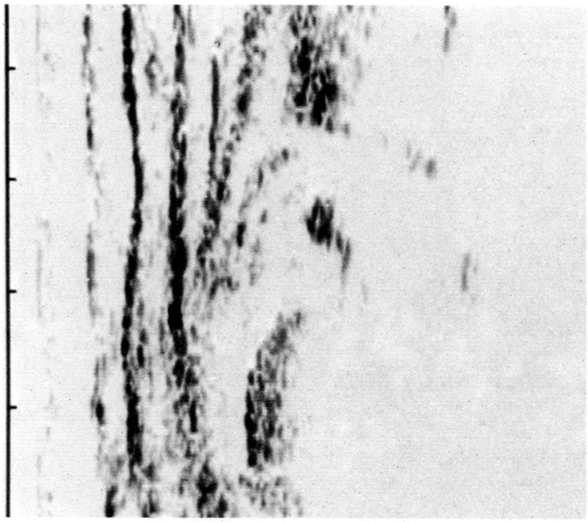

Abb. 8.19. H. H., 4 Monate, linkes Hüftgelenk
In dieser Aufnahme ist der Unterrand des Os ilium völlig unzureichend dargestellt. Bei fehlender Darstellung des Unterrandes des Os ilium kann daher keine Pfannendachlinie eingezeichnet werden. Die Aufnahme ist meßtechnisch nicht verwertbar. „Fragmentierung" des Unterrandes des Os ilium.

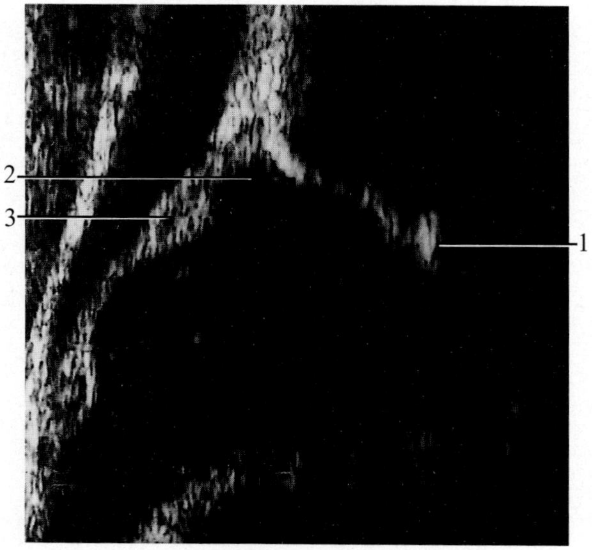

Abb. 8.20. W. B., 6 Wochen, linkes Hüftgelenk
Der Unterrand des Os ilium als wichtigste Landmark ist nicht ideal dargestellt. Er erscheint „ausgefranst". Ein genauer Meßpunkt kann nicht sicher gefunden werden. Es sollte daher auf ein Ausmessen dieses Sonogrammes verzichtet werden. Der knöcherne Erker ist deutlich gerundet, das knorpelige Pfannendach verbreitert, den Hüftkopf aber übergreifend.
1 Fraglicher Unterrand des Os ilium
2 Knorpeliges Pfannendach
3 Labrum acetabulare

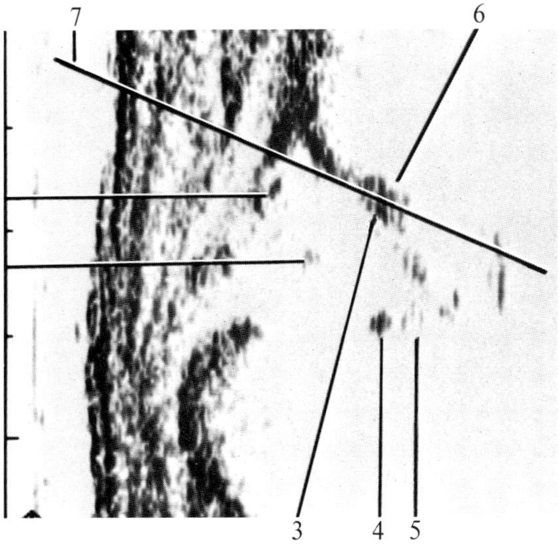

Abb. 8.21. K. J., 3 Monate, linkes Hüftgelenk
Abgerundeter knöcherner Pfannenerker, mangelhafte knöcherne Formgebung, breites, jedoch übergreifendes knorpeliges Pfannendach, zentriert stehender Hüftkopf. Am Unterrand des Os ilium ist eine längliche Echogenität darstellbar. Ob es sich dabei um das Gewebe der Fossa acetabuli oder um die Fovea centralis handelt, könnte in diesem Falle nur bei der dynamischen Untersuchung festgestellt werden.
1 Labrum acetabulare
2 Beginnende Kopfkernentwicklung
3 Kranialer Anteil des Gewebes der Fossa acetabuli
4 Ligamentum capitis femoris
5 Gewebe der Fossa acetabuli
6 Unterrand des Os ilium
7 Pfannendachlinie

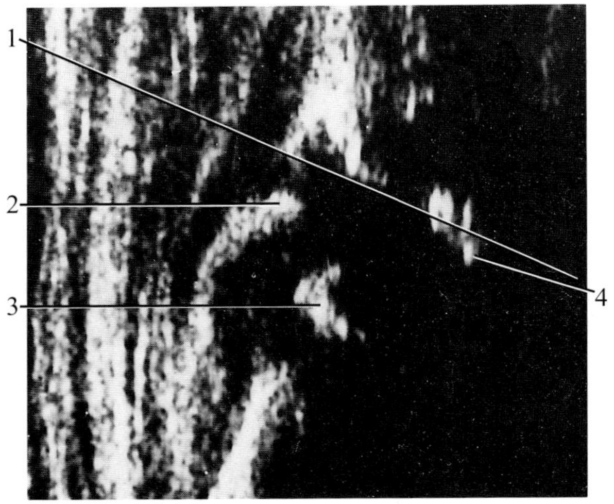

Abb. 8.22. R. S., 7 Wochen, rechtes Hüftgelenk
Gute knöcherne Formgebung bei eckigem knöchernem Erker und breit übergreifendem knorpeligem Pfannendach. Das knorpelige Pfannendach beginnt bereits von kranial nach distal zu ossifizieren, erkenntlich durch die Echovermehrung im kranialen Anteil des Knorpelerkers.
1 Pfannendachlinie
2 Labrum acetabulare
3 Kopfkern
4 Gewebe in der Fossa acetabuli, der Unterrand des Os ilium erscheint „fragmentiert" und ist eigentlich für eine meßtechnische Auswertung ungenügend dargestellt

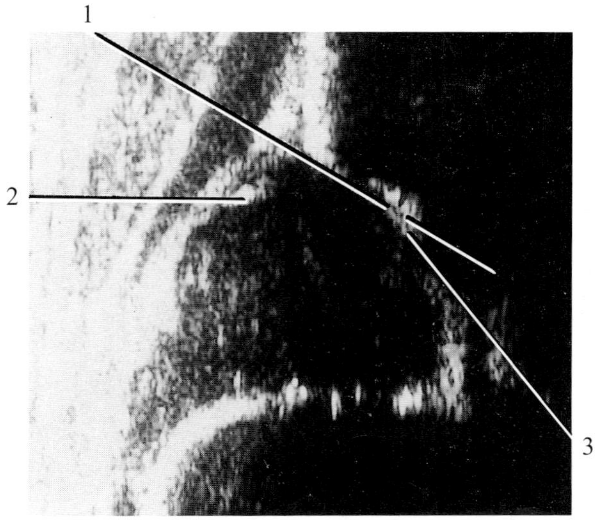

Abb. 8.23. B. M., 4 Wochen, linkes Hüftgelenk
Abrundung des knöchernen Pfannenerkers bei ausreichender Ausformung des knöchernen Pfannendachs. Das knorpelige Pfannendach zieht übergreifend über den Hüftkopf hinweg. Vom Unterrand des Os ilium kann die Pfannendachlinie tangential an den lateralsten Punkt gelegt werden.
1 Pfannendachlinie
2 Labrum acetabulare
3 Unterrand des Os ilium

8.2 Grundlinie
(Abb. 8.24–8.55)

Die Grundlinie ist die Basislinie des knorpeligen Pfannendachs. Sie wird von der Kontaktstelle von Perichondrium mit Os ilium am kranialen Punkt des knorpeligen Pfannendachs tangential an das Echo des Os ilium angelegt. Die parallel zur Grundlinie verlaufende Hilfslinie durch die hintere Schallauslöschung ist in vielen Fällen hilfreich. Hinsichtlich Meßfehler und Problematik der Grundlinie möchten wir auf die entsprechende Literatur [5] verweisen.

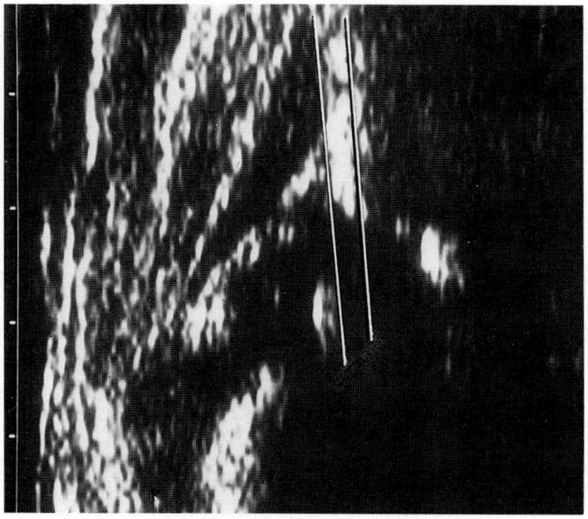

Abb. 8.24. K. E., 9 Monate, rechtes Hüftgelenk, Monitorbild
Grund- und Hilfslinie liegen parallel, die Kontaktstelle zwischen Perichondrium, Periost und Darmbein ist gut einsehbar. Die Grundlinie wurde durch diesen Punkt tangential an die äußere Grenzlamelle des Os ilium angelegt.

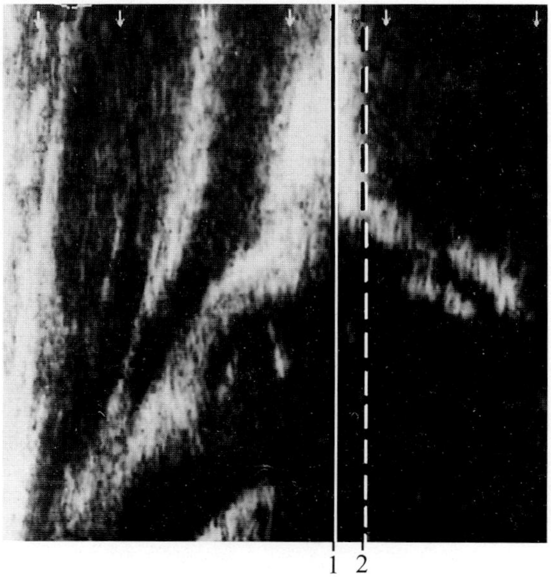

Abb. 8.25. B. J., 5 Monate, rechtes Hüftgelenk
Minimal geschweifter knöcherner Pfannenerker bei guter knöcherner Hüftkopfüberdachung und übergreifendem, spitzzipflig zulaufendem Knorpelerker. Die Grundlinie ist als Basislinie des knorpeligen Pfannendaches eingezeichnet. Parallel dazu ist strichliert die Hilfslinie an der hinteren Schallauslöschung eingezeichnet.
1 Grundlinie
2 Hilfslinie
Der Unterrand des Os ilium ist nicht ausreichend dargestellt!

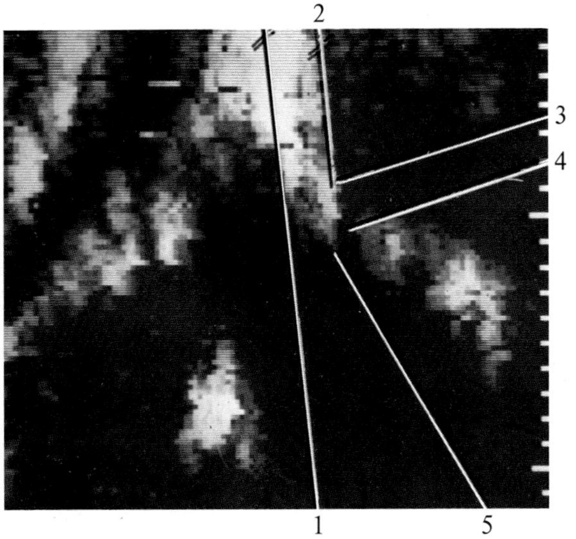

Abb. 8.26. G. A., 7 Monate, rechtes Hüftgelenk, Monitorbild
Das Anlegen der Grundlinie (1) ist in diesem Falle schwierig, da eine von proximal nach kaudal verlaufende Nachverknöcherung vorliegt und die obere Kontaktstelle von Perichondrium mit Os ilium nicht dargestellt ist. Eine Gerade durch die hintere Schallauslösung (2) wird als Hilfslinie benutzt. Sie verläuft parallel zur Grundlinie (1) und durchschneidet den oberen Punkt (3) der hinteren Schallauslöschung (4). Nur zufällig trifft sie manchmal auch auf den unteren Punkt der hinteren Schallauslöschung (5).

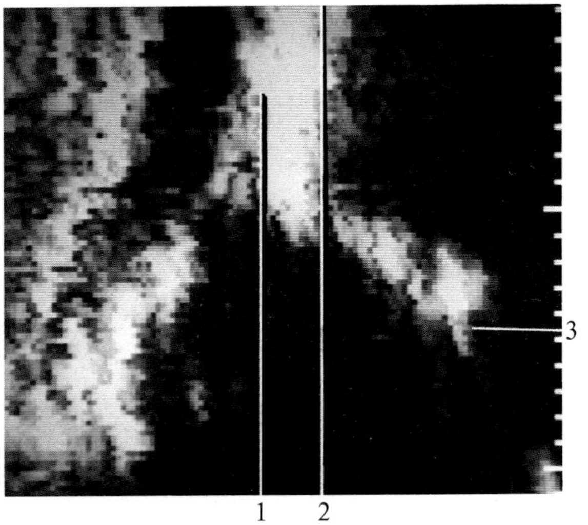

Abb. 8.27. P. R., 1,5 Monate, linkes Hüftgelenk, Monitorbild
Die Grundlinie (1) liegt parallel zur hinteren Schallauslöschung (2).
3 Gewebe der Fossa acetabuli

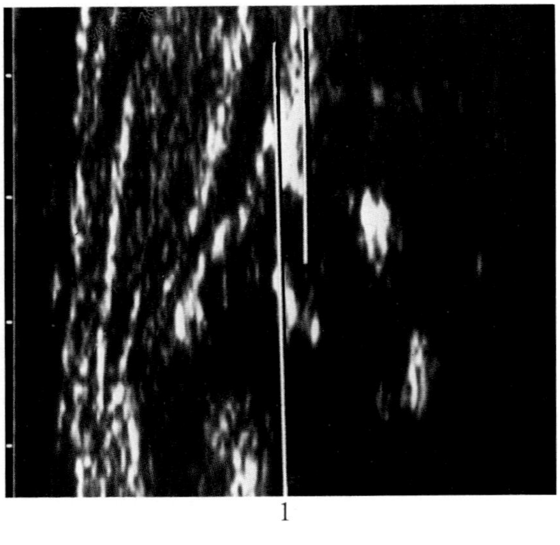

Abb. 8.28. K. K., 5 Monate, rechtes Hüftgelenk, Monitorbild
Die Hilfslinie durch die hintere Schallauslöschung liegt parallel zur Grundlinie (1), die an der Basis des knorpeligen Pfannendachs am Os ilium entlang zieht.

Abb. 8.29. S. U., 6 Monate, linkes Hüftgelenk
Die Hilfslinie zur Ermittlung der Grundlinie wurde durch die hintere Schallauslöschung gelegt und verläuft parallel zur vorderen, nicht eingezeichneten Grundlinie.

1 Kontaktpunkt von Perichondrium mit Os ilium
2 Hilfslinie entlang der hinteren Schallauslöschung
3 Unterrand des Os ilium

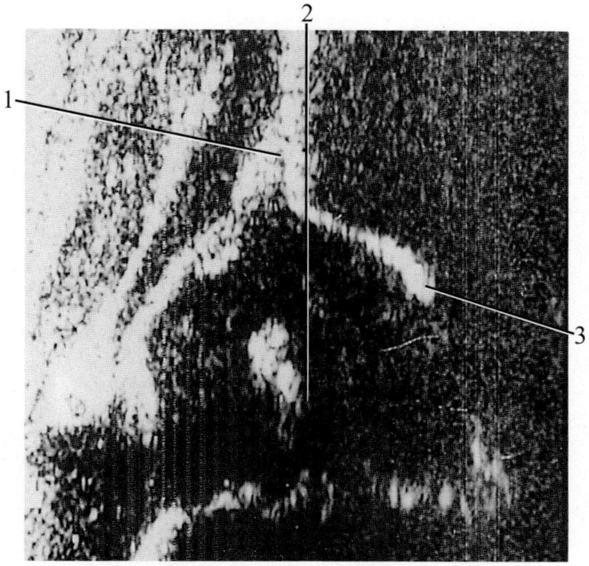

Abb. 8.30. I. J., 7,5 Monate, linkes Hüftgelenk
Die Grundlinie und die Hilfslinie durch die hintere Schallauslöschung sind eingezeichnet. Außerdem ist die Pfannendachlinie am Unterrand des Os ilium angedeutet, welche die Gewebsabschnitte der Fossa acetabuli abschneidet.

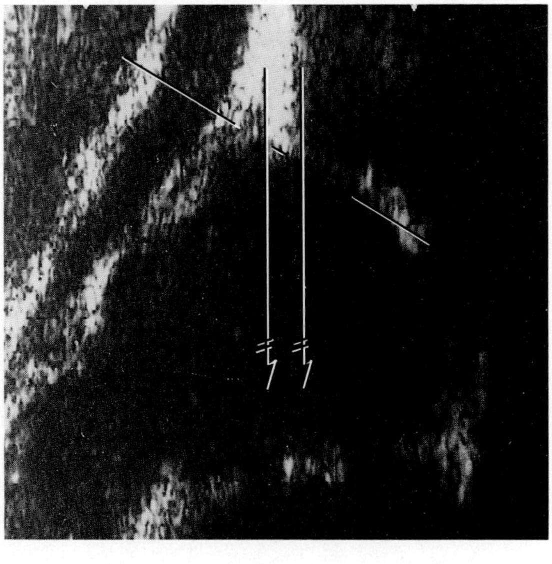

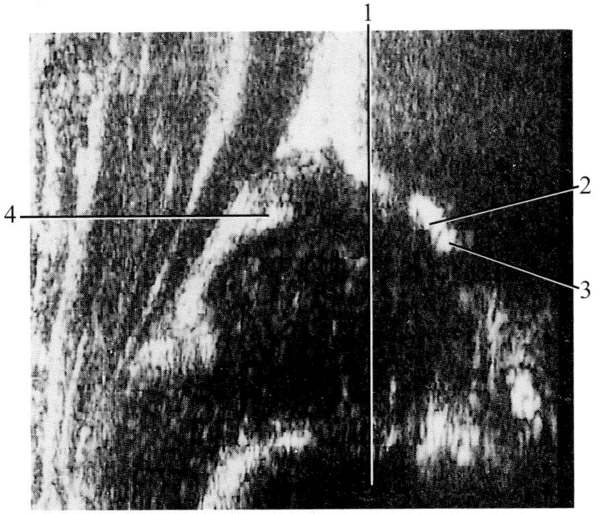

Abb. 8.31. E. E., 4 Wochen, linkes Hüftgelenk Die knöcherne Formgebung ist ausreichend, der knöcherne Erker abgerundet, das knorpelige Pfannendach übergreifend. Die Hilfslinie durch die dorsale Schallauslöschung ist eingezeichnet (1).
2/3 Unterrand des Os ilium
4 Labrum acetabulare

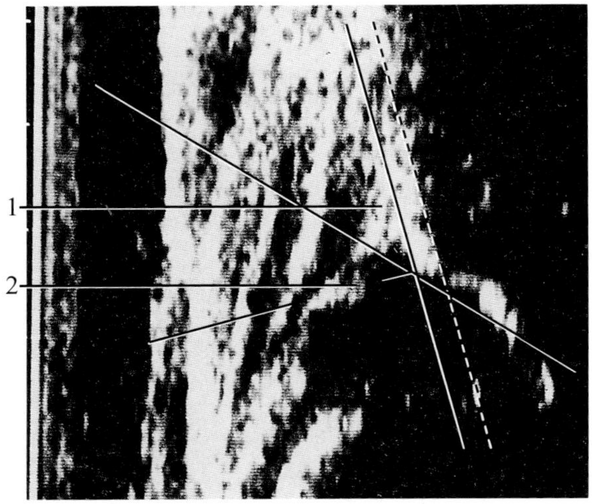

Abb. 8.32. S. T., 3 Monate, rechtes Hüftgelenk Grund-, Pfannendach- und Ausstellungslinie sind eingezeichnet. Die Hilfslinie durch die hintere Schallauslöschung ist strichliert. Der Kontaktpunkt von Perichondrium mit Os ilium (1) ist gut einsehbar; gut dargestelltes Labrum acetabulare (2).
$\alpha = 45°$
$\beta = 86°$
(Hüfttyp D)

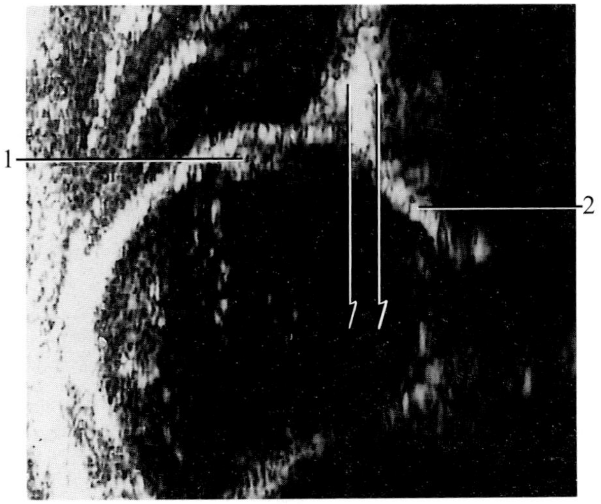

Abb. 8.33. S. Y., 4 Monate, linkes Hüftgelenk Dezentriertes Gelenk vom Typ III a. Die Grund- und Hilfslinie sind exemplarisch eingezeichnet. Bei eindeutigem morphologischem Befund, wie in diesem Fall Typ III a, ist ein Einzeichnen von Meßlinien nicht erforderlich.
1 Labrum acetabulare
2 Knöcherne Pfanne

Abb. 8.34. S. D., 4 Wochen, rechtes Hüftgelenk
Die knöcherne Formgebung ist gut, der knöcherne Erker ist stark geschweift. Das knorpelige Pfannendach übergreifend. Die Grundlinie läßt sich gut einzeichnen. Die Hilfslinie wäre aufgrund der relativen Unschärfe an der dorsalen Schallauslöschung problematisch.
1 Knöcherner Erker
2 Labrum acetabulare

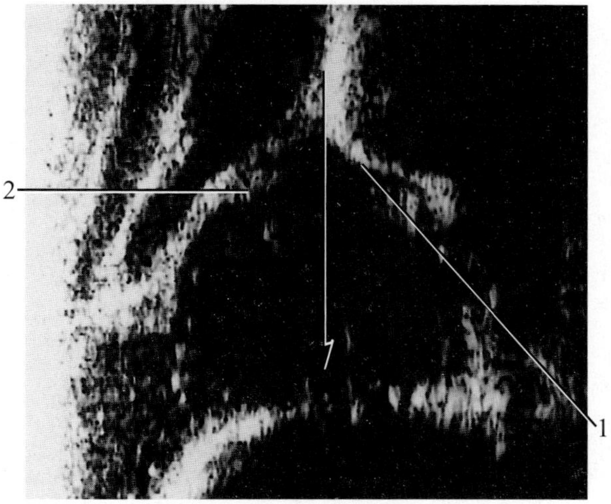

Abb. 8.35. K. J., 7 Monate, rechtes Hüftgelenk
Eckiger knöcherner Pfannenerker mit guter knöcherner Formgebung, übergreifendes knorpeliges Pfannendach. Das hyalinknorpelige Pfannendach ist bis in den kranialen Bereich echoarm. Die Grundlinie liegt an der Kontaktstelle zwischen Knochen und Knorpel.
1 Labrum acetabulare
2 Knöcherner Erker
3 Grundlinie
Der Unterrand des Os ilium ist ungenügend scharf abgebildet.

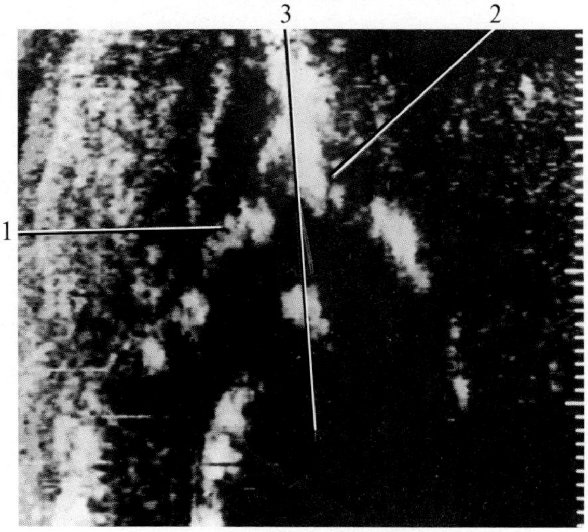

Abb. 8.36. A. N., 15 Monate, rechtes Hüftgelenk
Eckiger knöcherner Pfannenerker, gute knöcherne und knorpelige Überdachung, fortgeschrittene Hüftkopfkernentwicklung mit Halbmondphänomen. Die Grundlinie als Kontaktstelle von Knorpel und Knochen zieht von der Kontaktstelle Periost zum Darmbein tangential entlang der Darmbeinkontur.
1 Labrum acetabulare
2 Knorpeliges Pfannendach
3 Kontaktstelle Periost–Darmbein
4 Grundlinie

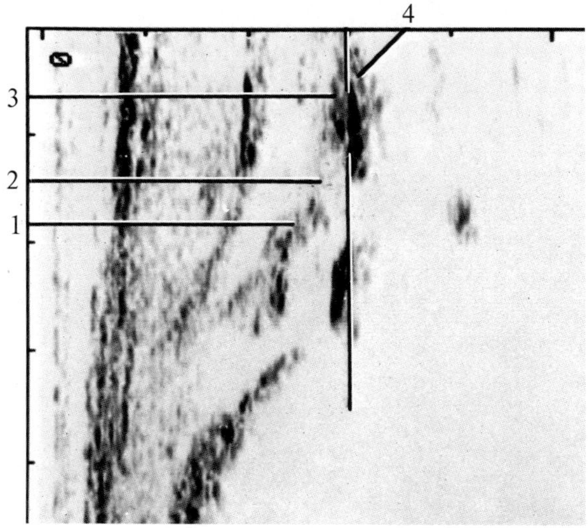

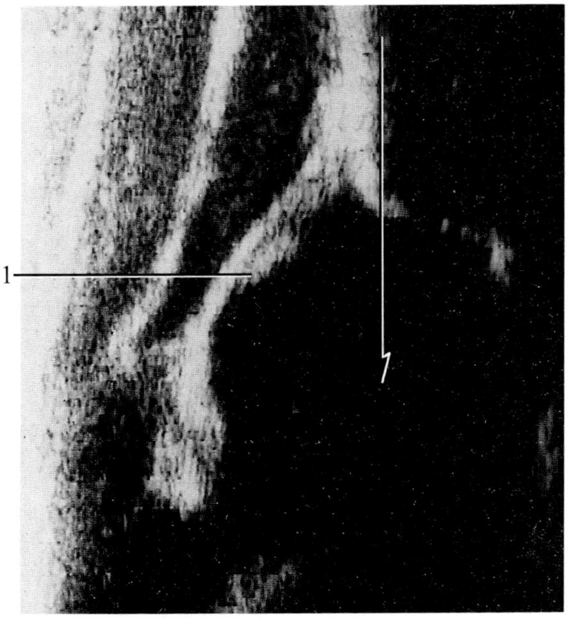

Abb. 8.37. B. K., 3 Wochen, linkes Hüftgelenk
Der knöcherne Erker ist bei guter knöcherner Formgebung geschweift. Als Grundlinie wurde die Hilfslinie durch die dorsale Schallauslöschung eingezeichnet.
1 Labrum acetabulare

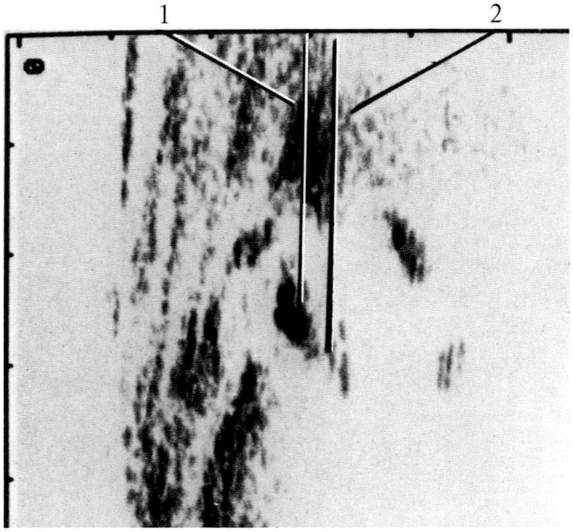

Abb. 8.38. S. R., 9 Monate, rechtes Hüftgelenk
Gute knöcherne Formgebung bei eckigem, knöchernem Erker. Die knorpelige Überdachung ist übergreifend und echoarm. Zur Konstruktion der Grundlinie wurde zunächst die Hilfslinie durch die hintere Schallauslöschung eingezeichnet.
1 Grundlinie
2 Hilfslinie durch die hintere Schallauslöschung

Abb. 8.39. K. S., 8 Wochen, linkes Hüftgelenk
Der Hüftkopf steht deutlich dezentriert, bei schlechter knöcherner Formgebung und abgeflachtem knöchernem Erker. Exercendi causa wurde die Grundlinie mit der Hilfslinie eingezeichnet.
1 Labrum acetabulare
Typ III a

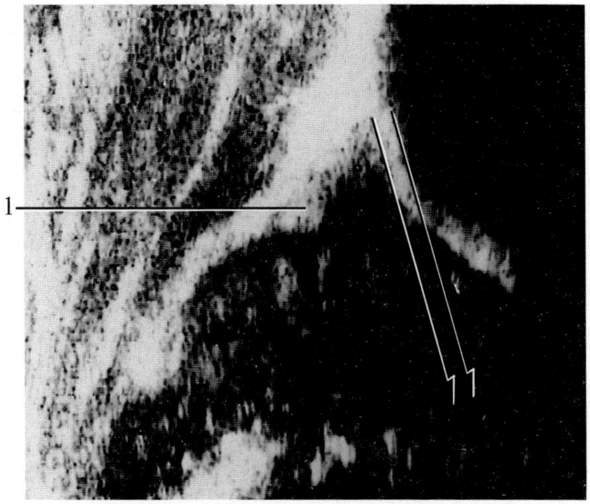

Abb. 8.40. P. S., 4 Wochen, linkes Hüftgelenk
Die knöcherne Formgebung ist ausreichend, der knöcherne Erker ist rund, das knorpelige Pfannendach den Hüftkopf übergreifend. Die Grund- und Hilfslinie durch die dorsale Schallauslösung wurden eingezeichnet.
Die für das Einzeichnen der Meßlinien maßgebliche Strecke wurde mit 2 horizontalen Strichen markiert.

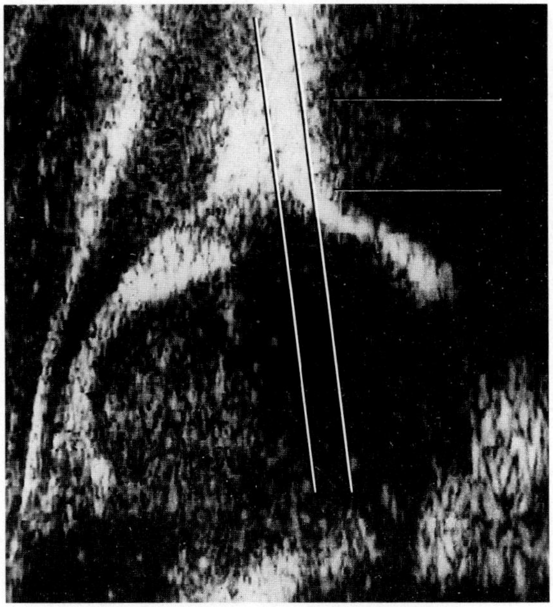

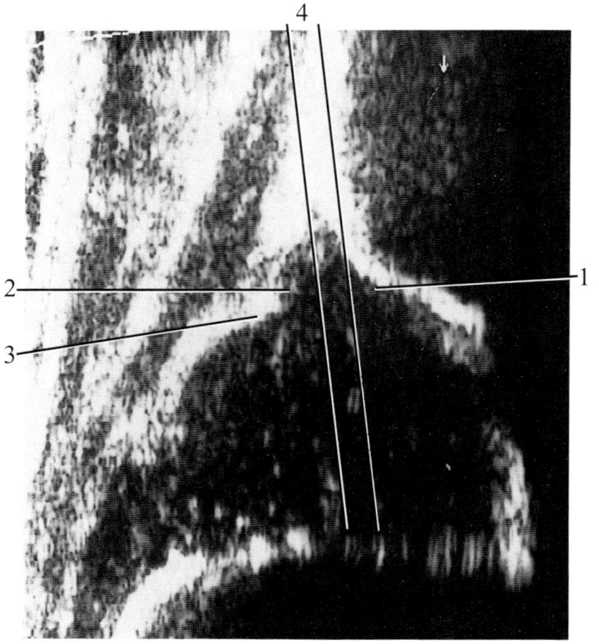

Abb. 8.41. N. J., 4 Monate, linkes Hüftgelenk
Der knöcherne Defekt wird durch ein breites, übergreifendes knorpeliges Pfannendach kompensiert. Die Hüftkopfkernentwicklung hat noch nicht begonnen. Die Grundlinie mit Hilfslinie durch die hintere Schallauslöschung ist im Bild völlig falsch eingezeichnet.
1 Abgerundeter knöcherner Erker
2 Knorpeliges Pfannendach
3 Labrum acetabulare
4 Grundlinie mit Hilfslinie

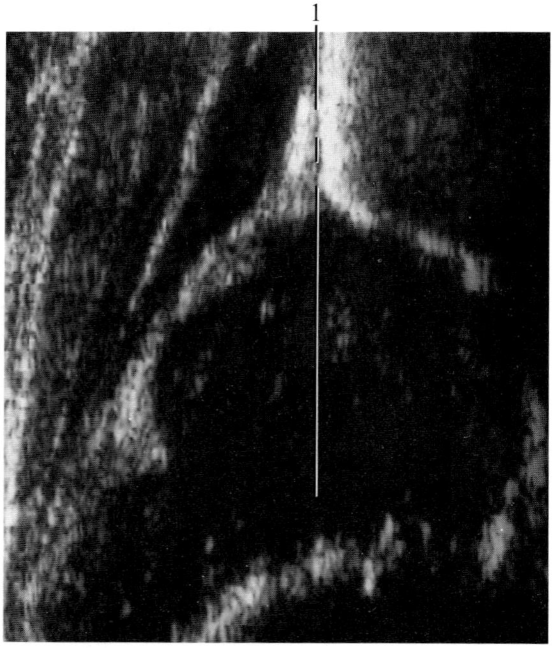

Abb. 8.42. S. Y., 4 Monate, linkes Hüftgelenk
Die knöcherne Formgebung ist gut bei stark geschweiftem knöchernem Erker und breit übergreifendem knorpeligem Pfannendach. Die Grundlinie (1), die der Kontaktstelle zwischen dem Knochen und dem knorpelig präformierten Pfannendach entspricht, läßt sich problemlos einzeichnen.

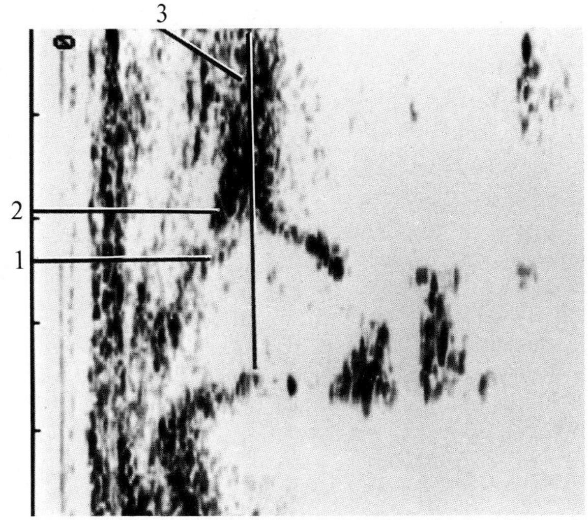

Abb. 8.43. E. H., 6 Wochen, linkes Hüftgelenk
Die Aufnahme zeigt noch eine leichte Rundung des knöchernen Pfannenerkers bei jedoch altersentsprechend ausreichender knöcherner Formgebung. Die knorpelige Überdachung ist übergreifend. Das Labrum acetabulare läßt sich als der Gelenkkapsel innen anhängende Echogenität in Höhe des Perichondriumlochs nachweisen; noch keine Kopfkernentwicklung. Die Grundlinie verläuft parallel zur hinteren Schallauslöschung.
1 Labrum acetabulare
2 Proximaler Anteil des Perichondrium
3 Grundlinie

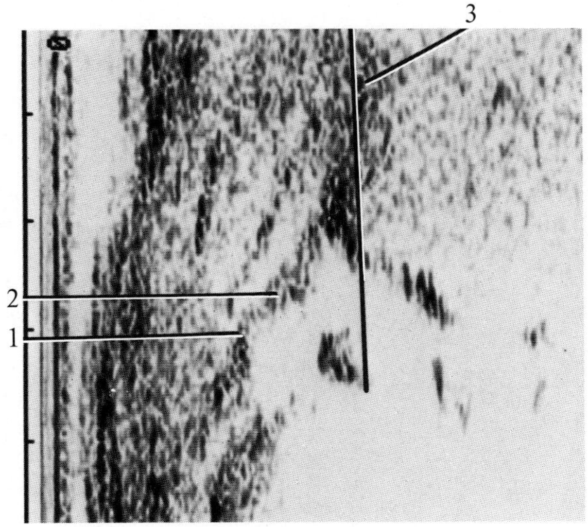

Abb. 8.44. N. B., 4 Monate, linkes Hüftgelenk
Völlig unzureichendes Hüftsonogramm. Der Unterrand des Os ilium ist nicht klar abgegrenzt, sondern „verflattert". Die Schnittebene läßt sich nicht richtig identifizieren und wird im proximalen Anteil zunehmend unscharf. Das Einzeichnen von Meßlinien kann zur Diagnosefindung bei einem primär untauglichen Sonogramm nicht weiterhelfen.
1 Gelenkkapsel
2 Labrum acetabulare
3 Untauglicher Versuch, eine Meßlinie einzuzeichnen

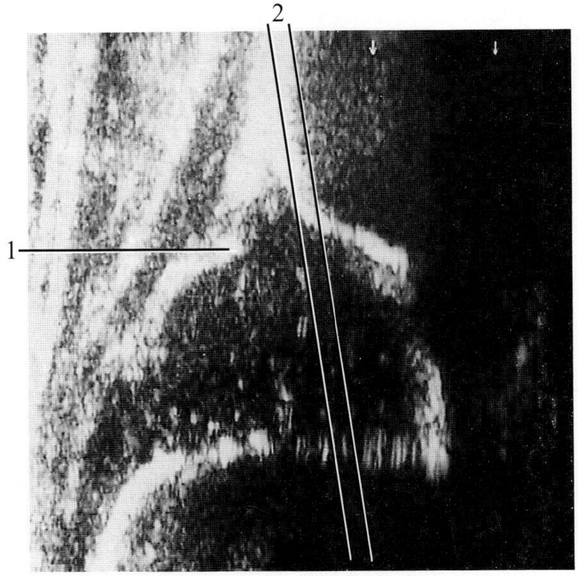

Abb. 8.45. S. N., 6 Wochen, rechtes Hüftgelenk
Bei dem 6 Wochen alten Säugling zeigt sich eine deutliche Abrundung des knöchernen Pfannenerkers. Die knöcherne Formgebung ist gerade ausreichend. Der Hüftkopf steht zentriert, erkennbar an der übergreifenden knorpeligen Überdachung. Im Bild ist die Hilfslinie durch die hintere Schallauslöschung eingezeichnet.
1 Labrum acetabulare
2 Hilfslinie durch die hintere Schallauslöschung mit Grundlinie

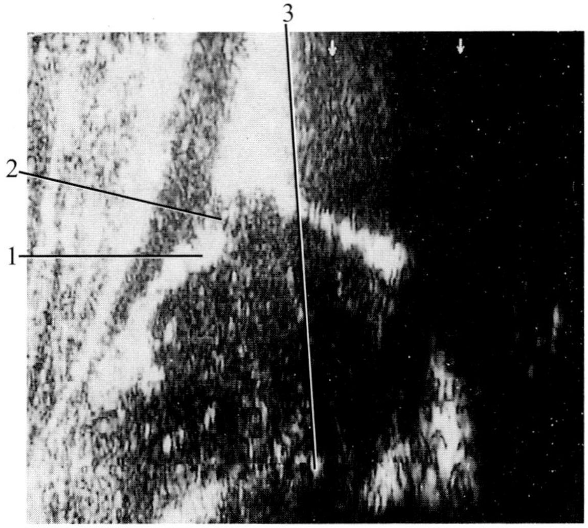

Abb. 8.46. M. P., 10 Wochen, linkes Hüftgelenk
Durch die Überstrahlung des Sonogramms ist das Einzeichnen der Originalgrundlinie nicht möglich. Die Hilfslinie an der dorsalen Schallauslöschung kann jedoch gut eingezeichnet werden.
1 Labrum acetabulare
2 Perichondriumloch
3 Grundlinie

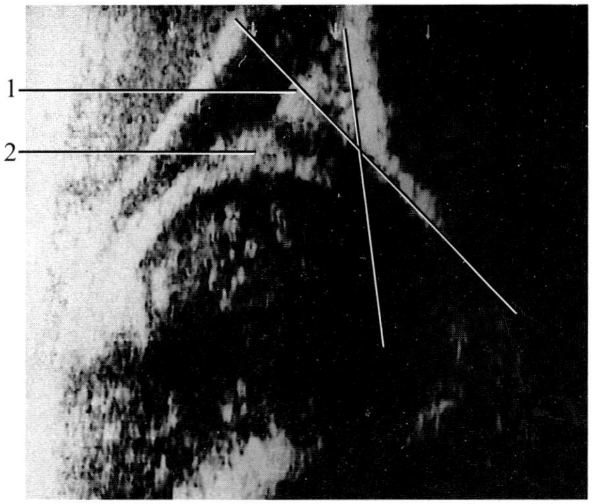

Abb. 8.47. G. E., 3 Wochen, linkes Hüftgelenk
Die knöcherne Formgebung ist schlecht, der knöcherne Erker ist abgeflacht, das knorpelige Pfannendach nach kranial verdrängt und im Vergleich zum Hüftkopf ohne Echovermehrung, daher „echoarm". Typ III a. Grund- und Pfannendachlinie sind eingezeichnet.
1 Proximales Perichondrium
2 Labrum acetabulare

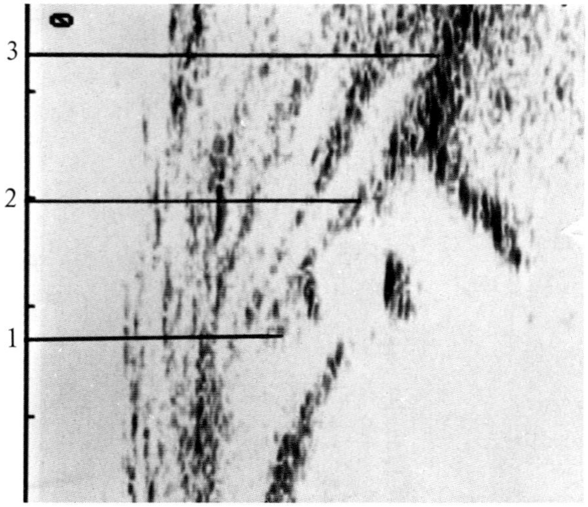

Abb. 8.48. K. N., 8 Monate, rechtes Hüftgelenk
Abgeflachter knöcherner Pfannenerker mit fließendem Übergang des Azetabulums in das Os ilium. Das Labrum acetabulare und die angrenzenden knorpeligen Pfannenanteile sind bereits nach oben außen aufgebogen.
In der Aufnahme ist bereits der hintere Pfannenrandwulst und beginnend die Konkavität der Fossa glutaealis zu erkennen. Die Aufnahme sollte meßtechnisch nicht mehr ausgewertet werden.
1 Schalloch des Trochanter major mit einstrahlender Gelenkkapsel sowie den ansetzenden Sehnen
2 Labrum acetabulare
3 Konkave Darmbeinkontur der Fossa glutealis

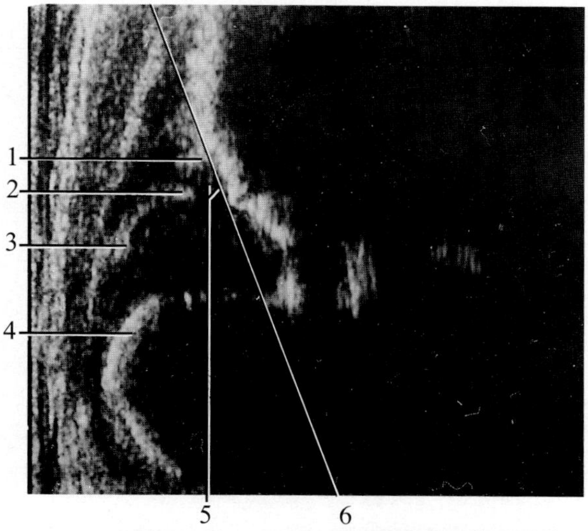

Abb. 8.49. K. J., 6 Wochen, rechtes Hüftgelenk
Fast völlige Abflachung eines knöchernen Pfannenerkers. Das Os ilium und das Azetabulum gehen fließend ineinander über. Der Hüftkopf steht dezentriert und hat die Kapselhaube nach oben außen abgedrängt. Die Grundlinie ist im Bild eingezeichnet und entspricht definitionsgemäß der Kontaktstelle zwischen Knochen und knorpelig präformierten Pfannendach. Sie verläuft auch hier parallel zur hinteren Schallauslöschung.
1 Proximales Perichondrium
2 Labrum acetabulare
3 Umschlagfalte
4 Knorpel-Knochen-Grenze
5 Nach kranial verdrängtes Knorpeldach
6 Grundlinie
Die für das Anlegen der Grundlinie maßgebliche Darmbeinstrecke ist mit 2 parallelen Linien markiert.

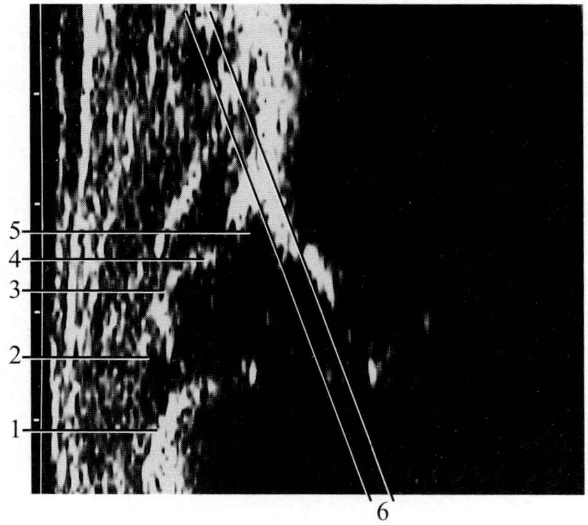

Abb. 8.50. S. D., 5,5 Monate, rechtes Hüftgelenk
Abflachung des knöchernen Pfannenerkers und schlechte knöcherne Formgebung, verbreitertes, bereits leicht nach oben abgedrängtes knorpeliges Pfannendach, beginnende Kopfkernentwicklung.
1 Knorpel-Knochen-Grenze
2 Kraniale Begrenzung des Trochanter major
3 Gelenkkapsel
4 Labrum acetabulare
5 Verbreitertes, echoarmes knorpeliges Pfannendach
6 Parallel zur hinteren Schallauslöschung eingezeichnete Grundlinie mit Hilfslinie
Messung problematisch, da leicht dorsaler Schnitt!

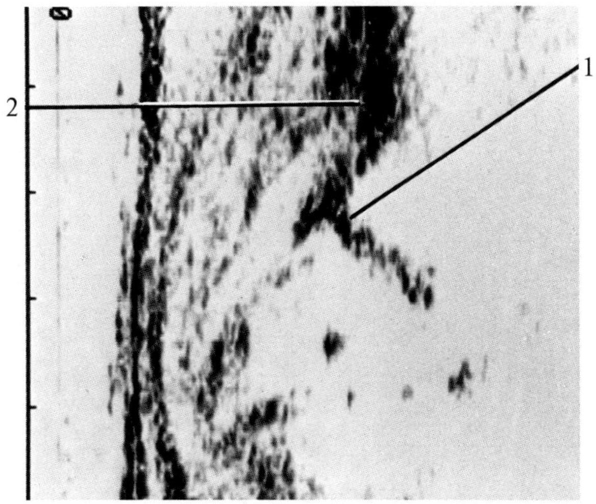

Abb. 8.51. K. J., 3 Monate, linkes Hüftgelenk
Die Aufnahme zeigt einen Schnitt durch den dorsalen Anteil der Hüftpfanne und durch den hinteren Pfannenrandwulst. Die Darmbeinkontur zeigt die typische Konkavität der Fossa glutaealis. Die Grundlinie kann in dieses Sonogramm nicht eingezeichnet werden.
1 Hinterer Pfannenrandwulst
2 Konkave Darmbeinkontur der Fossa glutaealis
Sonogramm nicht verwertbar!

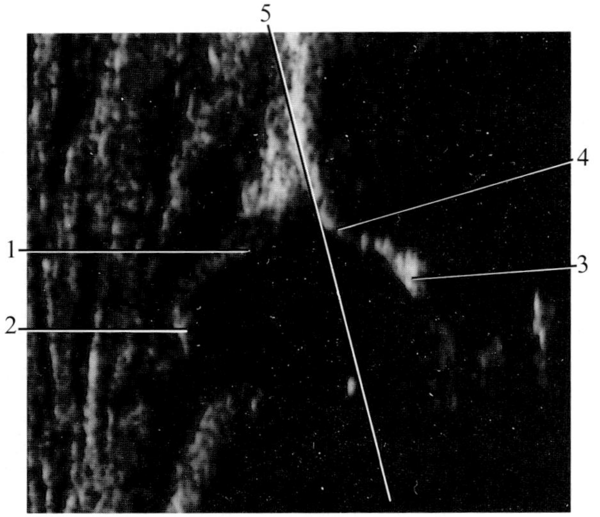

Abb. 8.52. K. L., 7 Wochen, linkes Hüftgelenk
Die knöcherne Formgebung ist mangelhaft, der knöcherne Erker stark gerundet, das knorpelige Pfannendach verbreitert, übergreift den Hüftkopf aber noch. Die Grundlinie ist eingezeichnet (5).
1 Labrum acetabulare
2 Umschlagfalte
3 Unterrand des Os ilium
4 Abgerundeter knöcherner Erker

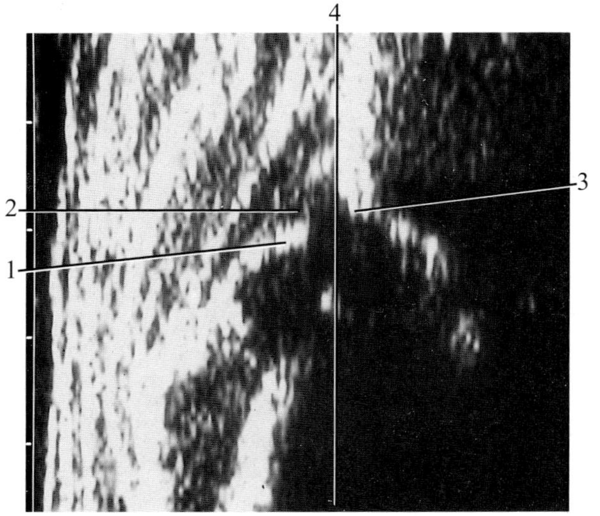

Abb. 8.53. W. S., 9 Monate, linkes Hüftgelenk
Die knöcherne Formgebung ist mangelhaft, der knöcherne Erker abgerundet, das knorpelige Pfannendach den Hüftkopf übergreifend, etwas verbreitert. Die Grundlinie ist eingezeichnet (4).
1 Labrum acetabulare
2 Knorpeliges Pfannendach
3 Knöcherner Erker

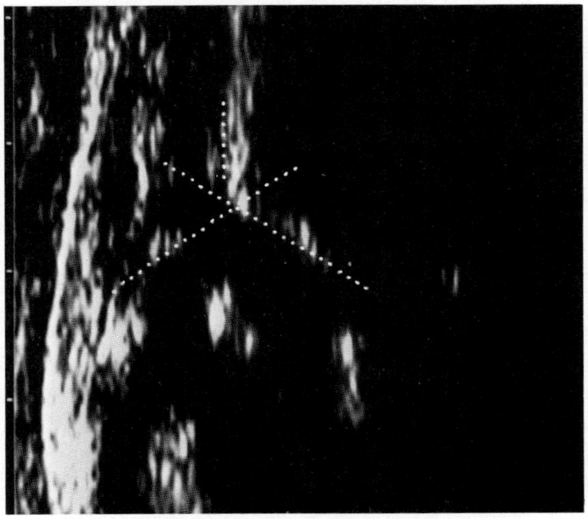

Abb. 8.54. A. R., 5 Monate, linkes Hüftgelenk, Monitorbild
Die Meßlinien sind mit der Winkelmeßeinrichtung des Ultraschallgerätes eingezeichnet. Die Winkel werden automatisch ausgeworfen und mit dem Typ am Sonometer mit ausgedruckt.

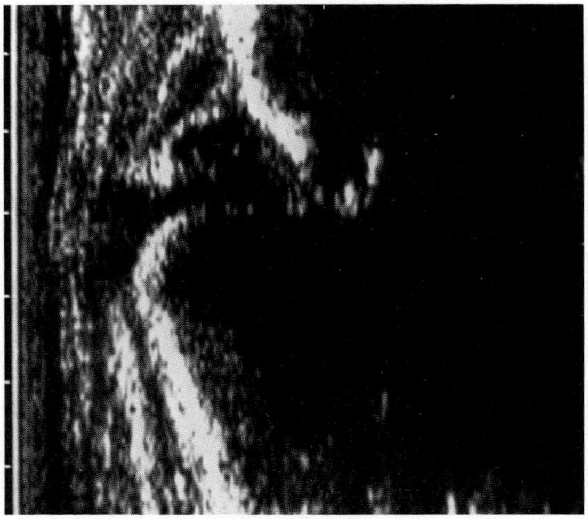

Abb. 8.55. M. O., 3 Monate, rechtes Hüftgelenk, Monitorbild
Flacher knöcherner Erker, knöcherne Formgebung, schlecht knorpeliger Erker breit und verdrängt. Das Ausmessen dieser Hüfte ist problematisch, da das Bildformat zu klein ist.

8.3 Ausstellungslinie (= Knorpeldachlinie)

(Abb. 8.56–8.75)

Die Ausstellungslinie verbindet das Hauptecho (= „Mitte“) des Labrum acetabulare mit dem knöchernen Erker. Liegt ein runder knöcherner Erker vor, so ist der Meßpunkt der Umschlagpunkt von Konkavität der Pfanne zur Konvexität des Os ilium. Die Ausstellungslinie schließt mit der Grundlinie den Knorpelwinkel β ein.

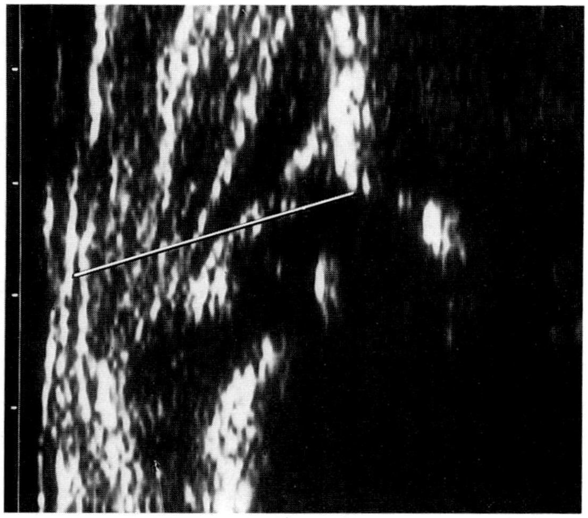

Abb. 8.56. K. E., 9 Monate, rechtes Hüftgelenk, Monitorbild
Die Ausstellungslinie zieht vom lateralsten Punkt der knöchernen Pfanne (= Umschlagpunkt) durch das Hauptecho des Labrum acetabulare.

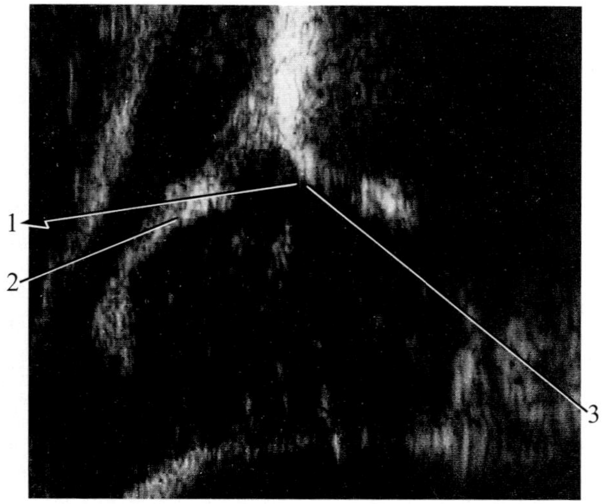

Abb. 8.57. I. C., 3 Monate, linkes Hüftgelenk
Geschweifter knöcherner Pfannenerker bei guter knöcherner Hüftkopfüberdachung. Die Schallauslöschung am Umschlagpunkt ist deutlich zu erkennen. Die Ausstellungslinie zieht vom unteren lateralen Punkt der hinteren Schallauslöschung durch das Hauptecho des Labrum acetabulare.
1 Ausstellungslinie
2 Labrum acetabulare
3 Umschlagpunkt

Abb. 8.58. G. A., 7 Monate, rechtes Hüftgelenk, Monitorbild
Die Ausstellungslinie wird durch den unteren lateralen Punkt der hinteren Schallauslöschung (= Umschlagpunkt) und durch die Mitte (= Hauptecho) des Labrum acetabulare gelegt.
1 Ausstellungslinie
2 Oberer Punkt der hinteren Schallauslöschung
3 Unterer, lateralster Punkt der hinteren Schallauslöschung

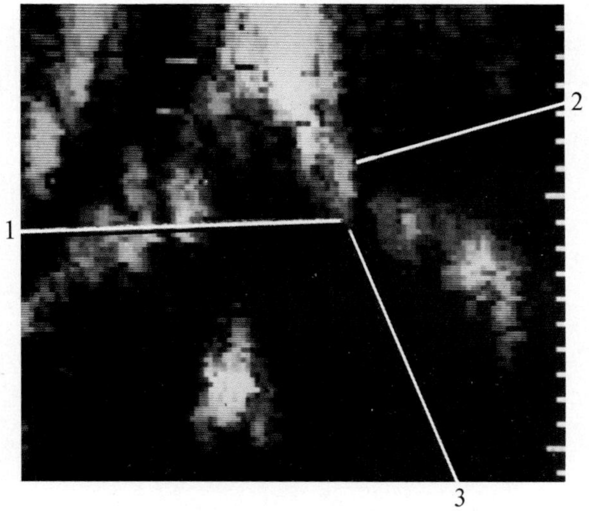

Abb. 8.59. N. M., 3,5 Monate, rechtes Hüftgelenk, Monitorbild
Der knöcherne Erker ist stark geschweift bei guter knöcherner Formsicherung, Knorpelerker etwas breit, aber übergreifend, Hüftkopfkern fehlend.
Hüfttyp I
1 Ausstellungslinie
2 Labrum acetabulare
3 Umschlagpunkt

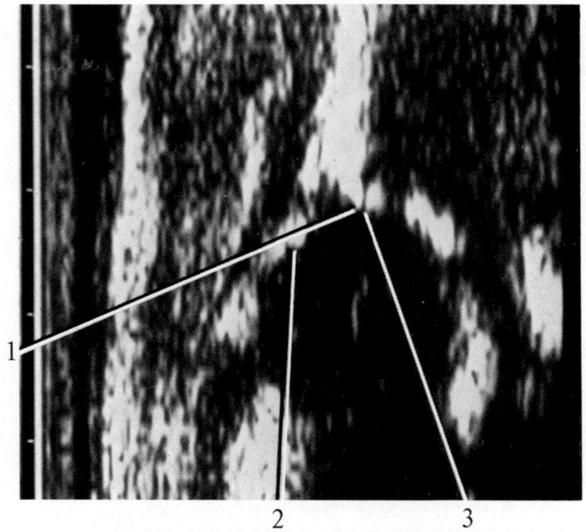

Abb. 8.60. H. S., 3 Monate, linkes Hüftgelenk, Monitorbild
1 Ausstellungslinie
2 Labrum acetabulare
3 Knöcherner Erker

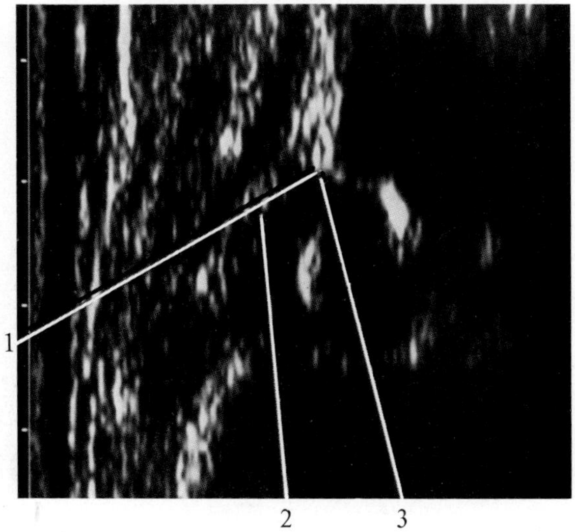

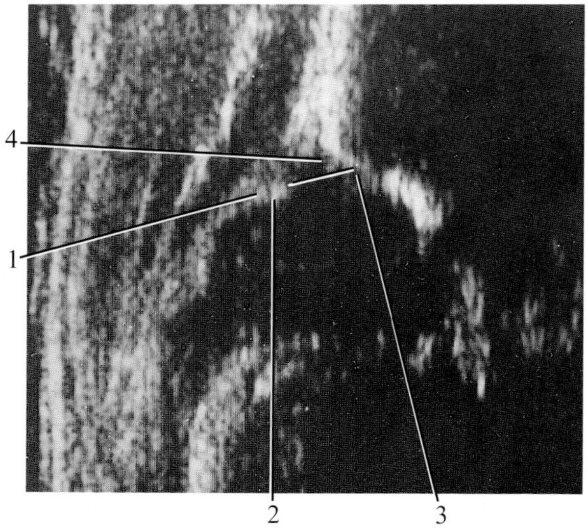

Abb. 8.61. S. O., 4,5 Monate, rechtes Hüftgelenk Der knöcherne Erker ist deutlich geschweift (4), die Ausstellungslinie (1) geht durch das Labrum acetabulare (2) bis zum Umschlagpunkt (3), der durch die hintere Schallauslöschung deutlich markiert ist.

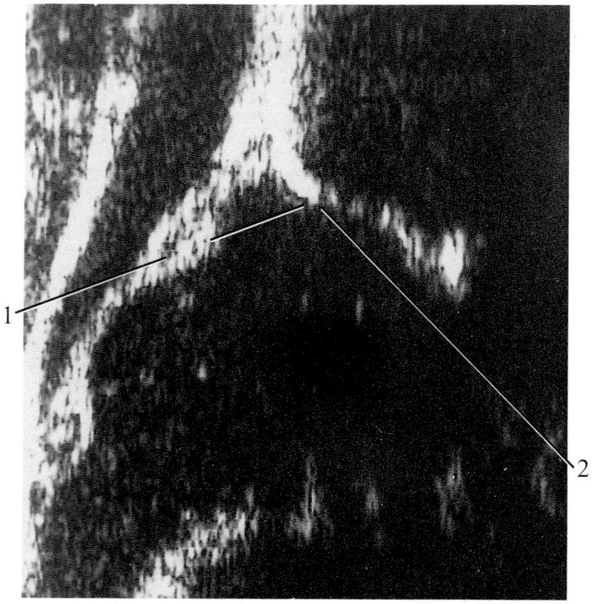

Abb. 8.62. G. M., 2 Monate, linkes Hüftgelenk Die Ausstellungslinie (1) ist am Umschlagpunkt (2) angelegt. Der knöcherne Erker ist geschweift bei guter knöcherner Formsicherung, Knorpelerker breit und übergreifend.

Abb. 8.63 R. M., 4 Wochen, linkes Hüftgelenk
Der knöcherne Erker ist flach bei schlechter knöcherner Formgebung, der knorpelige Erker breit, von normaler (echoarmer) Struktur, das Labrum nach kranial verdrängt.
Hüfttyp III a
1 Ausstellungslinie
2 Labrum acetabulare
3 Umschlagfalte
4 Os ilium

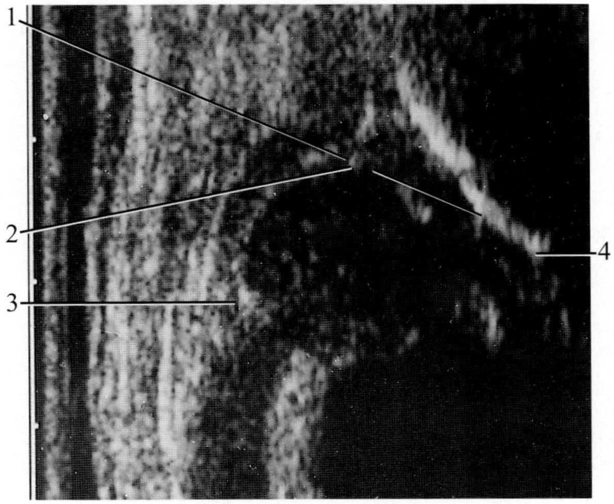

Abb. 8.64. S. D., 4 Monate, rechtes Hüftgelenk
Eckiger knöcherner Pfannenerker mit guter knöcherner Formgebung. Die knorpelige Überdachung ist übergreifend. Im Sonogramm ist die Ausstellungslinie als Verbindungslinie von knöchernem Erker und Labrum acetabulare eingezeichnet.
1 Labrum acetabulare
2 Knöcherner Erker
3 Ausstellungslinie

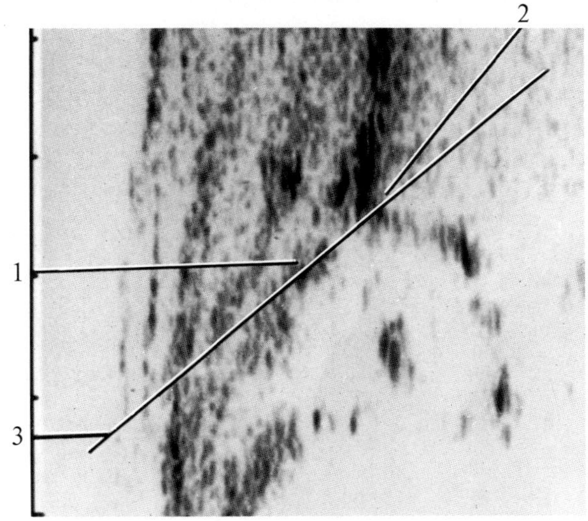

Abb. 8.65. B. K., 3 Monate, linkes Hüftgelenk
Eckiger, gut konturierter knöcherner Pfannenerker mit Schallschattenbildung. Die knöcherne Formgebung und die knorpelige Überdachung sind gut, beginnende Kopfkernentwicklung. Die Ausstellungslinie zieht durch das Hauptecho des Labrum acetabulare.
1 Labrum acetabulare
2 Knöcherner Erker
3 Ausstellungslinie

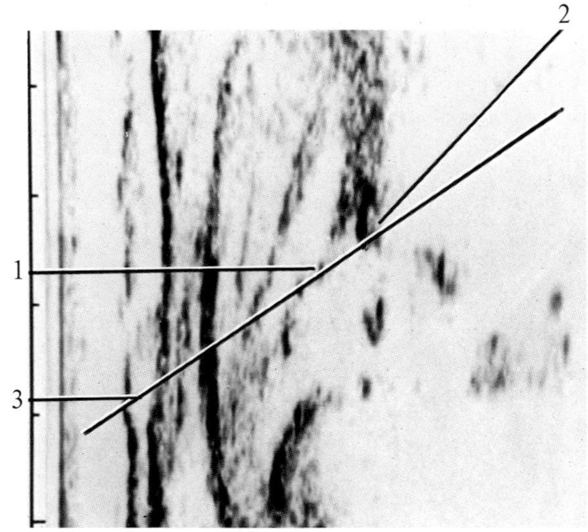

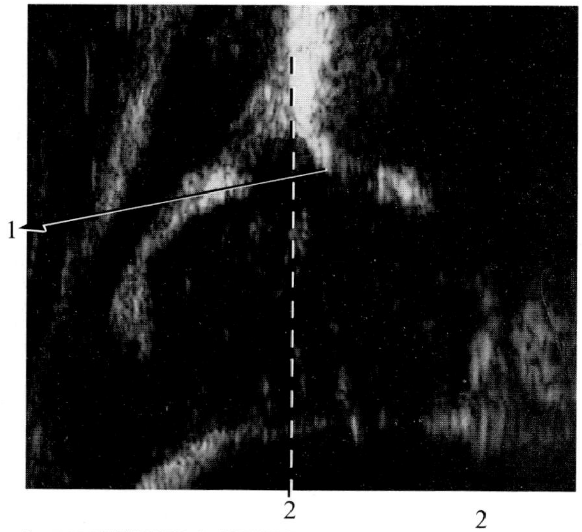

Abb. 8.66. L. M., 3 Wochen, rechtes Hüftgelenk
Die Ausstellinie (1) wurde vom Umschlagpunkt der Konkavität zur Konvexität (= knöcherner Erker) durch die Mitte des Labrum acetabulare gezeichnet. Die Grundlinie (2) ist strichliert eingezeichnet.

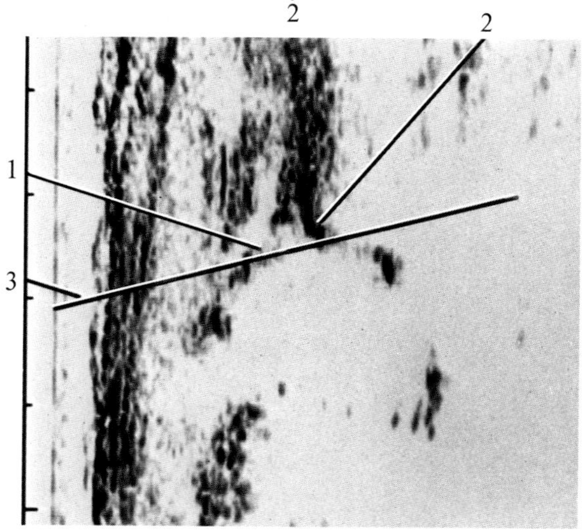

Abb. 8.67. D. P., 4 Monate, linkes Hüftgelenk
Geschweifter knöcherner Pfannenerker bei guter knöcherner Formgebung des Azetabulums. Das knorpelige Pfannendach ist übergreifend, das Labrum acetabulare kann mit Hilfe des Perichondriumlochs identifiziert werden. In dieser Aufnahme ist der knöcherne Erker nicht eckig, sondern geschweift. Die Ausstellungslinie zieht vom Labrum acetabulare zu dem Meßpunkt, wo die Konkavität des Pfannendachs in die konvexe Gegenschwingung übergeht. Der Übergang wird in diesem Sonogramm durch eine gut ausgebildete Schallschattenbildung markiert.
1 Labrum acetabulare
2 Geschweifter knöcherner Pfannenerker
3 Ausstellungslinie

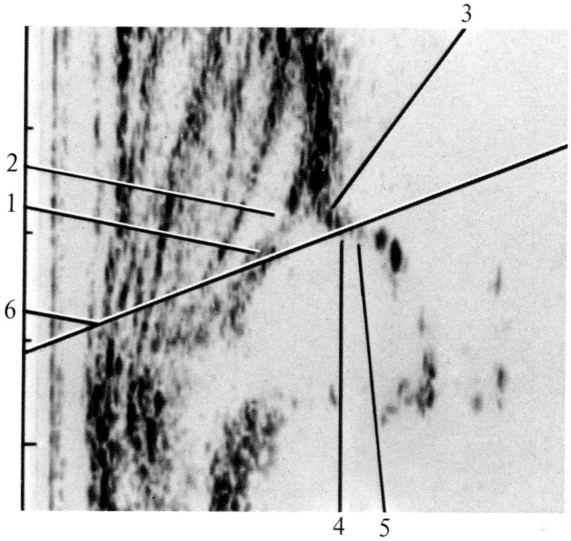

Abb. 8.68. M. P., 2,5 Monate, linkes Hüftgelenk
Geschweifter knöcherner Pfannenerker bei altersentsprechender, guter Ausformung des Azetabulums, etwas verbreitertes knorpeliges Pfannendach, das die fehlende Erkerkonturierung ausgleicht. Der Umschlagpunkt von der Konkavität des Azetabulums zur konvexen Gegenschwingung des geschweiften knöchernen Pfannenerkers ist in der Abbildung markiert. Das Aufsuchen wird durch die Schallschattenbildung am Umschlagpunkt erleichtert.
1 Labrum acetabulare
2 Perichondriumloch
3 Geschweifter knöcherner Pfannenerker
4 Umschlagpunkt
5 Schallschatten
6 Ausstellungslinie

Abb. 8.69. S. M., 6 Tage, rechtes Hüftgelenk
Abgeflachter knöcherner Pfannenerker bei schlechter knöcherner Formgebung. Das knorpelige Pfannendach und die angrenzenden knorpeligen Pfannenanteile sind leicht nach oben aufgebogen. Die Ausstellungslinie müßte durch das Labrum acetabulare und den durch den Schallschatten markierten Umschlagpunkt der gegensinnigen Krümmungen gezogen werden.
1 Umschlagfalte
2 Gelenkkapsel
3 Labrum acetabulare
4 Proximales Perichondrium

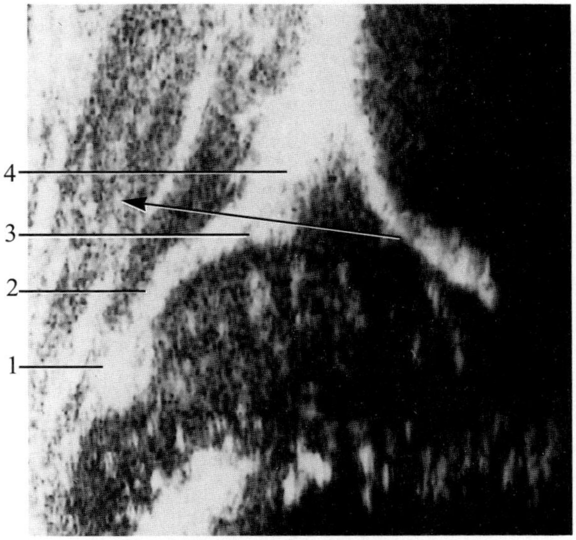

Abb. 8.70. W. D., Neugeborenenhüftgelenk
Die knöcherne Formgebung ist ausreichend, der knöcherne Erker rund, das knorpelige Pfannendach den Hüftkopf übergreifend. Die Ausstellinie (2) nimmt ihren Ausgang vom Umschlagpunkt der Pfannenkonkavität in die Gegenkrümmung.
1 Umschlagfalte
2 Ausstellinie
3 Labrum acetabulare
4 Ligamentum capitis femuris
5 Gewebe der Fossa acetabuli
6 Os ischiadicum
7 Knöcherne Pfanne

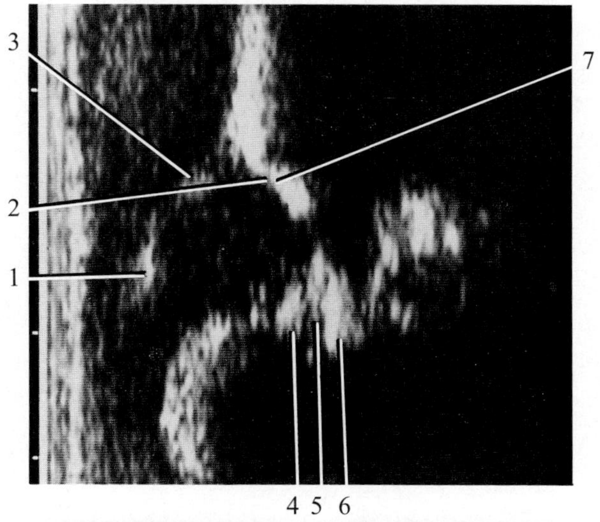

Abb. 8.71. M. S., 4 Wochen, rechtes Hüftgelenk
Gute knöcherne Formgebung bei starker Schweifung des knöchernen Erkers und breitbasig weit übergreifendem Knorpeldach. Der Umschlagpunkt ist durch die starke Erkerschweifung relativ schwierig und nur durch Zuhilfenahme einer leichten Schallschattenbildung festzulegen.
1 Gelenkkapsel
2 Labrum acetabulare
3 Umschlagpunkt

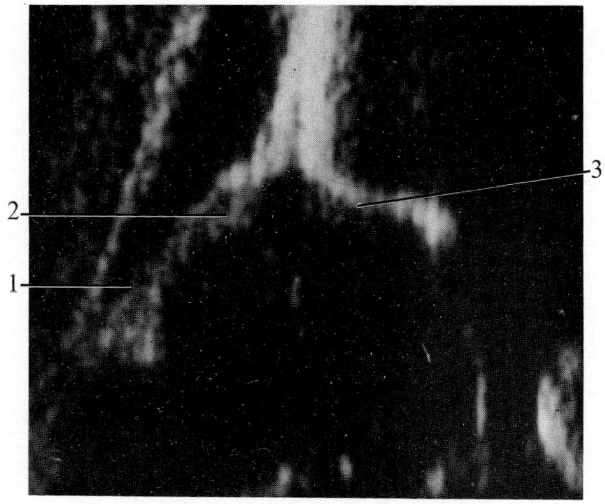

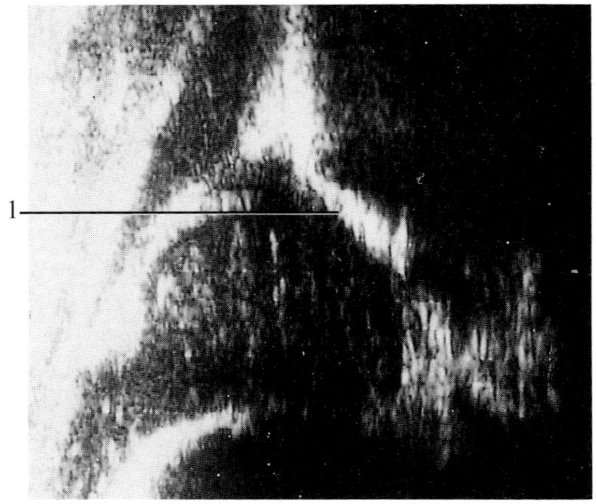

Abb. 8.72. O. C., 3 Monate, rechtes Hüftgelenk
Abgeflachter knöcherner Pfannenerker bei schlechter knöcherner Formgebung, verbreitertes nach oben abgedrängtes knorpeliges Pfannendach. Der Hüftkopf steht dezentriert, noch keine Kopfkernentwicklung. Im Sonogramm ist die Ausstellungslinie (1) eingezeichnet.

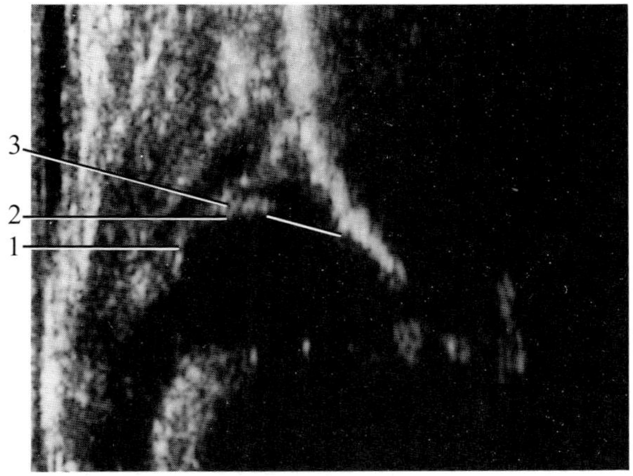

Abb. 8.73. K. J., 6 Wochen, rechtes Hüftgelenk
Schwere Form einer Hüftreifungsstörung mit fließendem Übergang des Azetabulums in das Os ilium. Der Hüftkopf steht stark dezentriert, die Gelenkkapsel ist haubenförmig abgehoben.
1 Gelenkkapsel
2 Labrum acetabulare
3 Ausstellungslinie

Abb. 8.74. S. O., 2 Wochen, linkes Hüftgelenk
Die knöcherne Formgebung ist schlecht, der knöcherne Erker abgeflacht, das knorpelige Pfannendach nach kranial verdrängt. Die Ausstellungslinie 1 ist eingezeichnet.
2 Perichondriumloch
3 Proximales Perichondrium mit Reverberationen im proximalen Anteil des Knorpelerkers

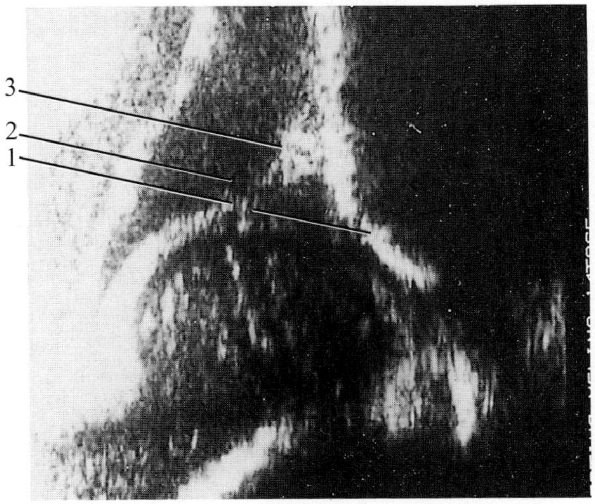

Abb. 8.75. W. K., 7 Monate, linkes Hüftgelenk
Die Meßlinien wurden elektronisch eingetragen. Die Winkelwerte für α und β können am linken Bildrand abgelesen werden. Der Unterrand des Os ilium ist ungenügend dargestellt.

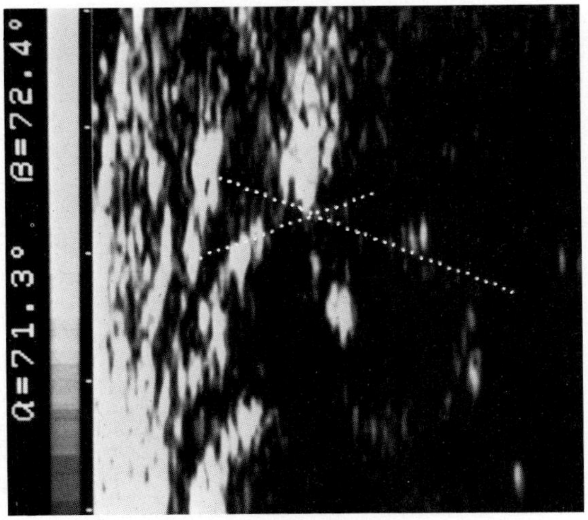

8.4 Komplette Meßtechnik
(Abb. 8.76–8.101)

Das Sonogramm sollte erst ausgemessen werden, wenn zuvor die morphologische Befundung durchgeführt wurde und somit ein Typ durch die Deskription festgelegt ist. Die Meßtechnik dient zur Befundabsicherung, bei Verlaufskontrollen zur Objektivierung von Befundverbesserungen oder -verschlechterungen, wobei die Meßgenauigkeit nicht nur von der Auflösung des Gerätes, sondern auch vom Vergrößerungsabstand des Sonogramms wesentlich beeinflußt wird. Der Vergrößerungsmaßstab muß mindestens 1:1 betragen. Die Meßgenauigkeit steigt um ein Vielfaches bei einer Vergrößerung auf 1:2. Der Vergrößerungsmaßstab ist am seitlichen Sonogrammrand eingeblendet. Die meisten heute zur Verfügung stehenden Geräte haben eingebaute Winkelmeßanlagen, so daß die Meßlinien direkt am Monitorbild eingetragen werden und die Winkelwerte sofort am Sonogramm mit dokumentiert sind. Je nach Gerätetyp kann es zur Ungenauigkeit bei der Positionierung der Meßpunkte kommen, so daß manche Anwender das Ausmessen der Sonogramme mit Lineal und Bleistift bevorzugen.

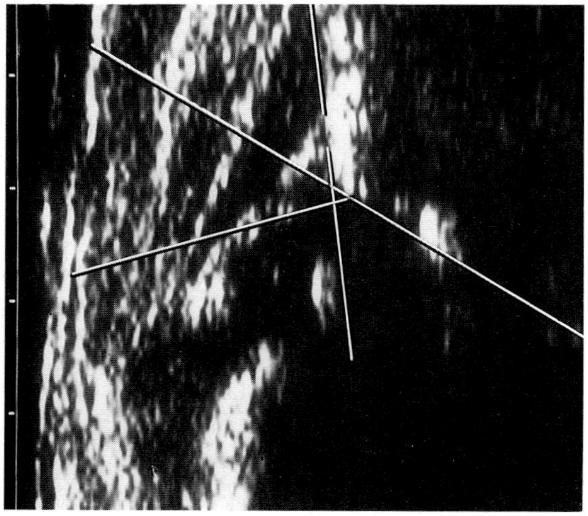

Abb. 8.76. K. E., 9 Monate, rechtes Hüftgelenk
Alle Meßlinien sind eingezeichnet. Grund-, Pfannendach- und Ausstellungslinie schneiden sich nicht zwangsweise im selben Punkt!
$\alpha = 54°$
$\beta = 80°$
Hüfttyp II b

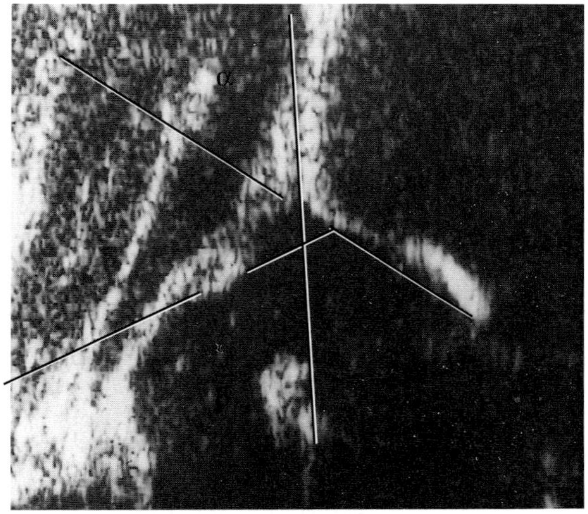

Abb. 8.77. M. P., 7 Wochen, rechtes Hüftgelenk
Abgerundeter knöcherner Pfannenerker bei ausreichender knöcherner Hüftkopfüberdachung. In der Basis verbreitertes, übergreifendes knorpeliges Pfannendach. Die Meßlinien sind eingezeichnet.
$\alpha = 56°$
$\beta = 68°$
Typ: II a

Abb. 8.78. G. A., 7 Monate, rechtes Hüftgelenk, Monitorbild
Die Pfannendachlinie (1), Grundlinie (2) und Hilfslinie (2a) sind durch die hintere Schallauslöschung eingezeichnet.
3 Ausstellungslinie
$\alpha = 53°$
$\beta = 95°$
Hüfttyp II b

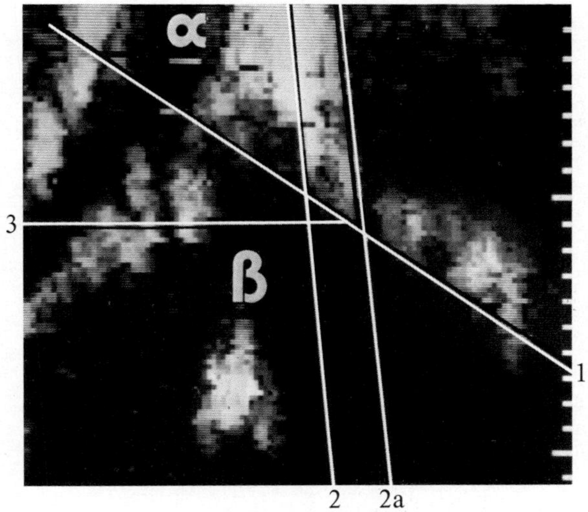

Abb. 8.79. K. M., 2,5 Monate, linkes Hüftgelenk, Monitorbild
Monitorbild mit eingezeichneten Meßlinien bei im Gerät eingebauter Winkelmeßanlage.

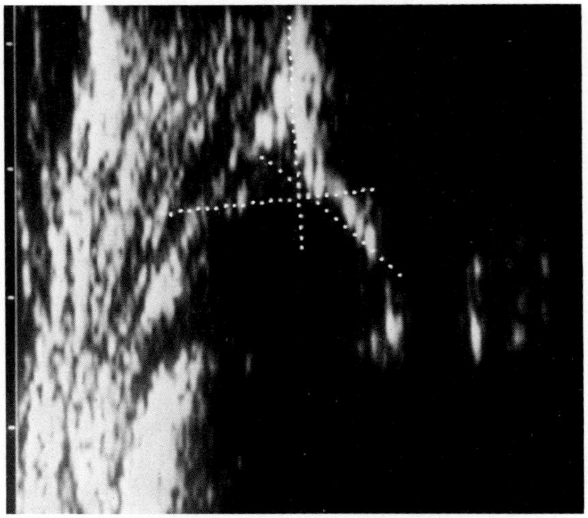

Abb. 8.80. W. K., 7 Monate, rechtes Hüftgelenk
Monitorbild mit Winkelmeßanlage. Die Werte für die Winkel α und β können am linken Bildrand direkt am Monitor abgelesen und mitdokumentiert werden.
Hüfttyp I b

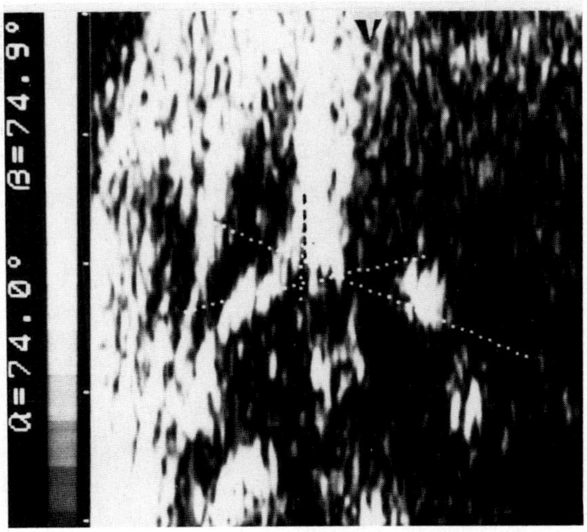

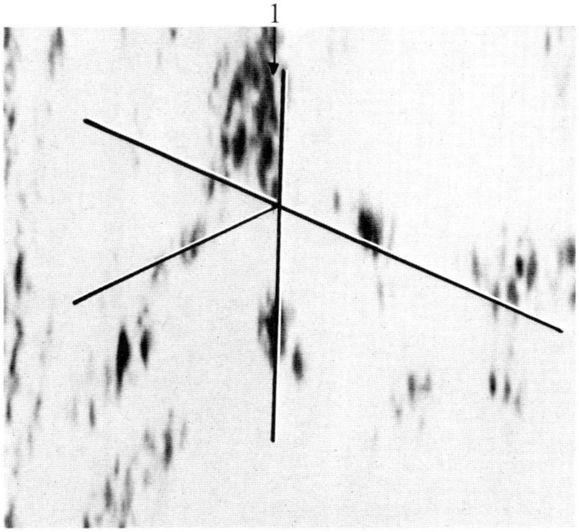

Abb. 8.81 S. A., 3,5 Monate, linkes Hüftgelenk
Die Pfannendachlinie ist richtig eingezeichnet, die Grundlinie geht nicht korrekt durch die hintere Schallauslöschung (1) und liegt dieser nicht richtig an, die Ausstellungslinie ist eingezeichnet. Die Winkelwerte sind daher aufgrund der mangelnden Meßtechnik nicht verwertbar.

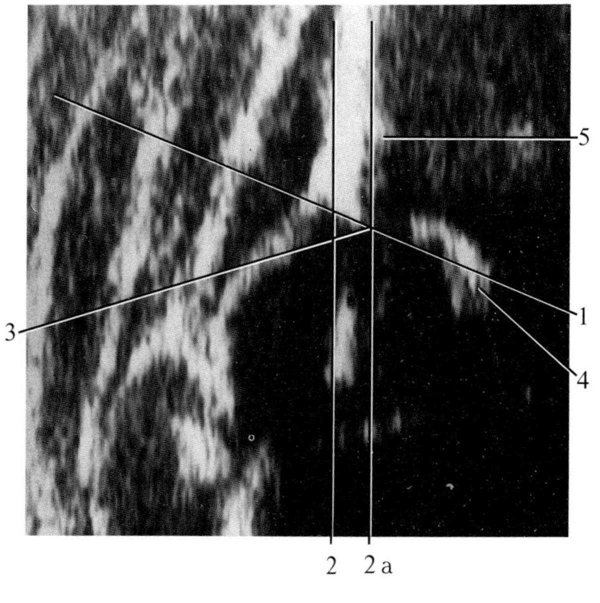

Abb. 8.82. O. R., 6 Monate, linkes Hüftgelenk
Die Pfannendachlinie (1) schneidet die Gewebsanteile der Fossa acetabuli (4) korrekt ab und ist am knöchernen Erker richtig tangential angelegt. Die Ausstellungslinie (3) sowie die Grundlinie (2) mit Hilfslinie durch die hintere Schallauslöschung (2a) sind ebenfalls richtig eingezeichnet. Das Echo (5) entspricht der dorsalen Schallverstärkung und ist ein Artefakt.
$\alpha = 68°$
$\beta = 63°$
Hüfttyp I b

Abb. 8.83. N. K., 4 Wochen, linkes Hüftgelenk
Die Meßlinien sind eingezeichnet.
$\alpha = 56°$
$\beta = 70°$
Hüfttyp II a
Die Hüfte ist demnach eine physiologisch unreife Hüfte, die auch entsprechend der Zeitskala am Sonometer im Normbereich liegt.

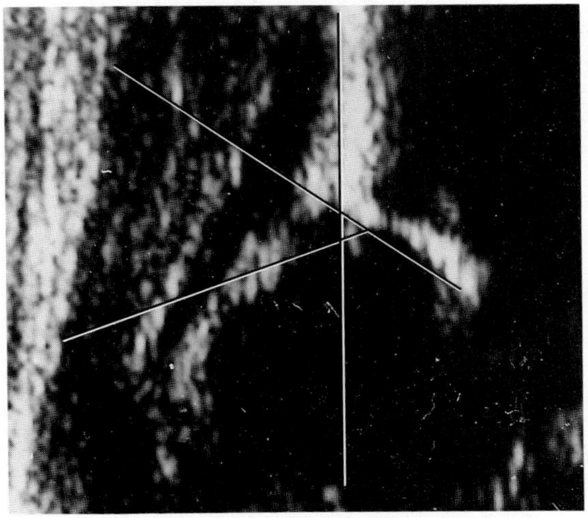

Abb. 8.84. I. J., 3 Monate, rechtes Hüftgelenk
Geschweifter Pfannenerker bei guter knöcherner Formsicherung, breiter, aber übergreifender Knorpelerker, Hüftkopfkern vorhanden. Die Meßlinien sind korrekt.
$\alpha = 63°$
$\beta = 69°$
Hüfttyp I (Ob Typ I a oder I b vorliegt, entscheidet die Messung! – hier Typ I b)

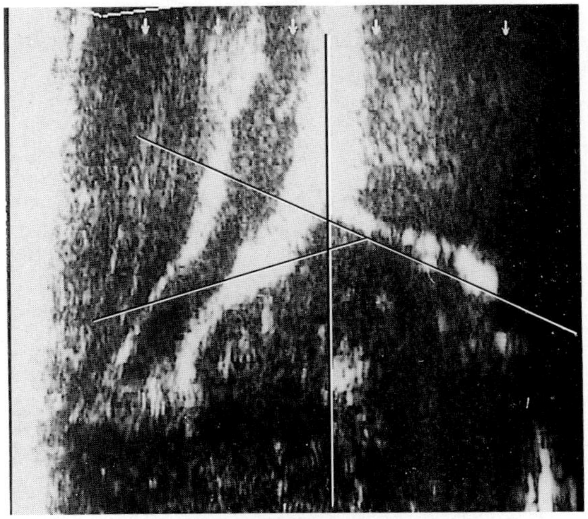

Abb. 8.85. H. V., 3 Monate, rechtes Hüftgelenk
Die Pfannendachlinie schneidet die Echos, die der Fossa acetabuli zugehörig sind, ab und wurde korrekt durch die Taillierung gelegt. Grundlinie- und Ausstellungslinie sind richtig eingezeichnet.
$\alpha = 70°$
$\beta = 45°$
Hüfttyp I a

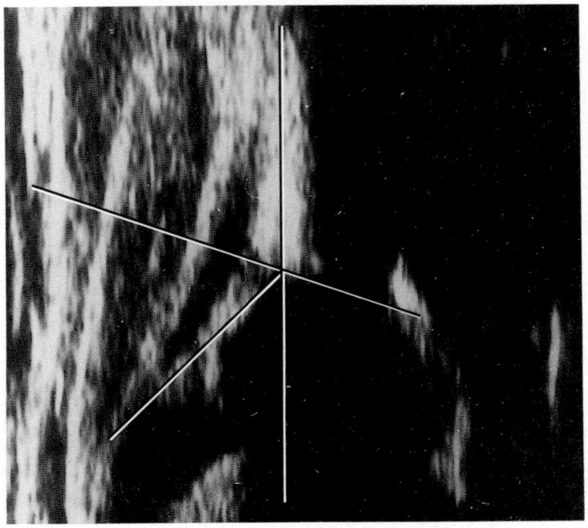

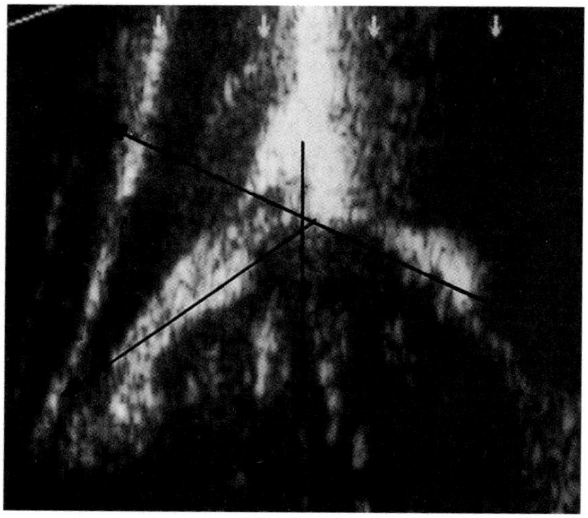

Abb. 8.86. H. D., 5 Wochen, linkes Hüftgelenk
Die knöcherne Formgebung ist gut, der knöcherne Erker ist eckig, das knorpelige Pfannendach den Hüftkopf übergreifend. Die Meßlinien sind korrekt eingezeichnet, die Pfannendachlinie schneidet die Gewebsanteile der Fossa acetabuli korrekt ab. Hüfttyp I

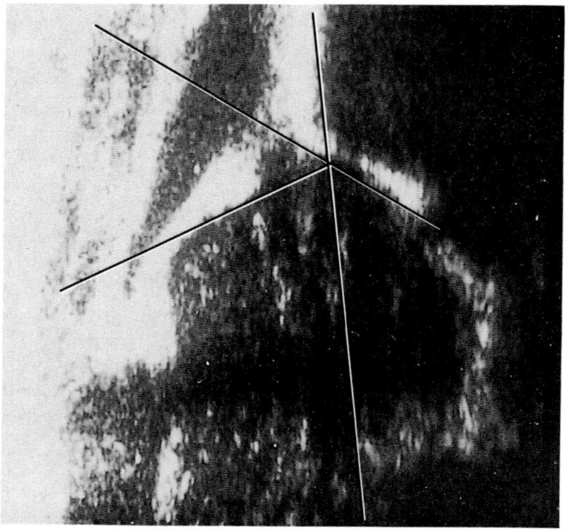

Abb. 8.87. F. S., 6,5 Monate, rechtes Hüftgelenk
Die Meßlinien sind nicht korrekt eingezeichnet, die Pfannendachlinie ist zwar noch richtig, die Linie durch die dorsale Schallauslösung ist nicht präzise genug, die Ausstellinie geht wohl vom Umschlagpunkt aus, aber nicht durch die Mitte des Labrum acetabulare.
$\alpha = 58°$
$\beta = 65°$

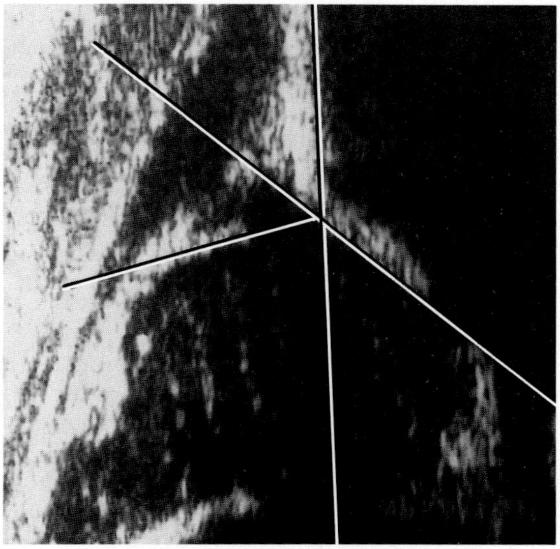

Abb. 8.88. G. D., 3 Monate, rechtes Hüftgelenk
Die Grundlinie wurde richtig tangential am vorderen Rand des Os ilium eingezeichnet, die Hilfslinie durch die hintere Schallauslöschung wurde eingezeichnet, Pfannendach- und Ausstellungslinie sind korrekt.
1 Ligamentum capitis femoris
$\alpha = 48°$
$\beta = 70°$
Hüfttyp II c (Gefährdungsbereich)

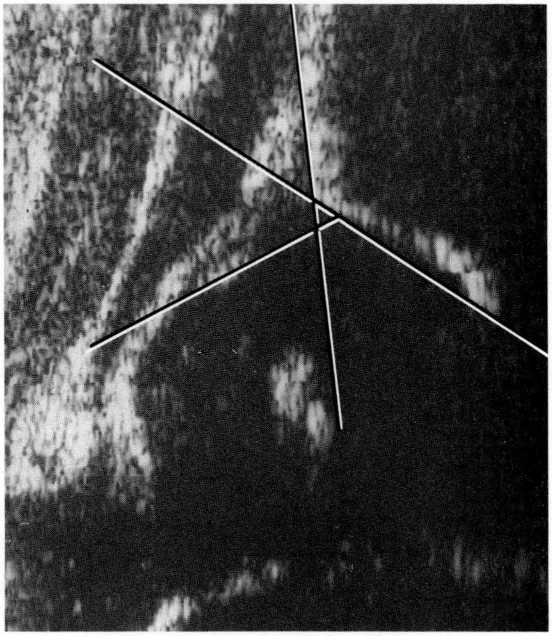

Abb. 8.89. K. E., 4 Monate, linkes Hüftgelenk
Die Meßlinien sind korrekt eingezeichnet, $\alpha = 55°$, $\beta = 66°$, Hüfttyp II. Aufgrund des Alters entspricht dieser Hüfttyp einem Hüfttyp II b und somit einem dysplastischen Hüftgelenk.

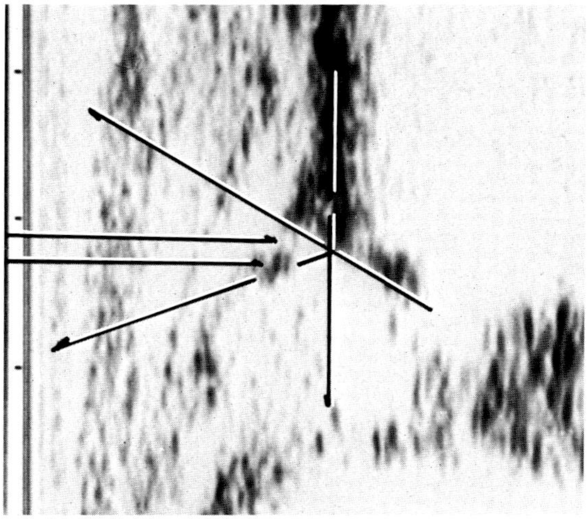

Abb. 8.90. B. G., Neugeborenenhüfte, rechtes Hüftgelenk
Eckiger knöcherner Erker bei guter knöcherner Formgebung, breiter, übergreifender Knorpelerker.
$\alpha = 60°$
$\beta = 70°$
Hüfttyp I b
1 Perichondriumloch
2 Labrum acetabulare

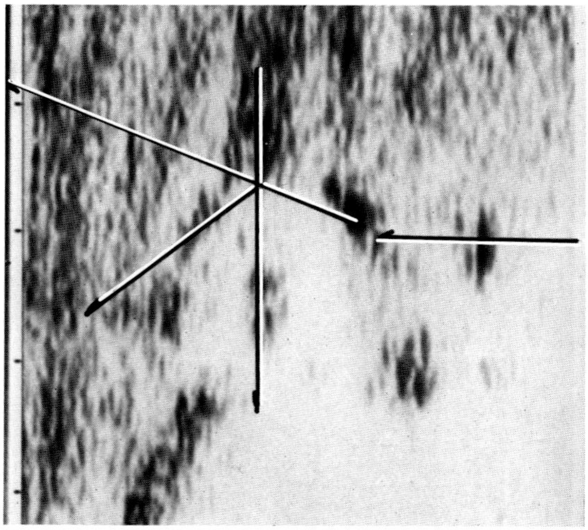

Abb. 8.91. S. O., 3 Monate, linkes Hüftgelenk
Grundlinie und Ausstellungslinie sind korrekt, die Pfannendachlinie ist am Unterrand des Os ilium richtig angelegt. Die Gewebsanteile der Fossa acetabuli (1) sind abgeschnitten.
Befund:
Eckiger Knochenerker bei guter knöcherner Formgebung, Knorpelerker schmal, spitz, übergreifend, Hüftkopfkern vorhanden.
$\alpha = 66°$
$\beta = 55°$
Hüfttyp I a

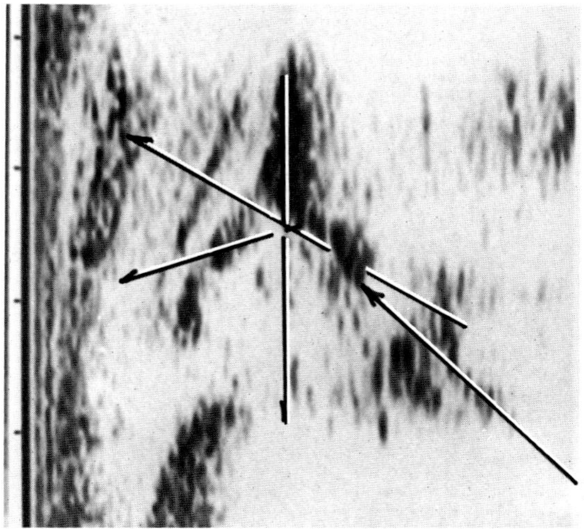

Abb. 8.92. L. I., 10 Tage, linkes Hüftgelenk
Korrekt angebrachte Meßlinien, die Ausstellungslinie ist am Umschlagpunkt angelegt, die Gewebsanteile der Fossa acetabuli (1) sind abgeschnitten. Die Pfannendachlinie wurde durch die Taillierung gelegt.
$\alpha = 58°$
$\beta = 75°$
Hüfttyp II a (innerhalb der Zeitskala der geforderten Mindestreife)
Befund:
Abgerundeter Knochenerker bei ausreichender knöcherner Formgebung, Knorpelerker übergreifend.

Abb. 8.93. R. C., 4 Wochen, linkes Hüftgelenk
Die Meßlinien sind korrekt, auf die Hilfslinie durch die hintere Schallauslöschung (1) wurde verzichtet. Die Parallelität von Grundlinie und hinterer Schallauslöschung ist deutlich sichtbar.
$\alpha = 27°$
$\beta = 95°$
Hüfttyp III (Ob Typ III a oder b vorliegt, kann meßtechnisch nicht unterschieden werden!)
Befund:
Flacher Knochenerker bei schlechter knöcherner Formsicherung, knorpeliges Pfannendach breit und verdrängt, aber von normaler Struktur, also Typ III a.

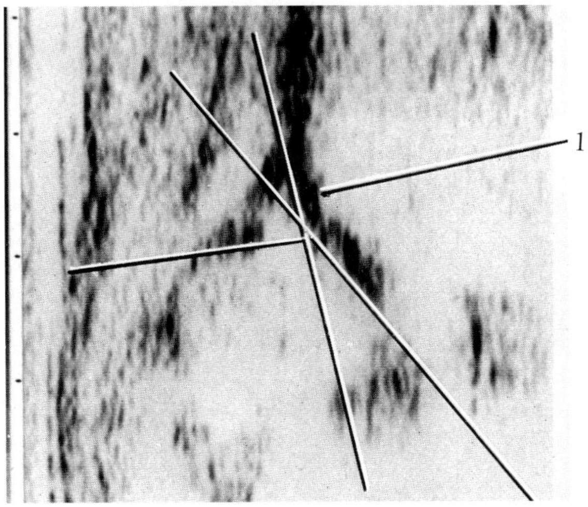

Abb. 8.94. E. K., 6 Wochen, rechtes Hüftgelenk
Korrekte Meßlinien.
$\alpha = 55°$
$\beta = 72°$
Hüfttyp II a
Physiologisch unreife Hüfte innerhalb der geforderten Mindestreife entsprechend der Zeitskala am Sonometer.
Der Unterrand des Os ilium ist nicht gut dargestellt, somit ist die Bewertung des Hüftgelenks bereits problematisch.

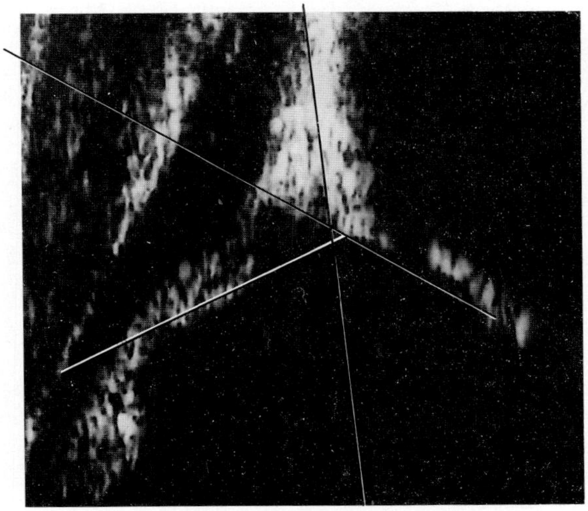

Abb. 8.95. H. D., 4 Wochen, rechtes Hüftgelenk
Korrekt eingezeichnete Meßlinien, Befund: Die knöcherne Formsicherung ist schlecht, der knöcherne Erker abgeflacht, das knorpelige Pfannendach nach kranial verdrängt, echoarm.
$\alpha = 32°$
$\beta = 125°$
Hüfttyp III a (keine Vermehrung der Echogenität im hyalinen Pfannendach gegenüber dem Reverenzpunkt Hüftkopf).

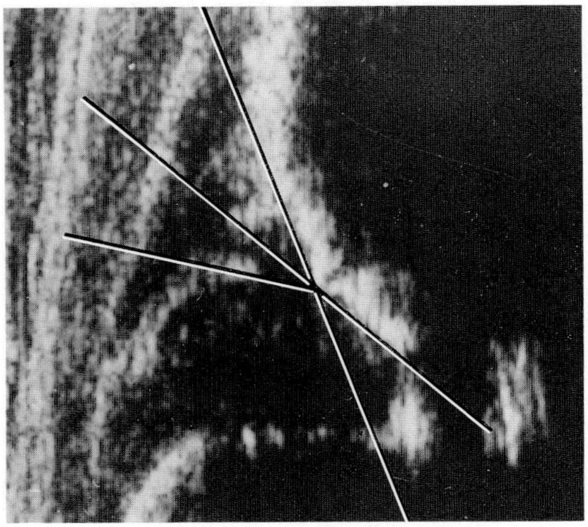

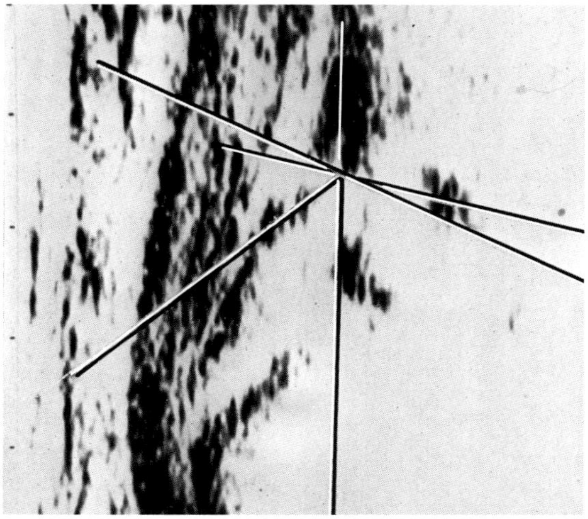

Abb. 8.96. M. C., 7,5 Monate, rechtes Hüftgelenk
Die Pfannendachlinie (1) wurde nicht korrekt eingezeichnet, da sie die Gewebsanteile der Fossa acetabuli nicht abschneidet.
2 Richtig eingezeichnete Pfannendachlinie
Die Schwierigkeiten mit der Pfannendachlinie resultieren aus der ungenügenden Darstellung des Unterrandes des Os ilium („Fragmentierung").

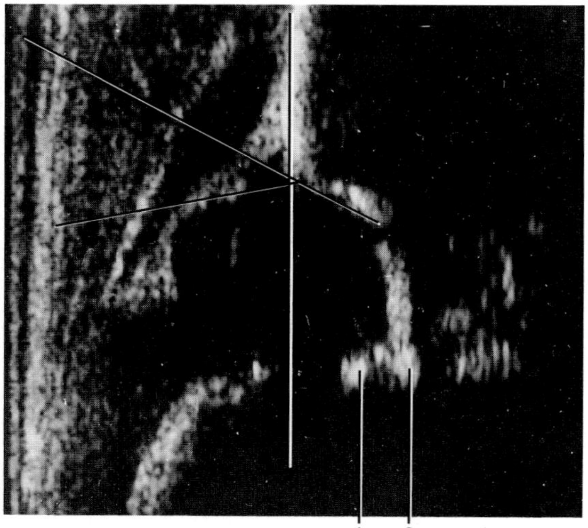

Abb. 8.97. A. K., 4 Monate, linkes Hüftgelenk
Korrekt eingezeichnete Grund- und Pfannendachlinie. Die Ausstellungslinie geht vom Umschlagpunkt, markiert durch eine Schallschattenbildung, durch die Mitte des Labrum acetabulare.
$\alpha = 64°$
$\beta = 79°$
Hüfttyp Ib
1 Ligamentum capitis femoris
2 Perichondrium am absteigenden Schenkel der Y-Fuge, dazwischen sind zarte Fettgewebsanteile der Fossa acetabuli sichtbar

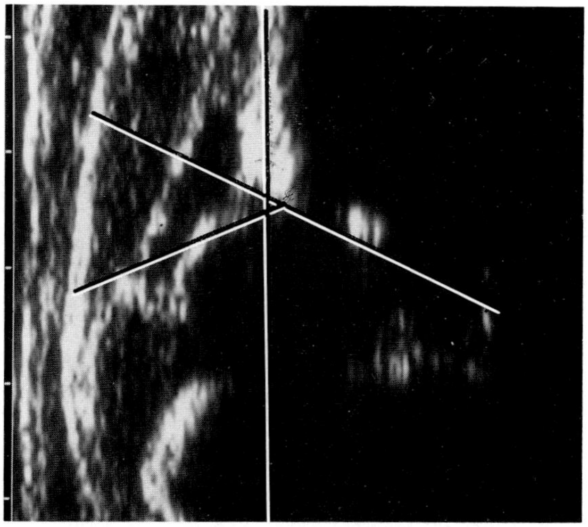

Abb. 8.98. O. S., 6 Monate, linkes Hüftgelenk
Die Meßlinien sind korrekt eingezeichnet. Unterrand des Os ilium, Schnittebene und Labrum sind korrekt dargestellt.
Befund: Die knöcherne Formgebung ist gut, der knöcherne Erker ist eckig, das knorpelige Pfannendach den Hüftkopf übergreifend.
$\alpha = 65°$
$\beta = 63°$
Hüfttyp Ib

Abb. 8.99. L. I., 4 Monate, linkes Hüftgelenk
Korrekt eingezeichnete Meßlinien.
$\alpha = 69°$
$\beta = 64°$
Hüfttyp I b
Die „ausgefransten" Echos der Fossa acetabuli wurden nicht mitgemessen, die Pfannendachlinie wurde am Unterrand des Os ilium richtigerweise durch die Taillierung gelegt.
1 Gewebe der Fossa acetabuli

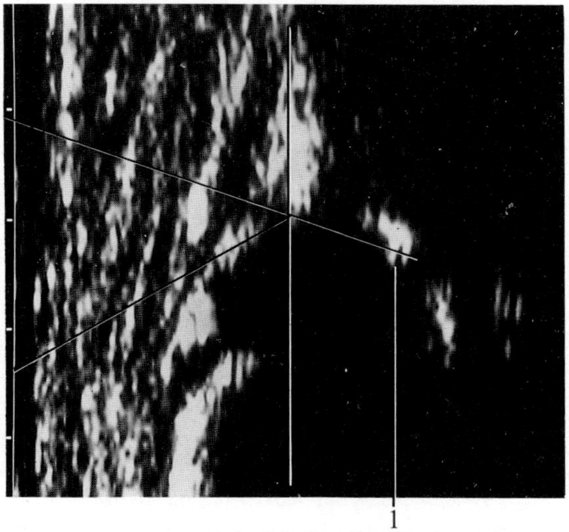

Abb. 8.100. M. R., 4 Monate, rechtes Hüftgelenk
Pfannendach- und Ausstellungslinie sind richtig eingezeichnet. Die Grundlinie wurde durch die hintere Schallauslöschung gelegt, da im proximalen Anteil des knorpeligen Pfannendachanteils bereits eine Nachverknöcherung einsetzt und der proximale Meßpunkt für die Grundlinie nicht sicher gefunden werden kann.
$\alpha = 52°$
$\beta = 82°$
Hüfttyp II b

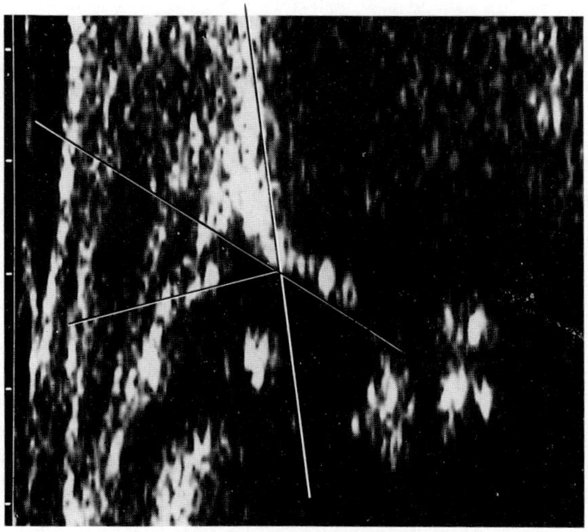

Abb. 8.101. C. E., 17 Tage, rechtes Hüftgelenk
Die knöcherne Formgebung ist schlecht, der knöcherne Erker ist hochgradig abgerundet, das knorpelige Pfannendach erscheint bereits nach außen oben abgedrängt. Die Meßlinien sind korrekt eingezeichnet, ebenso die Hilfslinie durch die dorsale Schallauslösung. Von der Beschreibung und optisch imponiert das Hüftgelenk als dezentriertes Gelenk, endgültige Klärung bringt die Messung.
$\alpha = 44°$
$\beta = 109°$
Somit ist das Hüftgelenk definitionsgemäß ein Hüftgelenk „am dezentrieren" Hüfttyp D
1 Unterrand des Os ilium

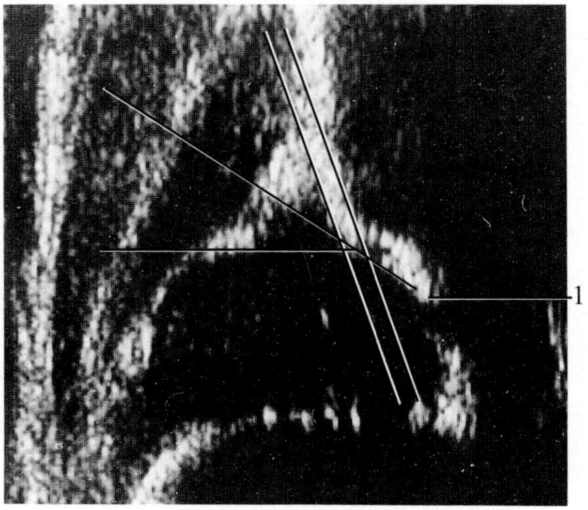

9 Schnittebene

Prinzipiell dürfen nur sonographische Schnitte, die die Fossa acetabuli durchschneiden, für eine Auswertung verwendet werden. Dies setzt voraus, daß der Unterrand des Os ilium, der den kranialsten Anteil des Bodens der Fossa acetabuli bildet, klar und deutlich dargestellt wird. Ein sonographischer Schnitt ohne eindeutige Identifizierung des Unterrandes des Os ilium kann daher für eine sichere Diagnose nicht verwendet werden. Lediglich bei eindeutig dezentrierten Gelenken mit verdrängtem Knorpeldach kann und muß der Unterrand des Os ilium nicht dargestellt werden. Diese Gelenke sind durch die Verdrängung des Knorpeldaches definiert – somit ist auch die Diagnose und Typisierung gesichert – ein Ausmessen erübrigt sich.

Unter Einhaltung dieser Kriterien kann der gesamte tragende Pfannendachbereich tomogrammartig durchgemustert werden. In Abhängigkeit verschiedener anatomischer Ausprägungsformen des knöchernen und knorpeligen Pfannendachs im vorderen, mittleren und dorsalen Bereich ergeben sich verschiedene Schnittbilder, die ihre besonderen Charakteristika aufweisen. Der Untersucher muß in der Lage sein, nicht nur die Meßebene, sondern auch die hintere und die vordere Ebene einzustellen. Ausgemessen darf freilich ausschließlich nur die Standardebene werden!

9.1 Standardebene
(Abb. 9.1–9.19)

Die Standardebene (= Meßebene) ist erreicht, wenn nach Einstellen der dorsalen Schnittebene diese so lange nach ventral um den Unterrand des Os ilium rotiert wird, bis der Schnitt den dorsalen Bereich, d. h. die Fossa glutealis verlassen hat. Dieser Punkt am Pfannendachbereich ist dann erreicht, wenn das Kennzeichen des dorsalen Schnitts, nämlich die Konkavität der Fossa glutealis plötzlich verschwunden ist. In diesen Fällen nimmt die Darmbeinsilhouette einen geraden, gestreckten, nach kranial ziehenden Verlauf an (Ausnahmen möglich!).

Im folgenden Abschnitt werden sowohl Beispiele von Hüftgelenken gebracht, die im ventralen, im mittleren (Standardbereich) und im dorsalen Pfannendachanteil angeschnitten wurden.

Wird der Pfannendachbereich im ventralen Anteil sonographisch angeschnitten, so nähert sich die Darmbeinsilhouette am Sonogramm dem Schallkopf. Bei der derzeit geübten Projektion bedeutet dies, daß sich die Darmbeinsilhouette dem linken Bildrand hin zuneigt. Wird der dorsale Pfannendachanteil sonographisch dargestellt, so neigt sich die Darmbeinsilhouette auf den Sonogrammen mit einer konkaven Wölbung, die der Fossa glutealis entspricht, nach rechts, d. h., die Darmbeinsilhouette entfernt sich vom Transducer.

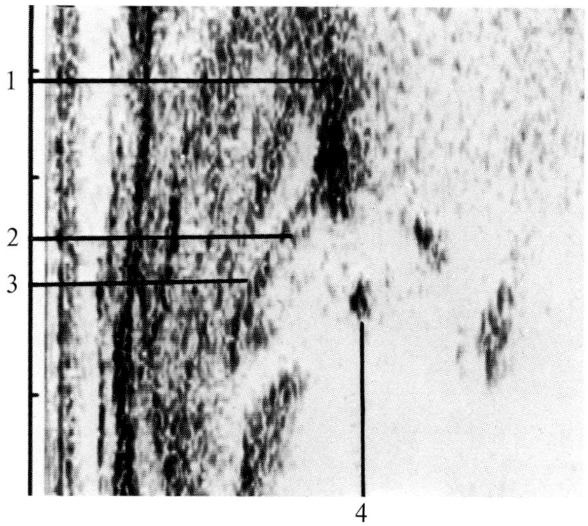

Abb. 9.1. N. L., 7 Monate, rechtes Hüftgelenk
Eckiger knöcherner Pfannenerker, gute knöcherne Formgebung. Die knorpelige Überdachung ist übergreifend; Kopfkernverdichtung im Zentrum. Der Verlauf der Darmbeinkontur zeigt, daß die Schnittführung durch den zentralen, tragenden Pfannendachanteil verläuft.
1 Darmbeinkontur
2 Labrum acetabulare
3 Gelenkkapsel
4 Hüftkopfkern

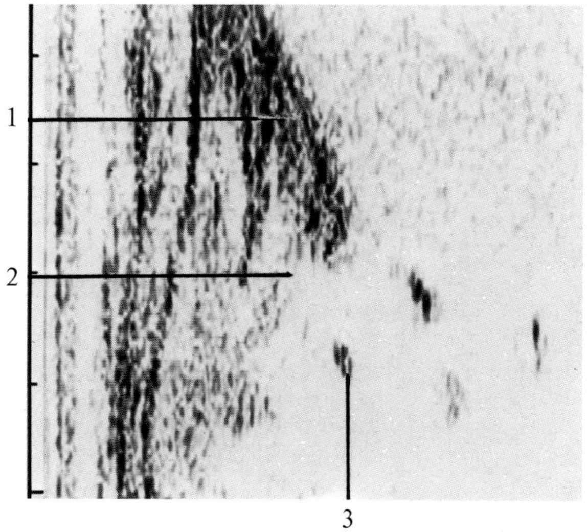

Abb. 9.2. Derselbe Patient am gleichen Untersuchungstag, rechtes Hüftgelenk
Die Schnittführung schneidet jetzt den vorderen Pfannendachanteil. Dies ist an der sich nach links neigenden Darmbeinkontur erkennbar. Das knorpelige Pfannendach ist im ventralen Anteil verbreitert.
1 Darmbeinkontur
2 Knorpeliges Pfannendach
3 Hüftkopfkern
(links = schallkopfnahe)

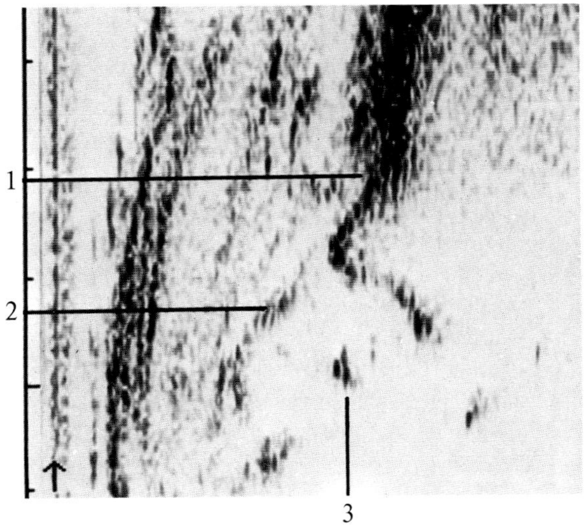

Abb. 9.3. Derselbe Patient wie in Abb. 9.1 und 9.2, rechtes Hüftgelenk
Die Schnittführung wurde jetzt durch den hinteren Pfannendachrand in die Fossa glutaealis gelegt. Die Darmbeinkontur ist im Sonogramm konkav nach rechts gewölbt. Der hintere Pfannenerkeranteil ist entsprechend dem hinteren Darmbeinwulst konvexförmig gerundet.
Der Vergleich mit Abb. 9.1 und 9.2 zeigt, daß die Schnitte durch Rotation des Schallkopfes über den Hüftkopfkern entstanden sind. Dementsprechend ändern sich neben der Kontur des Darmbeins auch die Strukturen, die in der Fossa acetabuli sonographisch erfaßt werden.
1 Darmbeinkontur
2 Labrum acetabulare
3 Hüftkopfkern
(rechts = schallkopffern)

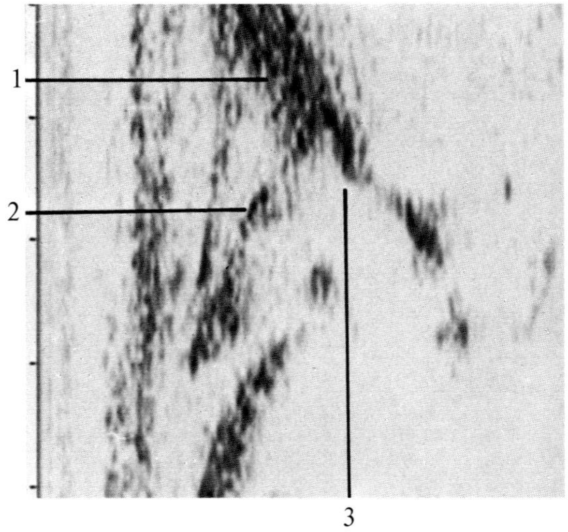

Abb. 9.4. K. N., 3 Monate, rechtes Hüftgelenk
Der Schnitt wurde zu weit vorne angelegt. Die Darmbeinkontur zieht bogenförmig nach links, dadurch kommt ein breiter knorpeliger Pfannendachanteil zur Darstellung. Dieses Bild darf keinesfalls ausgemessen werden.
1 Darmbeinkontur
2 Labrum acetabulare
3 Knöcherner Erker

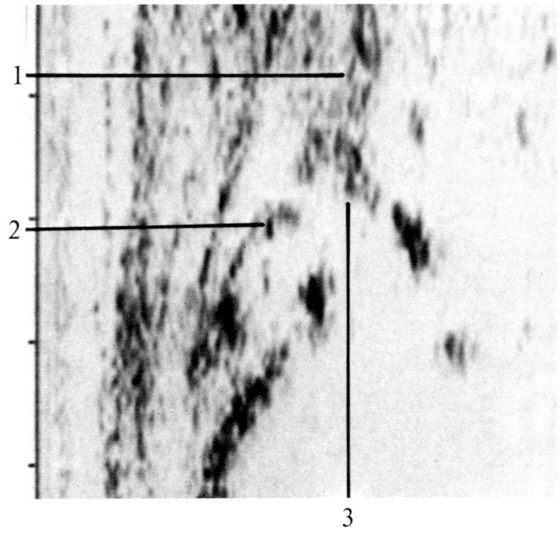

Abb. 9.5. Derselbe Patient wie in Abb. 9.4 bei derselben Untersuchung mit annähernd korrekter Schnittebene
Die Darmbeinkontur verläuft annähernd gerade und gestreckt nach oben, das knorpelige Pfannendach ist wesentlich weniger breit als in Abb. 9.4. Der knöcherne Erker kommt auch deutlich besser zur Darstellung als in Abb. 9.4.
Nach heutigen Qualitätskriterien ist die Schnittebene noch immer eine Spur zu weit dorsal. Für eine meßtechnische Beurteilung sollte man das Hüftgelenk sonographisch noch besser einstellen.
1 Gestreckt nach oben verlaufende Darmbeinkontur
2 Labrum acetabulare
3 Knöcherner Erker

Abb. 9.6. (oben) und 9.7. (unten) N. E., 8 Wochen, rechtes Hüftgelenk
Während in Abb. 9.7 die Schnittebene nicht korrekt ist und daher dieses Bild fälschlich ausgemessen wurde, ist in Abb. 9.6 die Schnittebene korrekt. In Abb. 9.7 kommt der hintere gewulstete Pfannendachrand deutlich zur Darstellung. Die Konkavität der Iliumkontur in der Fossa glutaealis ist deutlich sichtbar. Dieses Bild darf keinesfalls ausgemessen werden. Die Meßlinien sind völlig falsch und zu Unrecht eingetragen. Wird nach Einstellung dieser Ebene der Schallkopf nach ventral geschwenkt, so resultiert das Sonogramm in Abb. 9.6. Die Darmbeinkontur zieht gestreckt nach oben, die knöcherne Pfanne ist jedoch hochgradig mangelhaft ausgebildet.
Befund: Knöcherner Erker flach, knöcherne Formgebung schlecht, knorpeliger Erker breit und nach kranial verdrängt, normale Struktur des verdrängten hyalinen Knorpeldachs des Knorpelerkers (Hüfttyp III a).
Die Pfannendachlinieneinzeichnung ist bereits problematisch, da der Unterrand des Os ilium nicht ideal dargestellt werden kann. Die Grundlinie wurde durch die hintere Schallauslöschung gelegt.
1 Labrum acetabulare
2 Knöcherner Erker
3 Schallschatten hinter dem knöchernen Erker

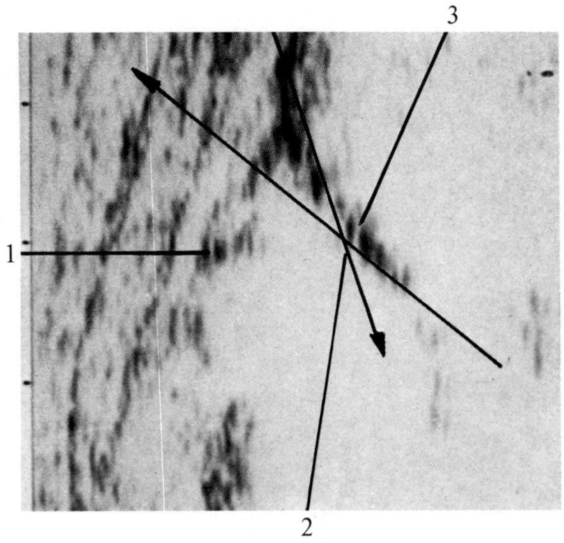

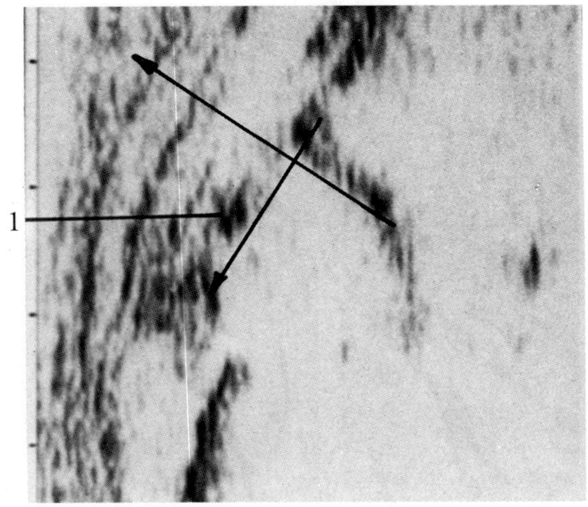

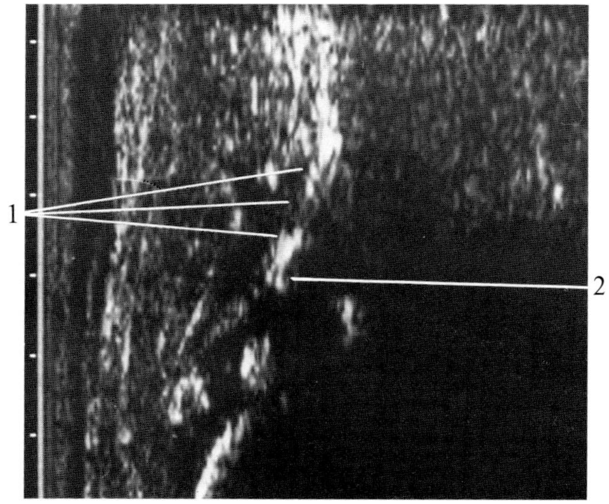

Abb. 9.8. U. A., 4 Monate, rechtes Hüftgelenk, Monitorbild
Die Meßebene wurde zu weit dorsal angelegt. Kenntlich ist dies durch den gerundeten hinteren Pfannendachwulst.
1 Konkavität der Fossa glutaealis
2 Hinterer Pfannendachwulst

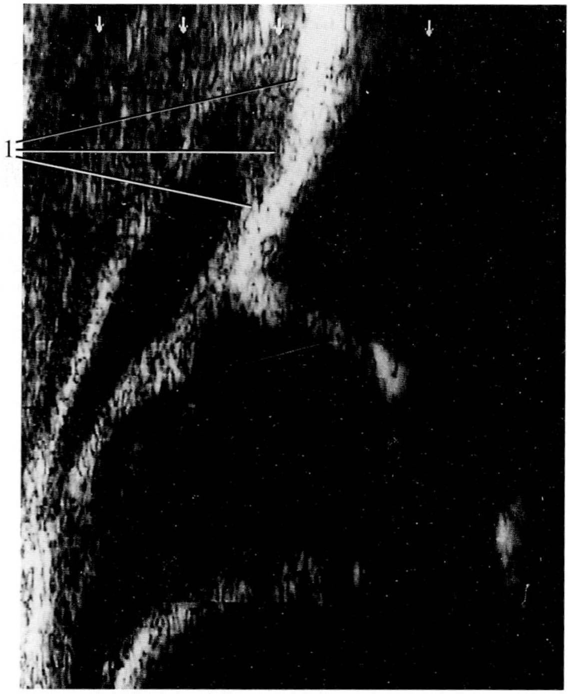

Abb. 9.9. R. G., 6 Monate, linkes Hüftgelenk
Die Darmbeinkontur zeigt eine Konkavität. Auch dieser Schnitt wurde etwas zu weit dorsal angelegt und sollte nicht ausgemessen werden.
1 Konkavität der Fossa glutaealis

Abb. 9.10. G. E., 3 Wochen, linkes Hüftgelenk
Das Hüftgelenk wurde korrekt eingestellt, der Unterrand des Os ilium ist gut sichtbar, die Darmbeinsilhouette völlig gestreckt, die Grundlinie ist eingezeichnet (8).

1 Labrum acetabulare
2 Schallpalisade
3 Knorpel-Knochen-Grenze
4 Gewebe der Fossa acetabuli
5 Ligamentum capitis femuris, Perichondrium und des absteigenden Schenkels der Y-Fuge mit Fettgewebsanteilen der Fossa glutealis
6 Gewebe der Fossa acetabuli
7 Unterrand des Os ilium
8 Pfannendachlinie

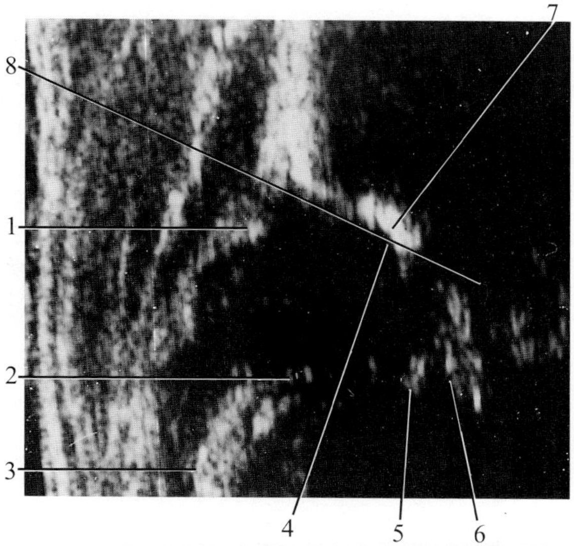

Abb. 9.11. K. J., 3 Monate, linkes Hüftgelenk
Gut eingestelltes Hüftsonogramm, der Unterrand des Os ilium ist gut sichtbar, die Darmbeinsilhouette gestreckt, das Labrum acetabulare gut sichtbar. Die knöcherne Formgebung ist gut, der knöcherne Erker ist eckig, das Knorpeldach den Hüftkopf gut übergreifend.
Hüfttyp I.
Im proximalen Anteil des knorpeligen Pfannendaches sieht man bereits eine deutliche Echogenität im Sinne einer zunehmenden Ossifizierung des knorpeligen Pfannendaches.

1 Darmbeinsilhouette
2 Labrum
3 Umschlagfalte

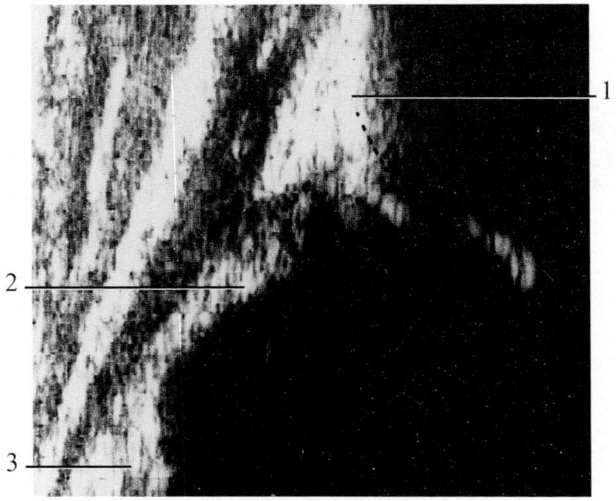

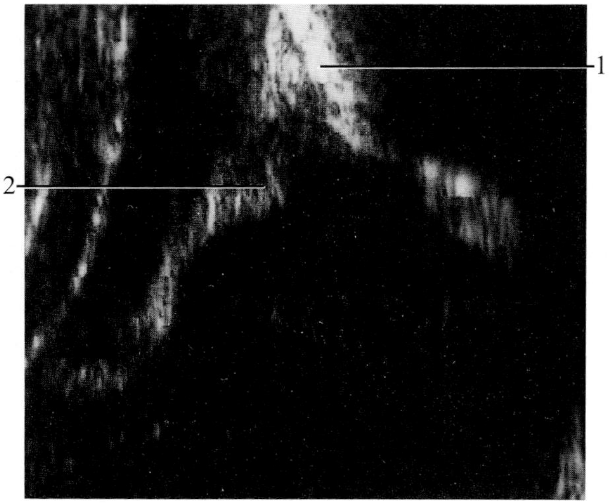

Abb. 9.12. Derselbe Patient wie in Abb. 9.11, linkes Hüftgelenk
Im Vergleich mit Abb. 9.11 ist der Schallkopf nach ventral rotiert. Die Schnittführung schneidet jetzt den vorderen Pfannendachanteil. Dementsprechend zieht die Darmbeinkontur nach lateral und die knöcherne Formgebung erscheint schlechter. Durch die Rotation kommen auch in der Fossa acetabuli andere Strukturen zur Darstellung.
1 Darmbeinkontur
2 Labrum acetabulare

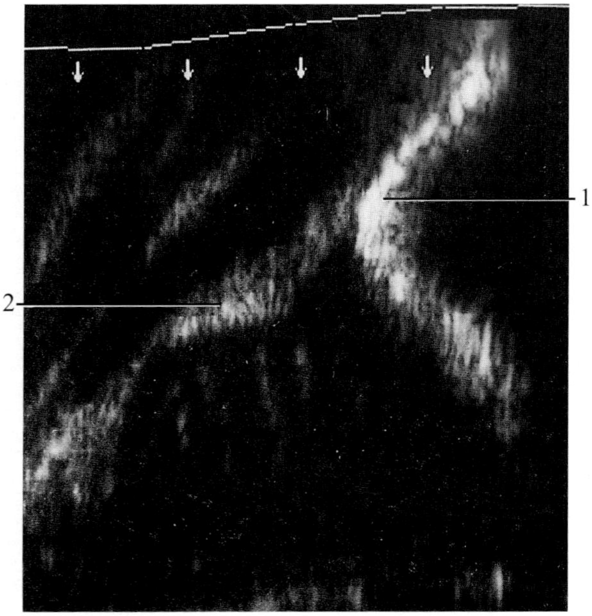

Abb. 9.13. Derselbe Patient wie in Abb. 9.11 und 9.12, linkes Hüftgelenk
In dieser Abbildung verläuft der Schnitt durch die Fossa glutaealis. Der hintere Pfannenerker ist dargestellt, erkennbar an der konkaven Darmbeinkontur über dem Pfannenerker.
1 Darmbeinkontur
2 Labrum acetabulare

Die Bilder dieser Serie (Abb. 9.14–9.16) stammen von einem 27 Monate alten Kind und wurden in der vorderen, in der hinteren sowie in der Meßebene aufgenommen. Typisch für alle 3 Bilder ist ein klassisches Halbmondphänomen.

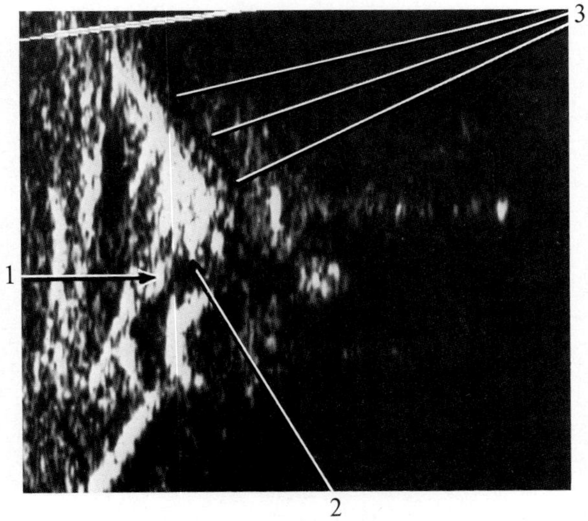

Abb. 9.14. Die Schnittebene wurde zu weit vorn angelegt
Die Darmbeinkontur zieht nach links. Verhältnismäßig breites knorpeliges Pfannendach bedingt durch die zu weit vorn angelegte Schnittebene. Dieses Bild darf nicht ausgemessen werden. Der Unterrand des Os ilium ist ebenfalls nicht ideal dargestellt.
1 Labrum acetabulare
2 Knöcherner Erker
3 Nach lateral ziehendes Darmbeinecho

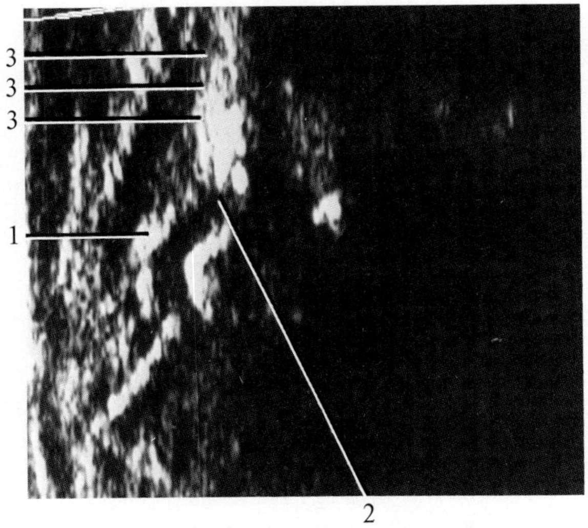

Abb. 9.15. Korrekte Schnittebene
Die Darmbeinkontur verläuft gestreckt nach oben. Gute knöcherne Formgebung bei gut ausgeprägtem, eckigem knöchernem Erker und spitz übergreifendem knorpeligem Pfannendach.
1 Labrum acetabulare
2 Knöcherner Erker
3 Gestreckt nach oben verlaufende Darmbeinkontur

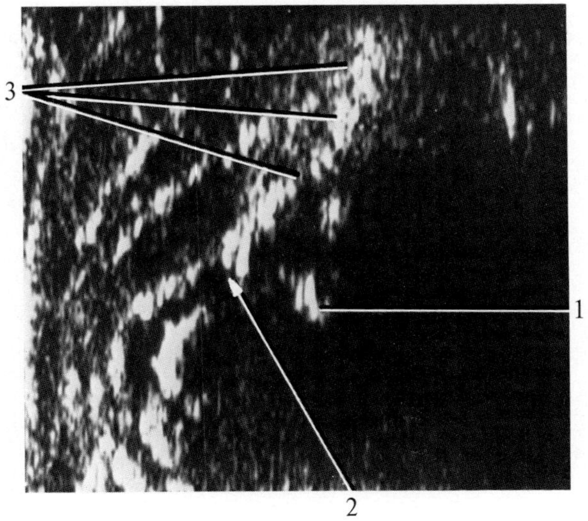

Abb. 9.16. Die Schnittebene wurde zu weit hinten angelegt
Die Rundung des hinteren Pfannendachwulstes kommt nur andeutungsweise zur Ansicht. Die Fossa glutaealis, kenntlich durch die Konkavität der Iliumkontur, ist deutlich sichtbar.
1 Unterrand des Os ilium
2 Runder, dorsaler knöcherner Pfannendachwulst
3 Konkavität der Fossa glutaealis

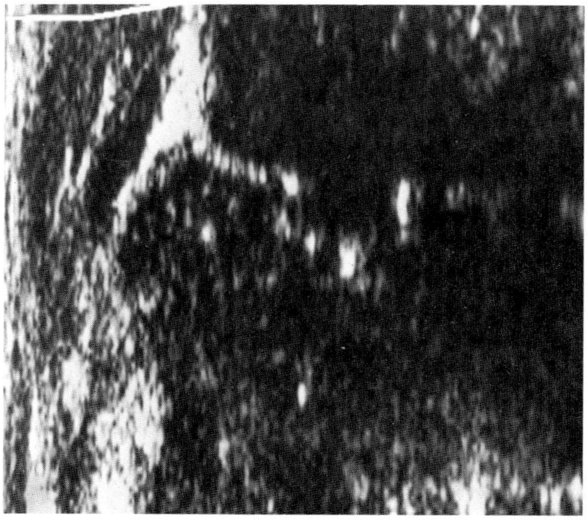

Abb. 9.17. N. J., 3,5 Monate, linkes Hüftgelenk, Monitorbild
Völlig unzureichende Bildqualität, weder der Unterrand des Os ilium noch das Labrum acetabulare wurden dargestellt. Dieses Bild kann nicht beurteilt werden.

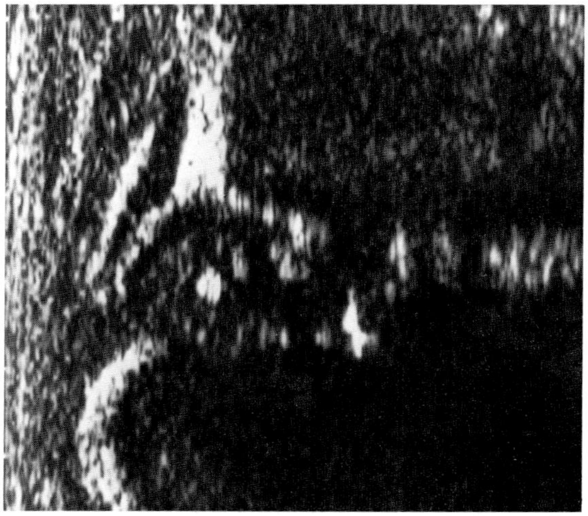

Abb. 9.18. Derselbe Patient wie in Abb. 9.17, rechtes Hüftgelenk, Monitorbild
Die Schnittebene ist zwar korrekt, kenntlich durch die gerade nach oben ziehende Darmbeinkontur, der Unterrand des Os ilium und das Labrum acetabulare sind jedoch nicht deutlich und klar dargestellt. Auch dieses Bild sollte für eine Befundung nicht verwendet werden.

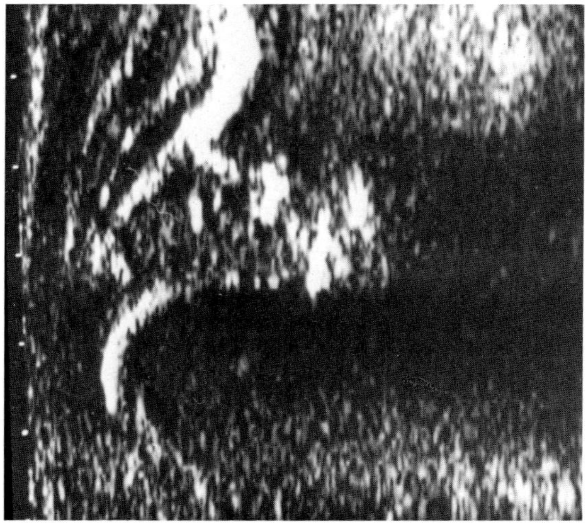

Abb. 9.19. G. P., 7 Wochen, linkes Hüftgelenk, Monitorbild
Der Unterrand des Os ilium ist nicht klar dargestellt, der Schnitt geht durch die Fossa glutaealis, kenntlich durch die Konkavität des Os ilium. Auch dieses Bild ist für eine Bewertung völlig unbrauchbar.

9.2 Darstellung des Os ilium in der Fossa acetabuli
(Abb. 9.20–9.33)

Das Os ilium ist der kranialste Anteil der Fossa acetabuli. Die sonographische Darstellung des Unterrandes des Os ilium garantiert, daß der Schnitt durch das Zentrum des Azetabulums gelegt wurde. Auch bei Einstellung der vorderen und hinteren Ebene ist die eindeutige Darstellung des der Fossa acetabuli zugehörigen Teils des Os ilium unbedingt notwendig. Der Unterrand des Os ilium muß klar dargestellt werden und darf nicht „verflattern“. Schon bei der Abtasttechnik ist darauf zu achten, daß die Echos des Unterrandes des Os ilium klar von den Echos des Fett- und Bindegewebes sowie vom Ligamentum capitis femoris bzw. Fovea centralis differenziert werden können.

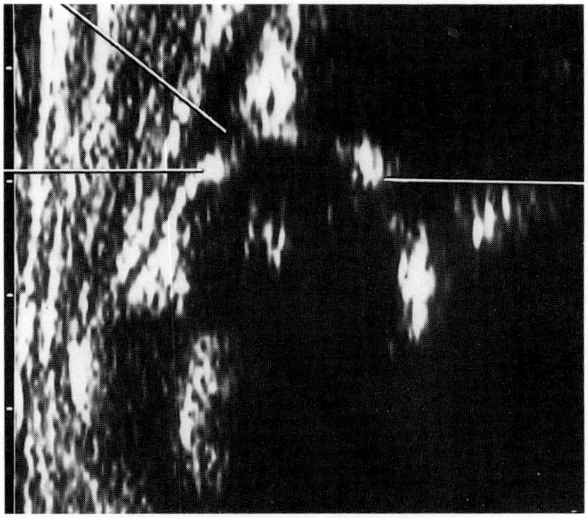

Abb. 9.20. S. C., 5 Monate, linkes Hüftgelenk, Monitorbild
Das Os ilium wurde als klares Echo dargestellt, der knöcherne Erker ist eckig, das knorpelige Pfannendach schmal und übergreifend. Das Perichondriumloch ist groß, darunter ist das Labrum acetabulare klar identifizieren.
1 Labrum acetabulare
2 Perichondriumloch
3 Os ilium

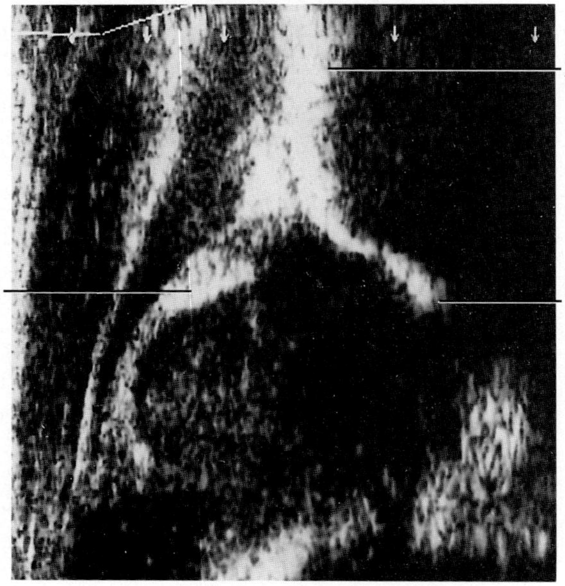

Abb. 9.21. F. A., 10 Wochen, linkes Hüftgelenk
Der Unterrand des Os ilium ist klar dargestellt, die Schnittebene ist korrekt, das Labrum acetabulare ebenfalls gut dargestellt. Dieses Sonogramm entspricht allen Kriterien für eine Auswertung.
1 Labrum acetabulare
2 Schnittebene
3 Unterrand des Os ilium

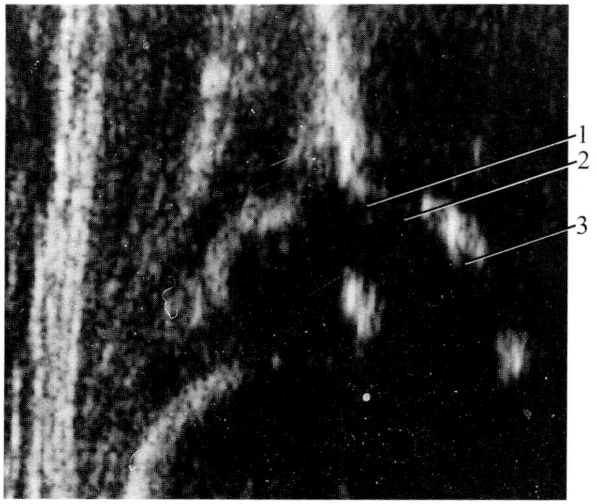

Abb. 9.22. F. M., 7 Monate, rechtes Hüftgelenk Eckiger knöcherner Pfannenerker, gute knöcherne und knorpelige Hüftpfannenanlage. Das Os ilium stellt sich mit seinem unteren Rand klar und deutlich als kräftige Echogenität dar.
1 Knöcherner Pfannenerker
2 Schallschattenbildung
3 Unterrand des Os ilium

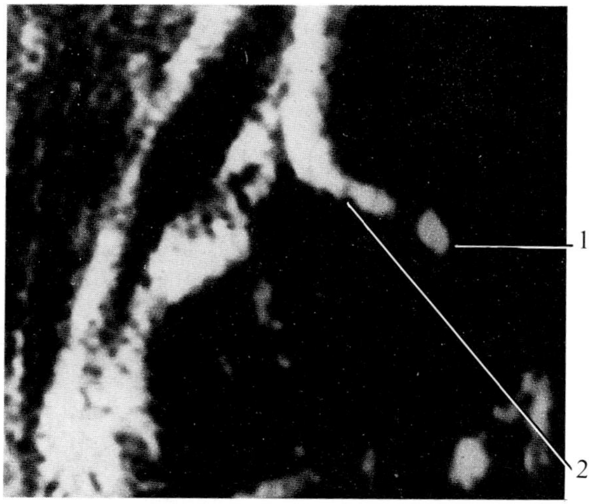

Abb. 9.23. A. B., 4 Wochen, rechtes Hüftgelenk Die knöcherne Formgebung ist gut, der knöcherne Erker ist geschweift, das knorpelige Pfannendach ist übergreifend. Der Unterrand des Os ilium ist korrekt dargestellt. Die Schnittebene ist nicht ganz ideal getroffen. Das Labrum acetabulare ist ebenfalls gut sichtbar.
1 Unterrand des Os ilium
2 Umschlagpunkt (knöcherner Erker)

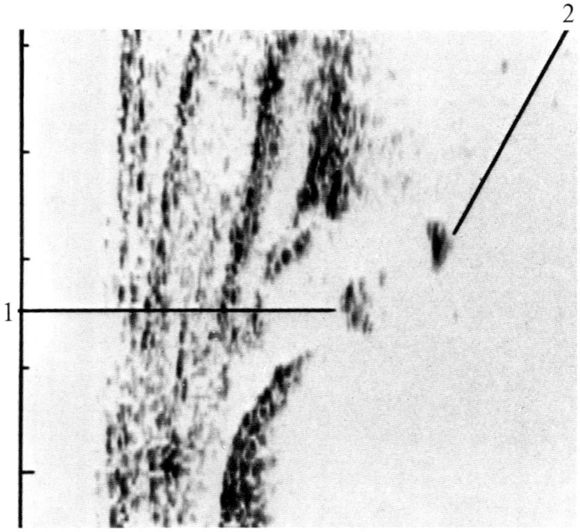

Abb. 9.24. W. K., 7 Monate, linkes Hüftgelenk Eckiger knöcherner Pfannenerker, gute knöcherne Formgebung. Die knorpelige Überdachung ist übergreifend, der Hüftkopf wird zu über der Hälfte knöchern und knorpelig überdacht. Kopfkernentwicklung mit beginnendem Halbmondphänomen, klare Darstellung des Unterrandes des Os ilium.
1 Hüftkopf mit beginnendem Halbmondphänomen
2 Unterrand des Os ilium

Abb. 9.25. S. D., 4 Monate, rechtes Hüftgelenk
Abgeflachter knöcherner Pfannenerker mit schlechter knöcherner Formgebung, verbreitertes, leicht nach oben abgedrängtes, echoarmes knorpeliges Pfannendach. Der Unterrand des Os ilium ist sonographisch klar und deutlich dargestellt.
1 Septum intermusculare
2 Kapselhaube mit Labrum acetabulare
3 Gelenkkapsel
4 Knorpel-Knochen-Grenze
5 Unterrand des Os ilium
Bei diesem dezentrierten Gelenk ist in der Tiefe der Pfanne eine deutliche Zunahme der Echogenität aufgrund der Verbreiterung des Gewebes in der Fossa acetabuli darstellbar.

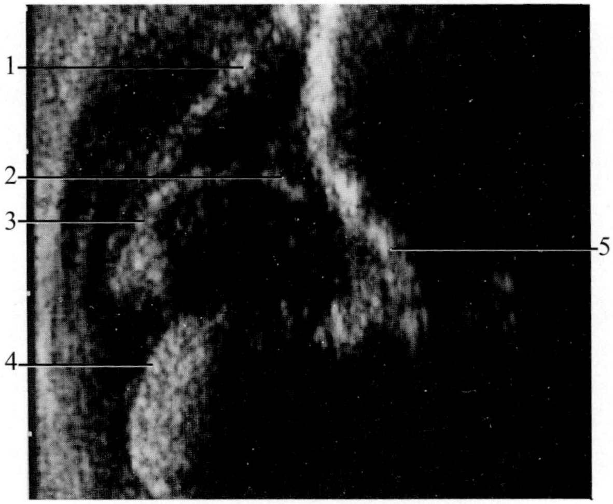

Abb. 9.26. R. K., 11 Monate, linkes Hüftgelenk
Insgesamt gute knöcherne und knorpelige Hüftpfannenanlage mit zentriert stehendem Hüftkopf und beginnender Kopfkernentwicklung. Durch die starke Echogenität des knöchernen Unterrandes des Os ilium stellt sich dieser sonographisch deutlich dar.
1 Labrum acetabulare
2 Knöcherner Unterrand des Os ilium

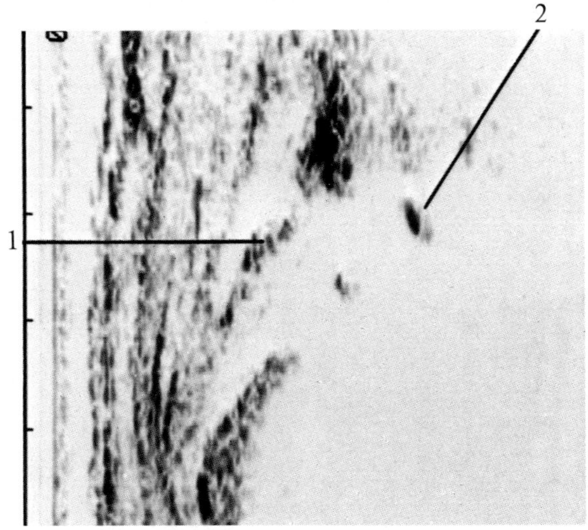

Abb. 9.27. Derselbe Patient wie in Abb. 9.24 am gleichen Untersuchungstag, linkes Hüftgelenk
Beachte die veränderte Darstellung des Unterrandes des Os ilium. Dieser ist nicht mehr so klar und deutlich dargestellt. Die Aufnahme ist nicht verwertbar.

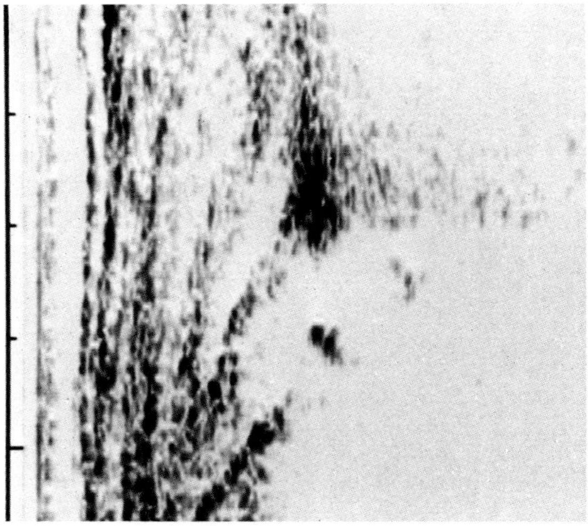

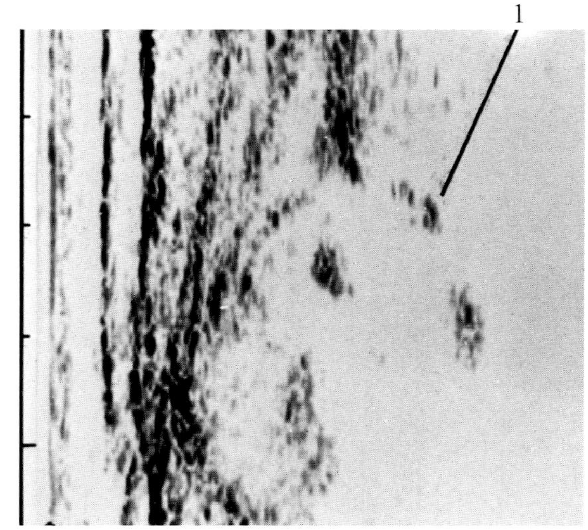

Abb. 9.28. H. H., 4 Monate, linkes Hüftgelenk
Leicht geschweifter knöcherner Pfannenerker, gute knöcherne Formgebung. Die knorpelige Überdachung ist übergreifend, der Hüftkopf ist in der Gesamtheit gut überdacht; deutliche Kopfkernentwicklung. Der Unterrand des Os ilium ist klar und eindeutig zu identifizieren.
1 Unterrand des Os ilium

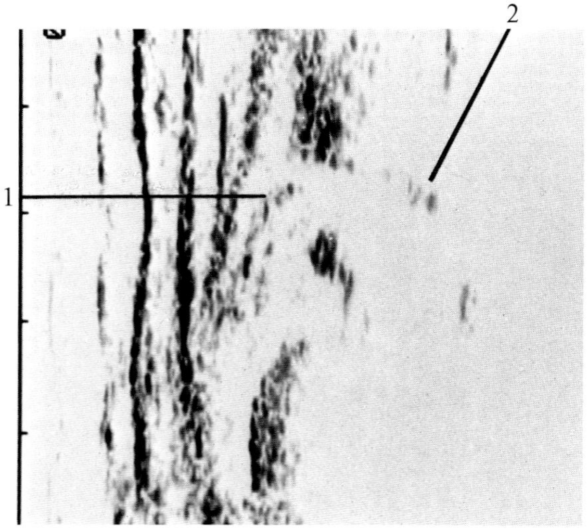

Abb. 9.29. Derselbe Patient wie Abb. 9.26, linkes Hüftgelenk
Nicht verwertbare Schnittführung, obwohl der Erkerbereich mit Labrum acetabulare und knöchernem Pfannenerker gut dargestellt ist. Die exakte, reproduzierbare und meßtechnisch auswertbare Schnittführung durch das Azetabulum fordert zwingend eine exakte Darstellung des Unterrandes des Os ilium. Dieser ist hier, wie der Vergleich mit Abb. 9.28 zeigt, nicht klar und deutlich dargestellt, sondern unten nach medial „verflattert“ („Fragmentierung“).
1 Labrum acetabulare
2 Nicht verwertbare Darstellung des Unterrandes des Os ilium

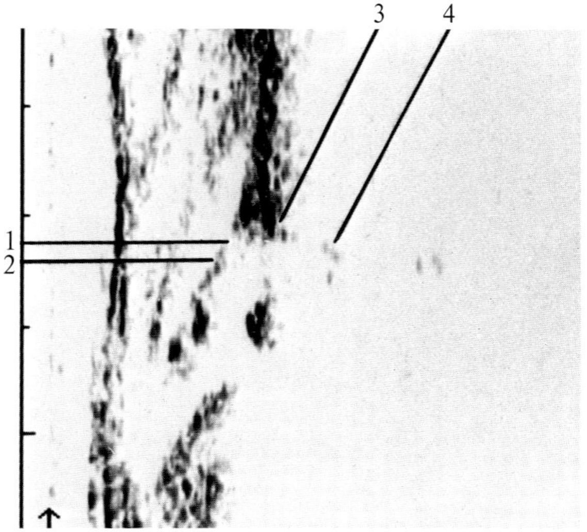

Abb. 9.30. R. J., 6 Monate, linkes Hüftgelenk
Sonographisch nicht verwertbare Darstellung des linken Hüftgelenks. Auch hier ist der Unterrand des Os ilium völlig unzureichend dargestellt. Das Bild kann meßtechnisch nicht ausgewertet werden.
1 Hyalinknorpeliges Pfannendach
2 Labrum acetabulare
3 Knöcherner Erker
4 Fehlender Unterrand des Os ilium

Abb. 9.31. V. C., 4 Monate, linkes Hüftgelenk
Eckiger knöcherner Pfannenerker mit guter knöcherner Formgebung. Die knorpelige Überdachung ist hinsichtlich Form und Struktur korrekt. Kopfkernentwicklung mit Halbmondphänomen, klare und deutliche Darstellung des Unterrandes des Os ilium. Die 3 Landmarks: Darstellung des Unterrandes des Os ilium, korrekte Schnittführung und Labrum acetabulare sind gut dargestellt, das Bild ist für die morphologische Beschreibung und für eine Meßtechnik geeignet.
1 Labrum acetabulare
2 Unterrand des Os ilium

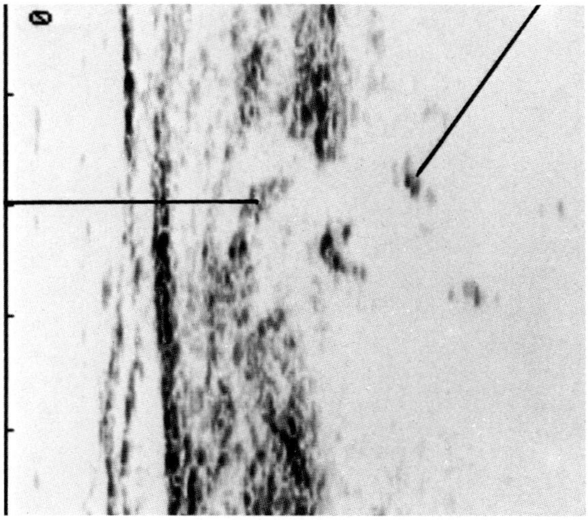

Abb. 9.32. Derselbe Patient wie in Abb. 9.31 am selben Untersuchungstag, linkes Hüftgelenk
Völlig unzureichende Schnittführung. Aus dem Sonogramm können keinerlei Aussagen hinsichtlich einer Hüftgelenksenwicklung gezogen werden. Der Unterrand des Os ilium „verflattert" nach medial, das Labrum acetabulare ist nicht dargestellt.

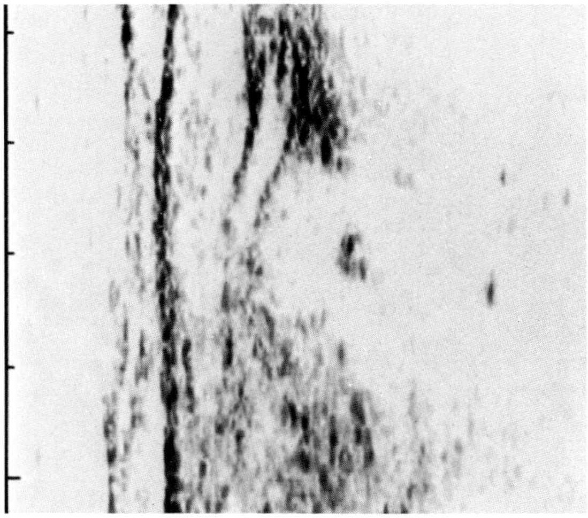

Abb. 9.33. Derselbe Patient wie in Abb. 9.31 und 9.32, linkes Hüftgelenk
Auch diese Aufnahme ist sonographisch nicht verwertbar, obwohl der knorpelige Pfannendachanteil im Vergleich mit Abb. 9.32 etwas besser dargestellt erscheint. Dagegen fehlt in dieser Aufnahme das knöcherne Pfannendach vollständig (kein Unterrand des Os ilium sichtbar).
1 Knöcherner Erker
2 Fehlende Darstellung des knöchernen Pfannendachs
3 Hüftkopfkern

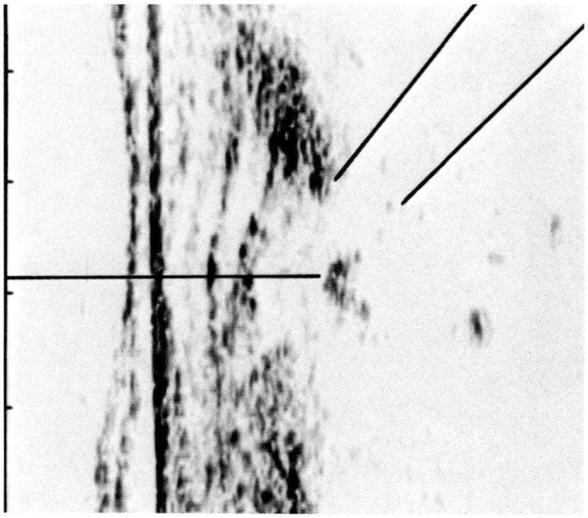

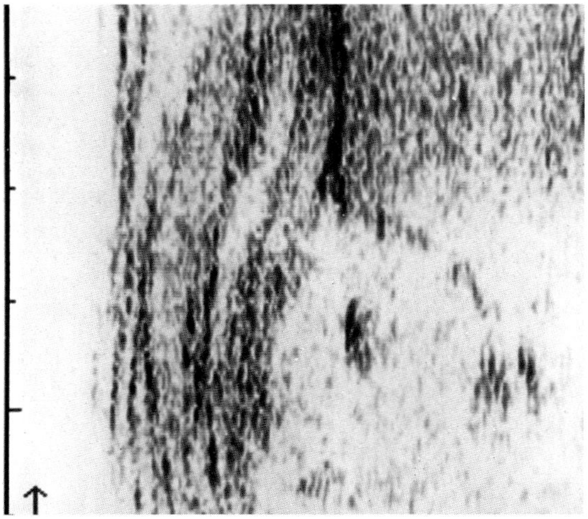

Abb. 9.34. P. S., 4 Monate, linkes Hüftgelenk
Technisch völlig unzureichende und nicht verwertbare Darstellung eines Hüftgelenks. Der Unterrand des Os ilium kann nicht mit Sicherheit ausgemacht werden. Eine Aussage über die knöcherne und knorpelige Hüftpfannenanlage ist nicht möglich.

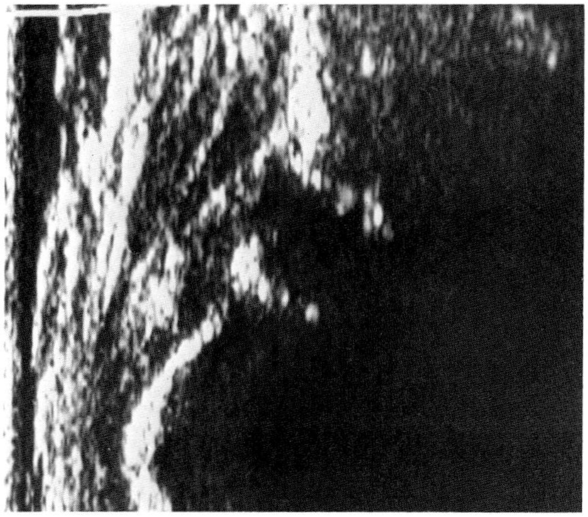

Abb. 9.35. S. D., 9 Monate, linkes Hüftgelenk, Monitorbild
Der Schnitt ist unbrauchbar, da der Unterrand des Os ilium nicht sicher identifizierbar ist.

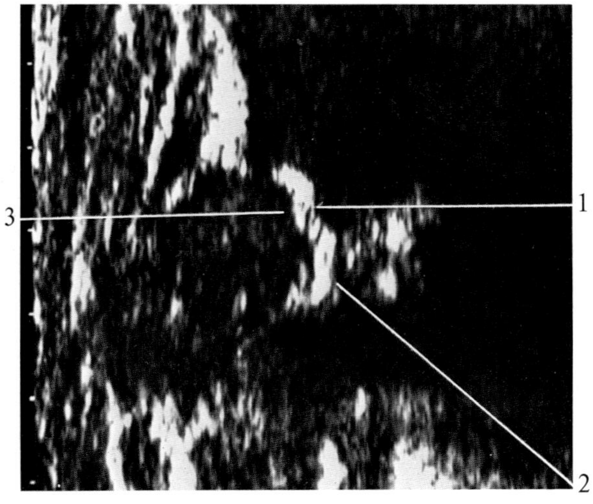

Abb. 9.36. N. S., 3 Monate, linkes Hüftgelenk, Monitorbild
Der knöcherne Erker ist eckig bei guter Formsicherung, der Knorpelerker schmal, übergreifend. Obwohl der Unterrand des Os ilium schwierig abzugrenzen ist, kann das Sonogramm verwertet werden. Die Schnittebene ist annähernd korrekt, und das Labrum acetabulare kommt ebenfalls zur Darstellung.
Hüfttyp I
1 Unterrand des Os ilium, mit einem Pfeil markiert
2 Os ischii
3 Gewebe der Fossa acetabuli

Abb. 9.37. K. T., 5 Monate, linkes Hüftgelenk
Eckiger knöcherner Pfannenerker mit Schallschattenbildung, gute knöcherne Formgebung, übergreifende knorpelige Überdachung, beginnende Kopfkernentwicklung, der Unterrand des Os ilium erscheint fragmentiert. Es ist nicht klar, ob das proximale oder das distale Echo tatsächlich der Unterrand des Os ilium ist, eine verbesserte Aufnahmetechnik wäre notwendig, siehe auch Abb. 9.38.
1 Knöcherner Erker
2 Labrum acetabulare
3 Unterrand des Os ilium

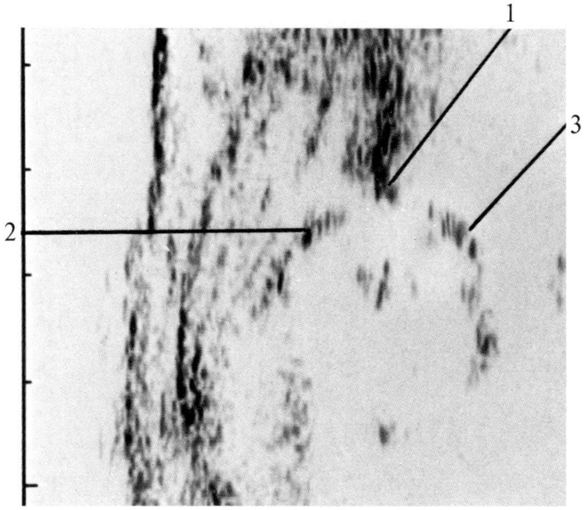

Abb. 9.38. Derselbe Patient wie in Abb. 9.37, rechtes Hüftgelenk
Der Unterrand des Os ilium ist hier nicht klar und deutlich dargestellt. Aus dieser Aufnahme allein kann keine sichere Aussage über die Hüftpfannenentwicklung gemacht werden.
1 Proximaler Anteil des Perichondriums
2 Labrum acetabulare
3 Ungenügende Darstellung des Unterrandes des Os ilium (Fragmentierung)

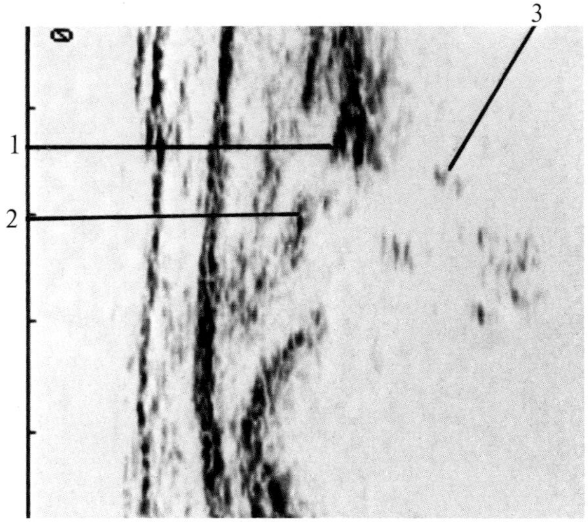

Abb. 9.39. S. S., 5 Monate, rechtes Hüftgelenk, Monitorbild
Der Unterrand des Os illium (3) ist nicht sehr klar dargestellt. Die „ausgefransten Echos" (2) sind dem Gewebe der Fossa acetabuli zugehörig.
1 Labrum acetabulare

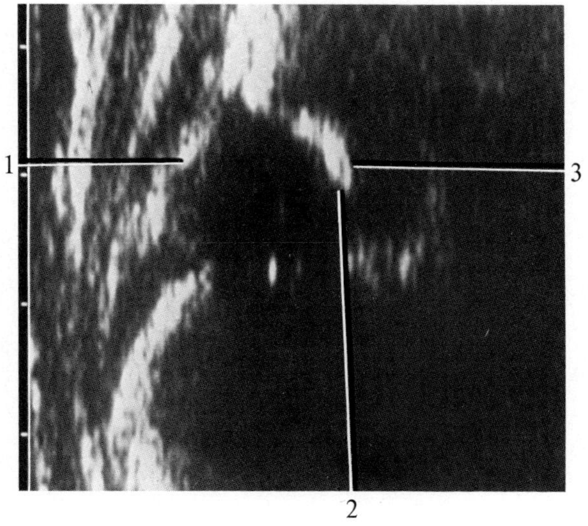

10 Übersicht über die Typeneinteilung, deskriptive Befundung, Winkelzuordnung und klinische Konsequenz

Im folgenden Kapitel sollen klassische Beispiele der einzelnen Hüfttypen in verschiedenen Alterskategorien demonstriert werden. Die sonographische Typisierung berücksichtigt die pathoanatomischen und morphologischen Veränderungen im Bereich des Pfannendachs. Sie ist keine Klassifizierung nach dem Dislokationsgrad. Radiologisch ähnliche, hoch dislozierte Hüften können sonographisch völlig differente Ausbildungsformen aufweisen.

Typ	Knöcherne Formgebung	Knöcherner Erker	Knorpeliger Erker	α	β	Klinische Konsequenz
I a ausgereifte Hüfte (jedes Lebensalter)	gut	eckig	(weit) übergreifend	> 60°	< 55°	Keine Therapie
I b (jedes Lebensalter)	gut	meist geschweift („stumpf")	(kurz) übergreifend	> 60°	> 55°	
II a Physiologische Verknöcherungsverzögerung						
II a (+) altersgemäß	ausreichend	rund	übergreifend	50°–59°	> 55°	Keine Therapie – Kontrolle
II a (–) mit Reifungsdefizit (bis 3. Lebensmonat)	mangelhaft	rund	übergreifend	50°–59°	>55°	Kontrolle in Grenzfällen, gewöhnlich Abspreizbehandlung
II b „echte" Verknöcherungsverzögerung	mangelhaft	rund	übergreifend	50°–59°	> 55°	Abspreizbehandlung
II „g" oder „c" gefährdete oder kritische Hüfte (jedes Lebensalter)	mangelhaft	rund bis flach	noch übergreifend	43°–49°	< 77°	sofort Therapie m. Spreizhose (werden unbehandelt schlechter)
D Hüfte am Dezentrieren (jedes Lebensalter)	hochgradig mangelhaft	rund bis flach	verdrängt	43°–49°	> 77°	sofort Therapie, sichere Fixation notwendig
Dezentrierte Gelenke						
III a	schlecht	flach	nach kranial verdrängt, ohne Strukturstörung			sofort Therapie, Klinikeinweisung, Reposition
III b	schlecht	flach	nach kranial verdrängt, mit Strukturstörung	< 43°	> 77°	gute Kopf-Tiefeinstellung notwendig
IV	schlecht	flach	nach kaudal verdrängt	< 43°	> 77°	sofort Therapie, Klinikeinweisung, Reposition

10.1 Hüfttyp I a und I b
(Abb. 10.1–10.41)

Hüfttyp I a und Hüfttyp I b sind bei gleich guter und korrekt ausgeformter knöcherner Überdachung durch verschiedene Ausprägungsformen des knorpeligen Pfannendachs charakterisiert und lassen sich oft nur meßtechnisch voneinander unterscheiden. Beide Hüften müssen als physiologische Variationen einer voll ausgereiften Hüfte betrachtet werden. Nach heutigem Wissensstand darf keinesfalls angenommen werden, daß Hüfttyp I a besser als Hüfttyp I b wäre. Keinesfalls ist Hüfttyp I b therapie- oder kontrollbedürftig.

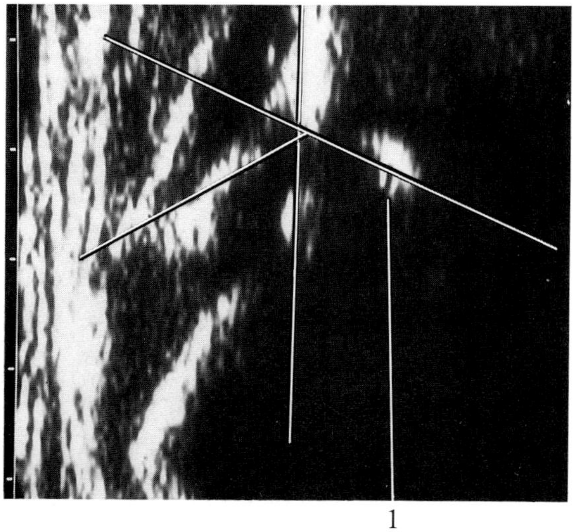

Abb. 10.1. L. R., 7 Monate, linkes Hüftgelenk, Monitorbild
Der knöcherne Erker ist eckig, die knöcherne Formgebung ist gut, der knorpelige Erker ist übergreifend. Das Echo des Gewebes der Fossa acetabuli (1) wurden mit der Pfannendachlinie korrekt abgeschnitten und die Pfannendachlinie durch die Taillierung gelegt.
$\alpha = 67°$
$\beta = 59°$
Hüfttyp I b

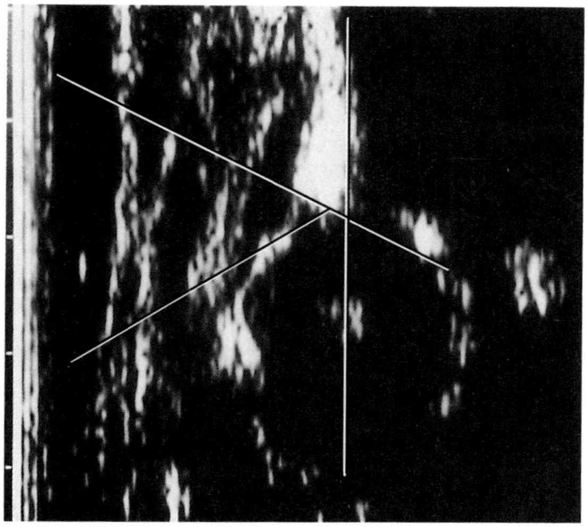

Abb. 10.2. M. J., 4 Monate, rechtes Hüftgelenk
Eckiger, gut konturierter knöcherner Pfannenerker mit guter knöcherner Hüftkopfüberdachung. Die knorpelige Überdachung ist spitzzipfelig übergreifend und echoarm.
$\alpha = 65°$
$\beta = 60°$
Hüfttyp I b

Abb. 10.3. R. M., 3 Wochen, rechtes Hüftgelenk
Geschweifter knöcherner Erker bei guter knöcherner Formgebung. Der knorpelige Erker ist etwas verbreitert, aber gut übergreifend.
$\alpha = 65°$
$\beta = 63°$
Hüfttyp I b

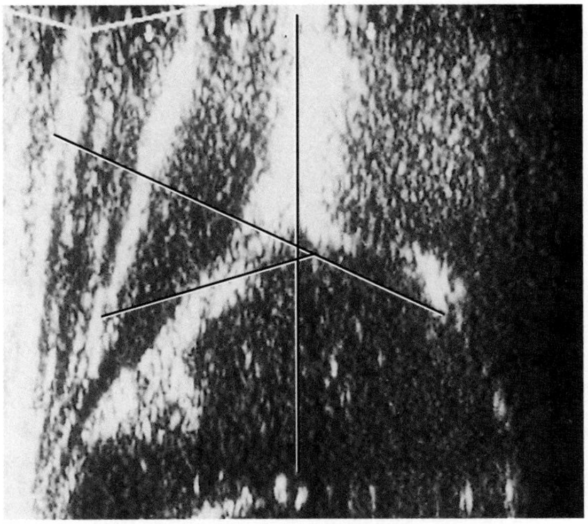

Abb. 10.4. L. A., Neugeborenenhüfte, rechtes Hüftgelenk
Der knöcherne Erker ist geschweift bei guter knöcherner Formgebung. Das Labrum acetabulare ist breit übergreifend. Die Meßlinien sind eingetragen. Der Unterrand des Os ilium ist gerade noch ausreichend dargestellt, es findet sich ein ganz zart angedeutetes Kernecho.
$\alpha = 65°$
$\beta = 60°$
Hüfttyp I b

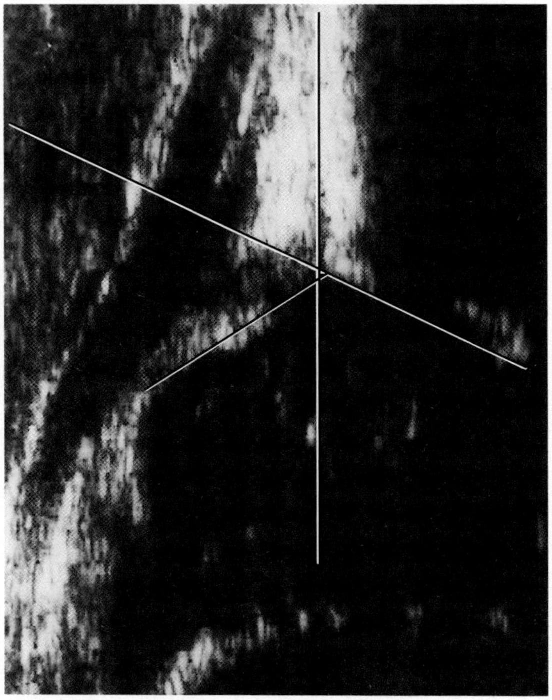

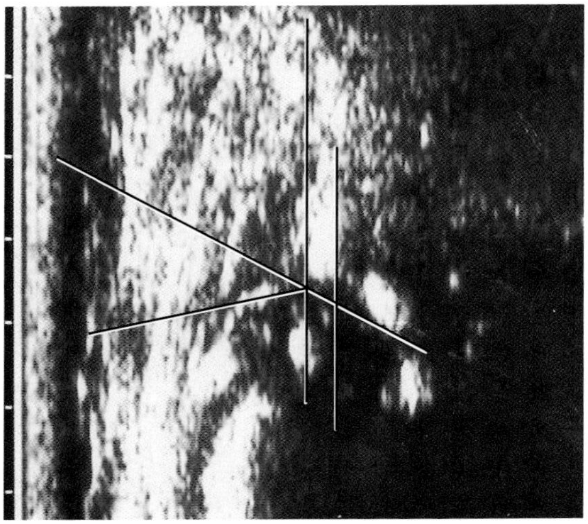

Abb. 10.5. R. S., linkes Hüftgelenk, Monitorbild
Der knöcherne Erker ist eckig konturiert bei guter knöcherner Formgebung. Der knorpelige Erker ist breit übergreifend. Die Meßlinien sind eingezeichnet; die parallel zur Grundlinie verlaufende Hilfslinie durch die hintere Schallauslöschung ist ebenfalls eingezeichnet.
$\alpha = 63°$
$\beta = 75°$
Hüfttyp I b

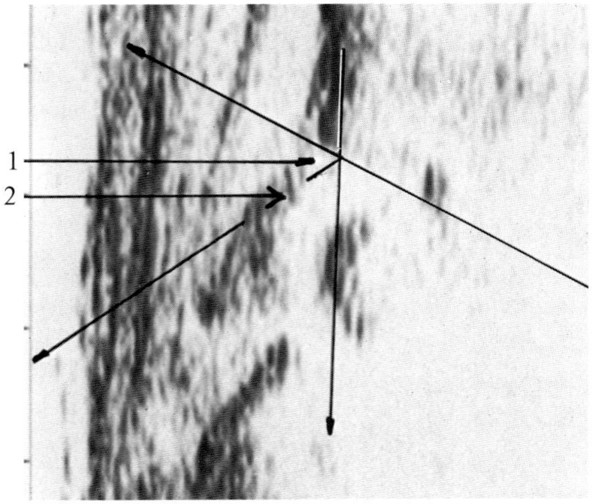

Abb. 10.6. R. P., 9 Monate, rechtes Hüftgelenk
Eckig ausgebildeter knöcherner Erker bei sehr guter knöcherner Formgebung. Der knorpelige Erker ist schmal und übergreifend. Die Meßlinien sind korrekt eingetragen, die Grundlinie wurde durch die hintere Schallauslöschung gelegt. Man findet ein typisches Halbmondphänomen. Der Unterrand Os ilium könnte besser dargestellt werden.
$\alpha = 65°$
$\beta = 55°$
Hüfttyp I a
1 Knorpelig präformiertes Pfannendach mit gut ausgeprägtem Perichondriumloch
2 Labrum acetabulare

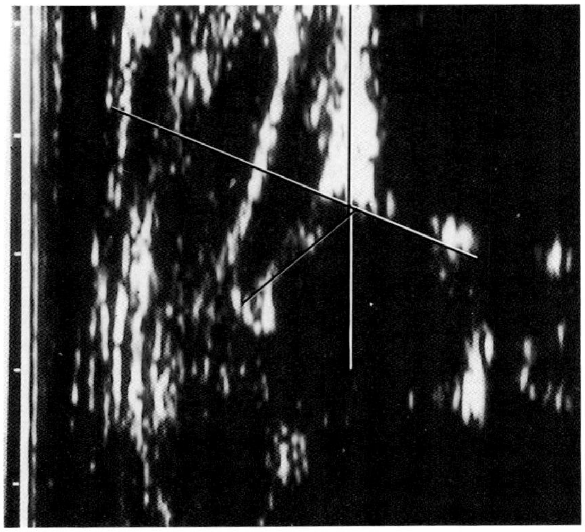

Abb. 10.7. M. P., 4 Monate, rechtes Hüftgelenk
Der knöcherne Erker ist eckig und gut konturiert, die knöcherne Formgebung gut, der knorpelige Erker schmal übergreifend.
$\alpha = 69°$
$\beta = 50°$
Hüfttyp I b

Abb. 10.8. W. P., 5 Wochen, rechtes Hüftgelenk
Gut ausgebildeter, eckiger knöcherner Erker, ebenfalls gute knöcherne Formgebung, knorpeliger Erker gut übergreifend.
$\alpha = 72°$
$\beta = 68°$
Hüfttyp I b
Fehler in der Ausstellungslinie! Sie ist nicht durch das Hauptecho des Labrum eingezeichnet.

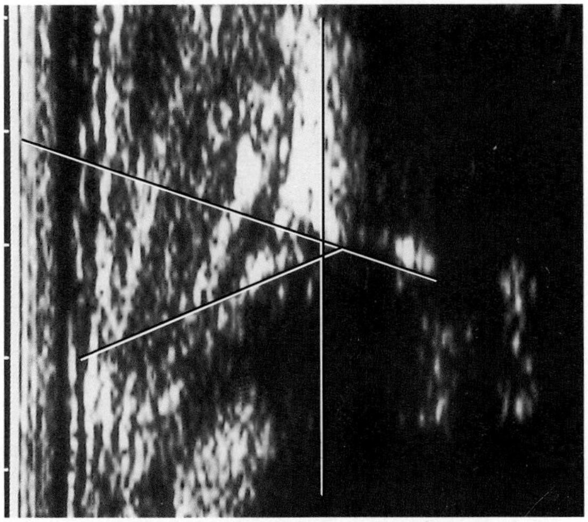

Abb. 10.9. K. S., 9 Monate, linkes Hüftgelenk, Monitorbild
Der knöcherne Erker ist eckig und gut konturiert, die knöcherne Formgebung gut. Der knorpelige Erker ist schmal und übergreifend.
Hüfttyp I
Der Unterrand des Os ilium wurde mit einem Querstrich markiert (1)
2 Gewebe der Fossa acetabuli
3 Labrum acetabulare

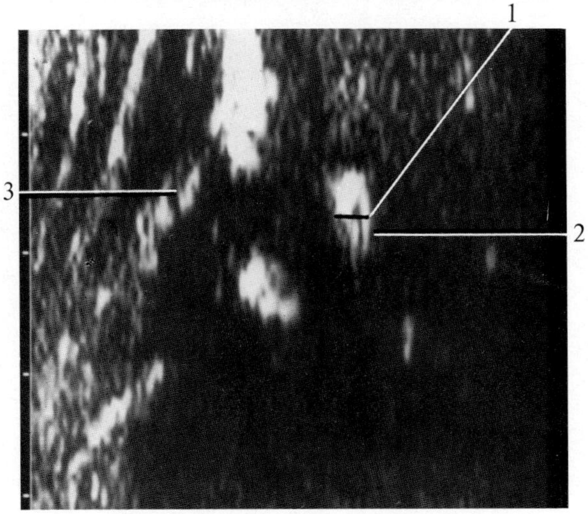

Abb. 10.10. Derselbe Patient wie in Abb. 10.7, aber rechtes Hüftgelenk, Monitorbild
Auch hier ist der knöcherne Erker gut ausgebildet, jedoch etwas geschweift bei guter knöcherner Formsicherung. Das knorpelige Pfannendach ist schmal, spitz und übergreifend. Der Unterrand des Os ilium ist nicht sehr gut dargestellt.
1 Knorpelig präformiertes Pfannendach (= Knorpelerker)
2 Labrum acetabulare

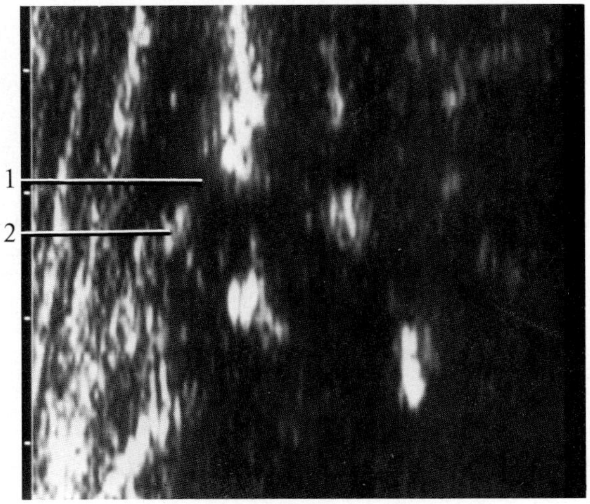

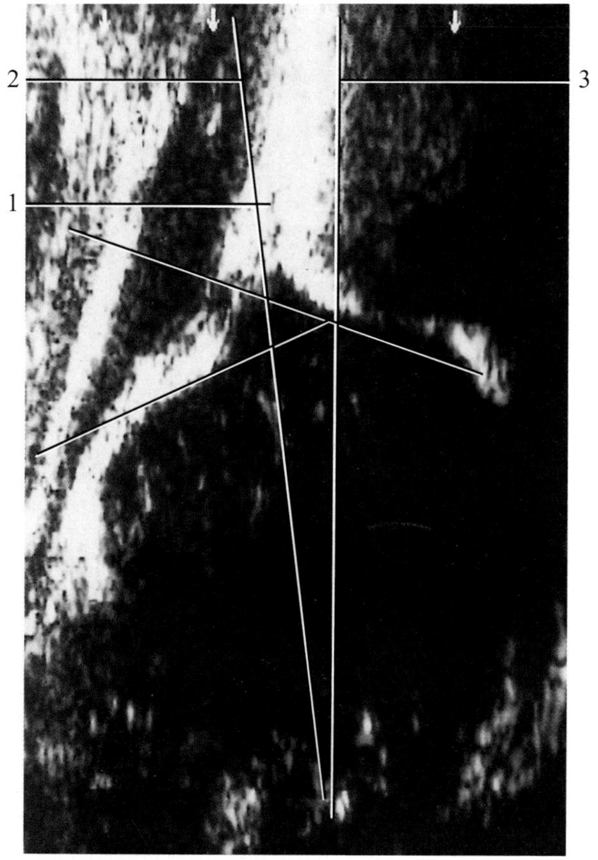

Abb. 10.11. N. R., 8 Monate, rechtes Hüftgelenk Der knöcherne Erker ist geschweift, die knöcherne Formgebung gut, das knorpelige Pfannendach schmal und übergreifend. Die Grundlinie ist falsch eingezeichnet, da sie nicht durch den oberen Kontaktpunkt zwischen Perichondrium und Os ilium gelegt wurde. Die korrekte Grundlinie wird durch die hintere Schallauslöschung in Form der Hilfslinie dargestellt. Die Pfannendachlinie schneidet die Gewebsanteile der Fossa acetabuli korrekt ab. Der Übergang von Os ilium zum Gewebe der Fossa acetabuli ist durch eine Echogenitätsänderung gekennzeichnet.
1 Oberer Kontaktpunkt
2 Grundlinie (falsch)
3 Hilfslinie
Die Pfannendachlinie liegt ebenfalls nicht tangential am Pfannendach an, die Ausstellinie geht nicht durch die Mitte des Labrum.

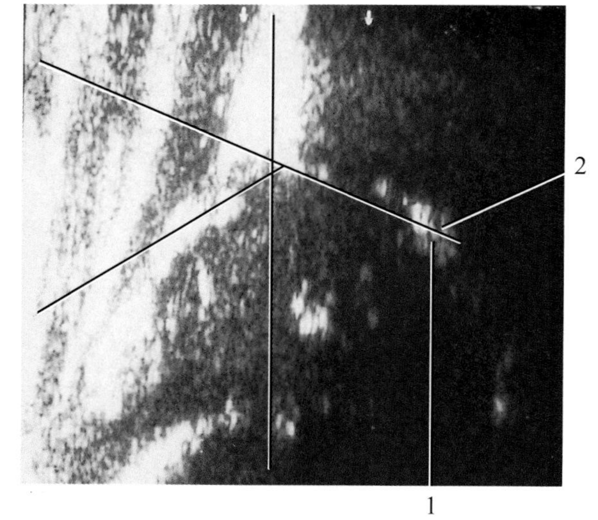

Abb. 10.12. A. K., 5 Monate, linkes Hüftgelenk Der knöcherne Erker ist eckig, die knöcherne Formgebung gut, der knorpelige Erker etwas breit, aber übergreifend. Die Pfannendachlinie wurde genau durch die Taillierung (2) gelegt, dabei werden die ausgefransten Echos (1), die der Fossa acetabuli zugehören, korrekt abgeschnitten. Die Ausstellungslinie wurde richtigerweise durch das Labrum acetabulare gelegt, geht aber nicht korrekt vom Umschlagpunkt weg.
$\alpha = 68°$
$\beta = 61°$
Hüfttyp Ib

Abb. 10.13. E. R., 4,5 Monate, linkes Hüftgelenk
Eckiger knöcherner Erker bei guter knöcherner Formgebung, der Knorpelerker schmal und übergreifend.
$\alpha = 68°$
$\beta = 65°$
Hüfttyp I b
1 Perichondriumloch
2 Umschlagfalte
3 Gewebe der Fossa acetabuli

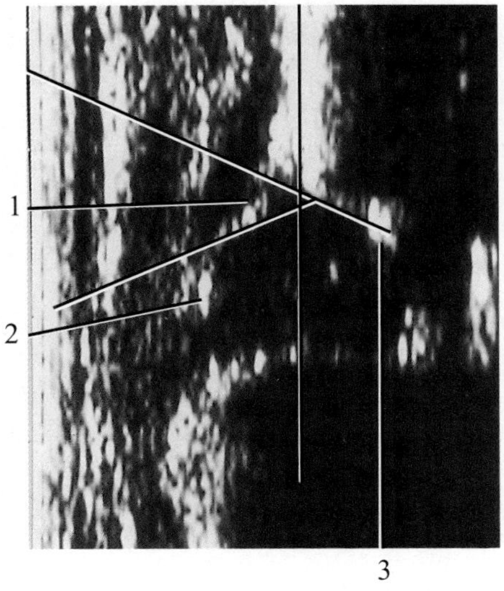

Abb. 10.14. E. T., 4 Monate, rechtes Hüftgelenk
Der knöcherne Erker ist eckig, die knöcherne Formgebung gut, der Knorpelerker von normaler Form und Struktur. Sehr gut dargestelltes Labrum acetabulare.
$\alpha = 67°$
$\beta = 65°$
Hüfttyp I b
1 Perichondriumloch
2 Os ilium

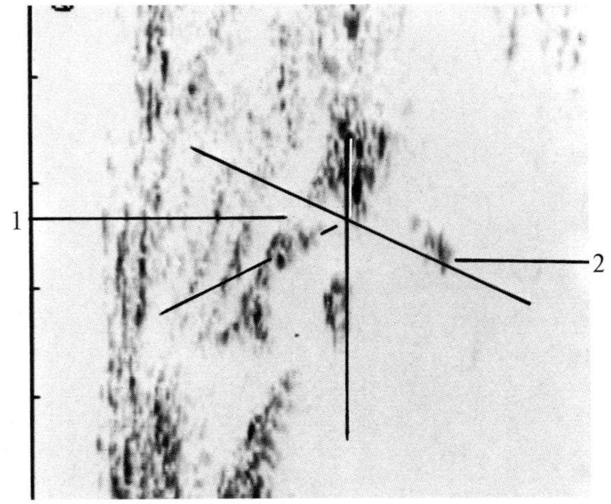

Abb. 10.15. U. K., 6 Monate, rechtes Hüftgelenk, Monitorbild
Der knöcherne Erker ist eckig, die knöcherne Formgebung gut, der knorpelige Erker ist schmal und übergreifend.
1 Eckiger knöcherner Erker
2 Labrum acetabulare
Hüfttyp I
(meßtechnisch Typ I a)

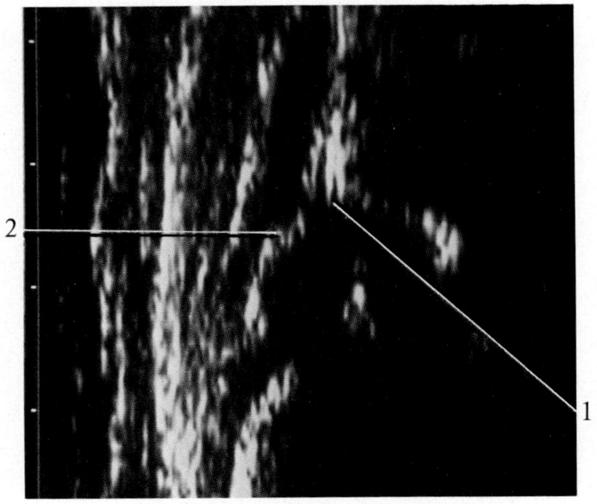

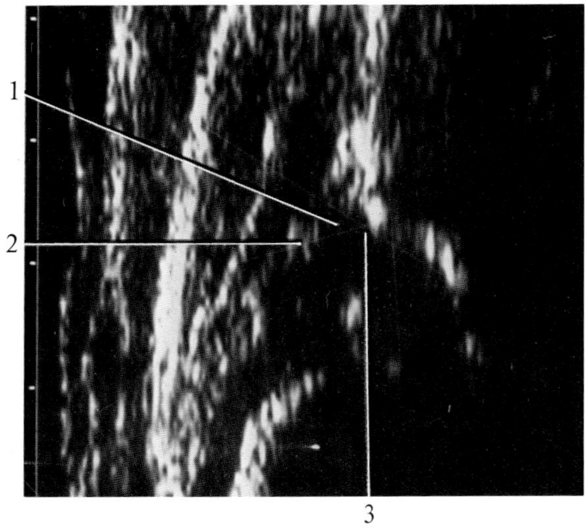

Abb. 10.16. Derselbe Patient wie in Abb. 10.15, linkes Hüftgelenk, Monitorbild
Im Vergleich zur rechten Seite der Abb. 10.15 ist der knöcherne Erker gerundet bei mangelhafter knöcherner Formgebung und breitem knorpeligem Pfannendach.
1 Breiter knorpeliger Erker
2 Labrum acetabulare
3 Abgerundeter knöcherner Erker
Die Meßlinien wurden nicht eingetragen.
Hüfttyp II b

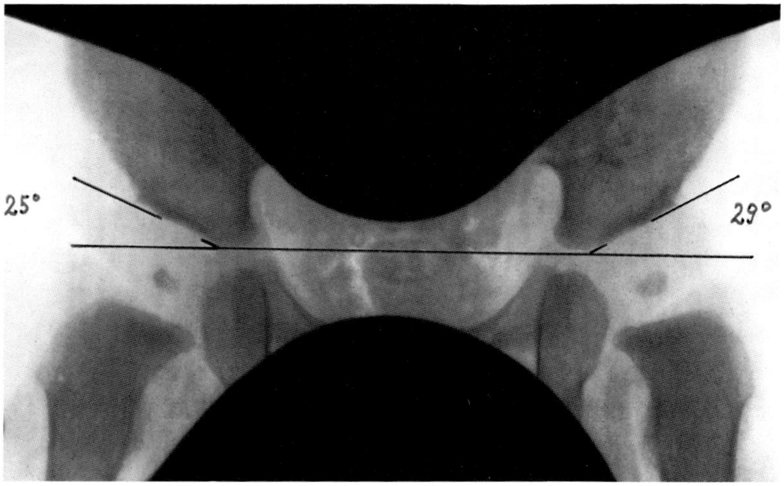

Abb. 10.17. Röntgenbild zu Abb. 10.15 und 10.16
Die linke Seite mit dem Pfannendachwinkel von 29° entspricht der Abb. 10.16 (sonographisch Typ II b).

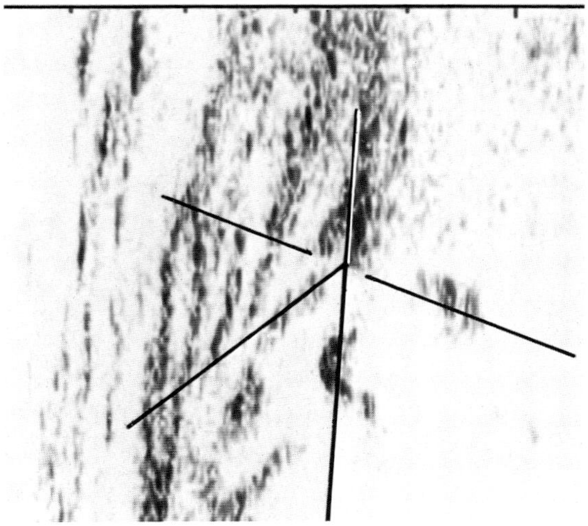

Abb. 10.18. S. S., 7 Monate, rechtes Hüftgelenk
Eckiger, scharf konturierter knöcherner Pfannenerker mit guter knöcherner Formgebung. Die knorpelige Überdachung ist dreieckförmig, spitz zulaufend. Hüftkopfkernentwicklung mit Halbmondphänomen.
$\alpha = 70°$
$\beta = 50°$
Hüfttyp I a
Schlechtes Hüftsonogramm. Der Unterrand des Os ilium ist nicht exakt dargestellt, er ist fragmentiert, die Schnittebene wurde zu weit dorsal angelegt, trotzdem wurde dieses Sonogramm leider morphologisch beurteilt und völlig zu Unrecht ausgemessen. Eine sichere Diagnose ist nicht möglich.

Abb. 10.19. E. A., 7 Monate, rechtes Hüftgelenk
Der knöcherne Pfannenerker ist pfeilartig scharf konturiert. Die knöcherne Formgebung ist sehr gut entwickelt. Das knorpelige Pfannendach ist echoarm, dreieckförmig und zieht nach kaudal distal. Insgesamt ausgereifte Hüftpfannenanlage.
$\alpha = 68°$
$\beta = 67°$
Hüfttyp I b

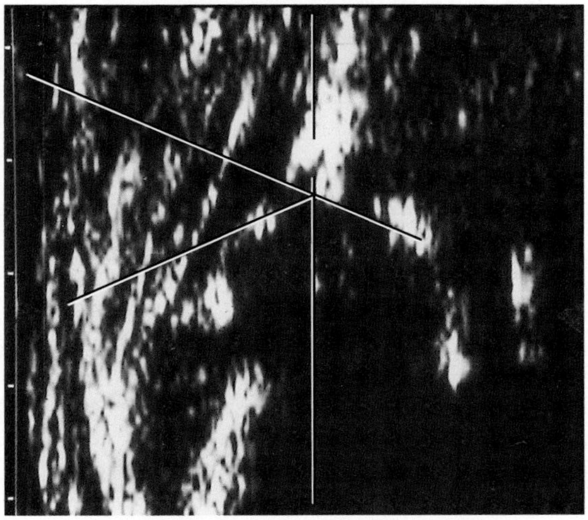

Abb. 10.20. S. D., 4 Monate, rechtes Hüftgelenk
Eckiger, gut konturierter knöcherner Pfannenerker mit guter Ausformung des Azetabulums. Die knöcherne Form der Hüftpfannenanlage ist ausgereift. Das knorpelige Pfannendach ist schmalbasig dreieckförmig und zieht nach kaudal distal.
$\alpha = 69°$
$\beta = 60°$
Hüfttyp I b

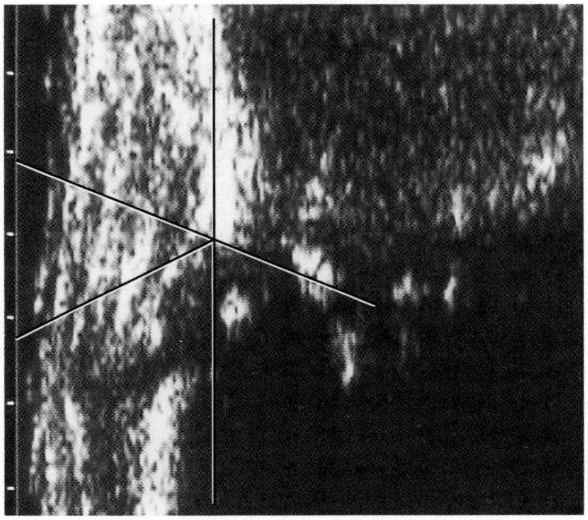

Abb. 10.21. W. S., 6 Monate, linkes Hüftgelenk
Eckiger, scharfkonturierter knöcherner Pfannenerker mit Schallschattenbildung. Das Pfannendach ist gut ausgebildet. Die pfannendachergänzenden, knorpeligen Anteile sind echoarm, dreieckförmig und übergreifend. Der Hüftkopf steht zentriert und ist knöchern und knorpelig gut überdacht, beginnende Kopfkernentwicklung.
$\alpha = 62°$
Hüfttyp I
1 Labrum acetabulare
2 Knöcherner Erker
3 Unterrand des Os ilium
4 Pfannendachlinie

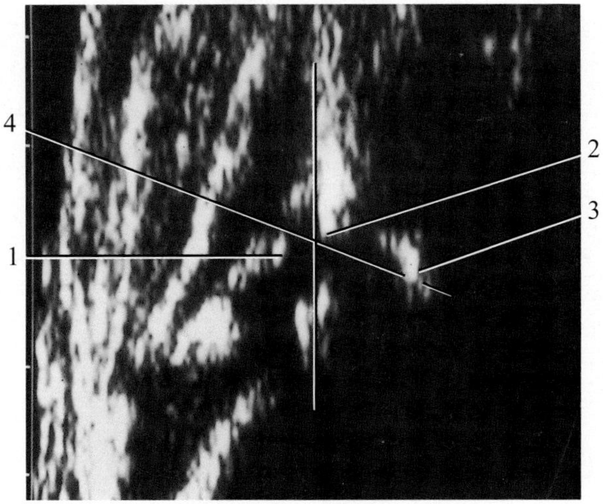

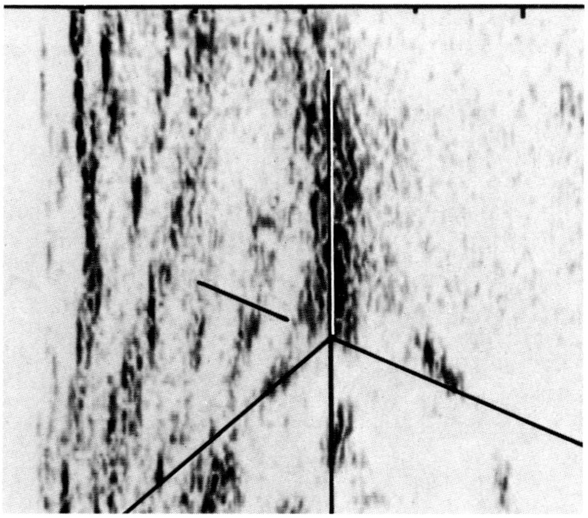

Abb. 10.22. D. S., 8 Monate, rechtes Hüftgelenk
Knöcherner Erker eckig mit Schallschattenbildung und guter Pfannendachentwicklung, übergreifendes, spitz zulaufendes, knorpeliges Pfannendach. Der Hüftkopf steht zentriert, die Kopfkernentwicklung zeigt bereits ein Halbmondphänomen. Sonographisch voll ausgereifte Hüfte. Auch meßtechnisch ist die Hüfte voll ausgereift. Der Knochenwinkel α beträgt 68°, der Knorpelausstellwinkel β 50°.
Hüfttyp I a

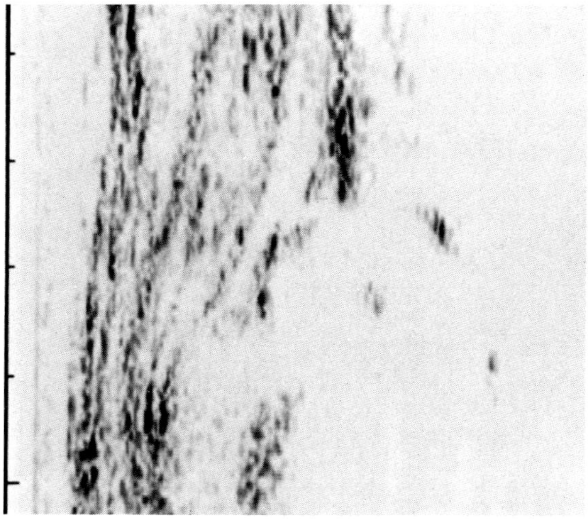

Abb. 10.23. P. P., 5 Monate, rechtes Hüftgelenk
Eckig konturierter knöcherner Pfannenerker mit breiter Schallschattenbildung. Das knorpelige Pfannendach übergreift den Hüftkopf und zieht mit dem Labrum acetabulare als kaudale Begrenzung nach unten außen. Die sonographische Struktur des hyalinknorpeligen Pfannendachs ist echoarm. Beginnende Kopfkernentwicklung.
Hüfttyp I
Da das Sonogramm nicht ausgemessen wurde, kann nicht zwischen Typ I a und I b unterschieden werden, da diese Unterscheidung eine rein meßtechnische und keine morphologische ist.

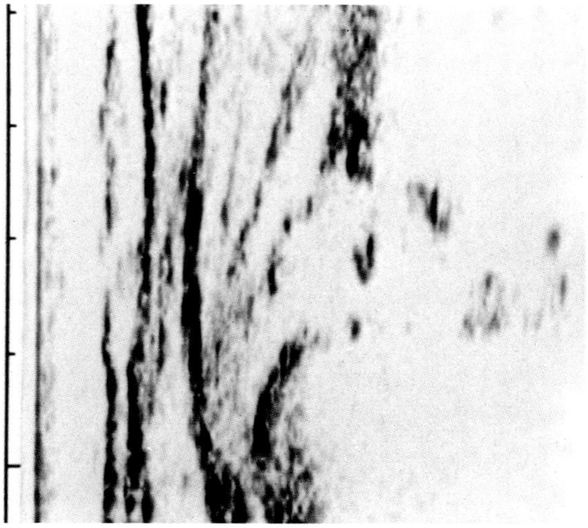

Abb. 10.24. B. K., 3 Monate, linkes Hüftgelenk
Ausgereiftes Hüftgelenk. Der knöcherne Pfannenerker ist pfeilerartig scharf konturiert (eckig); bereits deutliche Schallschattenbildung hinter dem knöchernen Pfannenerker. Der pfannendachergänzende knorpelige Anteil ist echoarm und übergreifend. Zentriert stehender Hüftkopf mit sehr guter knöcherner und knorpeliger Überdachung. Beginnende Hüftkopfkernentwicklung. Die Knorpel-Knochen-Grenze verläuft noch bogenförmig und kann mit einzelnen Schallpalisaden bis in die Tiefe der Fossa acetabuli verfolgt werden.

Abb. 10.25. R. E., 5,5 Monate, linkes Hüftgelenk
Eckiger knöcherner Pfannenerker, gute Ausformung des Azetabulums. Die knorpelartige pfannenergänzende Überdachung zieht nach kaudal distal. Das Labrum acetabulare kann als Echogenität mit Hilfe des Perichondriumlochs identifiziert werden. Die Ausstellinie zieht durch die Mitte dieses „Echoknötchens". Der Hüftkopfkern zeigt ein beginnendes Halbmondphänomen.
$\alpha = 65°$
$\beta = 56°$
1 Mit der Pfannendachlinie abgeschnittene Echos der Fossa acetabuli

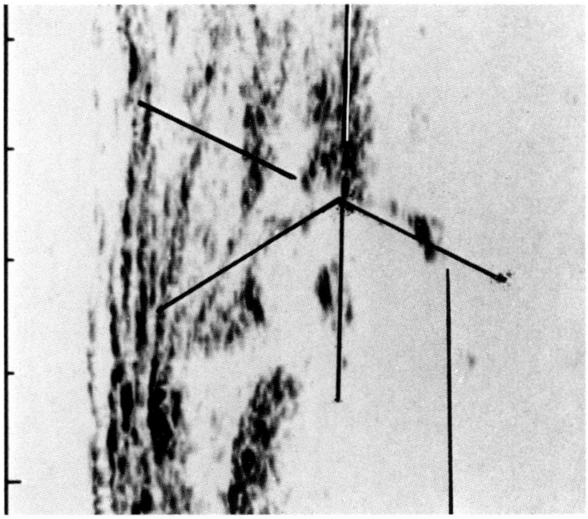

Abb. 10.26. B. M., 8,5 Monate, linkes Hüftgelenk
Hüfttyp I a mit eckigem knöchernem Pfannenerker, breiter Schallschattenbildung und insgesamt guter Ausformung des Azetabulums. Die knorpelige Überdachung ist schmalbasig echoarm und übergreifend. Deutliche Kopfkernentwicklung.
$\alpha = 70°$
$\beta = 49°$

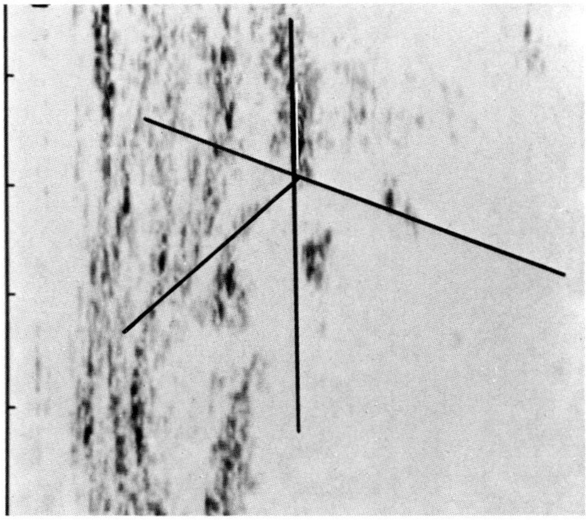

Abb. 10.27. H. L., 7,5 Monate, linkes Hüftgelenk
Gute knöcherne und knorpelige Hüftkopfüberdachung. Der knöcherne Erker ist eckig. Breite Schallschattenbildung durch den knöchernen Pfannenerker, schmalbasiges, übergreifendes, echoarmes knorpeliges Pfannendach, beginnende Kopfkernentwicklung.
Befund: Die knöcherne Formgebung ist gut. Der knöcherne Erker ist eckig. Das knorpelige Pfannendach den Hüftkopf übergreifend.
Hüfttyp I

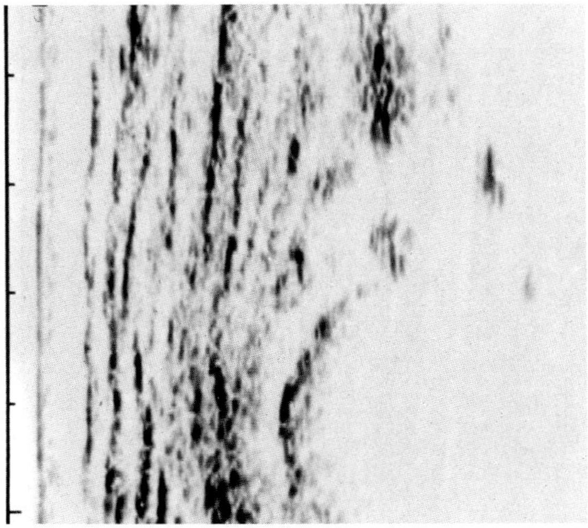

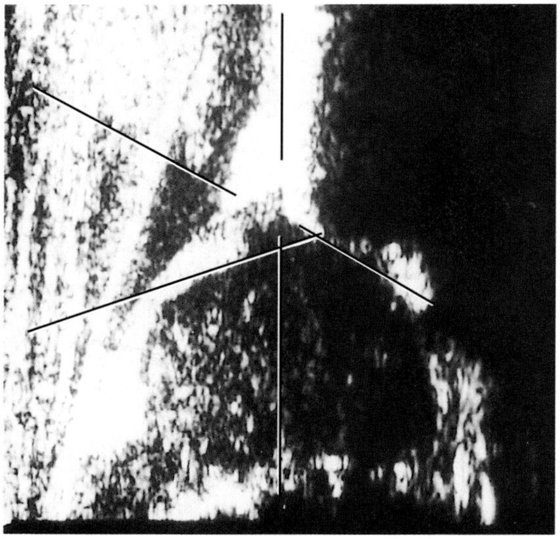

Abb. 10.28. G. P., 1 Tag, rechtes Hüftgelenk
Gut entwickelte Hüftpfannenanlage bei einem Neugeborenen. Der knöcherne Erker ist lediglich noch leicht geschweift. Die Ausformung des Azetabulums ist sehr gut. Das echoarme hyalinknorpelige Pfannendach zieht dreieckförmig weit über den Hüftkopf hinweg. Das Labrum acetabulare findet sich als Echogenität der Gelenkkapsel innen anhängend. Infolge der Schweifung des knöchernen Pfannenerkers haben die Meßlinien zur Ermittlung der Winkelparameter keinen gemeinsamen Schnittpunkt.
$\alpha = 61°$
$\beta = 72°$
Hüfttyp I b
Am Unterrand des Os ilium wurde mit der Meßlinie zu viel abgeschnitten!

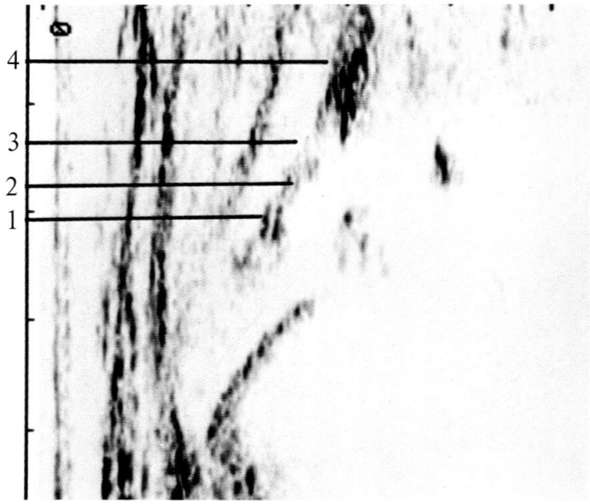

Abb. 10.29. G. M., 7,5 Monate, rechtes Hüftgelenk
Das Sonogramm läßt bereits auf den ersten Blick erkennen, daß eine ausgereifte Hüftpfannenanlage vorliegt. Der knöcherne Erker zeichnet sich scharf und eckig ab. Es folgt hinter dem knöchernen Erker eine breite Schallschattenbildung als Hinweis für eine sehr gute knöcherne Formgebung. Die knorpelige Überdachung ist schmalbaisg übergreifend. Der Hüftkopfkern ist darstellbar.
Hüfttyp I
1 Gelenkkapsel
2 Labrum acetabulare
3 Perichondrium
4 Darmbeinperiost

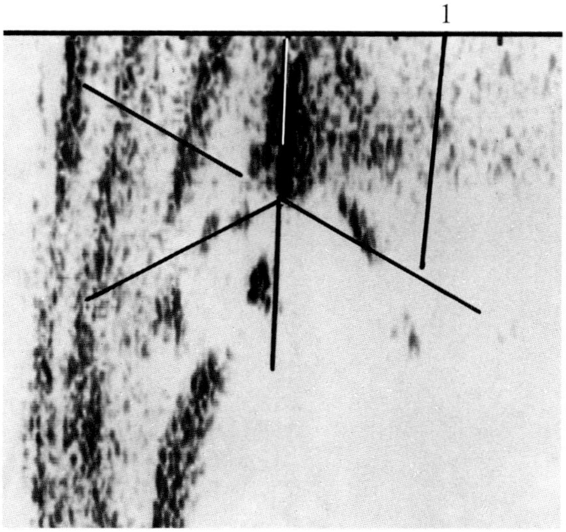

Abb. 10.30. W. S., 8 Monate, rechtes Hüftgelenk
Eckig konturierter knöcherner Pfannenerker, gute knöcherne Formgebung. Der Knochenwinkel α beträgt 64°. Das knorpelige Pfannendach ist insgesamt klein. Es ist jedoch nicht abgedrängt und in der Struktur nicht verdichtet. Der Ausstellwinkel β beträgt 60°. Bei guter knöcherner Formgebung mit einem α-Winkel von über 60° und einer Knorpelausstellung von über 55° liegt ein Hüfttyp I b vor.
1 Durch die Pfannendachlinie angeschnittene Echos der Fossa acetabuli
Bildqualität und Aufnahmetechnik problematisch!

Abb. 10.31. D. P., 3,5 Monate, linkes Hüftgelenk
Leicht geschweifter knöcherner Pfannenerker bei insgesamt jedoch guter knöcherner Überdachung. Der Knochenwinkel α beträgt 65°. Das knorpelige Pfannendach ist dreieckförmig echoarm und zieht nach lateral unten. Der Knorpelausstellwinkel β beträgt 60°, es liegt ein Hüfttyp Ib vor.
1 Darmbeinkontur
2 Unterrand des Os ilium
3 Abgeschnittene Echos der Fossa acetabuli

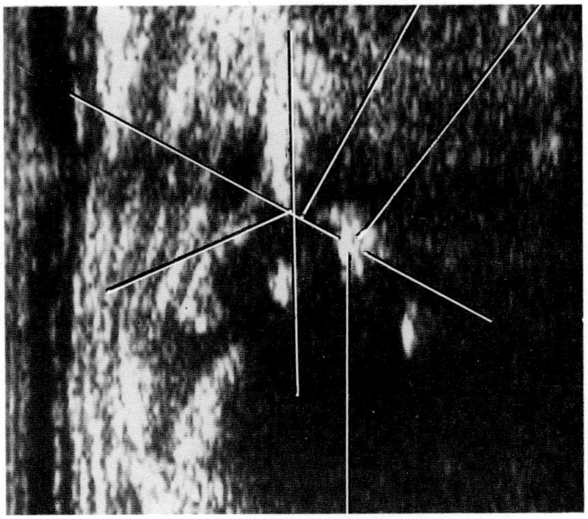

Abb. 10.32. T. B., 4 Monate, linkes Hüftgelenk
Gering geschweifter knöcherner Pfannenerker bei guter Ausformung des Azetabulums. Das knorpelige Pfannendach ist sonographisch echoarm und zieht ohne Abdrängung nach lateral unten. Der Hüftkopf steht zentriert, gute Kopfkernentwicklung. Bedingt durch die leichte Schweifung des knöchernen Pfannenerkers schneiden sich die 3 Meßlinien nicht in einem Punkt.
$\alpha = 70°$
$\beta = 80°$
Hüfttyp Ib

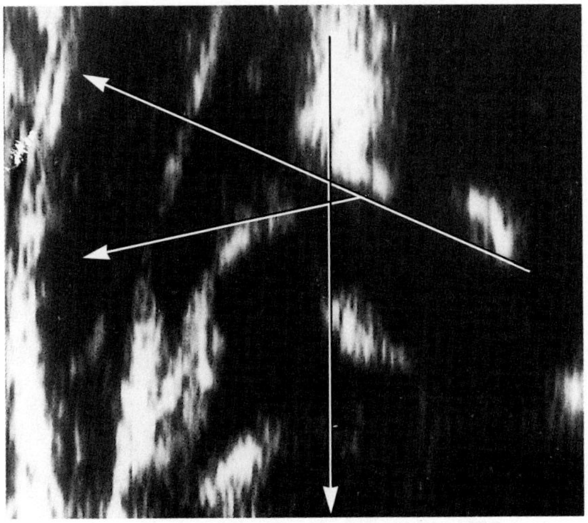

Abb. 10.33. J. C., 4 Wochen, linkes Hüftgelenk
Altersentsprechend sehr gut entwickeltes Hüftgelenk mit lediglich noch geringer Schweifung des knöchernen Pfannenerkers bei schon guter knöcherner Hüftkopfüberdachung. Pfannenergänzend zieht das knorpelige Pfannendach ohne Abdrängung nach unten. Die Struktur des knorpeligen Pfannendachs ist echoarm. Die Hüftkopfkernentwicklung hat noch nicht begonnen.
$\alpha = 65°$
$\beta = 70°$
Hüfttyp Ib
1 Gewebe der Fossa acetabuli
2 Os ischii

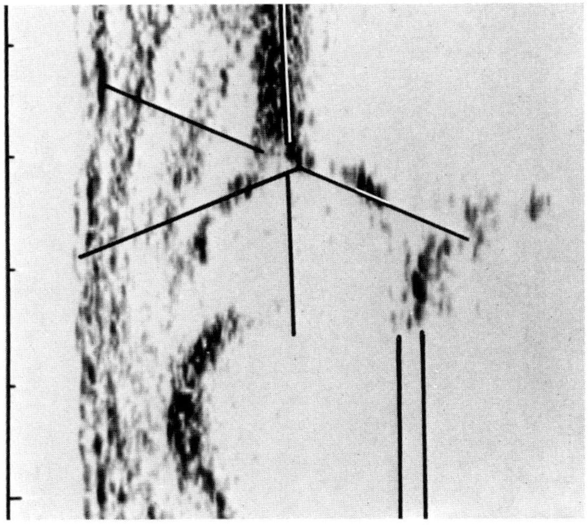

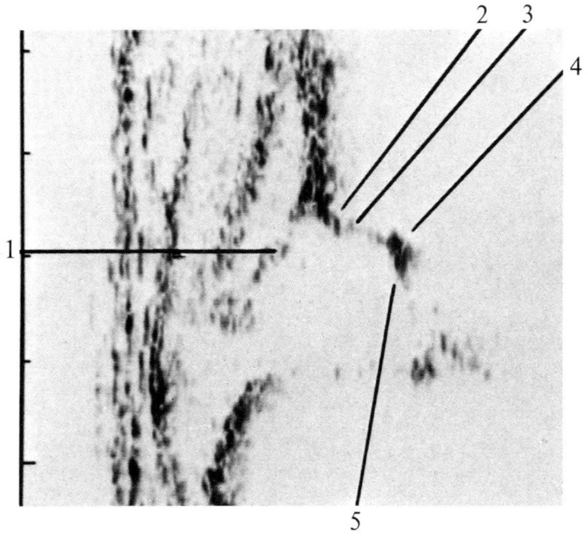

Abb. 10.34. K. R., 8 Wochen, rechtes Hüftgelenk
Im Sonogramm ist gut zu erkennen, daß der Hüftkopf von der knöchernen und knorpeligen Hüftpfanne in der Gesamtheit gut umschlossen wird.
1 Labrum acetabulare
2 Geschweifter knöcherner Pfannenerker
3 Schallschattenbildung am Umschlagpunkt
4 Unterrand des Os ilium
5 Gewebe der Fossa acetabuli

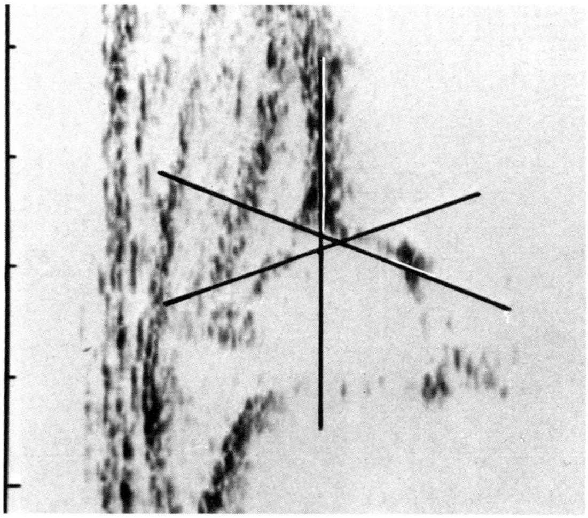

Abb. 10.35. Gleiches Sonogramm wie in Abb. 10.34 mit eingezeichneten Meßlinien
In der Aufnahme ist zu erkennen, daß die Pfannendachlinie vom Unterrand des Os ilium tangential an das Pfannendach angelegt wurde. Die Pfannendachlinie schneidet am Unterrand des Os ilium die Echos vom Bindegewebe der Fossa acetabuli ab. Die Grundlinie verläuft parallel zur hinteren Schallauslöschung an der Kontaktstelle von Knochen und Knorpel. Die Ausstellungslinie zieht vom Umschlagpunkt mitten durch die Echos des Labrum acetabulare.

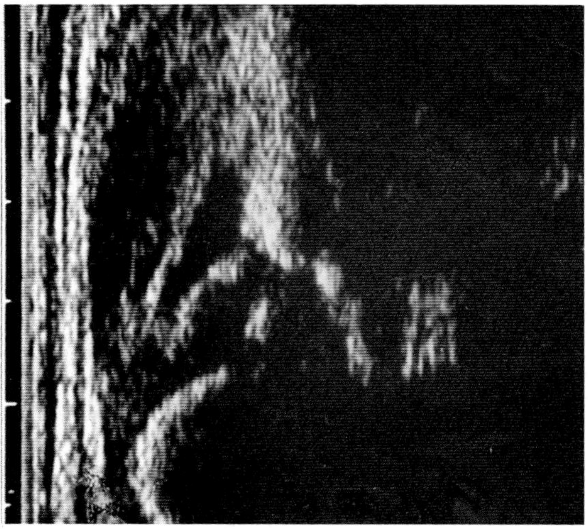

Abb. 10.36. B. A., 1 Tag, rechtes Hüftgelenk, Monitorbild
Geschweifter knöcherner Pfannenerker mit guter knöcherner Formgebung. Der knöcherne „Defekt" im Bereich der Rundung wird durch ein verbreitertes Pfannendach kompensiert. Der Hüftkopf steht zentriert und ist insgesamt knöchern und knorpelig ausreichend gut überdacht; auffallend deutliche Kopfkernentwicklung. Der Knochenwinkel α liegt bei 62°. Bedingt durch die leichte Rundung im Erkerbereich erhöht sich der Knorpelwinkel β auf nahezu 80°. Hüfttyp Ib

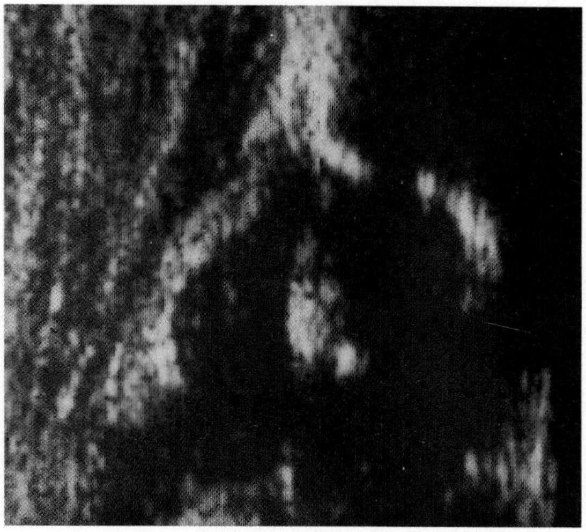

Abb. 10.37. S. T., 7 Monate, linkes Hüftgelenk
Der knöcherne Erker ist geschweift bei guter knöcherner Formgebung, der Knorpelerker breit und übergreifend. Der Hüftkopfkern ist angelegt. Die Meßlinien wurden nicht eingezeichnet, um die deutliche Schweifung des knöchernen Erkern nicht zu verdecken.
$\alpha = 60°$
$\beta = 74°$
Hüfttyp I b

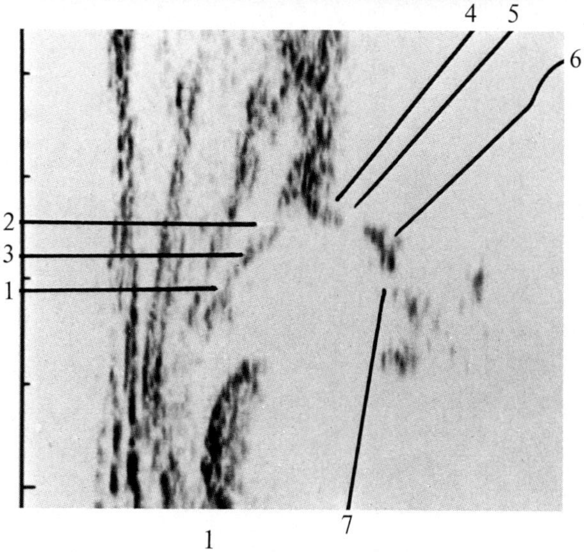

Abb. 10.38. K. R., 4 Wochen, linkes Hüftgelenk
Leichte Schweifung des knöchernen Pfannenerkers bei gut ausgeformtem knöchernem Pfannendach. Das knorpelige Pfannendach ist übergreifend und zieht nach lateral unten. Noch keine Kopfkernentwicklung, insgesamt sehr gut entwickeltes Hüftgelenk.
1 Gelenkkapsel
2 Perichondriumloch
3 Labrum acetabulare
4 Geschweifter knöcherner Erker
5 Schallschatten
6 Taillierung
7 Echos der Fossa acetabuli

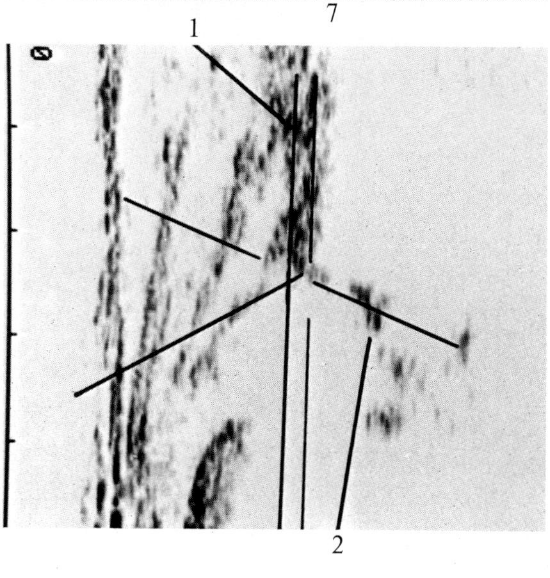

Abb. 10.39. Dasselbe Sonogramm wie in Abb. 10.38 mit eingezeichneten Winkelparametern:
1 Grundlinie mit Hilfslinie
2 Abgeschnittene Echos der Fossa acetabuli
$\alpha = 66°$
$\beta = 62°$
Hüfttyp I b

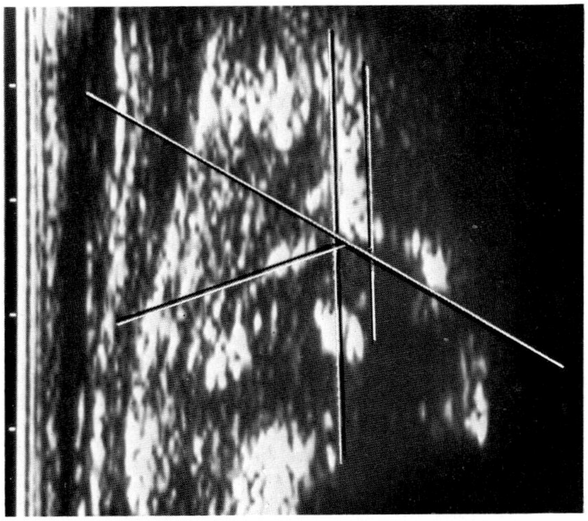

Abb. 10.40. D. K., 9 Monate, rechtes Hüftgelenk, Monitorbild

Leichte Schweifung des knöchernen Pfannenerkers bei jedoch guter Ausformung des Pfannendachs. Die knorpelige Überdachung ist übergreifend und zieht nach lateral unten. Der Hüftkopfkern ist sonographisch nachweisbar.

Im Sonogramm eingezeichnete Grund- und Hilfslinie. Die Knorpelausstellinie hat ihren Ursprung an der hinteren Schallauslöschung der Schweifung und zieht durch das Labrum acetabulare. Die korrekt eingezeichnete Pfannendachlinie schneidet die Echos der Fossa acetabuli ab.

$\alpha = 60°$

$\beta = 75°$

Hüfttyp Ib

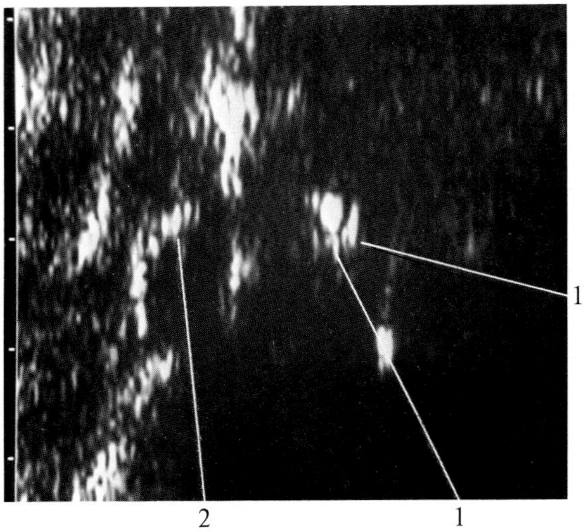

Abb. 10.41. T. S., 7 Monate, linkes Hüftgelenk, Monitorbild

Der knöcherne Erker ist eckig, die knöcherne Formgebung gut, der knorpelige Erker breit übergreifend; Hüftkopfkern vorhanden. Deutlich sichtbar ist der untere Rand des Os ilium, der kelchförmig vom Gewebe der Fossa acetabuli umfaßt wird. Klares und sehr großes Perichondriumloch.

Hüfttyp I

1 Gewebe der Fossa acetabuli, das den Unterrand des Os ilium kelchförmig umgreift

2 Labrum acetabulare

10.2 Hüfttyp II

Im Hüfttyp II sind verschiedene Stadien von Verknöcherungsverzögerungen des gesamten Pfannendaches zusammengefaßt. Radiologisch entspricht der Typ II verschiedenen Ausprägungsformen eines dysplastischen Pfannendaches. Typ II a und Typ II b befinden sich mit ihrem α-Wert zwischen 50 und 59° und unterscheiden sich entsprechend den verschiedenen Ossifikationsgeschwindigkeiten nur durch das Alter. Abgegrenzt von diesen Hüfttypen findet sich der Typ-II-c-Bereich („critical range", kritische Zone, Gefährdungsbereich-Hüftgelenke). Diese Hüftgelenke haben den α-Wert zwischen 43 und 49° und entsprechen schweren dysplastischen Gelenken. Sie kommen in jedem Alter vor. Typ-II-c-Gelenke sind in der Regel sonographisch instabil. Das bedeutet, daß je nach Ausprägungsform unter Streß diese Gelenke in ein dezentriertes Gelenk übergeführt werden können. Diese Luxierbarkeit ist bei der sog. dynamischen Untersuchung am Monitor sichtbar und meßtechnisch erfaßbar. Klinisch kann diese Instabilität aber sehr oft nicht diagnostiziert werden.

Hüftgelenke im Typ-II-a-Bereich sind Hüftgelenke jünger als 3 Monate und werden als physiologisch unreife Gelenke bezeichnet. Als Feindifferenzierung kann dieses Hüftgelenk in Relation zur Zeitskala am Sonometer beurteilt werden:

1. **Hüfttyp II a (+)**
   Dies sind Hüftgelenke, die den geforderten Mindestreifungsstand entsprechend der Zeitskala haben oder überschreiten.
2. **Hüfttyp II a (–)**
   Dies sind Hüftgelenke, die hinter der geforderten Mindestreifung nachhinken.

Der Hüfttyp II b entspricht einem Hüftgelenk im entsprechenden Winkelbereich, das älter als 3 Monate ist. Sie imponieren im Röntgenbild als tatsächlich dysplastisches Gelenk. Der Unterschied zwischen Typ II a und Typ II b ist daher lediglich das Alter. Die Unterscheidung erscheint gerechtfertigt, da entsprechend der differenten Alterszugehörigkeit der Ossifikationsprozeß am Pfannendach different ist.

10.2.1 Hüfttyp II a
(Abb. 10.42–10.69)

Hüftgelenke bis zum Ende des 3. Lebensmonates, deren α-Werte zwischen 50 und 59° liegen, sind physiologisch unreife Gelenke (Typ II a). Ein neugeborenes Hüftgelenk hat mit einem Mindestmaß an knöcherner Ausformung von Alpha 50–51° gute Chancen, spontan bis zum Ende des 3. Lebensmonats auszureifen und Typ I zu werden. Typ-II-a-Gelenke, die über oder gleich der geforderten altersmäßigen Mindestreifung liegen, werden als physiologisch unreife Hüften innerhalb der geforderten Mindestreifung bezeichnet (= Typ II a (+)). Gelenke, die diese Anforderungen nicht erfüllen und den Reifungsstand entsprechend der Zeitskala nicht erreichen, werden als Typ II a (–) quantifiziert.

Um Pseudogenauigkeiten zu vermeiden, sollte eine Unterscheidung von Typ II a (+) und Typ II a (–) vor der 6. Lebenswoche aufgrund der geringen Winkelstreuung entsprechend der Zeitskala nicht durchgeführt werden.

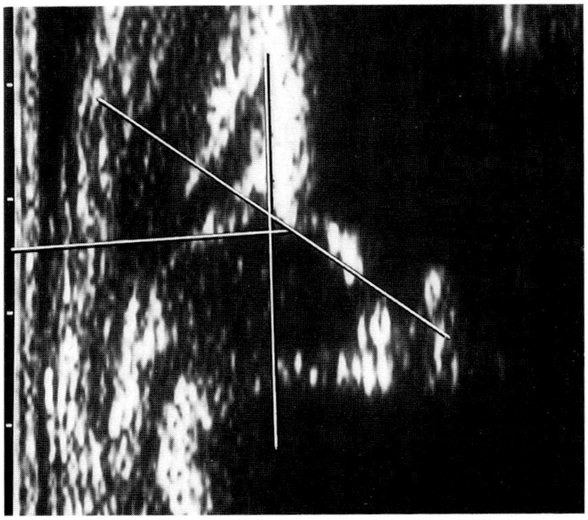

Abb. 10.42. B. A., 2 Monate, linkes Hüftgelenk, Monitorbild
Der knöcherne Erker ist abgerundet, die knöcherne Formgebung ausreichend, der Knorpelerker ist breit und übergreifend.
α 55°
β 85°
Hüfttyp II a

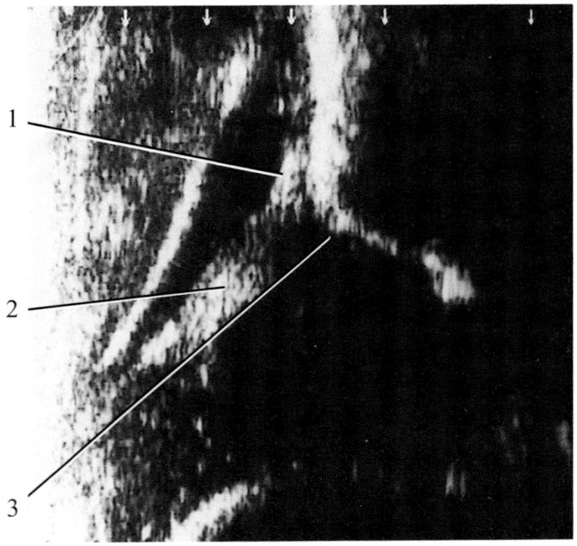

Abb. 10.43. B. N., 2 Monate, linkes Hüftgelenk
Der knöcherne Erker ist gerundet, die knöcherne Formgebung ausreichend, der knorpelige Erker ist breit, aber übergreifend.
Hüfttyp II a (physiologisch unreife Hüfte)
1 Perichondrium
2 Labrum acetabulare
3 Gerundeter knöcherner Erker

Abb. 10.44. U. I., 4 Wochen, rechtes Hüftgelenk
Schlechtes Hüftsonogramm. Die Schnittebene wurde eine Spur zu weit dorsal angelegt, daher sollte dieses Sonogramm nicht ausgemessen werden. Die Meßlinien sind zu unrecht eingezeichnet („Pseudohüftsonogramm").

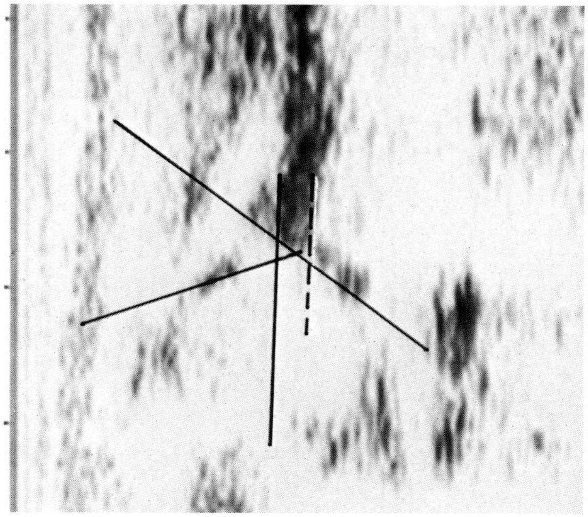

Abb. 10.45. B. I., 10 Tage, linkes Hüftgelenk
Der knöcherne Erker ist stark gerundet bei ausreichender knöchener Formgebung; breiter, aber übergreifender knorpeliger Erker. Die Mindestreifung wurde entsprechend der Zeitskala überschritten.
$\alpha = 55°$
$\beta = 75°$
Hüfttyp II a

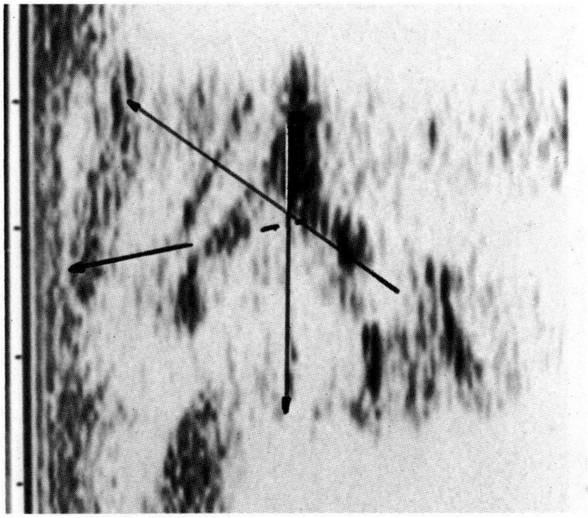

Abb. 10.46. S. A., 11 Tage, linkes Hüftgelenk
Knöcherner Erker deutlich gerundet bei ausreichender knöcherner Formgebung und breitbasig aufsitzendem, aber übergreifendem knorpeligem Erker.
$\alpha = 58°$
$\beta = 73°$
Hüfttyp II a (innerhalb der geforderten Mindestreifung nach der Zeitskala)

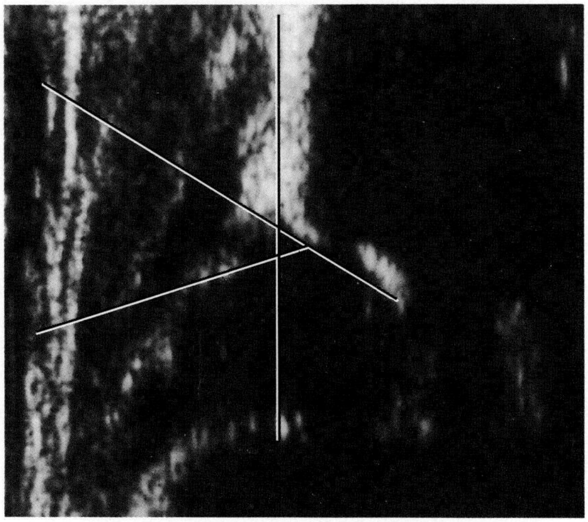

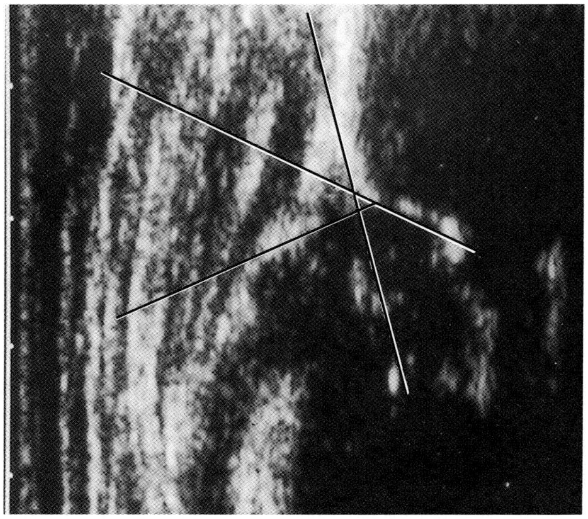

Abb. 10.47. L. M., 17 Tage, rechtes Hüftgelenk
Stark gerundeter knöcherner Erker bei guter knöcherner Formgebung und breitbasig aufsitzendem, aber übergreifendem knorpeligem Erker.
$\alpha = 55°$
$\beta = 80°$
Hüfttyp II a (innerhalb der Zeitreifung)

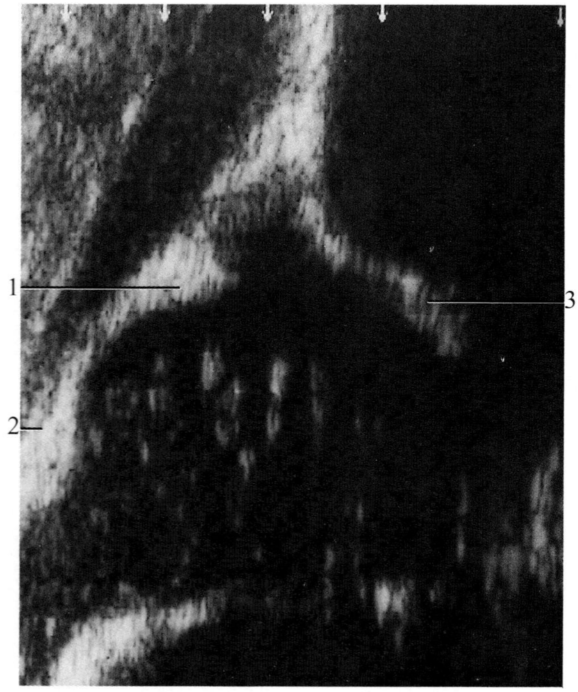

Abb. 10.48. S. L., 5 Wochen, rechtes Hüftgelenk
Deutliche Rundung des knöchernen Erkers bei ausreichender knöcherner Formgebung und breitbasig aufsitzendem, aber übergreifendem knorpeligem Erker.
Hüfttyp II a (Die genaue Zuordnung hinsichtlich der zeitmäßigen Reifung kann ohne Meßlinien nicht durchgeführt werden.)
1 Labrum acetabulare
2 Umschlagfalte
3 Unterrand des Os ilium

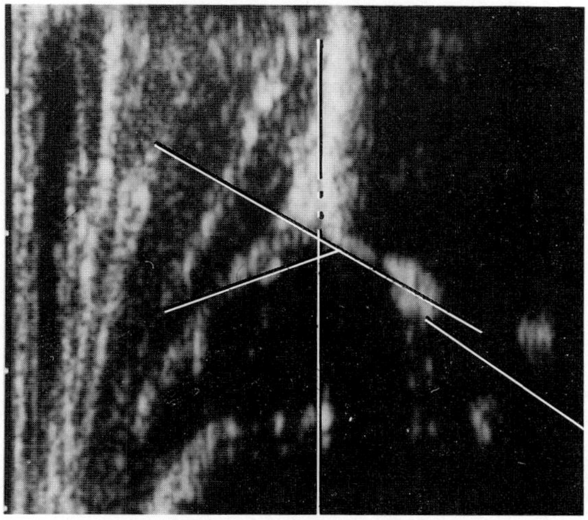

Abb. 10.49. B. M., 4 Wochen, linkes Hüftgelenk
Abrundung des knöchernen Pfannenerkers mit ausreichender knöcherner Formsicherung. Die knorpelige Überdachung ist breit, übergreifend und echoarm; noch keine Kopfkernentwicklung.
$\alpha = 57°$
$\beta = 70°$
Typ II a

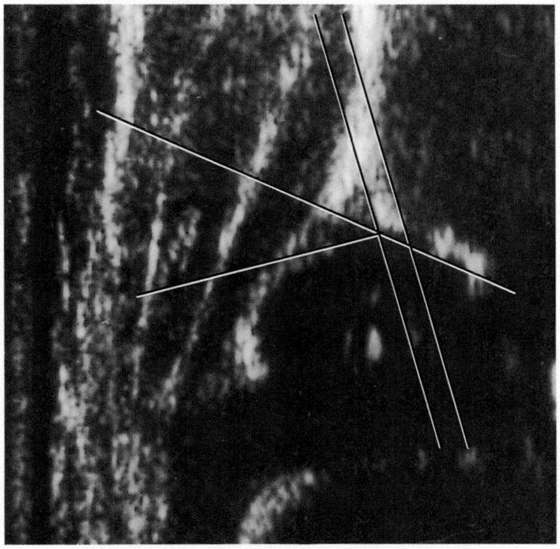

Abb. 10.50. S. N., 3 Wochen, linkes Hüftgelenk
Abrundung des knöchernen Pfannenerkers mit ausreichender knöcherner Überdachung. Das knorpelige Pfannendach ist breit. Es zieht jedoch über den Hüftkopf hinweg und führt zu einer guten Gesamtüberdachung; fehlende Kopfkernentwicklung. Im Sonogramm ist die Grundlinie mit Hilfslinie durch die hintere Schallauslöschung eingezeichnet.
$\alpha = 50°$
$\beta = 90°$
Hüfttyp II a

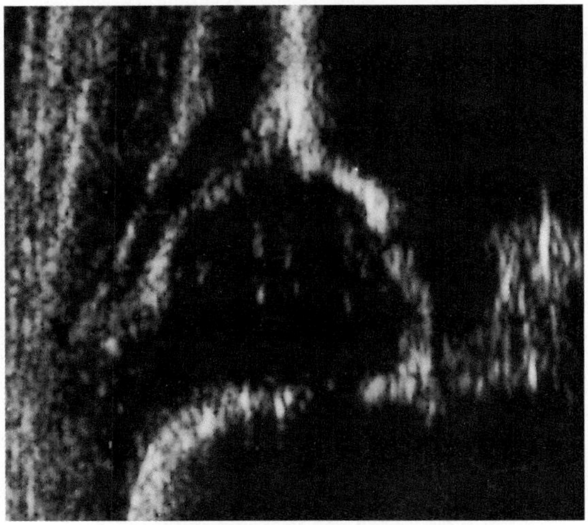

Abb. 10.51. S. D., 8 Wochen, rechtes Hüftgelenk
Die knöcherne Formgebung ist ausreichend, der knöcherne Erker ist rund, das knorpelige Pfannendach den Hüftkopf gut übergreifend.
Hüfttyp II a
Der knöcherne Erker ist durch den Umschlagpunkt von Konkavität in Konvexität und durch die Schallschattenbildung gut sichtbar. Der Unterrand des Os ilium gut dargestellt, die Schnittebene korrekt. Das Labrum acetabulare sichtbar.

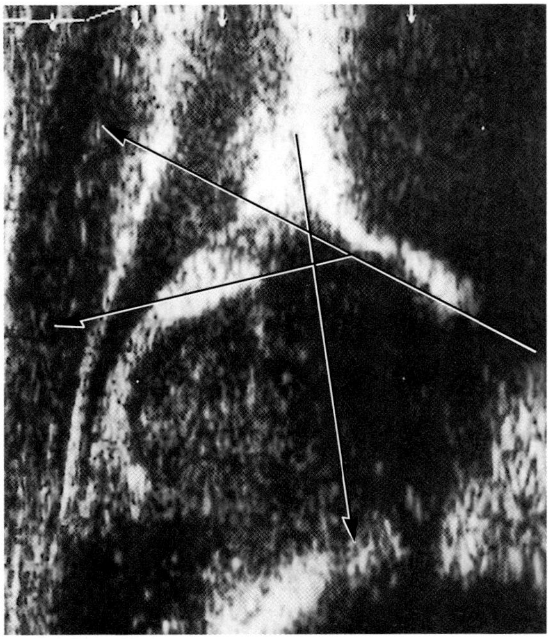

Abb. 10.52. G. E., 4 Wochen, linkes Hüftgelenk
Abgerundeter knöcherner Pfannenerker, ausreichende knöcherne Formgebung, breit aufsitzendes, echoarmes, übergreifendes knorpeliges Pfannendach. Der Hüftkopf steht zentriert, noch keine Kopfkernentwicklung.
$\alpha = 55°$
$\beta = 85°$
Hüfttyp II a

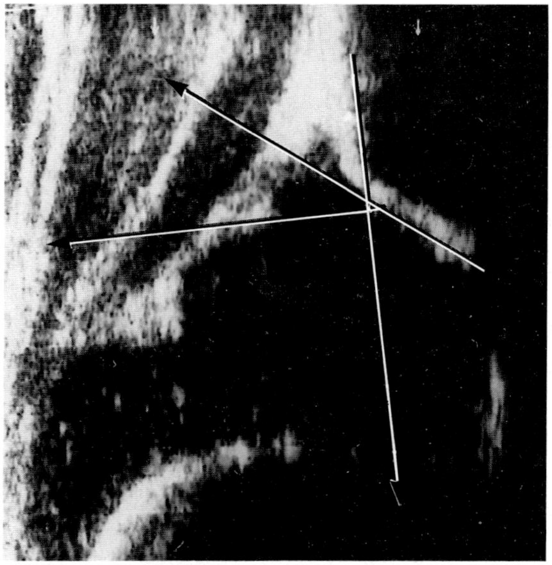

Abb. 10.53. L. A., 4 Wochen, rechtes Hüftgelenk
Die Meßlinien sind eingezeichnet. Als Grundlinie wurde die Hilfslinie durch die dorsale Schallauslöschung benutzt. Die knöcherne Formgebung ist ausreichend, der knöcherne Erker rund, das knorpelige Pfannendach den Hüftkopf übergreifend.
$\alpha = 55°$
$\beta = 85°$
Hüfttyp II a

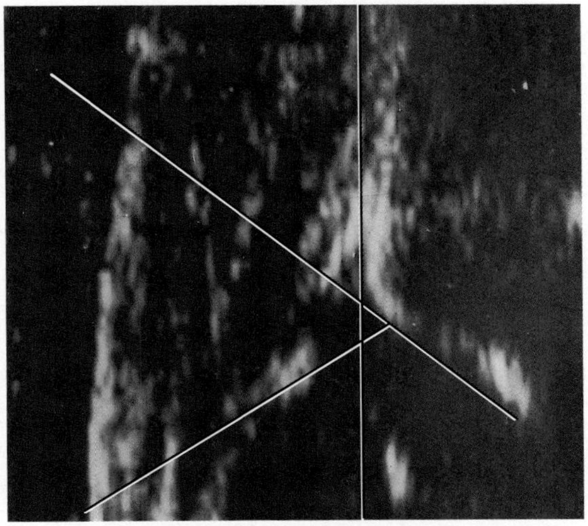

Abb. 10.54. D. P., 3 Monate altes Hüftgelenk
Die knöcherne Formgebung ist mangelhaft, der knöcherne Erker gerundet. Das knorpelige Pfannendach übergreift den Hüftkopf. Die Meßlinien sind eingezeichnet. Die Bildkriterien für eine korrekte Abbildung des Hüftgelenks sind erfüllt (Unterrand des Os ilium, Schnittebene, Labrum acetabulare!).
$\alpha = 53°$
$\beta = 62°$
Hüfttyp II b

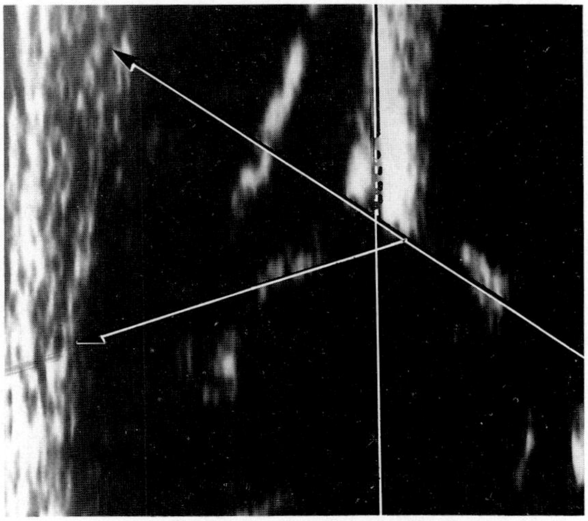

Abb. 10.55. Neugeborenes, rechtes Hüftgelenk
Die knöcherne Formgebung ist ausreichend, der knöcherne Erker bereits gut konturiert, das knorpelige Pfannendach übergreifend.
$\alpha = 56°$
$\beta = 75°$
Hüfttyp II a

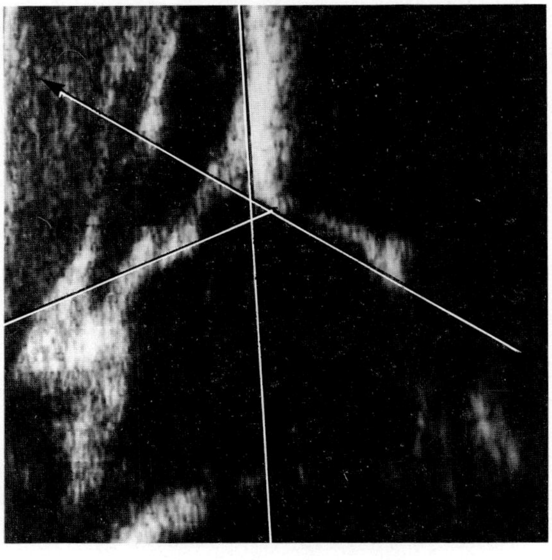

Abb. 10.56. R. S., 7 Wochen, rechtes Hüftgelenk
Abgerundeter knöcherner Pfannenerker mit noch nicht ausreichender knöcherner Hüftkopfüberdachung, übergreifendes, nicht abgedrängtes, echoarmes knorpeliges Pfannendach. Das Labrum acetabulare findet sich am Übergang von Gelenkkapsel zu Perichondrium. Zentriert stehender Hüftkopf, noch keine Kopfkernentwicklung.
$\alpha = 58°$
$\beta = 72°$
Hüfttyp II a

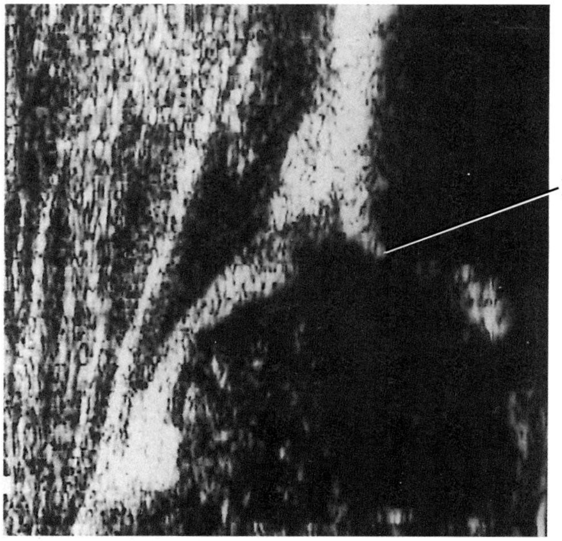

Abb. 10.57. G. E., 3 Wochen, linkes Hüftgelenk
Abgerundeter knöcherner Pfannenerker mit noch nicht ausreichender knöcherner Formsicherung. Breites, übergreifendes knorpeliges Pfannendach, dieses ist in der Struktur echoarm. Noch keine Kopfkernentwicklung. Zentriert stehender Hüftkopf mit insgesamt guter knöcherner und knorpeliger Gesamtüberdachung.
Hüfttyp II a
1 Umschlagpunkt
(= knöcherner Erker)

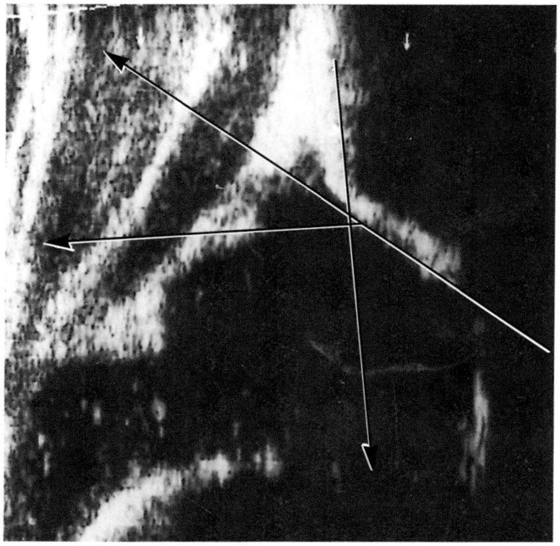

Abb. 10.58. G. M., 2 Monate, rechtes Hüftgelenk
Der knöcherne Erker ist gerundet bei ausreichender knöcherner Formgebung, der knorpelige Erker ist breit, aber übergreifend.
$\alpha = 55°$
$\beta = 88°$
Hüfttyp II a

Abb. 10.59. Z. M., Neugeborenenhüfte, rechtes Hüftgelenk
Der knöcherne Erker ist rund, die knöcherne Formgebung ausreichend, der knorpelige Erker breit übergreifend.
$\alpha = 58°$
$\beta = 82°$
Hüfttyp II a

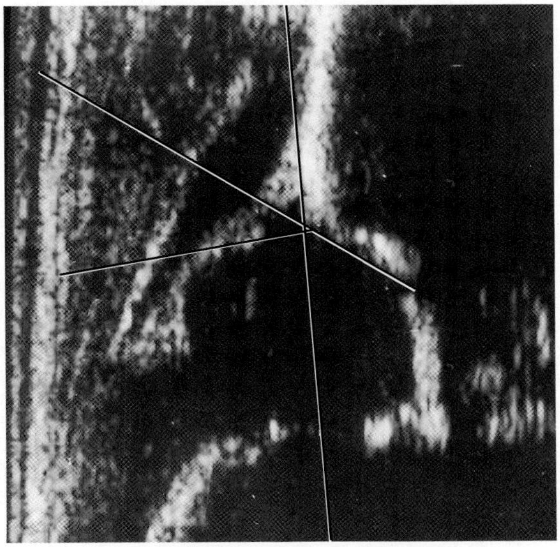

Abb. 10.60. K. E., 4 Wochen, linkes Hüftgelenk
Die knöcherne Formgebung ist ausreichend, der knöcherne Erker rund, das knorpelige Pfannendach breit, den Hüftkopf übergreifend. Der Hüftkopfkern ist noch fehlend.
$\alpha = 56°$
$\beta = 65°$
Hüfttyp II a

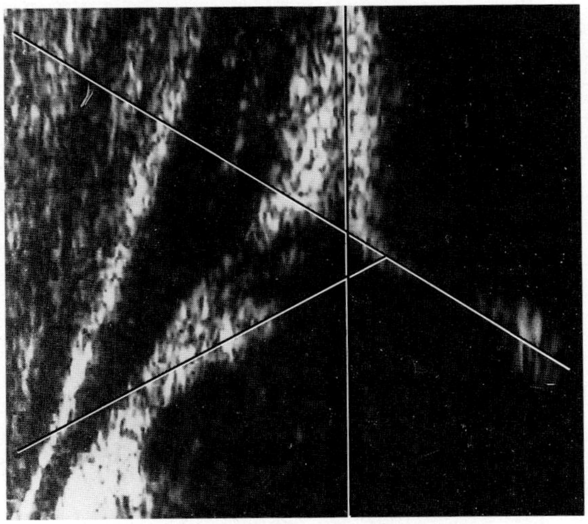

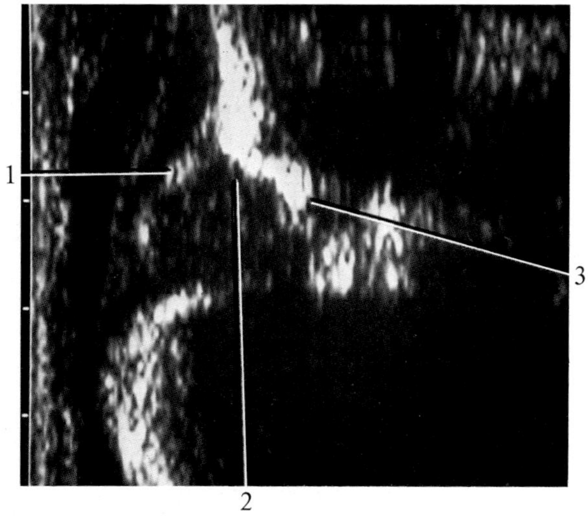

Abb. 10.61. W. M., 9 Tage, linkes Hüftgelenk, Monitorbild
Der knöcherne Erker ist deutlich gerundet bei ausreichender knöcherner Formgebung, der knorpelige Erker breit und übergreifend.
Hüfttyp II a
1 Labrum acetabulare
2 Runder knöcherner Erker
3 Taillierung
(5-MgHz-Transducer)

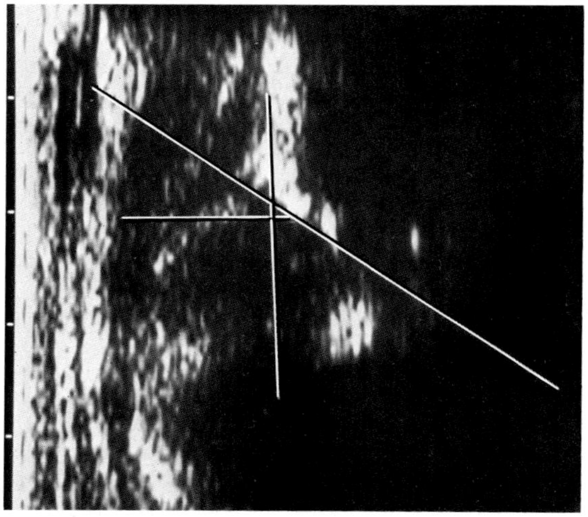

Abb. 10.62. M. K., 2 Wochen, linkes Hüftgelenk, Monitorbild
Starke Abrundung de knöchernen Erkers bei gerade noch ausreichend knöcherner Formgebung und breit übergreifendem knorperligem Erker; Hüftkopfkern fehlend.
$\alpha = 55°$
$\beta = 90°$
Hüfttyp II a
(5-MgHz-Transducer)
ungenügende Auflösung

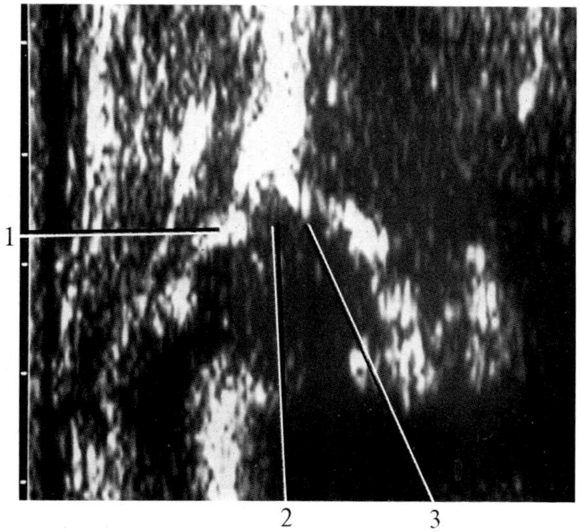

Abb. 10.63. U. C., 2,5 Monate, rechtes Hüftgelenk, Monitorbild
Der knöcherne Erker ist gerundet bei ausreichender knöcherner Formgebung und breitem, aber übergreifendem knorpeligem Erker.
Hüfttyp II a
1 Labrum acetabulare
2 Breites knorpeliges Pfannendach
3 Umschlagpunkt

Abb. 10.64. E. Z., 14 Tage, rechtes Hüftgelenk
Diese Hüfte soll demonstrieren, daß auch unter dem 3. Lebensmonat durchaus ein Hüfttyp I anzutreffen ist.
Befund:
Knöcherner Erker eckig bei guter knöcherner Formgebung, knorpeliger Erker gut übergreifend.
$\alpha = 62°$
$\beta = 60°$
Hüfttyp Ib
1 Pfannendachlinie
2 Gewebe der Fossa acetabuli
Die Taillierung wird durch die Pfannendachlinie verdeckt.

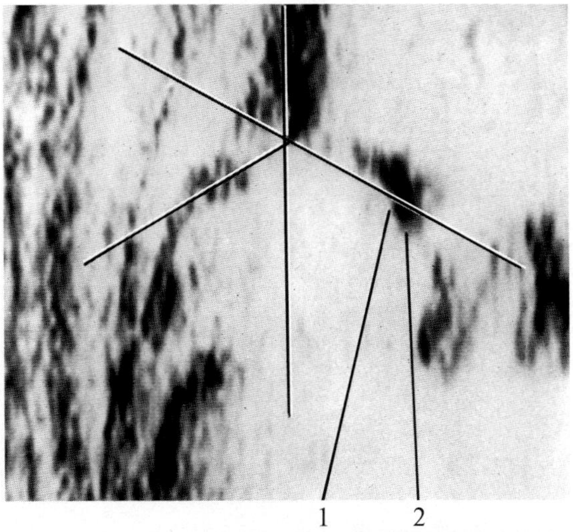

Abb. 10.65. F. K., 2 Monate, rechtes Hüftgelenk, Monitorbild
Der knöcherne Erker ist stark gerundet bei gerade noch ausreichender knöcherner Formgebung. Der knorpelige Erker ist sehr breit und gerade noch übergreifend.
$\alpha = 50°$
$\beta = 90°$
Der Winkel α ist grenzwertig, durch den hohen β-Wert bekommt die Hüfte eine Tendenz zum Schlechteren und ist daher als Hüfttyp IIg zu klassifizieren. (Vergleiche Abb. 10.66.)

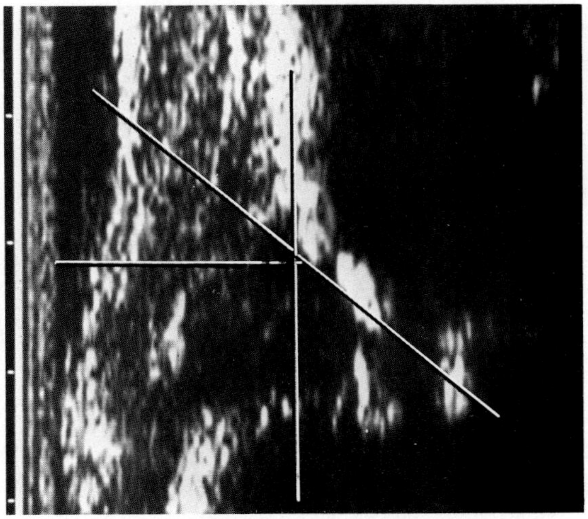

Abb. 10.66. Derselbe Patient wie in Abb. 10.65, jedoch linkes Hüftgelenk
Der knöcherne Erker ist eckig, die knöcherne Formgebung gut, der knorpelige Erker schmal übergreifend.
$\alpha = 60°$
$\beta = 66°$
Hüfttyp Ib

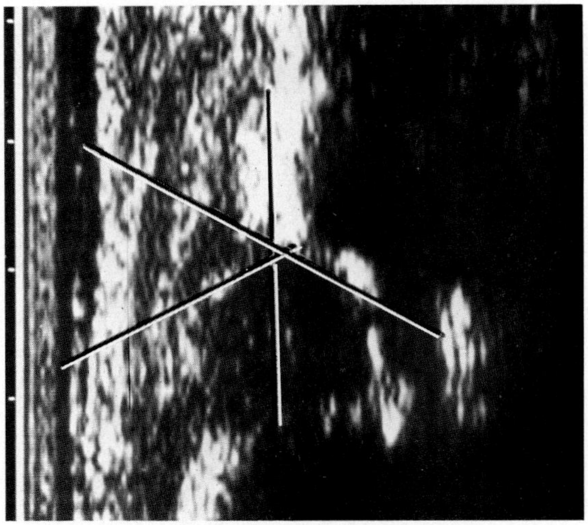

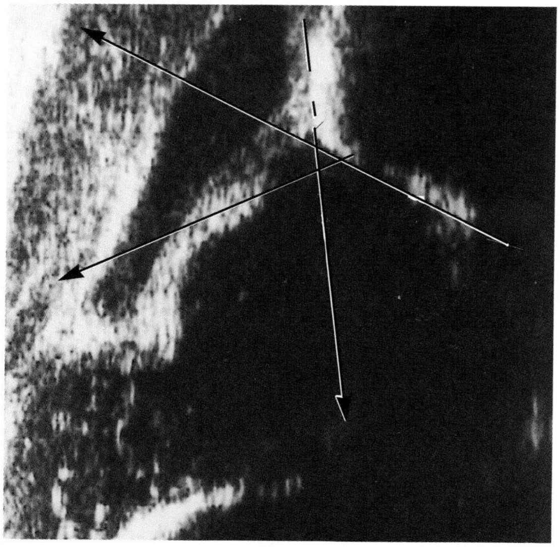

Abb. 10.67. S. K., 2,5 Monate, linkes Hüftgelenk
Der knöcherne Erker ist gerundet, die knöcherne Formgebung noch ausreichend, der knorpelige Erker breit übergreifend.
$\alpha = 58°$
$\beta = 75°$
Hüfttyp IIa
Das Hüftgelenk entspricht dem geforderten Mindestreifungsstand und wird daher als Typ IIa (+) bezeichnet.

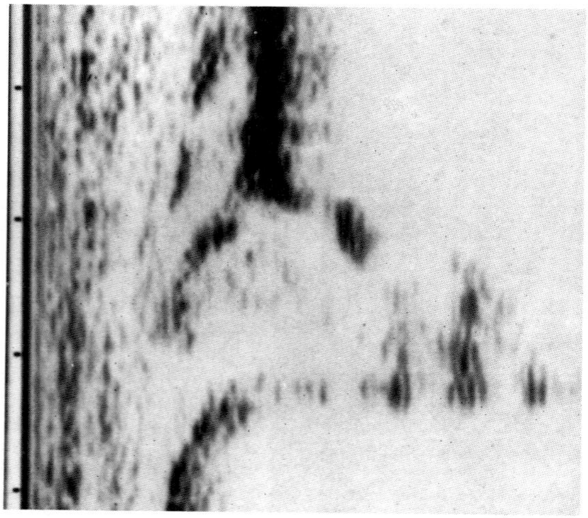

Abb. 10.68. L. T., 5 Wochen, linkes Hüftgelenk
Der knöcherne Erker ist leicht geschweift bei guter knöcherner Formgebung, der knorpelige Erker schmal und spitz übergreifend.
Hüfttyp I
Vergleiche mit Abb. 10.67, das bei älterem Kind eine relativ schlechtere Situation aufweist.

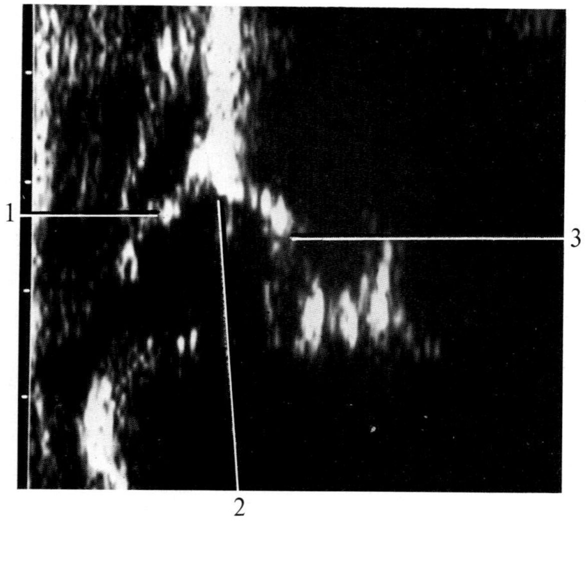

Abb. 10.69. S. M., 6 Wochen, rechtes Hüftgelenk, Monitorbild
Der knöcherne Erker ist gerundet, die knöcherne Formgebung ausreichend, der knorpelige Erker breit, aber übergreifend. Die Taillierung ist deutlich sichtbar.
Hüfttyp IIa
1 Labrum acetabulare
2 Runder knöcherner Erker
3 Unterrand des Os ilium

10.2.2 Hüfttyp II b
(Abb. 10.70–10.110)

Es sind dies Hüftgelenke mit α-Werten zwischen 50 und 59°, die älter als 3 Monate sind. Diese Gelenke entsprechen auch radiologisch dysplastischen Gelenken.

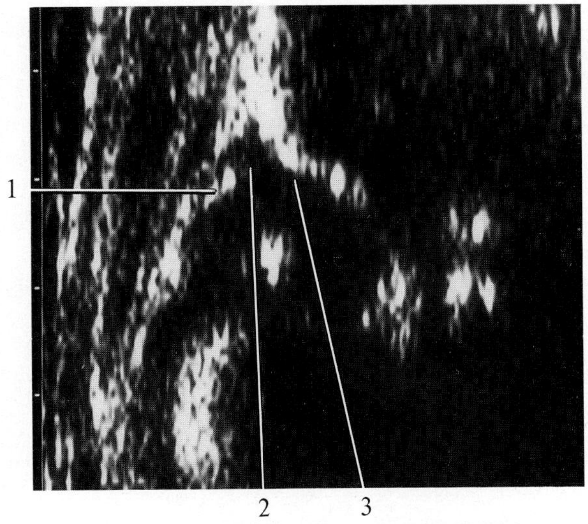

Abb. 10.70. F. C., 4 Monate, linkes Hüftgelenk, Monitorbild
Der knöcherne Erker ist deutlich gerundet, bei mangelnder knöcherner Formgebung, der knorpelige Erker breit, aber noch übergreifend.
1 Labrum acetabulare
2 Knorpelerker
3 knöcherner Erker
Hüfttyp II b

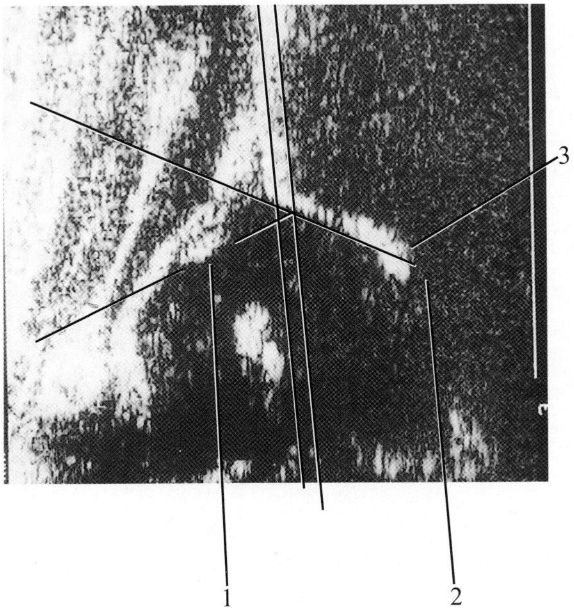

Abb. 10.71. M. J., 4 Monate, linkes Hüftglenk
Die knöcherne Formgebung ist für ein 4 Monate altes Hüftgelenk nicht ausreichend. Der knöcherne Erker ist leicht gerundet, das knorpelige Pfannendach noch etwas breit, den Hüftkopf aber gut übergreifend, der Hüftkopfkern bereits gut sichtbar. Von der Beschreibung entspricht dieses Gelenk einem Typ II, wobei jedoch die „Gesamtoptik" gut ist. Die Meßlinien sind eingezeichnet.
$\alpha = 58°$
$\beta = 73°$
Das Hüftgelenk entspricht somit einem Typ II b-Gelenk, das ein geringes Reifungsdefizit gegenüber dem altersentsprechend geforderten Reifungsstand aufweist.
1 Labrum acetabulare
2 Gewebe der Fossa acetabuli. Durch die Überstrahlung des Gelenkes nicht gut vom Unterrand des Os ilium (3) abgrenzbar.

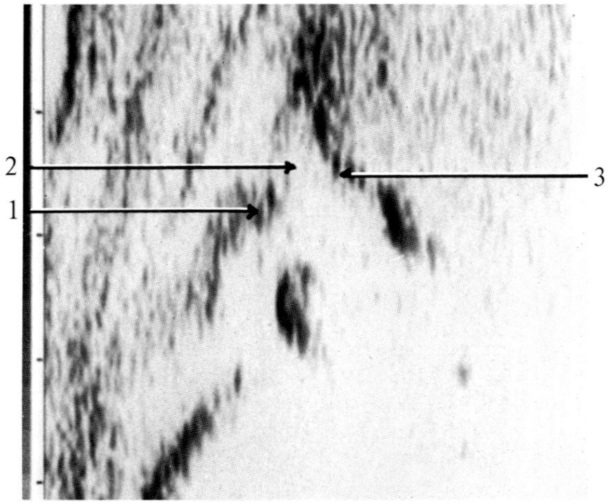

Abb. 10.72. H. K., 11 Monate, rechtes Hüftgelenk
Der knöcherne Erker ist deutlich gerundet, die knöcherne Formgebung mangelhaft, der knorpelige Erker breit, aber übergreifend.
Hüfttyp II b
Der abgerundete Knochenerker im Sonogramm entspricht dem mit einem Pfeil markierten Erkerdefekt im Röntgenbild.
1 Labrum acetabulare
2 Knorpelig präformiertes Pfannendach
3 Runder knöcherner Erker

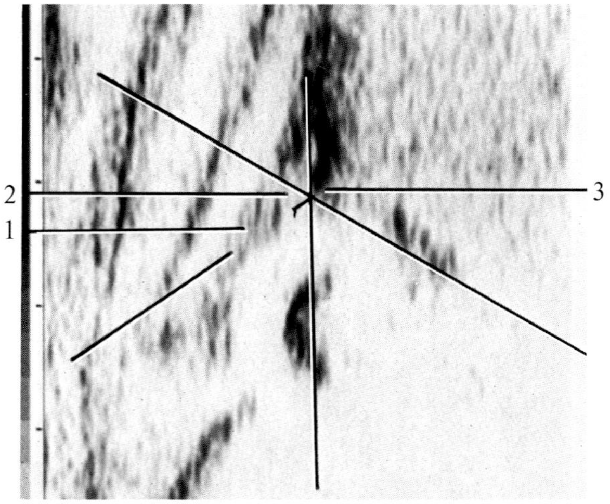

Abb. 10.73. Derselbe Patient wie in Abb. 10.67, linkes Hüftgelenk
Der knöcherne Erker ist eckig, die knöcherne Formgebung gut, der knorpelige Erker schmal und übergreifend.
$\alpha = 60°$
$\beta = 58°$
Hüfttyp I b
1 Labrum acetabulare
2 Knorpelig präformiertes Pfannendach
3 Knöcherner Erker
(Der Unterrand des Os ilium ist sehr problematisch!)

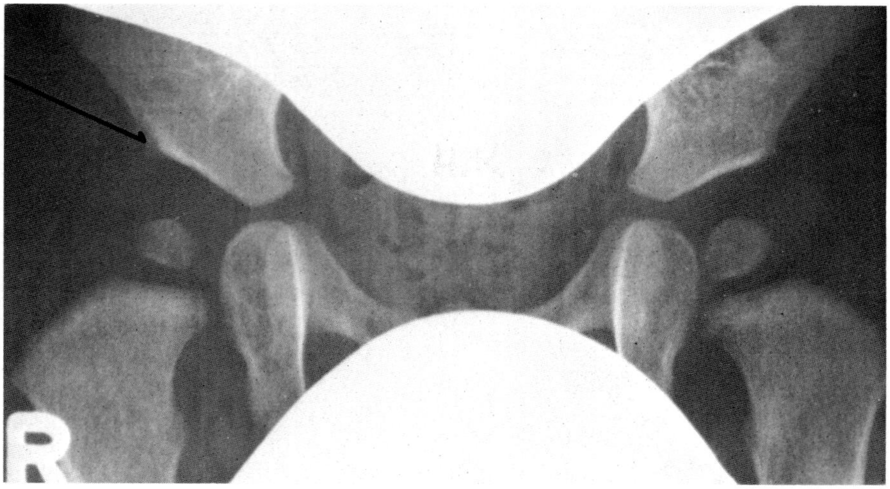

Abb. 10.74. Röntgenbild zu Abb. 10.72 und 73

Abb. 10.75. H. G., 6 Monate, rechtes Hüftgelenk
Der knöcherne Erker ist deutlich gerundet bei mangelhafter Formgebung. Der knorpelige Erker ist breit und übergreifend.
1 Labrum acetabulare
2 Gerundeter knöcherner Erker
Hüfttyp II b
Vergleiche Rö in Abb. 10.77
Der Unterrand des Os ilium ist ungenügend dargestellt.

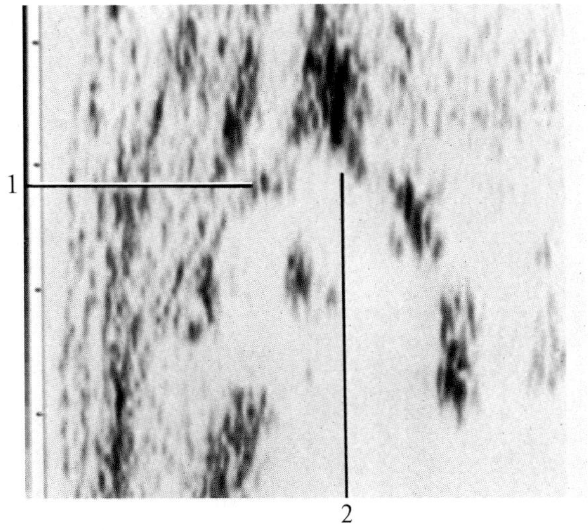

Abb. 10.76. Derselbe Patient wie in Abb. 10.75, jedoch linkes Hüftgelenk
Der knöcherne Erker ist eckig, die knöcherne Formgebung gut, das knorpelige Pfannendach schmaler als auf der rechten Seite und ebenfalls gut übergreifend.
1 Labrum acetabulare
2 Knöcherner Erker mit Erkerartefakt

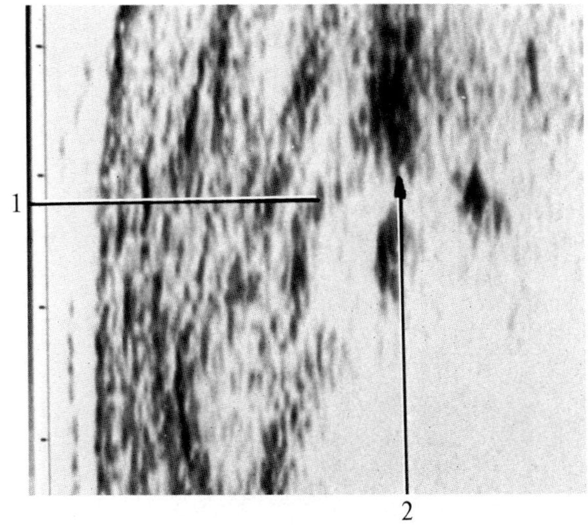

Abb. 10.77. Röntgenbild zu Abb. 10.75 und 76

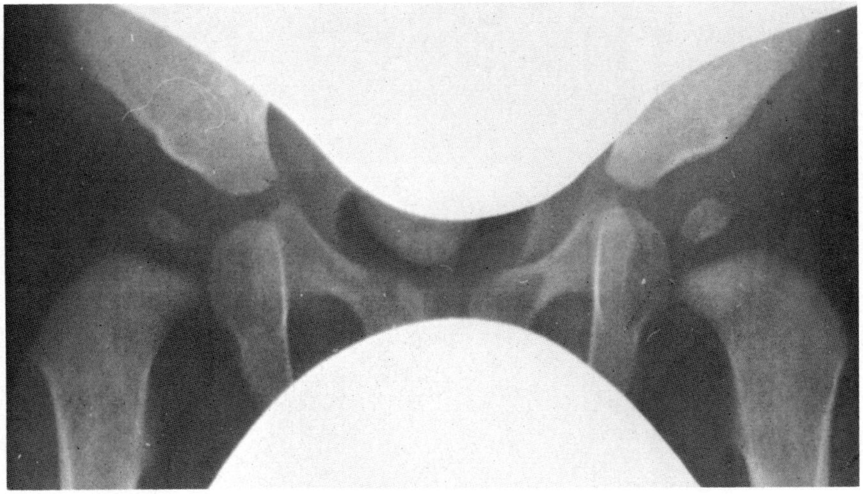

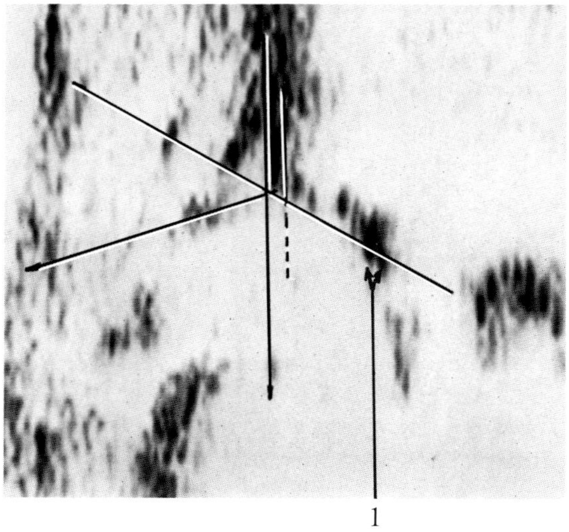

Abb. 10.78. N. I., 5 Monate, rechtes Hüftgelenk
Der knöcherne Erker ist eckig, die knöcherne Formgebung mangelhaft, das knorpelige Pfannendach etwas breit, aber übergreifend, der Hüftkopfkern fehlt.
$\alpha = 58°$
$\beta = 74°$
Geringgradige Typ-II-b-Hüfte
1 Gewebe der Fossa acetabuli

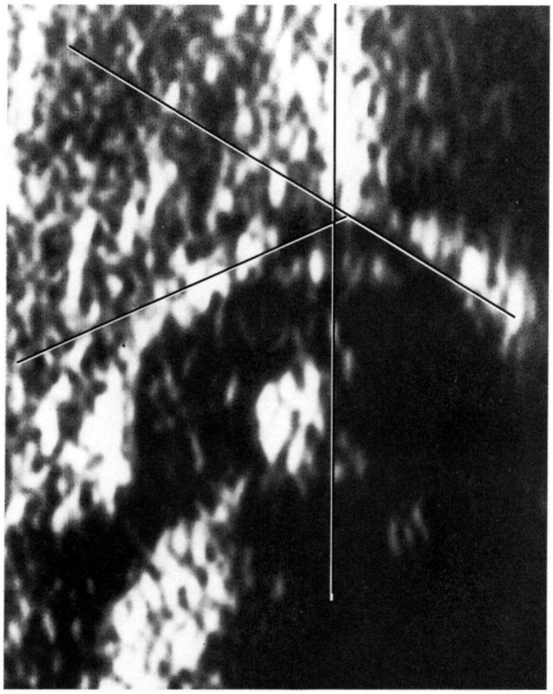

Abb. 10.79. M. E., 6,5 Monate, linkes Hüftgelenk
Die knöcherne Formgebung ist mangelhaft, der knöcherne Erker bereits relativ gut konturiert. Das knorpelige Pfannendach ist etwas verbreitert, den Hüftkopf übergreifend. Der Hüftkopfkern gut sichtbar. Die Meßlinien sind korrekt eingezeichnet.
$\alpha = 58°$
$\beta = 65°$
Hüfttyp II b
Der knöcherne Erker ist aufgrund der beginnenden Nachverknöcherung bereits eckig konturiert!

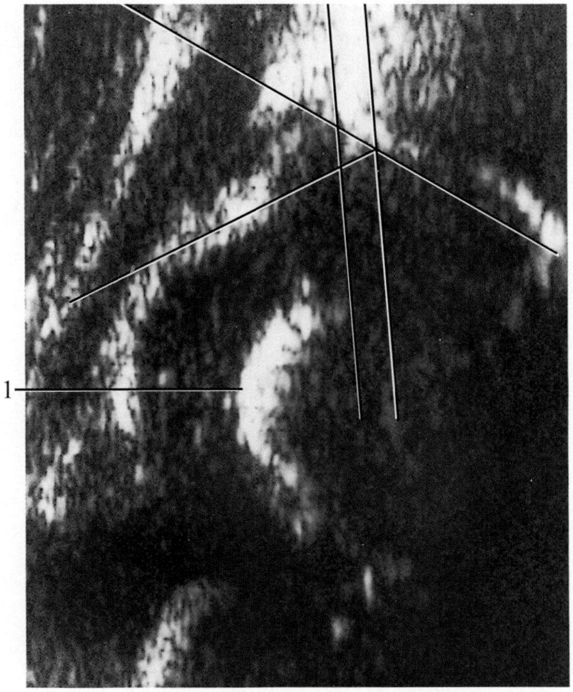

Abb. 10.80. C. M., 3 Monate, linkes Hüftgelenk
Der knöcherne Erker ist gerundet, die knöcherne Formgebung mangelhaft, der knorpelige Erker breit und übergreifend.
$\alpha = 55°$
$\beta = 70°$
Hüfttyp II b

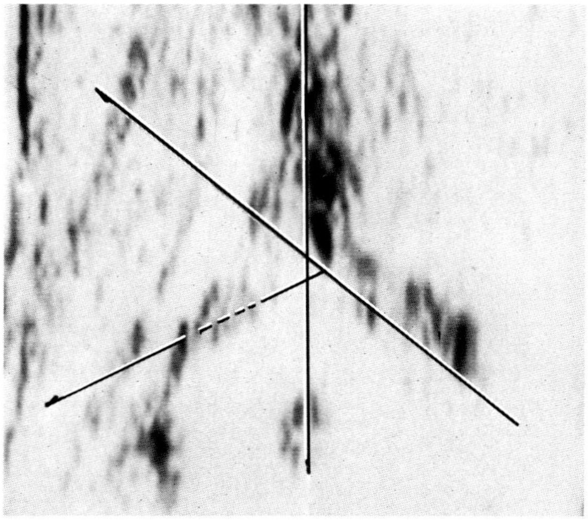

Abb. 10.81. P. S., 8 Monate, rechtes Hüftgelenk
Der knöcherne Erker ist rund, die knöcherne Formgebung mangelhaft, der knorpelige Erker breit, aber übergreifend; leichtes Halbmondphänomen.
$\alpha = 52°$
$\beta = 65°$
Hüfttyp II b
S. Röntgenbild Abb. 10.82

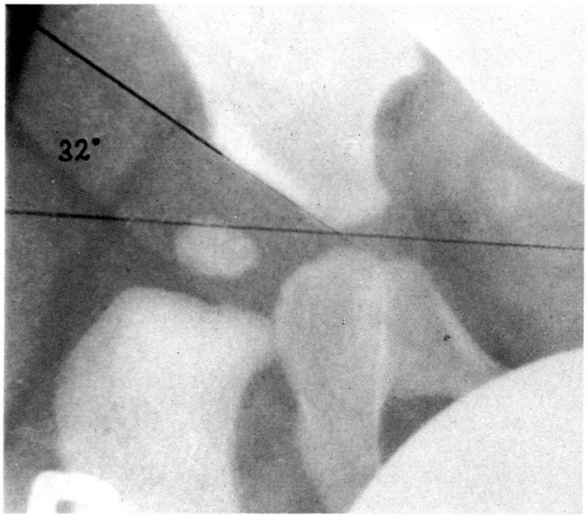

Abb. 10.82. Röntgenbild zu Abb. 10.81
Dieses Röntgenbild mit dem Pfannendachwinkel von 32° entspricht dem Sonogramm in Abb. 10.81.

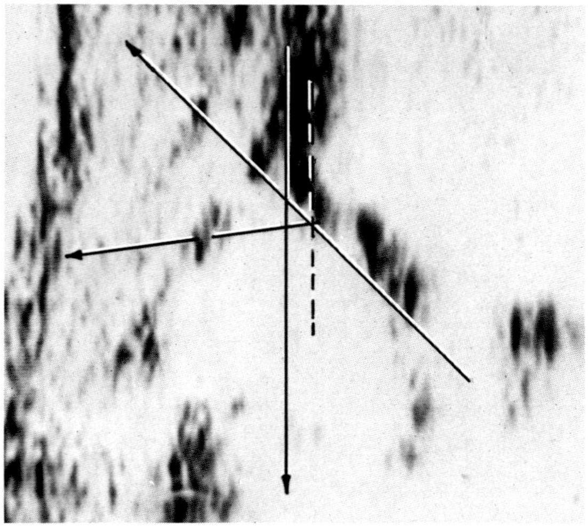

Abb. 10.83. Derselbe Patient wie in Abb. 10.81, jedoch linkes Hüftgelenk
Auf diesem Sonogramm ist der knöcherne Erker gegenüber der rechten Seite noch stärker gerundet und die knöcherne Formgebung mangelhaft. Auch der knorpelige Erker ist deutlich breiter als in Abb. 10.81. Ebenso fehlt der Hüftkopfkern völlig.
$\alpha = 47°$
$\beta = 83°$
Hüfttyp „am Dezentrieren"

Abb. 10.84. M. N., 4 Monate, rechtes Hüftgelenk, Monitorbild
Der knöcherne Erker ist gerundet bei mangelhafter knöcherner Formgebung, der Knorpelerker breit und übergreifend.
$\alpha = 53°$
$\beta = 110°$
Hüfttyp II b
1 Labrum acetabulare
2 Knöcherner Erker
3 Schallschatten
4 Unterrand des Os ilium

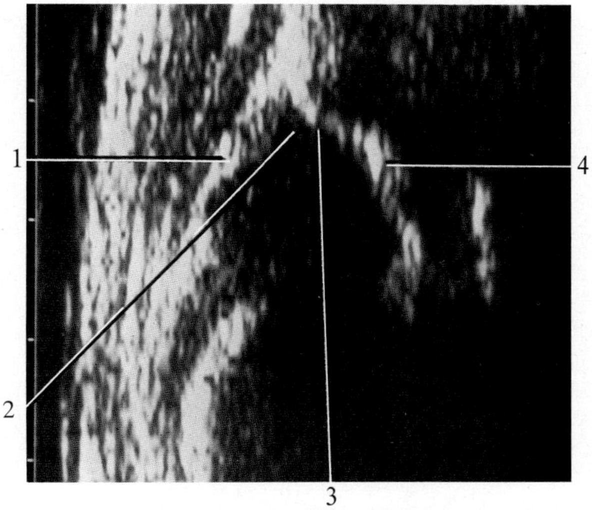

Abb. 10.85. Derselbe Patient wie in Abb. 10.84, linkes Hüftgelenk, Monitorbild
Der knöcherne Erker ist eckig bei guter knöcherner Formgebung, der knorpelige Erker schmal und übergreifend. Im Vergleich zu Abb. 10.84 ist das knöcherne Pfannendach wesentlich besser ausgebildet. Der knorpelige Erker ist deutlich schmaler als auf der rechten Seite.
Hüfttyp I

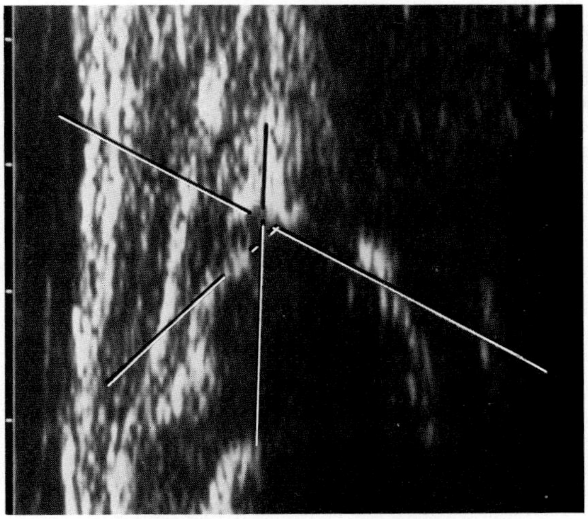

Abb. 10.86.
Röntgenbild zu Abb. 10.84 und 10.85

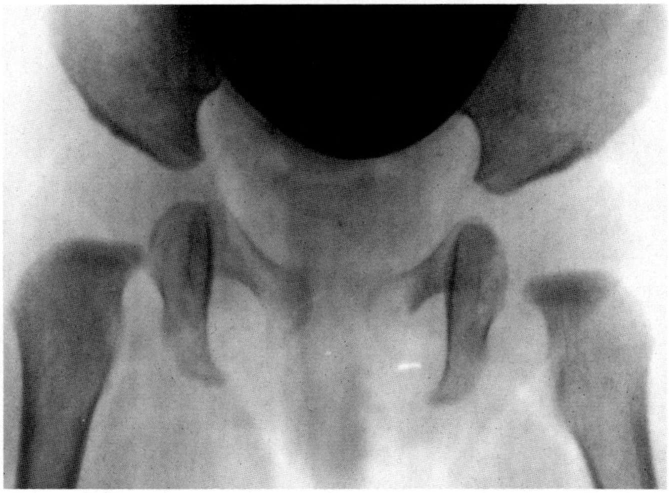

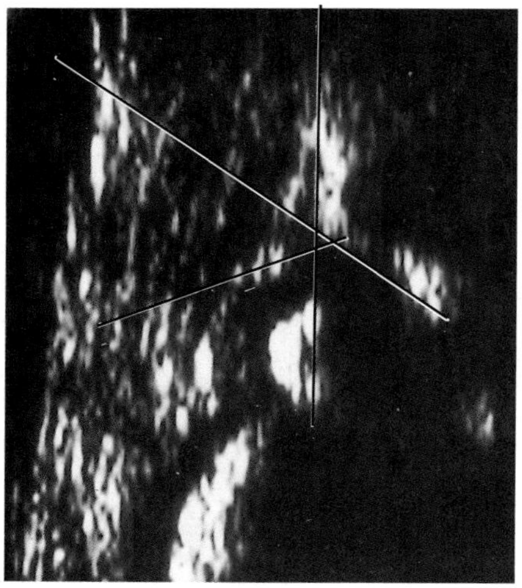

Abb. 10.87. S. S., 3,5 Monate, linkes Hüftgelenk
Die knöcherne Formgebung ist gut. Der knöcherne Erker ist eckig, das knorpelige Pfannendach breit, den Hüftkopf übergreifend, deutliches Halbmondphänomen.
$\alpha = 59°$
$\beta = 70°$
Hüfttyp I b – Normgrenzbefund

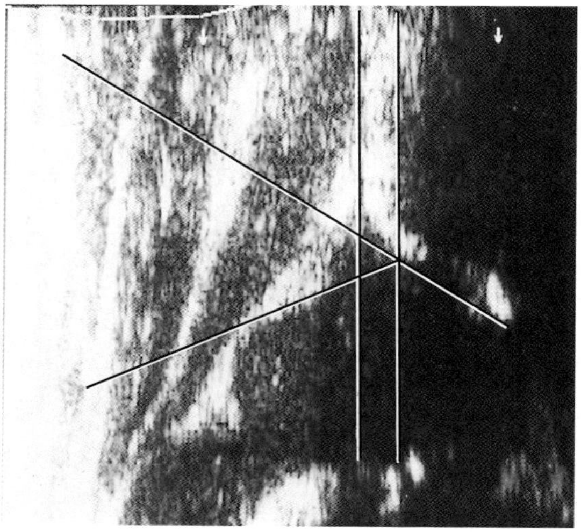

Abb. 10.88. K. I., 3 Monate, rechtes Hüftgelenk
Die knöcherne Formgebung ist mangelhaft, der knöcherne Erker gerundet, das knorpelige Pfannendach breit, den Hüftkopf übergreifend. Der Hüftkopfkern ist noch fehlend.
$\alpha = 56°$
$\beta = 67°$
Hüfttyp II b
Die Meßlinien sind korrekt eingezeichnet. Die Hilfslinie durch die dorsale Schallauslöschung geht parallel zur Originalgrundlinie. Der sonographische Schnitt ist angedeutet dorsal. Das Labrum acetabulare kommt nicht gut zur Darstellung. Eine Beurteilung des Sonogrammes, wie in der oben beschriebenen Form, sollte nicht durchgeführt werden.

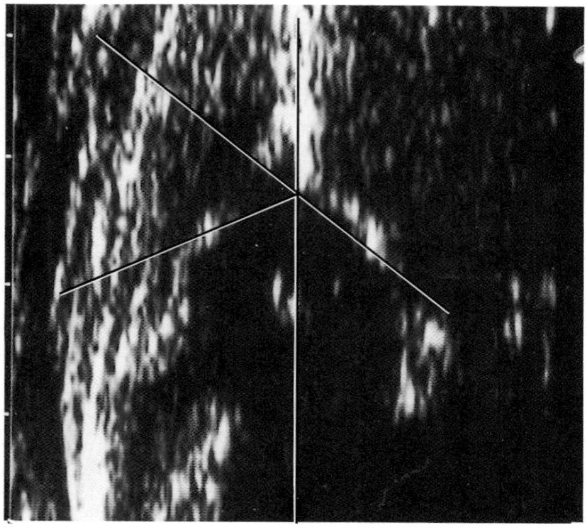

Abb. 10.89. K. A., 6,5 Monate, rechtes Hüftgelenk
Der knöcherne Erker ist abgerundet, die knöcherne Formgebung mangelhaft, der knorpelige Erker breit übergreifend. Die Meßlinien sind eingezeichnet.
$\alpha = 53°$
$\beta = 68°$
Hüfttyp II b

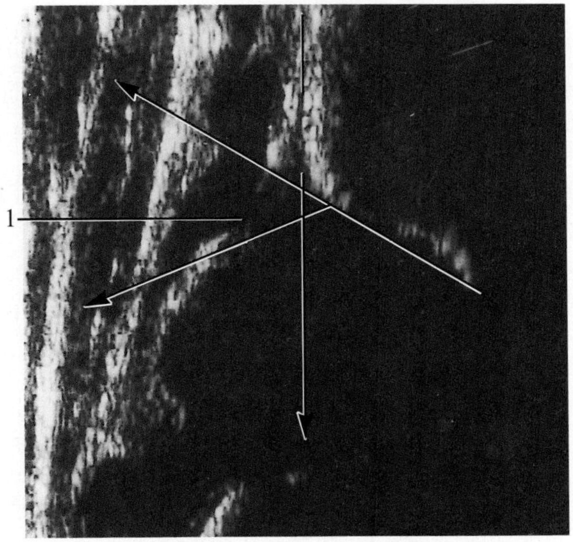

Abb. 10.90. G. M., 3 Wochen, rechtes Hüftgelenk
Der knöcherne Erker ist abgerundet, die knöcherne Formgebung ausreichend, der knorpelige Erker breit übergreifend.
$\alpha = 58°$
$\beta = 68°$
Hüfttyp II a
1 Perichondriumloch mit darunterliegendem Labrum acetabulare

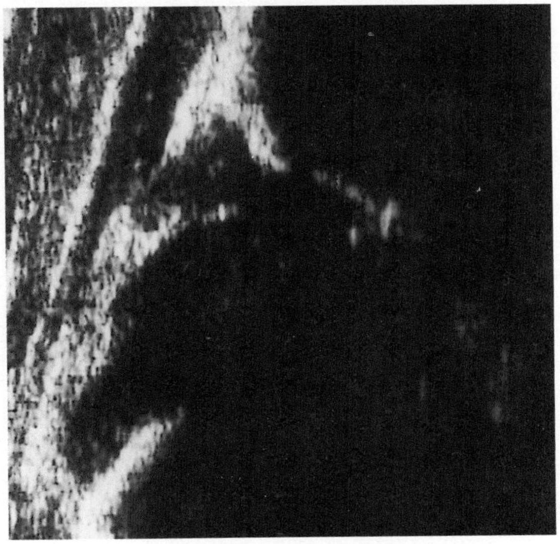

Abb. 10.91. Derselbe Patient wie in Abb. 10.90, linkes Hüftgelenk
Im Vergleich zu Abb. 10.90 ist das knorpelige Pfannendach ebenfalls noch sehr breit, der Unterrand des Os ilium nicht ausreichend dargestellt. Nach heutigen Qualitätskriterien sollte dieses Sonogramm für eine Beurteilung nicht herangezogen werden.

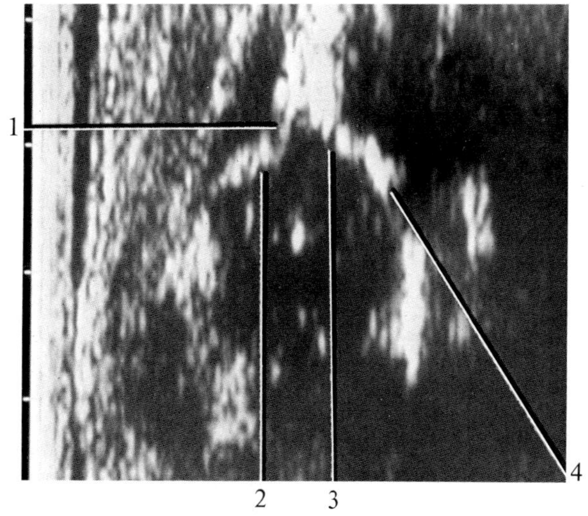

Abb. 10.92. S. S., 3 Monate, linkes Hüftgelenk, Monitorbild
Der knöcherne Erker ist gerundet, die knöcherne Formgebung mangelhaft, der knorpelige Erker breit und übergreifend.
Hüfttyp II b
1 Perichondriumloch
2 Labrum acetabulare
3 Schallschatten, der den Umschlagpunkt am Pfannenerker markiert
4 Taillierung

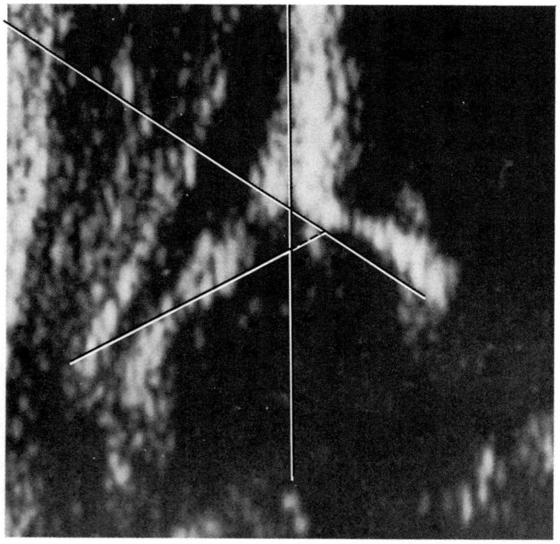

Abb. 10.93. H. A., 4,5 Monate, rechtes Hüftgelenk
Die knöcherne Formgebung ist mangelhaft, der knöcherne Erker rund, das knorpelige Pfannendach breit, den Hüftkopf übergreifend. Die Meßlinien sind eingezeichnet.
$\alpha = 56°$
$\beta = 65°$
Hüfttyp Typ II b

Abb. 10.94. F. W., 3,5 Monate, linkes Hüftgelenk
Die knöcherne Formgebung ist gut, der knöcherne Erker stumpf, das knorpelige Pfannendach den Hüftkopf übergreifend. Der Hüftkopfkern ist auch bei diesem Kind noch nicht angelegt. Die Meßlinien sind korrekt eingezeichnet. Die Grundlinie wurde durch die Taillierung am Unterrand des Os ilium gelegt.
$\alpha = 71°$
$\beta = 63°$
Hüfttyp Ib

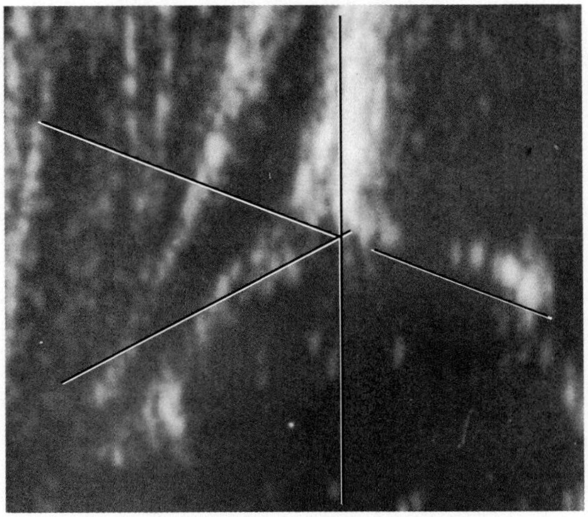

Abb. 10.95. B. D., 4 Monate, linkes Hüftgelenk
Die knöcherne Formgebung ist mangelhaft, der knöcherne Erker rund, das knorpelige Pfannendach breit, den Hüftkopf übergreifend. Die Meßlinien sind korrekt eingezeichnet. Die Ausstellinie beginnt am Umschlagpunkt, markiert durch die Schallschattenbildung.
$\alpha = 55°$
$\beta = 86°$
Hüfttyp IIb

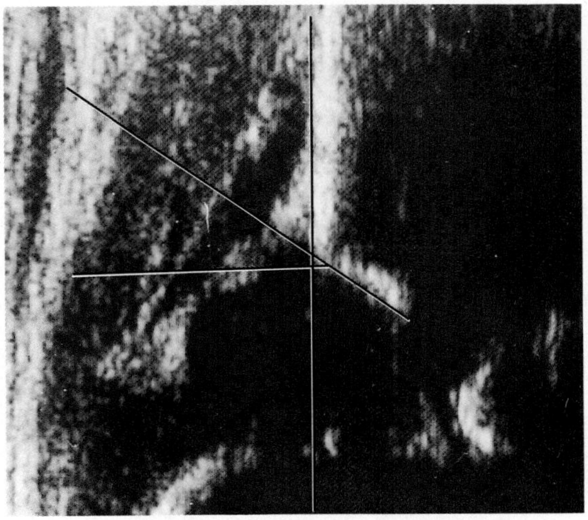

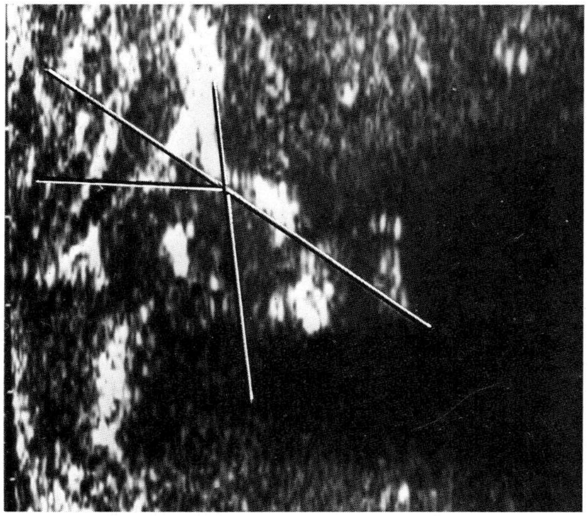

Abb. 10.96. B. S., 6 Monate, rechtes Hüftgelenk, Monitorbild
Der knöcherne Erker ist deutlich gerundet bei mangelhafter knöcherner Formgebung, der knorpelige Erker breit und übergreifend.
Hüfttyp II b

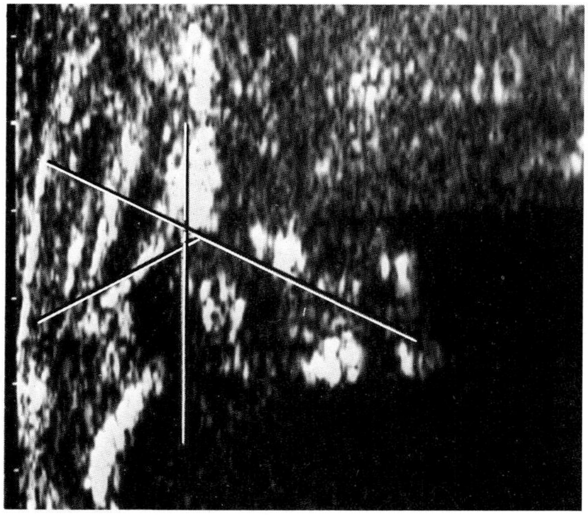

Abb. 10.97. Derselbe Patient wie in Abb. 10.96, linkes Hüftgelenk, Monitorbild
Der knöcherne Erker ist eckig bei guter knöcherner Formgebung, der knorpelige Erker schmal übergreifend.
$\alpha = 64°$
$\beta = 65°$
Hüfttyp I b

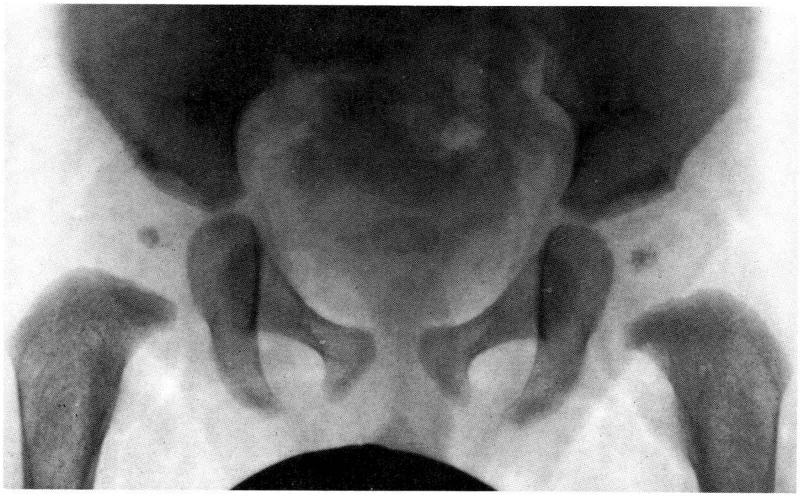

Abb. 10.98. Röntgenbild zu Abb. 10.96 und 10.97

Abb. 10.99. B. M., 4,5 Monate, rechtes Hüftgelenk, Monitorbild
Der knöcherne Erker ist geschweift bei guter knöcherner Formgebung, der knorpelige Erker schmal übergreifend.
Auffallend ist der deutliche Kopfkernreflex (3), während im Röntgenbild Abb. 10.101 noch kein Kopfkern zu sehen ist.
1 Knöcherner Erker
2 Labrum acetabulare
3 Hüftkopfkern
Der Unterrand des Os ilium sollte besser dargestellt werden.

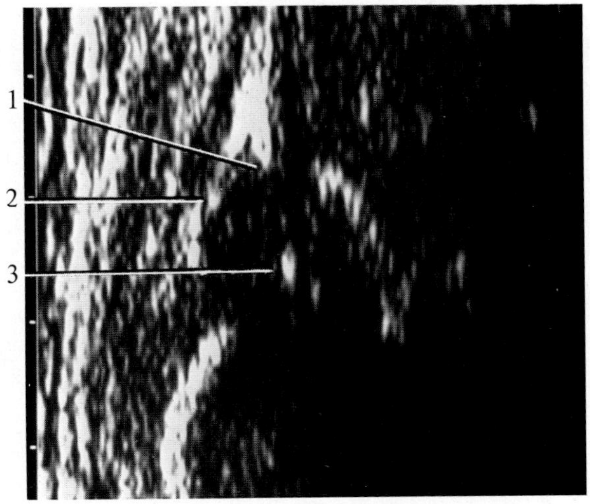

Abb. 10.100. Derselbe Patient wie in Abb. 10.99, linkes Hüftgelenk, Monitorbild
Der knöcherne Erker ist eckig bei mangelhafter knöcherner Formgebung, der knorpelige Erker breit und übergreifend. Er ist deutlich breiter als in Abb. 10.99. Auch in diesem Sonogramm ist bereits ein deutlicher Kopfkernreflex sichtbar, während im Röntgenbild in Abb. 10.101 noch kein Kopfkern zu sehen ist.
$\alpha = 57°$
$\beta = 65°$
Hüfttyp IIb
1 Labrum acetabulare
2 Hüftkopfkern

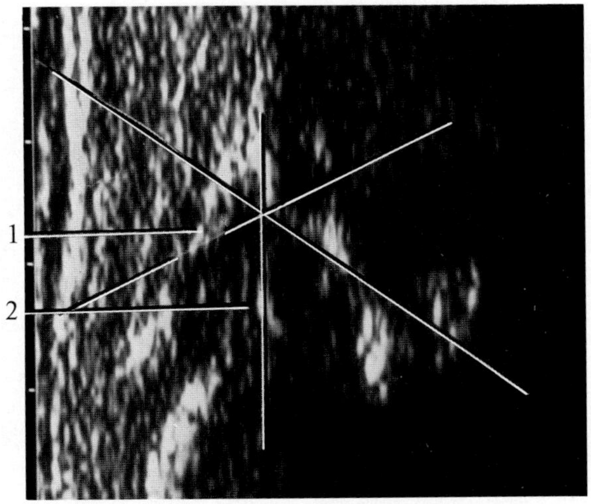

Abb. 10.101. Röntgenbild zu Abb. 10.99 und 10.100

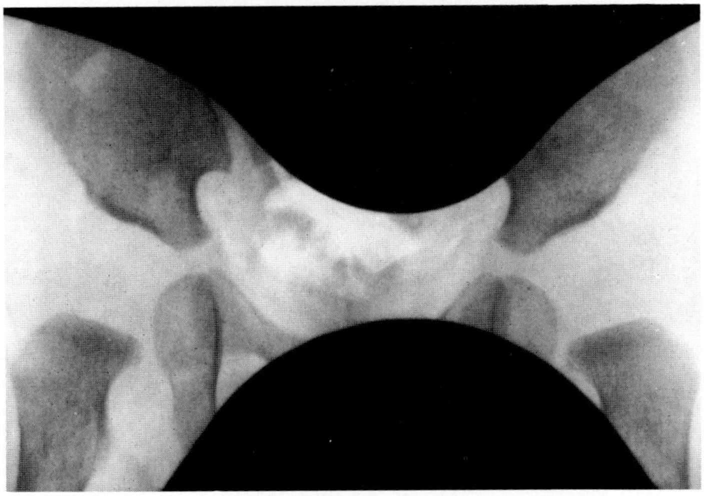

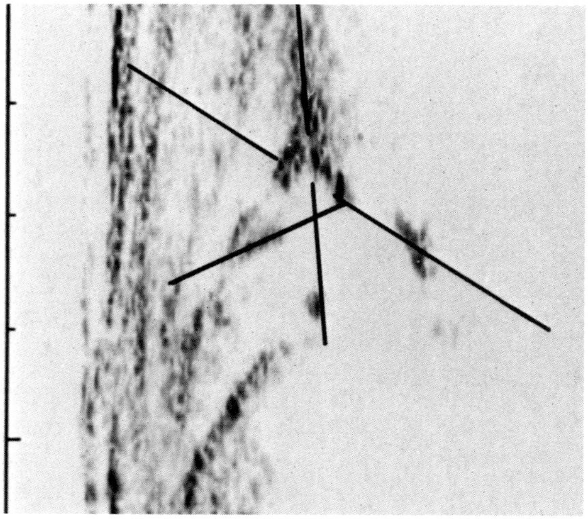

Abb. 10.102. W. S., 9 Monate, linkes Hüftgelenk
Abrundung des knöchernen Pfannenerkers und mangelhafter Ausformung des knöchernen Pfannendachs. Das knorpelige Pfannendach ist verbreitert und zieht übergreifend nach unten außen. Zentriert stehender Hüftkopf mit beginnender Kopfkernentwicklung.
$\alpha = 55°$
$\beta = 70°$
Hüfttyp II b

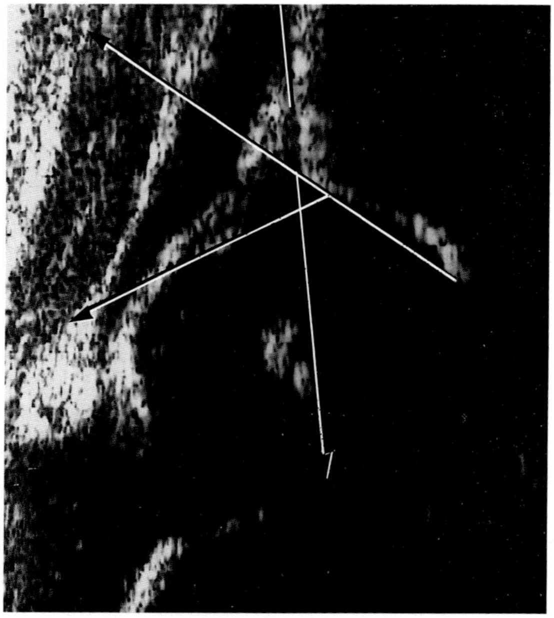

Abb. 10.103. D. K., 9 Monate, linkes Hüftgelenk
Die knöcherne Formgebung ist mangelhaft, der knöcherne Erker rund, das knorpelige Pfannendach breit, den Hüftkopf übergreifend. Die Meßlinien sind eingezeichnet. Schon bei der morphologischen Beurteilung fällt auf, daß für ein 9 Monate altes Gelenk das knorpelige Pfannendach viel zu wenig verknöchert ist.
$\alpha = 55°$
$\beta = 70°$
Hüfttyp II b

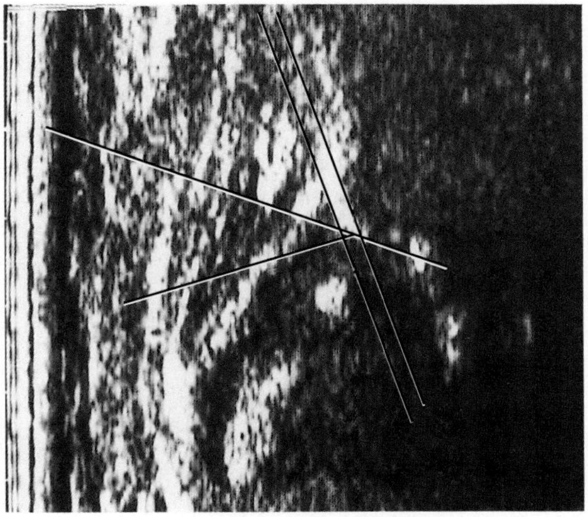

Abb. 10.104. S. D., 7 Monate, rechtes Hüftgelenk
Abgerundeter knöcherner Pfannenerker mit deutlicher Ossifikationsverzögerung und mangelhafter Ausformung des knöchernen Pfannendachs, übergreifendes, verbreitertes, knorpeliges Pfannendach. Der Hüftkopf steht zentriert mit beginnender Kopfkernentwicklung.
$\alpha = 52°$
$\beta = 92°$

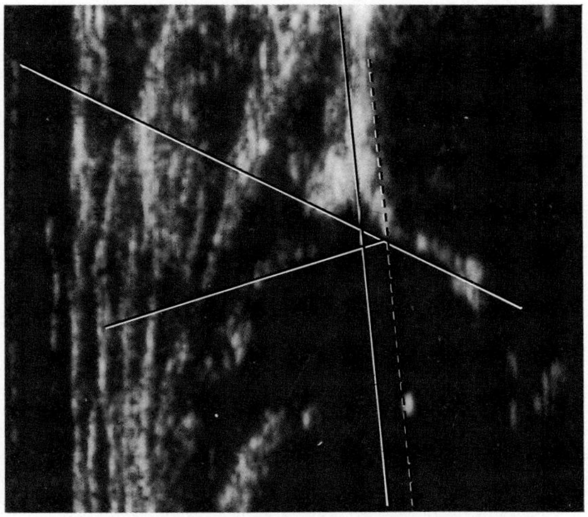

Abb. 10.105. H. J., 5 Monate, linkes Hüftgelenk
Abgerundeter knöcherner Pfannenerker mit ungenügender knöcherner Kopfüberdachung. Der Hüftkopf steht zentriert, sonographisch ist noch keine Kopfkernverdichtung nachweisbar. Übergreifendes, verbreitertes knorpeliges Pfannendach.
$\alpha = 58°$
$\beta = 82°$
Hüfttyp II b

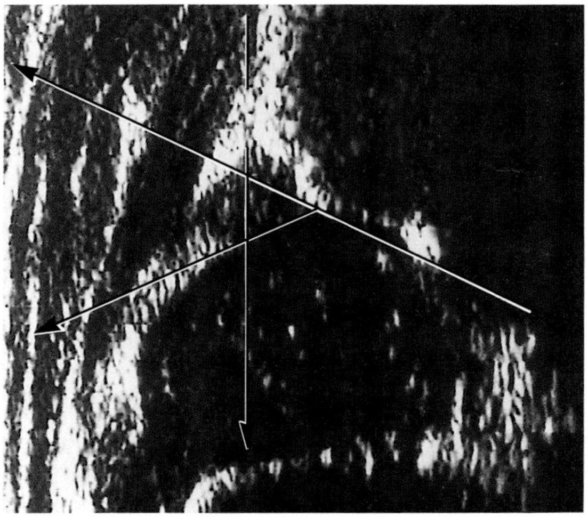

Abb. 10.106. K. J., 3,5 Monate, linkes Hüftgelenk
Obwohl die knöcherne Pfanne gut ist, besteht ein deutlicher „Erkerdefekt". Das knorpelige Pfannendach ist noch sehr breit, den Hüftkopf zwar übergreifend, aber nicht ausreichend entsprechend dem Alter verknöchert. Die Meßlinien sind eingezeichnet.
$\alpha = 65°$
$\beta = 68°$
Hüfttyp I b

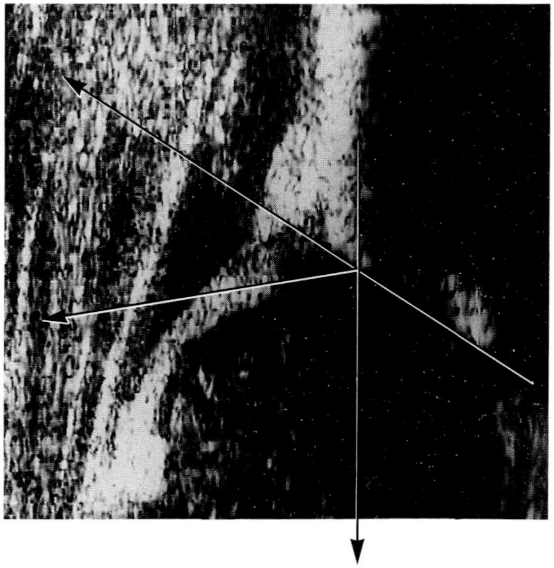

Abb. 10.107. N. B., 6 Wochen
Die knöcherne Formgebung ist ausreichend, der knöcherne Erker rund, das knorpelige Pfannendach den Hüftkopf übergreifend, der Hüftkopfkern noch fehlend. Hüfttyp II a. Der Winkel Beta wurde mit Hilfe der dorsalen Schallauslöschung bestimmt.
$\alpha = 55°$
$\beta = 83°$
Hüfttyp II a

Abb. 10.108. A. M., 4 Monate, linkes Hüftgelenk
Der knöcherne Erker ist eckig, die knöcherne Formgebung aber mangelhaft, der knorpelige Erker etwas breit, aber gut übergreifend.
$\alpha = 57°$
$\beta = 70°$
Hüfttyp IIb

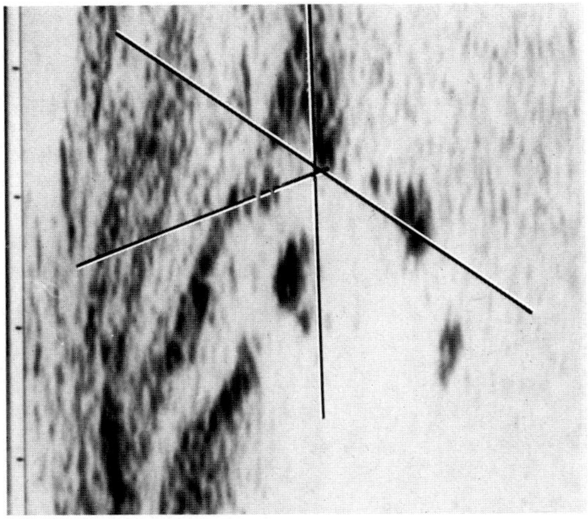

Abb. 10.109. G. R., 7,5 Monate, rechtes Hüftgelenk
Der knöcherne Erker ist eckig konturiert bei mangelhafter knöcherne Formgebung, der knorpelige Erker breit übergreifend; deutliches Halbmondphänomen.
$\alpha = 55°$
$\beta = 65°$
Hüfttyp IIb
Der eckig konturierte knöcherne Erker bei mangelhafter Formgebung ist kein Widerspruch, sondern zeigt eine beginnende Nachverknöcherung an, die im Röntgenbild oft noch nicht sichtbar ist.

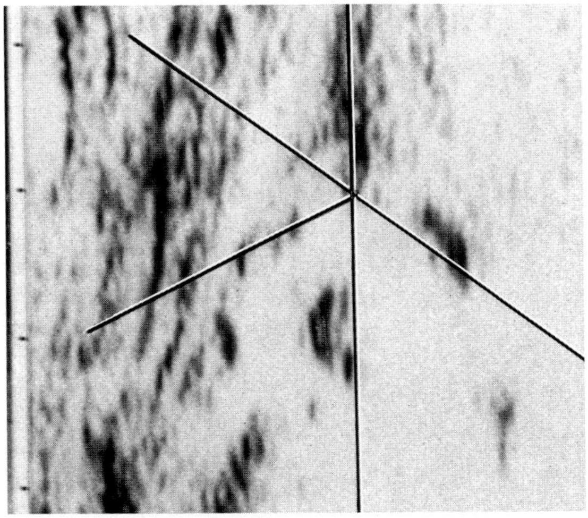

Abb. 10.110. Röntgenbild zu Abb. 10.109

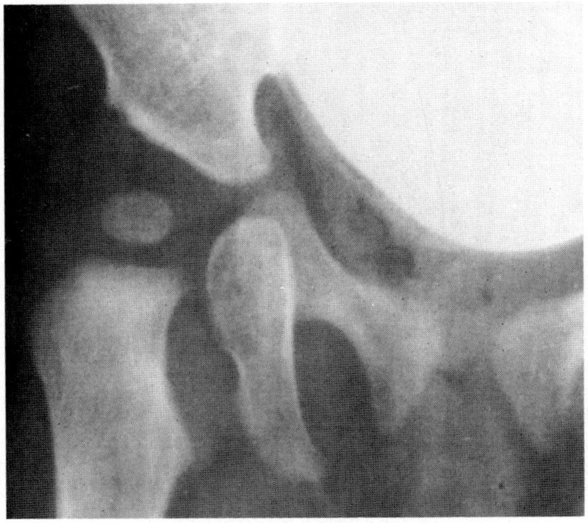

10.2.3 Hüfttyp II c und Hüfttyp D

Der Hüfttyp II c („critical range") wurde früher auch als Gefährdungsbereichshüfte oder Hüfttyp II g bezeichnet.

Hat ein Hüftgelenk einen α-Wert im II-c-Bereich (α = 43–49° und einen β-Wert kleiner als 77°), so wird dieses Hüftgelenk als Typ II c bezeichnet. Ist bei einem Hüftgelenk mit Alpha im II c Bereich (43–49°) der β-Wert größer als 77°, so wird dieses Hüftgelenk als Hüftgelenk „am Dezentrieren" oder als Hüfttyp D bezeichnet. Ein Hüftgelenk im II-c-Bereich, das unter Druck meßtechnisch in einen Hüfttyp D übergeführt werden kann, wird als „Typ-II-c-instabil" bezeichnet. Ein Gelenk, bei dem unter Druck aus dem II-c-Bereich keine Dezentrierung in den Hüfttyp-D-Bereich erfolgt, wird als „Typ-II-c-stabil" klassifiziert. Hüfttyp D ist somit das 1. Stadium eines dezentrierten Gelenks („am Dezentrieren"). Man muß also zur Kenntnis nehmen, daß bei sehr schlechten knöchernen Überdachungsverhältnissen, ein in Ruhe zentriertes Gelenk (Hüfttyp II c) unter Streß dezentriert werden kann. Dieser Dezentrierungsprozeß ist meßtechnisch erfaßbar. Es ist daher möglich, die Instabilität eines Gelenks auch meßtechnisch objektivierbar und unabhängig von subjektiven Eindrücken bei der klinischen Untersuchung zu erfassen.

Der Hüfttyp D ist somit das 1. und geringste Stadium einer Dezentrierung (5).

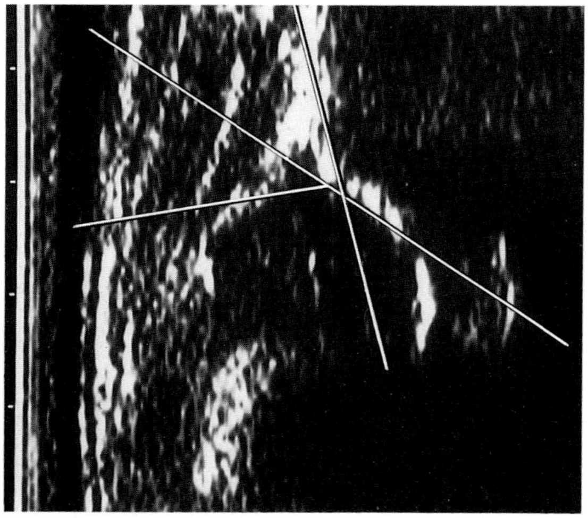

Abb. 10.111. U. R., 3 Monate, rechtes Hüftgelenk, Monitorbild
Der knöcherne Erker ist stark gerundet bei schlechter knöcherner Formgebung. Das Knorpeldach ist sehr breit aber nicht mehr sicher übergreifend. Die Grundlinie wurde durch die hintere Schallauslöschung gelegt.
α = 45°
β = 95°
Hüfttyp: „am Dezentrieren" (Hüfttyp D)

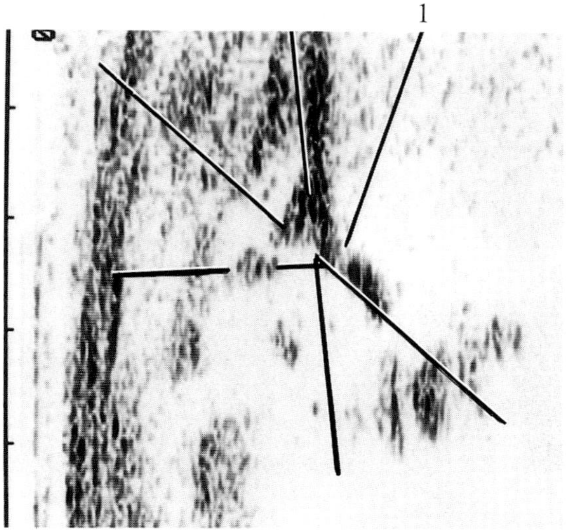

Abb. 10.112. M. S., 4 Wochen, linkes Hüftgelenk
Abgeflachter knöcherner Pfannenerker und schlechte knöcherne Hüftkopfüberdachung. Das knorpelige Pfannendach ist verbreitert und durch den Druck des luxierenden Hüftkopfes bereits nach oben außen aufgebogen. Bereits deutliche Kopfkernentwicklung.
α = 45°
β = 94°
Hüfte „am Dezentrieren" (Hüfttyp D)
1 Schallschatten am Umschlagpunkt

Abb. 10.113. K. M., 2,5 Monate, linkes Hüftgelenk, Monitorbild
Der knöcherne Erker ist stark gerundet, die knöcherne Formgebung mangelhaft, der knorpelige Erker breit, gerade noch übergreifend.
$\alpha = 48°$
$\beta = 77°$
Hüfttyp II c

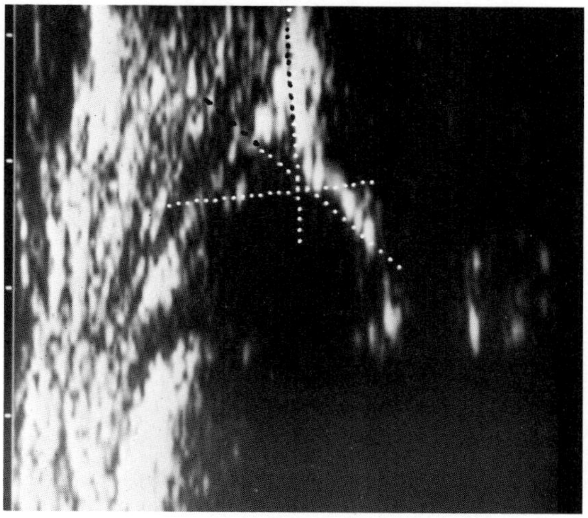

Abb. 10.114. K. M., 2,5 Monate, linkes Hüftgelenk, Monitorbild
Der knöcherne Erker ist rund, die knöcherne Formgebung ausreichend, der knorpelige Erker breit, aber übergreifend.
$\alpha = 50°$
$\beta = 70°$
Diese Hüfte steht genau an der Grenze zum Gefährdungsbereich. Für das Alter von 2,5 Monaten weist die Hüfte jedoch ein deutliches Reifungsdefizit auf und ist daher zu behandeln.
1 Perichondriumloch
2 Labrum acetabulare
Hüfttyp II a (–) am Übergang zu Hüfttyp II c

1
2
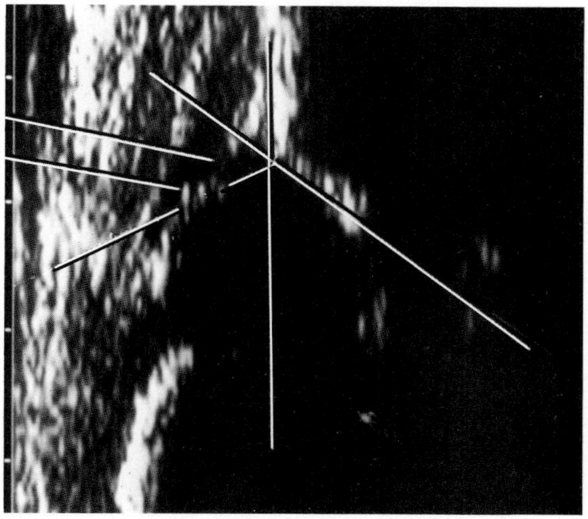

Abb. 10.115. K. L., 8 Wochen, rechtes Hüftgelenk
Die knöcherne Formgebung ist mangelhaft, der knöcherne Erker rund, das knorpelige Pfannendach breit, den Hüftkopf gerade noch übergreifend. Die Meßlinien und die Hilfslinie durch die dorsale Schallauslöschung sind eingezeichnet.
$\alpha = 47°$
$\beta = 89°$
Hüfttyp D

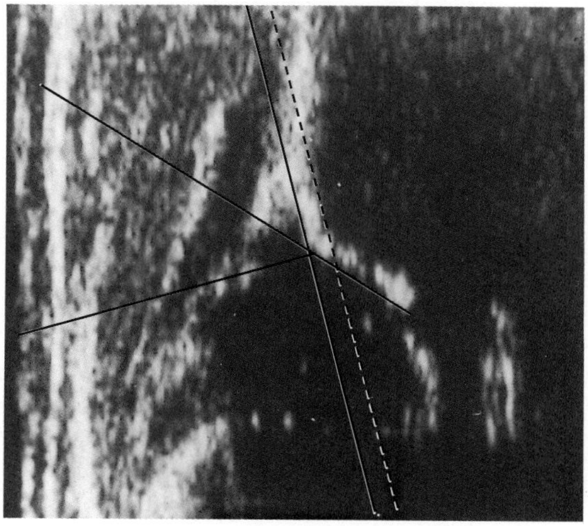

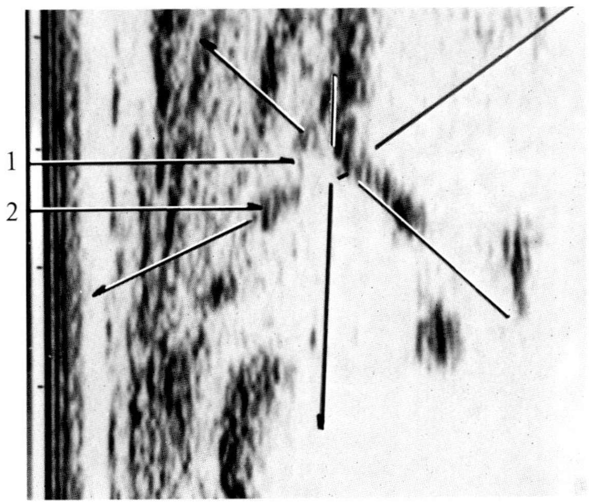

Abb. 10.116. W. E., 3 Monate, rechtes Hüftgelenk
Der knöcherne Erker ist stark gerundet, die knöcherne Formgebung bereits mangelhaft, der knorpelige Erker breit, aber gerade noch übergreifend.
$\alpha = 47°$
$\beta = 70°$
Hüfttyp II c
1 Perichondriumloch
2 Labrum acetabulare

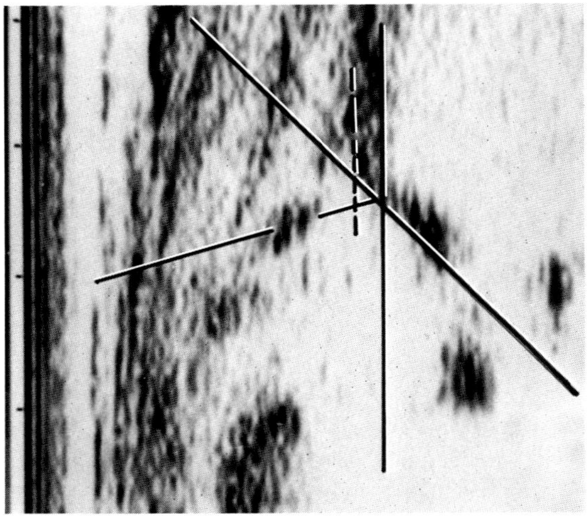

Abb. 10.117. A. M., 4 Monate, rechtes Hüftgelenk
Die knöcherne Formgebung ist mangelhaft bei stark gerundetem Erker, der knorpelige Erker breit, aber gerade noch übergreifend. Die Grundlinie wurde nur strichliert eingezeichnet, da die hintere Schallauslöschung zur Grundlinieneinzeichnung herangezogen wurde.
$\alpha = 47°$
$\beta = 75°$
Hüfttyp II c

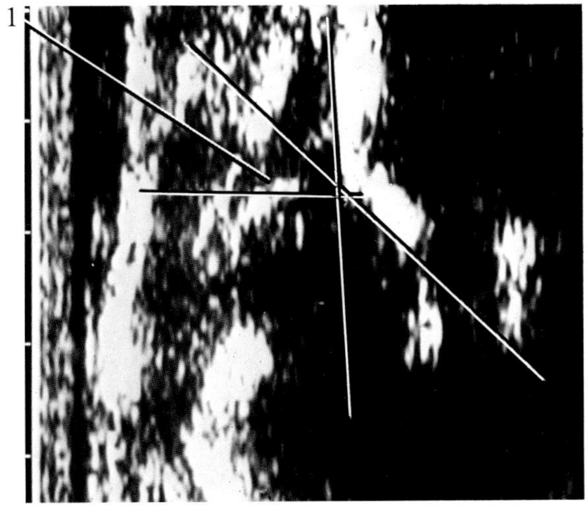

Abb. 10.118. M. O., 4 Monate, rechtes Hüftgelenk, Monitorbild
Der knöcherne Erker ist stark gerundet bei mangelhafter knöcherner Formgebung, der knorpelige Erker ist verbreitert und erscheint bereits etwas nach kranial verdrängt.
$\alpha = 45°$
$\beta = 95°$
Hüfttyp „am Dezentrieren" (Hüfttyp D)
1 Labrum acetabulare

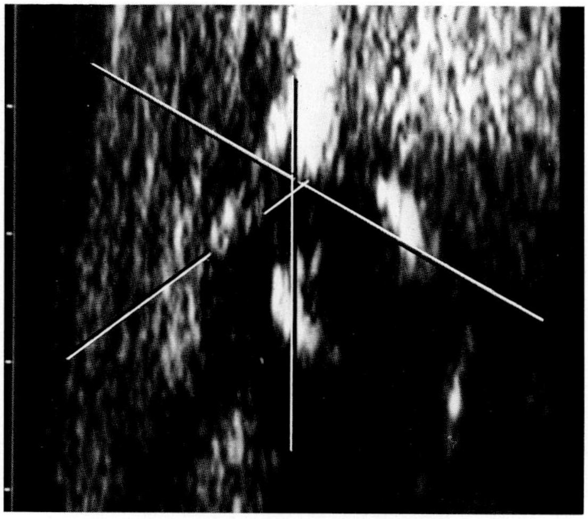

Abb. 10.119. S. I., 6 Monate, rechtes Hüftgelenk, Monitorbild
Knöcherner Erker eckig bei guter knöcherner Formgebung, knorpeliger Erker schmal, spitz und übergreifend.
$\alpha = 62°$
$\beta = 55°$
Hüfttyp I a

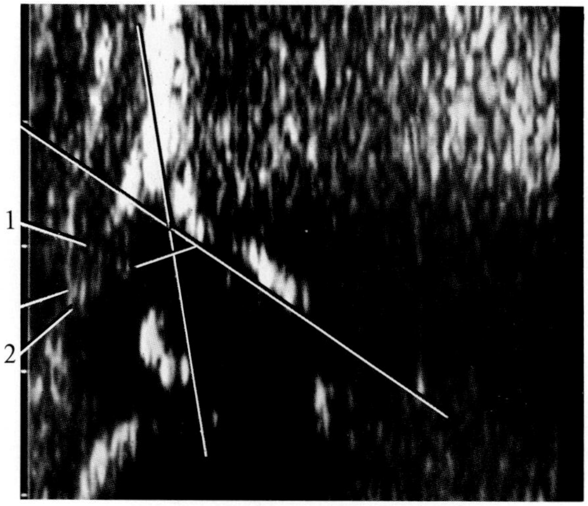

Abb. 10.120. Derselbe Patient wie in Abb. 10.119, linkes Hüftgelenk, Monitorbild
Der knöcherne Erker ist stark gerundet bei mangelhafter knöcherner Formgebung, der knorpelige Erker ist stark verbreitert, aber nicht sicher verdrängt.
$\alpha = 51°$
$\beta = 80°$
Hüfttyp II b
Die Bildqualität ist etwas mangelhaft, der Unterrand des Os ilium wurde nicht optimal dargestellt, daher wurde wahrscheinlich das Gelenk besser vermessen als es tatsächlich ist.
1 Perichondriumloch
2 Labrum acetabulare

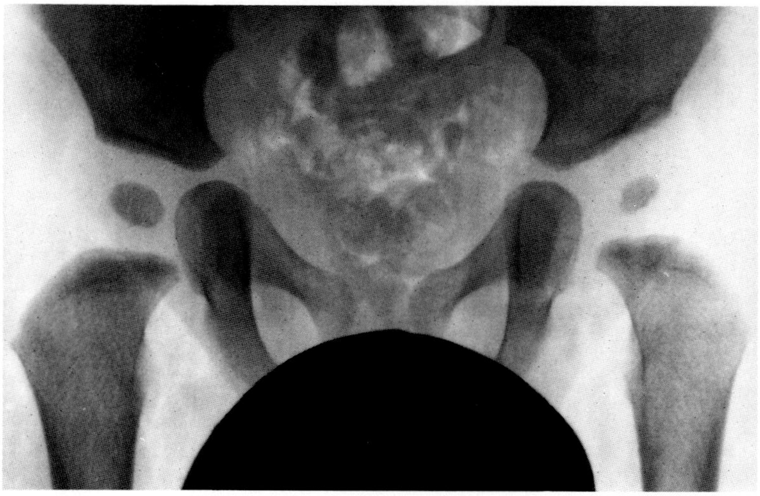

Abb. 10.121. Röntgenbild zu Abb. 10.119 und 10.120

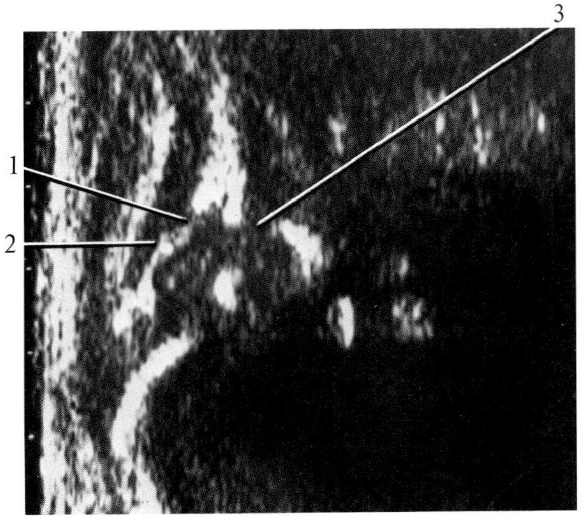

Abb. 10.122. R. A., 6 Monate, rechtes Hüftgelenk, Monitorbild
Der knöcherne Erker ist eckig, die knöcherne Formgebung gut, der knorpelige Erker schmal und übergreifend.
Hüfttyp I
1 Perichondriumloch
2 Labrum acetabulare
3 Schallschatten hinter dem gut ausgebildeten knöchernen Erker

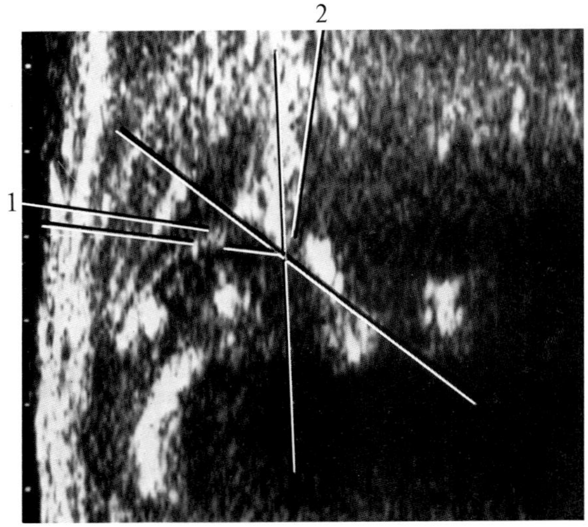

Abb. 10.123. Derselbe Patient wie in Abb. 10.122, linkes Hüftgelenk, Monitorbild
Der knöcherne Erker ist stark gerundet bis flach, die knöcherne Formgebung schlecht, der knorpelige Erker breit und bereits etwas nach kranial verdrängt.
$\alpha = 47°$
$\beta = 100°$
Hüfttyp „am Dezentrieren" (Hüfttyp D)
1 Labrum acetabulare
2 Schallschatten, der den Umschlagpunkt markiert

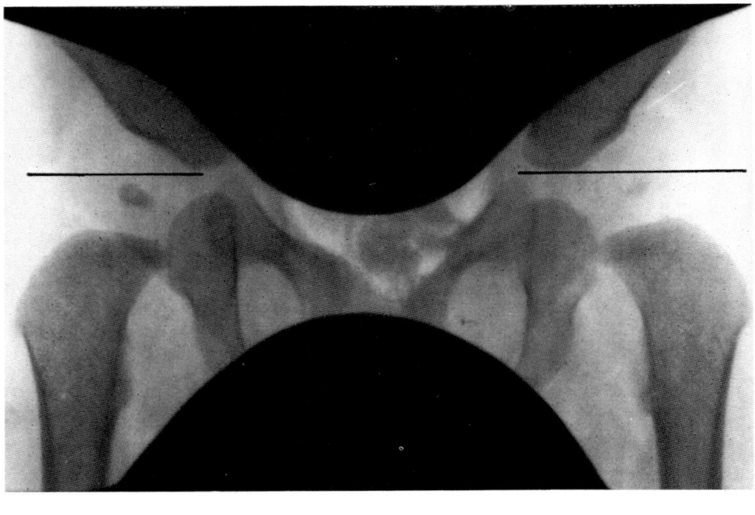

Abb. 10.124. Röntgenbild zu Abb. 10.122 und 10.123

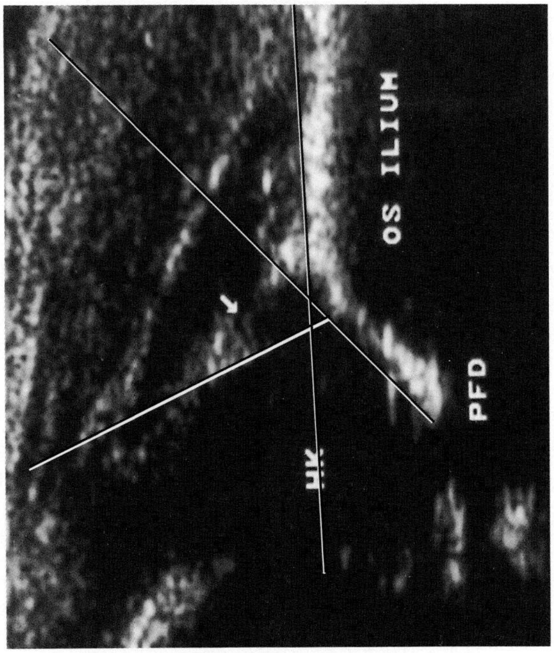

Abb. 10.125. R. G., 8 Wochen, rechtes Hüftgelenk
Die knöcherne Formgebung ist hochgradig mangelhaft, der knöcherne Erker stark gerundet, das knorpelige Pfannendach sehr breit, den Hüftkopf aber noch übergreifend.
$\alpha = 45°$
$\beta = 70°$
Hüfttyp II c
Die Meßlinien sind korrekt eingezeichnet. Die Grundlinie ist schwierig einzuzeichnen, da im proximalen Anteil des Knorpelerkers bereits eine Nachverknöcherung einsetzt. Das Perichondriumloch ist mit einem kleinen Pfeil markiert.

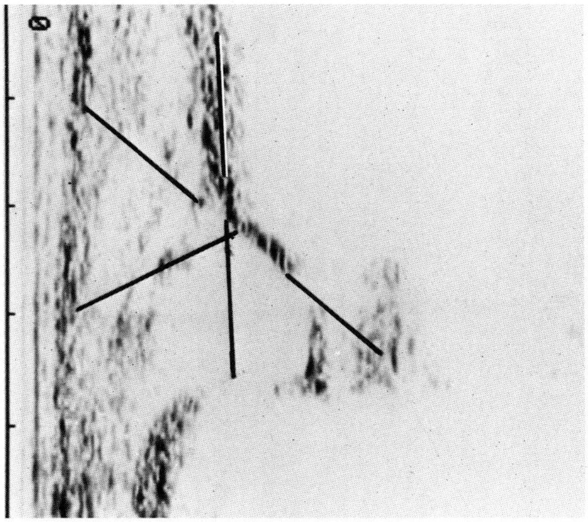

Abb. 10.126. S. N., 2 Wochen, linkes Hüftgelenk
Die knöcherne Formgebung ist hochgradig mangelhaft, der knöcherne Erker stark gerundet bis flach, das knorpelige Pfannendach aber noch übergreifend. Entsprechend der Beschreibung handelt es sich um ein noch zentriert stehendes aber schlecht überdachtes Gelenk.
$\alpha = 47°$
$\beta = 69°$
Hüfttyp II c (Gefährdungsbereich)

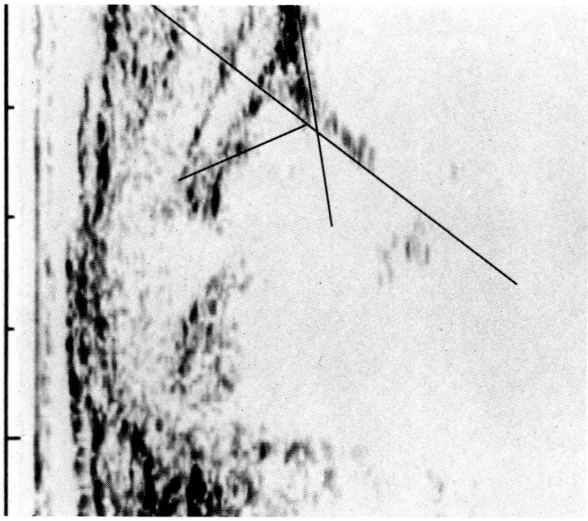

Abb. 10.127. R. S., 7 Wochen, linkes Hüftgelenk Abgerundeter bis abgeflachter knöcherner Pfannenerker mit sehr schlechter knöcherner Hüftkopfüberdachung. Die Hüftgelenksentwicklung liegt im Gefährdungsbereich. Das knorpelige Pfannendach ist deutlich verbreitert, übergreifend und echoarm. Der Hüftkopf steht noch zentriert in der Hüftpfannenanlage. Keine Kopfkernentwicklung.
$\alpha = 45°$
$\beta = 75°$
Hüfttyp IIc

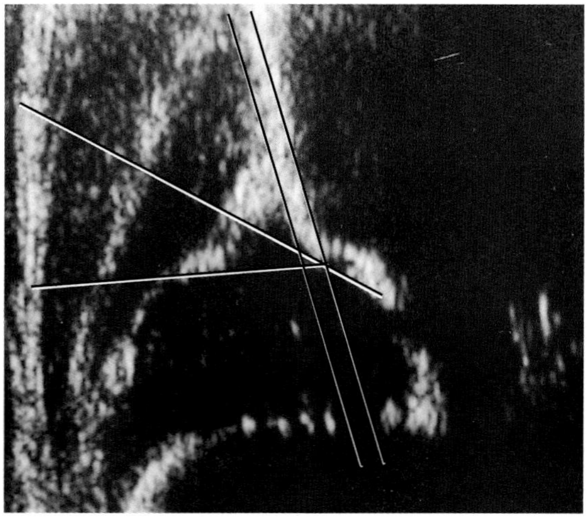

Abb. 10.128. S. D., 8 Wochen, linkes Hüftgelenk Stark abgerundeter knöcherner Pfannenerker mit mangelhafter knöcherner Überdachung. Das knorpelige Pfannendach ist verbreitert, echoarm und leicht nach oben außen abgedrängt. Noch keine Kopfkernentwicklung.
$\alpha = 47°$
$\beta = 106°$
Das Hüftgelenk befindet sich „am Dezentrieren".
(Hüfttyp D)

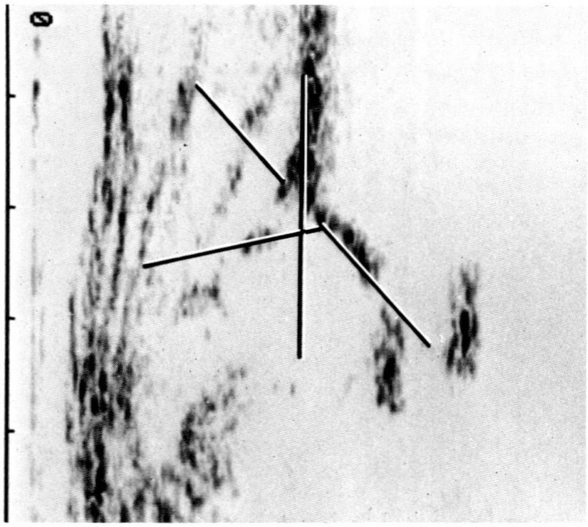

Abb. 10.129. G. N., 8 Wochen, linkes Hüftgelenk Stark gerundeter bis abgeflachter knöcherner Pfannenerker, die knöcherne Ausformung der Hüftpfannenanlage ist schlecht. Das knorpelige Pfannendach sitzt breit dem Hüftkopf auf und ist nach oben außen aufgebogen. Der Hüftkopf befindet sich ebenfalls am Dezentrieren.
$\alpha = 45°$
$\beta = 80°$
Hüfttyp D

Abb. 10.130. F. A., 6 Wochen, linkes Hüftgelenk
Abgerundeter bis abgeflachter knöcherner Pfannenerker mit schlechter Ausbildung des knöchernen Azetabulums. Bei mangelhafter knöcherner Formsicherung beginnt der Hüftkopf, die weichen, knorpeligen Anteile nach oben außen aufzubiegen. Das Hüftgelenk befindet sich „am Dezentrieren“. Noch keine Kopfkernentwicklung.
Der Knochenwinkel α ist mit 45° dem Gefährdungsbereich zuzurechnen, der Knorpelausstellwinkel β liegt mit 96° bereits im Dezentrierungsbereich.
Hüfttyp D

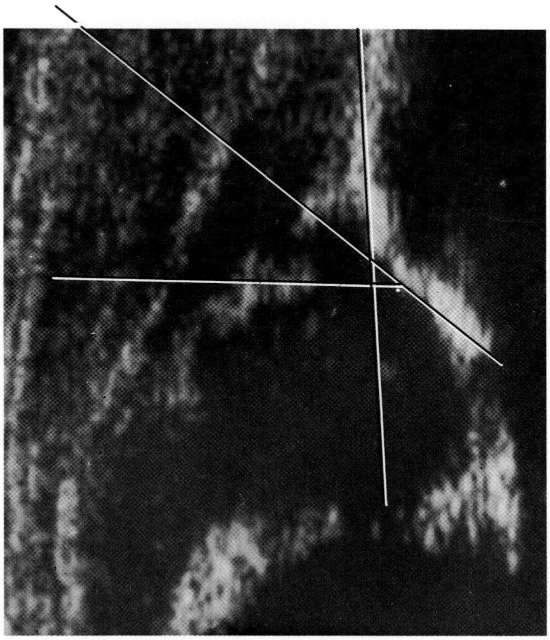

Abb. 10.131. G. E., 3 Wochen, rechtes Hüftgelenk
Stark abgerundeter knöcherner Pfannenerker bei schlechter knöcherner Formsicherung. Gelenkkapsel und hyalinknorpeliges Pfannendach können die Führung des Hüftkopfes in der Pfanne nicht gewährleisten und sind bereits nach oben außen leicht abgebogen.
Der Knochenwinkel α liegt mit 48° noch im Gefährdungsbereich, während der Winkel β bereits 100° beträgt.
Hüfttyp D

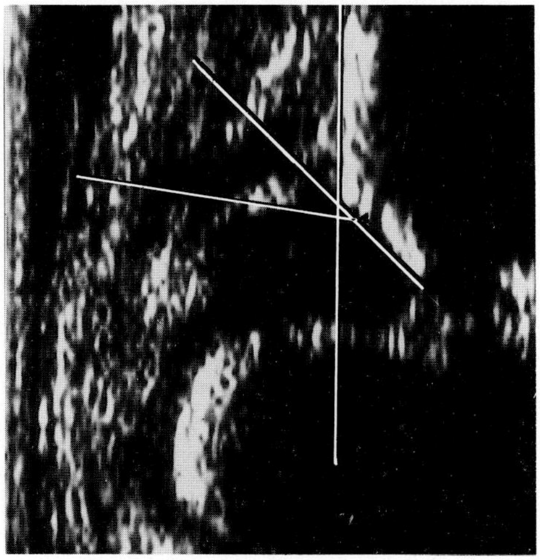

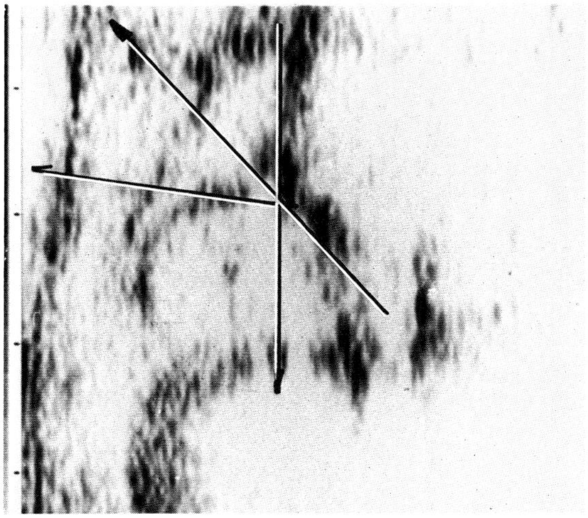

Abb. 10.132. R. M., 4 Wochen, linkes Hüftgelenk
Der knöcherne Erker ist stark gerundet bis flach, die knöcherne Formgebung schlecht, der knorpelige Erker breit und bereits nach kranial verdrängt.
α = 45°
β = 100°
Hüfttyp „am Dezentrieren" (Hüfttyp D)

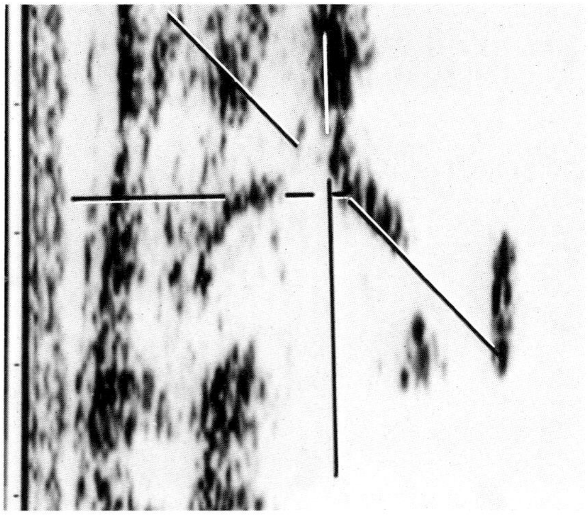

Abb. 10.133. Z. L., 2 Monate, rechtes Hüftgelenk
Der knöcherne Erker ist stark gerundet bis flach, die knöcherne Formgebung mangelhaft, der knorpelige Erker breit und bereits verdrängt.
α = 45°
β = 90°
Hüfttyp „am Dezentrieren" (Hüfttyp D)

10.3 Dezentrierte Hüften
Hüfttyp III a, Hüfttyp III b und Hüfttyp D, Hüfttyp IV

Dezentrierte Hüften, vom Hüfttyp III zeichnen sich dadurch aus, daß der nach kranial-dorsal luxierende Hüftkopf das knorpelig präformierte Pfannendach nach oben verdrängt. Die knöcherne Formgebung ist schlecht, der knöcherne Erker flach. Das knorpelige Pfannendach ist nach kranial verdrängt, sonograhisch erkenntlich dadurch, daß das Perichondrium, das dem verdrängten knorpeligen Pfannendach anliegt, weiter nach kranial zieht. Bei eindeutig dezentrierten Hüftgelenken vom Typ III und Typ IV befindet sich in der Regel der Hüftkopf in dorsokranialer Position außerhalb der Standardebene. Es wird bei diesen Gelenken daher die Diagnose in der Regel morphologisch durch die Kranial- oder Kaudalverdrängung des knorpeligen Pfannendaches gestellt und nicht ausschließlich durch ein Ausmessen der Sonogramme. Da der Hüftkopf meistens die Standardebene verlassen hat und mit der Schallebene dem Hüftkopf gefolgt wird, verläßt man daher auch zwangsweise die Standardebene, so daß der Unterrand des Os ilium nicht zur Darstellung kommen kann. Bei dezentrierten Hüftgelenken, die durch die Morphologie des knorpeligen Pfannendaches definiert sind, darf daher trotz Fehlen des Unterrandes des Os ilium eine Beurteilung durchgeführt werden. Die Unterscheidung zwischen Hüfttyp III a und b wird durch die Beurteilung der sonographischen Struktur des knorpelig-präformierten Pfannendaches ermöglicht. Typ D als geringste Form der Dezentrierung wurde im vorigen Kapitel beschrieben.

10.3.1 Hüfttyp III a
(Abb. 10.134–10.171)

Gelenke vom Typ III a sind dezentrierte Gelenke, deren knöcherne Formgebung schlecht und der knöcherne Erker abgeflacht ist. Das knorpelige Pfannendach ist nach kranial verdrängt, aber sonographisch echoarm.

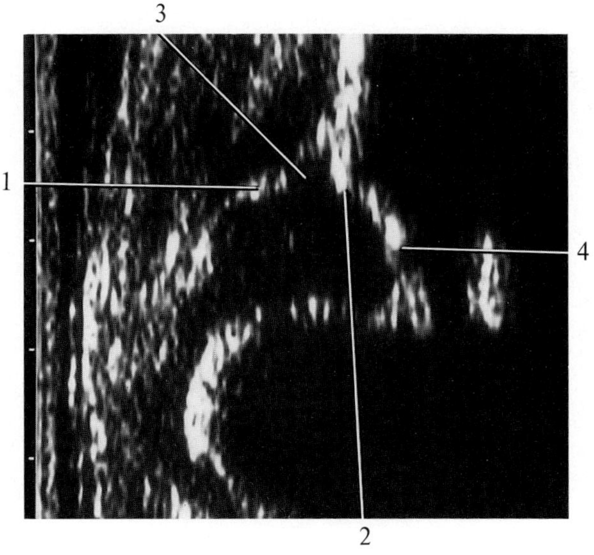

Abb. 10.134. P. A., 2 Monate, linkes Hüftgelenk, Monitorbild
Die knöcherne Formgebung ist schlecht. Es besteht eine Flachpfanne. Der Knochenerker ist abgeflacht. Das knorpelige Pfannendach ist sehr breit und bereits nach oben verdrängt.
1 Labrum acetabulare
2 Knöcherner Erker
3 Knorpelerker
4 Unterrand des Os ilium
Hüfttyp III a

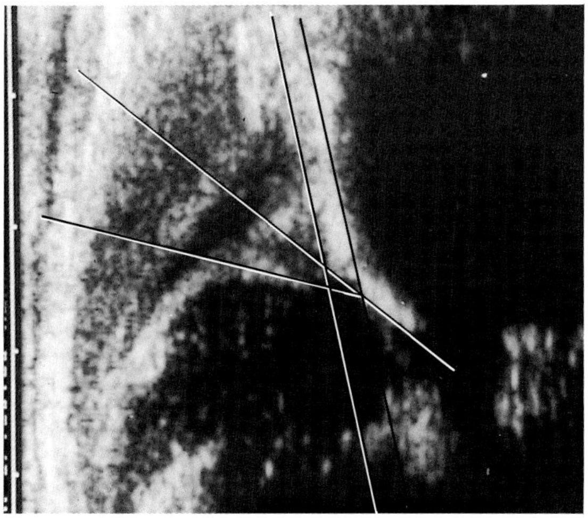

Abb. 10.135. M. S., 4 Wochen, rechtes Hüftgelenk
Abgeflachter knöcherner Pfannenerker und schlechte knöcherne Hüftkopfüberdachung. Verbreitertes, nach oben außen abgedrängtes echoarmes knorpeliges Pfannendach. Die Pfannendachlinie schneidet am Unterrand des Os ilium die Echos der Fossa acetabuli ab.
$\alpha = 42°$
$\beta = 114°$
Hüfttyp III a

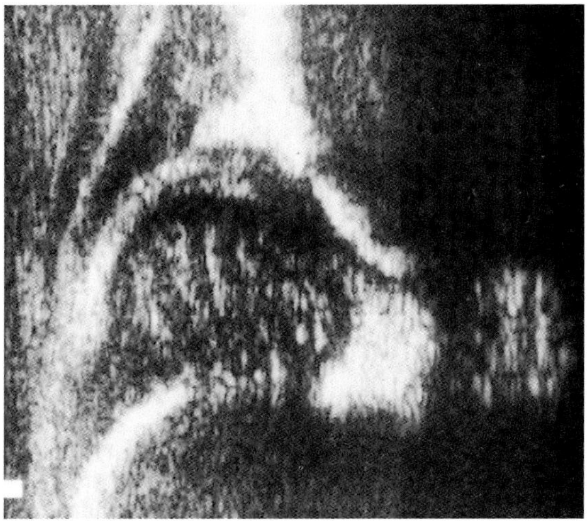

Abb. 10.136. L. E., Neugeborenes, rechtes Hüftgelenk
Der knöcherne Erker ist abgeflacht, die knöcherne Formgebung schlecht, der knorpelige Erker breit und bereits verdrängt.
Die Grundverstärkung ist etwas zu hoch eingestellt, erkenntlich an den vielen Echos im hyalinen Hüftkopf. Es besteht eine deutliche Echovermehrung in der Tiefe der Fossa acetabuli als Ausdruck der Verdickung des Fettpolsters bei luxiert stehendem Hüftkopf. Die vermehrte Echogenität im hyalinen Pfannendachknorpel darf nicht mit einer Strukturstörung gleichgesetzt werden.
Hüfttyp III a

Abb. 10.137. Derselbe Patient wie in Abb. 10.136, linkes Hüftgelenk
Die knöcherne Formgebung ist ausreichend, der knöcherne Erker rund, das knorpelige Pfannendach den Hüftkopf gut übergreifend. Im Vergleich zu Abb. 10.136 überzieht das knorpelige Pfannendach den Hüftkopf übergreifend. Der Hüftkopf steht zentriert. Altersentsprechendes Hüftgelenk.

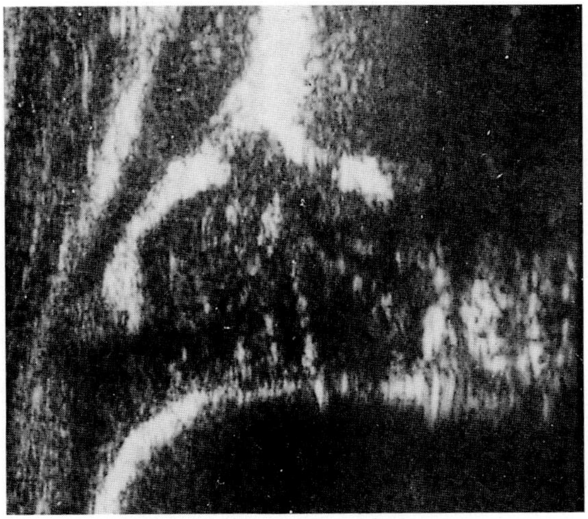

Abb. 10.138. Derselbe Patient wie in Abb. 10.136, rechtes Hüftgelenk, nach 6wöchiger Behandlung
Der knöcherne Erker ist eckig, die knöcherne Formgebung gut, der knorpelige Erker breit, aber übergreifend. Der Hüftkopfkern fehlt noch.
$\alpha = 62°$
$\beta = 70°$
Hüfttyp Ib
1 Perichondriumloch
2 Labrum acetabulare
3 Gewebe der Fossa acetabuli
4 Taillierung mit Unterrand des Os ilium

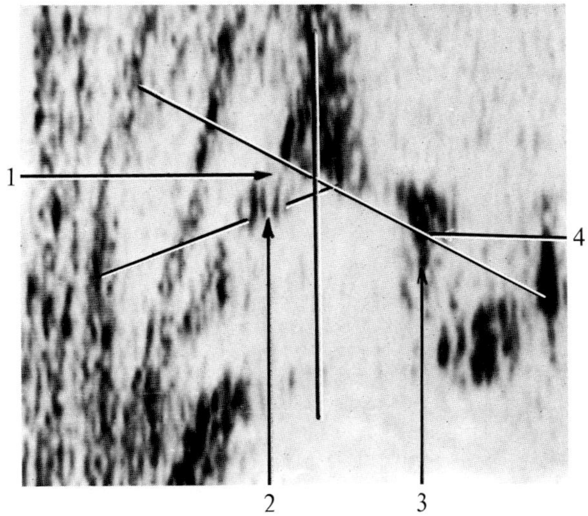

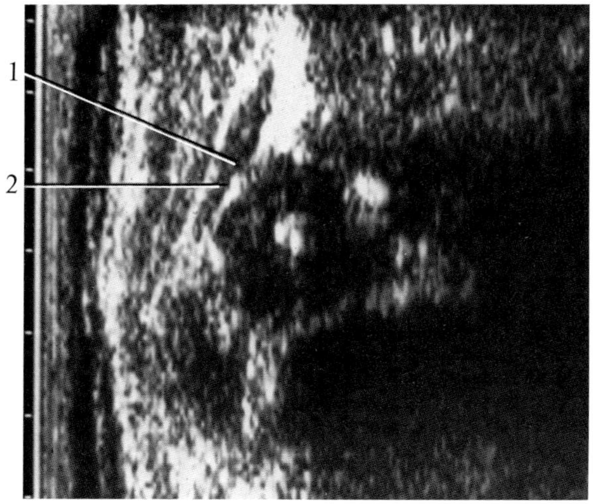

Abb. 10.139. Z. E., 3 Monate, rechtes Hüftgelenk, Monitorbild
Knöcherner Erker mit leichter Schweifung bei guter knöcherner Formgebung. Der knorpelige Erker ist schmal und übergreifend, der Hüftkopfkern vorhanden.
1 Perichondriumloch
2 Labrum acetabulare
Hüfttyp I

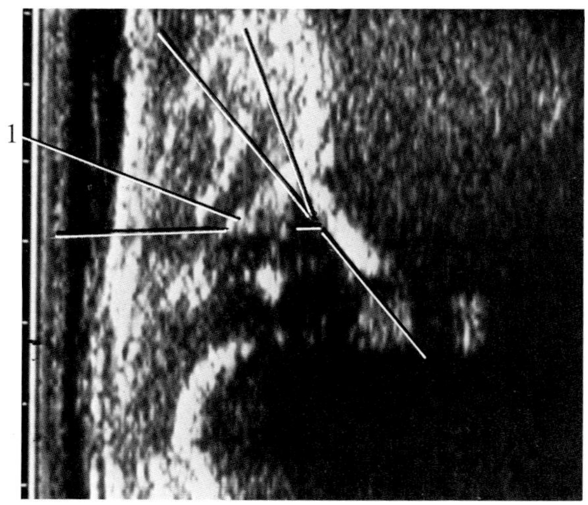

Abb. 10.140. Derselbe Patient wie in Abb. 10.139, linkes Hüftgelenk, Monitorbild
Die knöcherne Formgebung ist schlecht bei flachem knöchernem Erker, der knorpelige Erker breit und nach kranial verdrängt. Der Großteil des knorpelig präformierten Pfannendachs besitzt noch eine echoarme Struktur.
$\alpha = 20°$
$\beta = 122°$
Hüfttyp III a
1 Labrum acetabulare

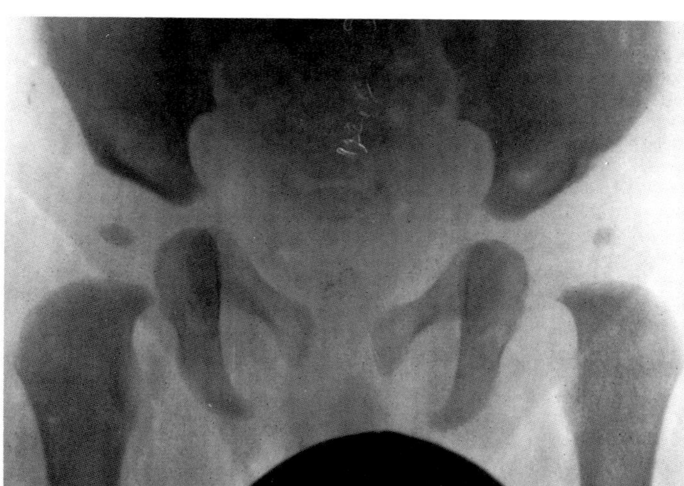

Abb. 10.141. Röntgenbild zu Abb. 10.139 und 10.140

Abb. 10.142. A. N., 8 Wochen, rechtes Hüftgelenk
Der knöcherne Erker flach bei schlechter knöcherner Formgebung, der knorpelige Erker breit und nach kranial verdrängt mit echoarmer Struktur.
Hüfttyp III a
Der Unterrand des Os ilium wurde nicht gut dargestellt. Dieses Sonogramm sollte daher nicht ausgemessen werden, da das Einzeichnen der Pfannendachlinie nicht mit Sicherheit erfolgen kann.

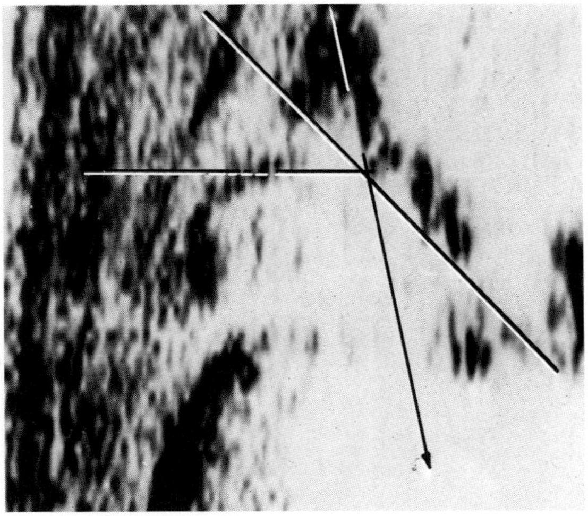

Abb. 10.143. K. A., 4 Wochen, linkes Hüftgelenk
Der knöcherne Erker ist flach, die knöcherne Formgebung schlecht, das knorpelig präformierte Pfannendach nach kranial verdrängt mit noch echoarmer Struktur.
Hüfttyp III a
Die Grundlinie ist exemplarisch eingezeichnet. Ein Ausmessen des Gelenks wäre allerdings nicht mehr notwendig, da die Dezentrierung eindeutig als Typ III a erkannt werden kann.
1 Hyalin knorpelig präformiertes Pfannendach
2 Labrum acetabulare
3 Gelenkkapsel mit Umschlagfalte
4 Proximales Perichondrium

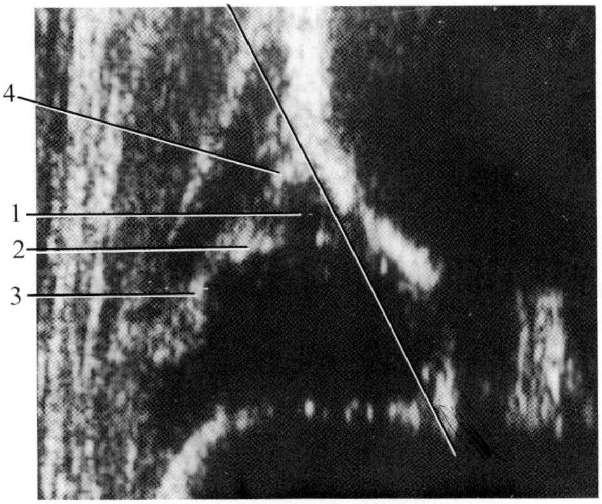

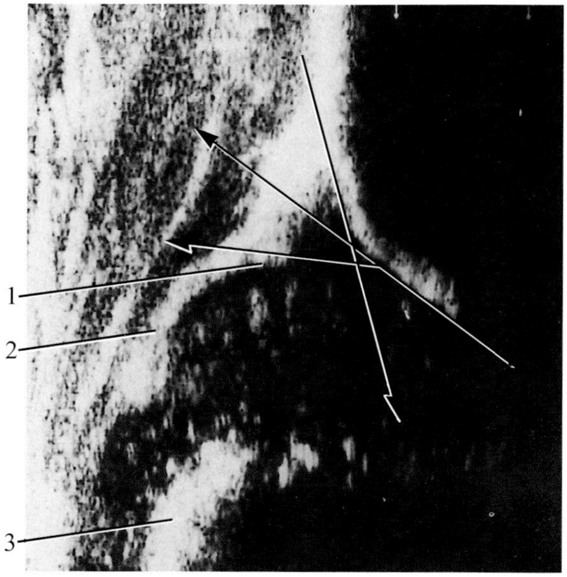

Abb. 10.144. K. D., 4 Wochen, rechtes Hüftgelenk
Der knöcherne Erker ist flach, die knöcherne Formgebung schlecht, das knorpelige Pfannendach nach kranial verdrängt. Die Struktur des Pfannendachknorpels ist echoarm.
$\alpha = 40°$
$\beta = 110°$
Hüfttyp III a
1 Labrum acetabulare
2 Gelenkkapsel
3 Knorpel-Knochen-Grenze

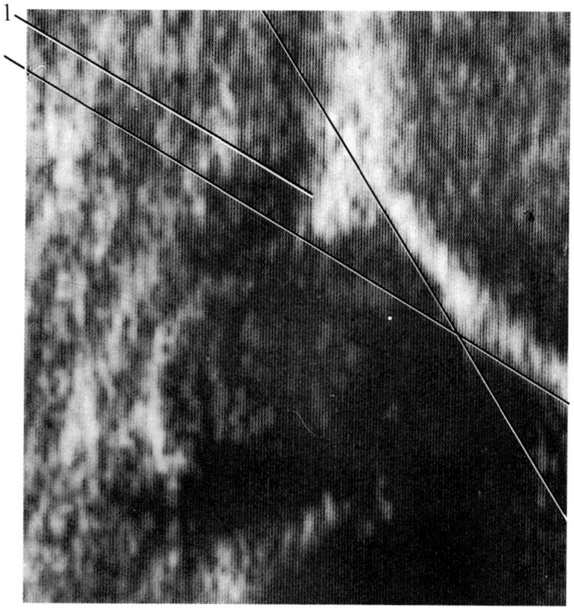

Abb. 10.145. N. N., 4 Wochen, linkes Hüftgelenk
Der knöcherne Erker ist flach bei schlechter knöcherner Formgebung, das knorpelige Pfannendach breit und nach kranial verdrängt.
$\alpha = 28°$
Hüfttyp III a
1 Proximales Perichondrium

Abb. 10.146. D. A., 6 Wochen, linkes Hüftgelenk, Monitorbild
Schlechte Bildqualität, trotzdem ist gut zu erkennen, daß der knöcherne Erker flach ist, die knöcherne Formgebung schlecht und der knorpelige Erker nach kranial verdrängt.
$\alpha = 30°$
$\beta = 110°$
Hüfttyp III a
1 Proximaler Anteil des Perichondriums
2 Perichondriumloch
Die Kapsel ist mit Pfeilen markiert.

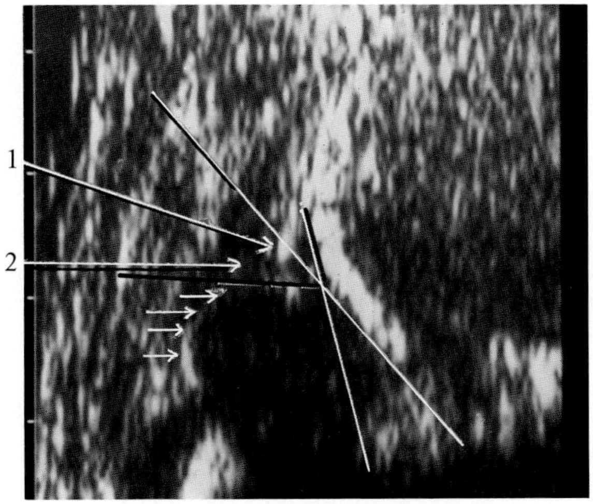

Abb. 10.147. R. M., 8 Wochen, Hüftgelenk
Die knöcherne Formgebung ist schlecht, der knöcherne Erker abgeflacht, das knorpelige Pfannendach nach kranial verdrängt.
Hüfttyp III a
1 Labrum acetabulare
2 Trennlinie zwischen hyalinem Hüftkopf und knorpelig präformiertem Pfannendach
3 Knöcherne Pfanne
Das Sonogramm wurde etwas zu stark verstärkt, daher die fleckige, grobe Echogebung der Strukturen.

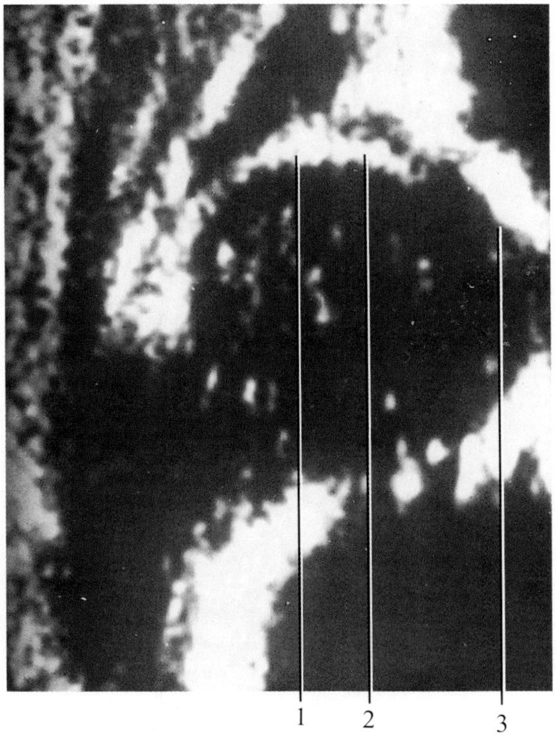

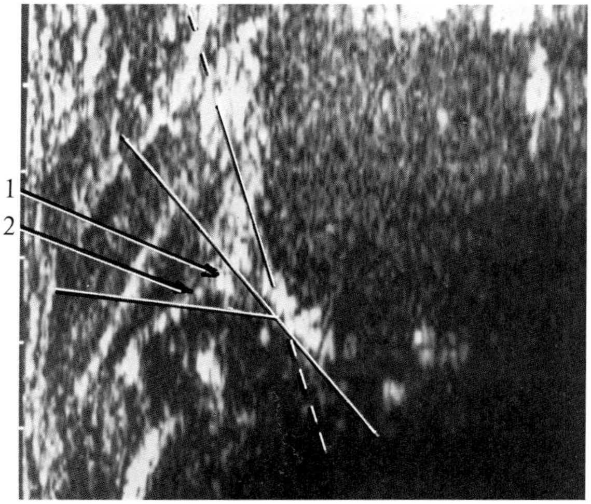

Abb. 10.148. B. S., 4 Monate, rechtes Hüftgelenk
Der knöcherne Erker ist flach, die knöcherne Formgebung schlecht, das knorpelige Pfannendach nach kranial verdrängt. Schlechte Bildqualität, an der Grenze zur Beurteilbarkeit. Die Grundlinie wurde durch die hintere Schallauslöschung gelegt.
Der Hüftkopfkern im Sonogramm ist im Gegensatz zum Röntgenbild der rechten Hüfte in Abb. 10.150 deutlich sichtbar.
α = 25°
β = 115°
Hüfttyp III a
1 Proximaler Anteil des Perichondriums
2 Distaler Anteil des Perichondriums, durch die überstrahlte Aufnahme kommt das Perichondriumloch nicht zur Darstellung.

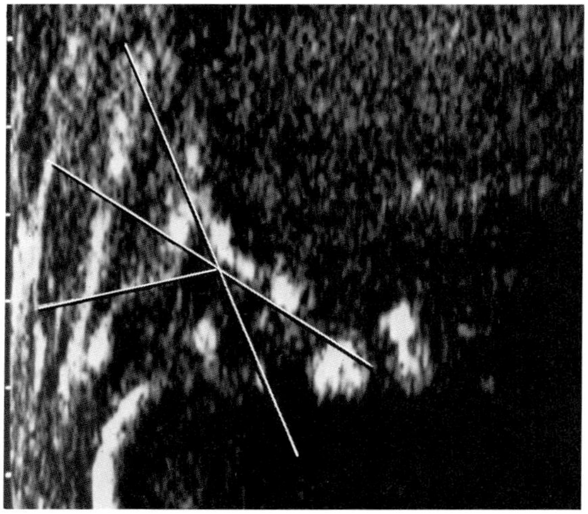

Abb. 10.149. Derselbe Patient wie in Abb. 10.148, linkes Hüftgelenk
Der knöcherne Erker ist flach bei schlechter knöcherner Formgebung, das knorpelige Pfannendach verbreitert und nach kranial verdrängt.
α = 37°
β = 95°
Hüfttyp III a
Abb. 10.48/10.49 stammen aus dem Jahre 1983(!)

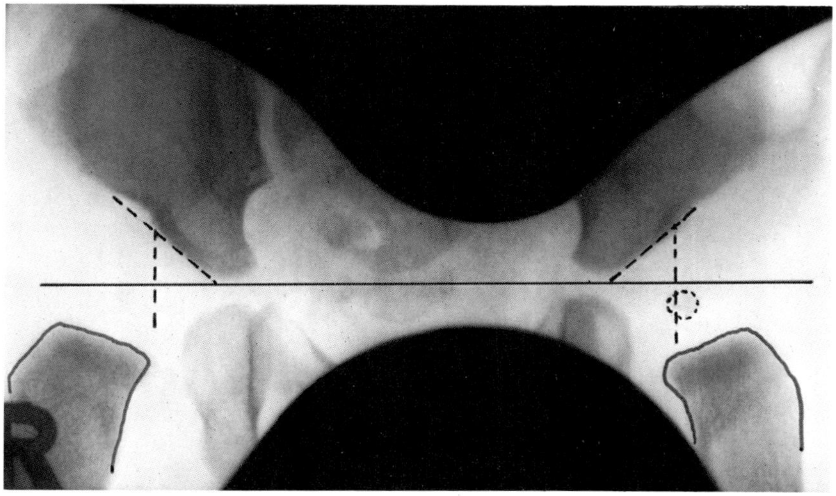

Abb. 10.150. Röntgenbild zu Abb. 10.148 und 10.149

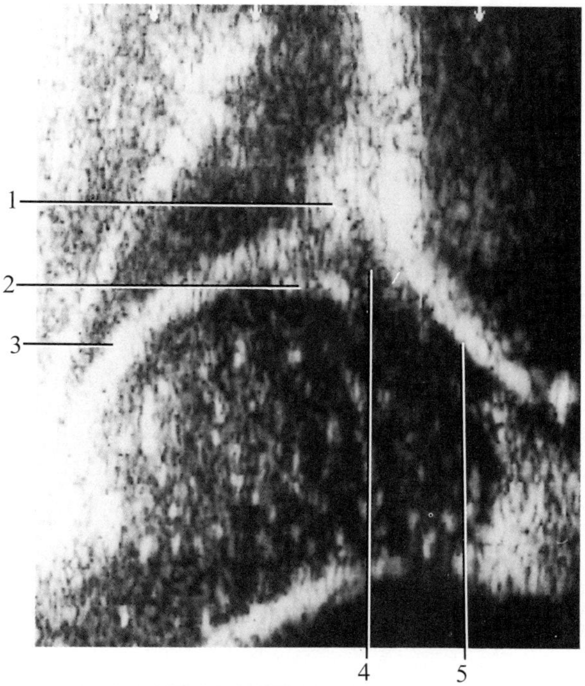

Abb. 10.151. S. C., 10 Wochen, rechtes Hüftgelenk
Die knöcherne Formgebung ist schlecht, der knöcherne Erker abgeflacht, das knorpelige Pfannendach nach kranial verdrängt.
Hüfttyp III a
1 Proximales Perichondrium
2 Labrum acetabulare
3 Gelenkkapsel
4 Knorpelerker
5 Knöcherne Pfanne
Durch den dezentrierten Hüftkopf wird auch das proximale Perichondrium gestaucht und erscheint daher verdickt mit konsekutiv vermehrter Echogebung.

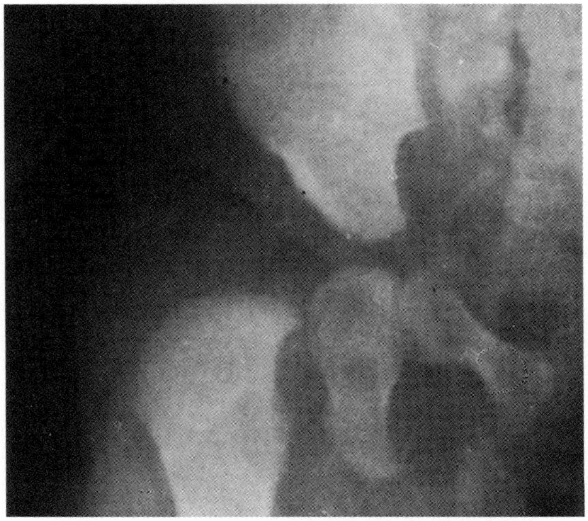

Abb. 10.152. Röntgenbild desselben Patienten wie in Abb. 10.151
Die Röntgenaufnahme des rechten Hüftgelenks zeigt ebenfalls den Zentrierungsverlust. Die knöcherne Hüftpfanne ist schwer dysplastisch. Im Bereich der Kompressionszone am knöchernen Pfannenerker sowie in der Luxationsrinne kommt es durch die pathologische Druckbelastung zur vermehrten Sklerosierung.

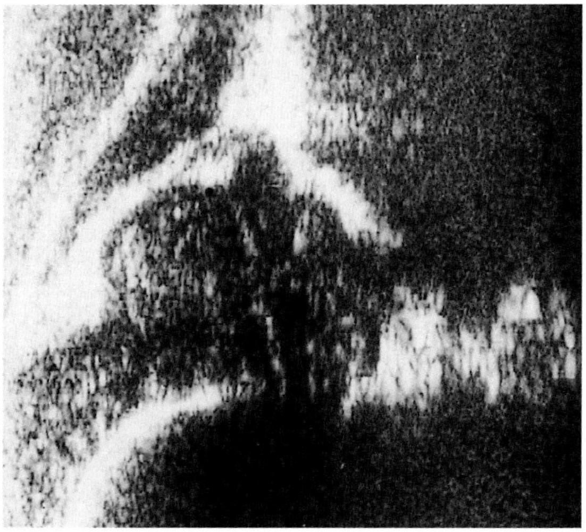

Abb. 10.153. K. L., 10 Tage, linkes Hüftgelenk
Stark abgeflachter knöcherner Erker. Die knöcherne Hüftkopfüberdachung ist schlecht. Der Hüftkopf kann nicht mehr in der Hüftpfanne gehalten werden. Gelenkkapsel und Septum intermusculare sind im Sonogramm abgedrängt. Durch den Druck des luxierenden Hüftkopfes werden das Labrum acetabulare und die angrenzenden knorpeligen Pfannendachanteile nach oben außen aufgebogen. Das knorpelige Pfannendach hat noch die normale, reflexarme Echostruktur des hyalinen Knorpels.
Hüfttyp III a
Die Grundverstärkung ist etwas zu hoch eingestellt.

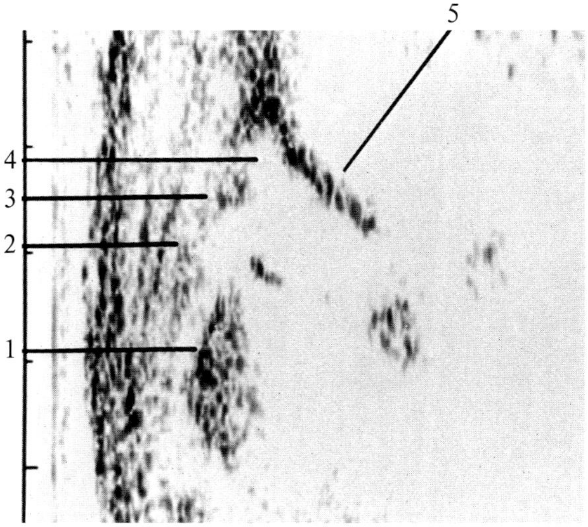

Abb. 10.154. G. M., 5 Monate, linkes Hüftgelenk
Stark abgeflachter knöcherner Pfannenerker und schlechte Ausformung des knöchernen Pfannendachs. Der Hüftkopf kann durch die schiefe Ebene nicht mehr in der Pfanne gehalten werden und steht dezentriert. Der knöcherne Defekt im Bereich des Pfannenerkers wird durch ein breites, knorpeliges Pfannendach ausgeglichen. Eine Strukturveränderung im knorpeligen Pfannendachanteil ist sonographisch nicht erkennbar. Der pfannenergänzende Anteil ist jedoch bereits nach oben außen aufgebogen. Beginnende Kopfkernentwicklung.
1 Knorpel-Knochen-Grenze
2 Gelenkkapsel
3 Labrum acetabulare
4 Verbreitertes, echoarmes knorpeliges Pfannendach
5 Umschlagpunkt

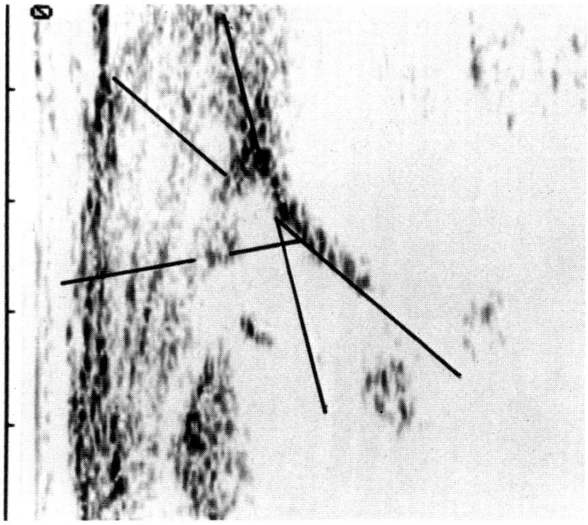

Abb. 10.155. Derselbe Patient wie in Abb. 10.154, linkes Hüftgelenk
Gleiches Sonogramm wie Abb. 10.154 mit eingezeichneten Meßlinien.
$\alpha = 37°$
$\beta = 95°$
Hüfttyp III a

Abb. 10.156. F. A., 6 Wochen, linkes Hüftgelenk
Stark abgeflachter knöcherner Pfannenerker bei schlechter Ausformung des knöchernen Pfannendachs. Deutlich dezentriert stehender Hüftkopf, erkennbar an der haubenförmigen Ausbuchtung der Gelenkkapsel und am abgedrängten hyalinknorpeligen Pfannendach. Noch keine pathologische Strukturveränderung des knorpeligen Erkers.
$\alpha = 35°$
$\beta = 112°$
Hüfttyp III a

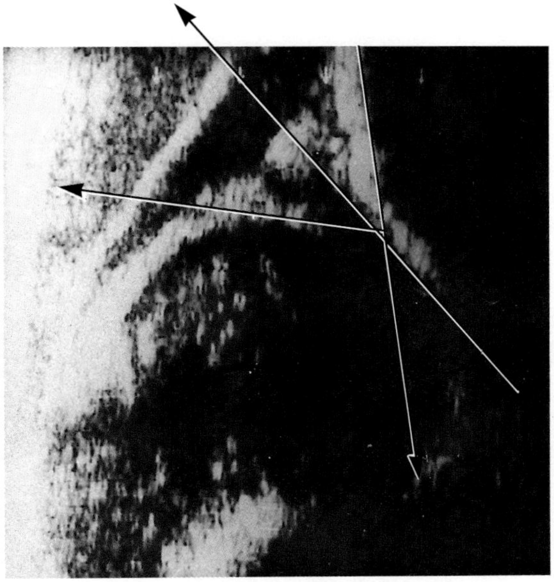

Abb. 10.157. F. R., 3 Wochen, linkes Hüftgelenk
Abgeflachter knöcherner Erker und schlechte knöcherne Hüftkopfüberdachung. Diese kann den Hüftkopf nicht in der Pfannenanlage halten. Das knorpelige Pfannendach hält dem Druck des Hüftkopfes nach oben außen nicht Stand und wird nach kranial-lateral verbogen. Die Echostruktur des hyalinen Knorpels ist normal. Noch keine Kopfkernentwicklung.
Hüfttyp III a

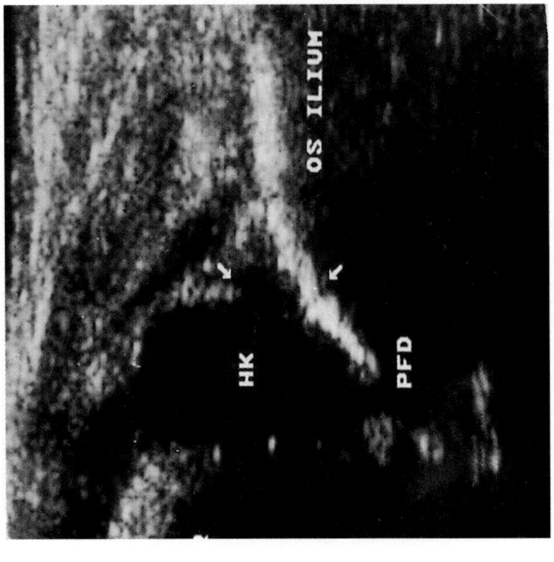

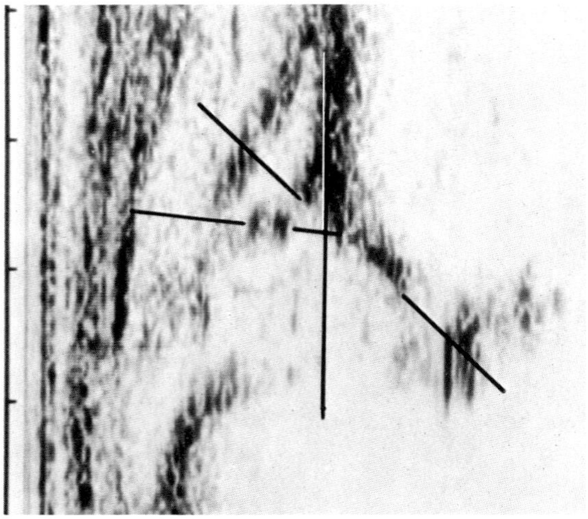

Abb. 10.158. G. A., 5 Tage, rechtes Hüftgelenk Nahezu identischer Befund wie Abb. 10.157 mit schlechter knöcherner Formgebung und abgeflachtem knöchernem Pfannenerker. Nach oben außen aufgebogenes hyalinknorpeliges, noch echoarmes Pfannendach. Der Hüftkopf steht deutlich dezentriert. Noch keine Kopfkernentwicklung.
$\alpha = 43°$
$\beta = 95°$
Hüfttyp III a

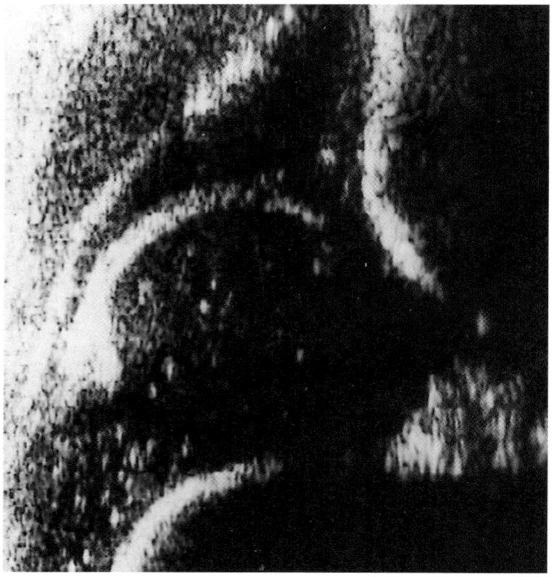

Abb. 10.159. L. L., 4 Wochen, linkes Hüftgelenk Die knöcherne Pfanne ist schlecht, der knöcherne Erker flach, das knorpelige Pfannendach nach kranial abgedrängt und echoarm. Hüfttyp III a. Der Unterrand des Os ilium ist auf dieser Schnittebene nicht mehr sichtbar, da dargestellter Hüftkopf und Unterrand des Os ilium sich in 2 verschiedenen Ebenen befinden. Deutlich sichtbar das Vakatgewebe in der Tiefe der Fossa acetabuli.

Abb. 10.160. W. W., 10 Wochen, linkes Hüftgelenk
Die knöcherne Pfanne ist schlecht, der knöcherne Erker abgeflacht, das knorpelige Pfannendach nach kranial verdrängt, aber echoarm.
Hüfttyp III a
Der Hüftkopfkern ist noch nicht sichtbar.

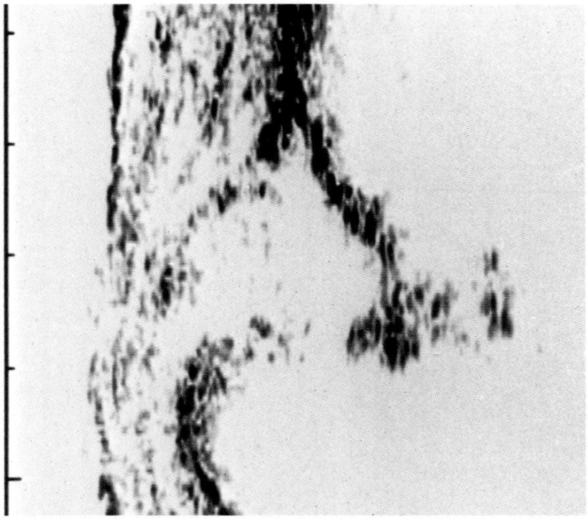

Abb. 10.161. B. E., 7 Wochen, linkes Hüftgelenk
Die knöcherne Pfanne ist schlecht, der knöcherne Erker abgeflacht, das knorpelige Pfannendach nach kranial verdrängt, aber echoarm.
$\alpha = 42°$
$\beta = 110°$
Hüfttyp III a
Der Umschlagpunkt von Konkavität in Konvexität (= knöcherner Erker) ist durch eine deutliche Schallschattenbildung markiert. Man beachte auch die zunehmende Echogenität in der Tiefe der Fossa acetabuli als Ausdruck der Hypertrophie des Fettgewebes in der Tiefe der Fossa acetabuli bei dezentrierten Hüftköpfen.

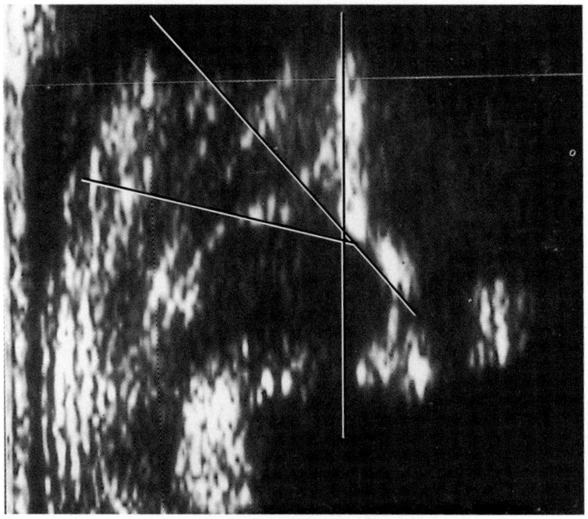

Abb. 10.162. K. J., 5 Wochen, rechtes Hüftgelenk
Sonographisch ist der dezentriert stehende Hüftkopf gut zu erkennen, er hat das Azetabulum nahezu vollständig verlassen. Die Gelenkkapsel wird abgedrängt. Das Labrum acetabulare ist mit den hyalinknorpeligen Pfannendachanteilen deutlich nach oben außen aufgebogen.
$\alpha = 38°$
$\beta = 120°$
Hüfttyp III a

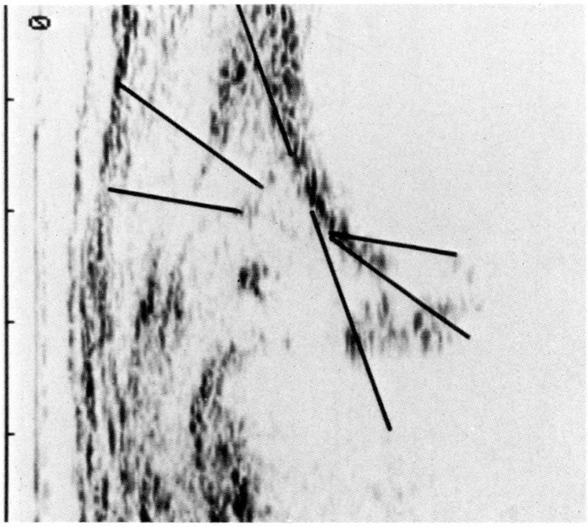

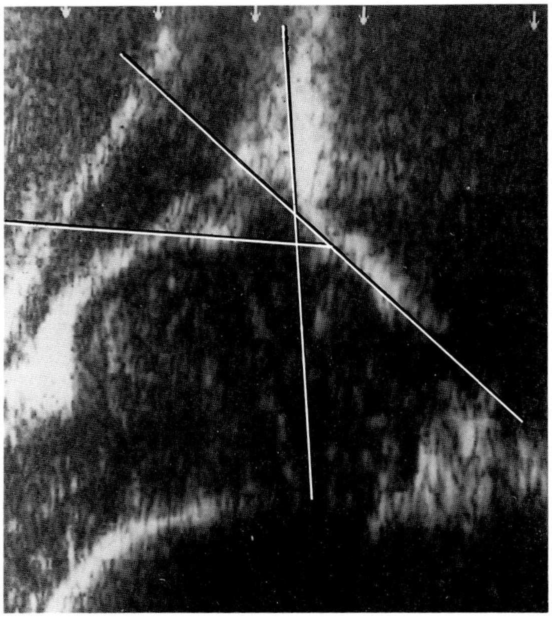

Abb. 10.163. L. K., 6 Wochen, linkes Hüftgelenk
Die knöcherne Formgebung ist schlecht, der knöcherne Erker flach, das knorpelige Pfannendach nach kranial abgedrängt. Die Meßlinien sind korrekt eingezeichnet.
$\alpha = 42°$
$\beta = 98°$
Hüfttyp III a
Vergleiche auch Abb. 10.165, wobei im Röntgenbild die Dezentrierung nicht so deutlich zur Ansicht wie im Sonogramm kommt.

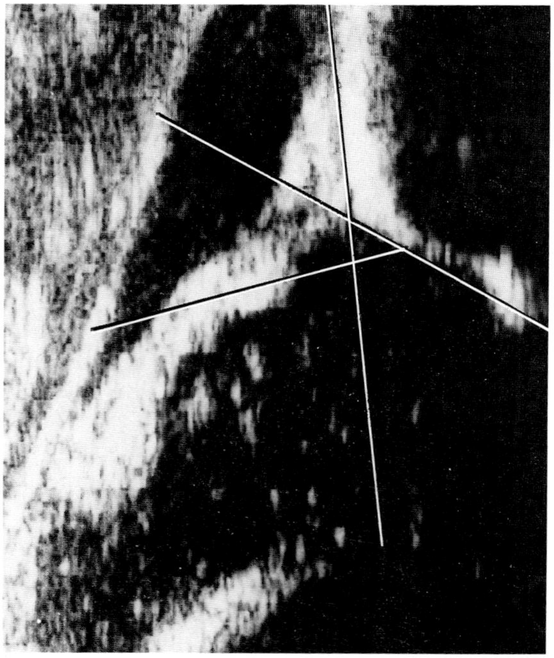

Abb. 10.164. Derselbe Patient wie in Abb. 10.163, rechtes Hüftgelenk
Die knöcherne Formgebung ist ausreichend, der knöcherne Erker abgerundet, das knorpelige Pfannendach breit, den Hüftkopf übergreifend. Die Meßlinien sind korrekt eingezeichnet. Die Ausstellungslinie geht vom Umschlagpunkt durch das Labrum acetabulare.
$\alpha = 58°$
$\beta = 75°$
Hüfttyp II a

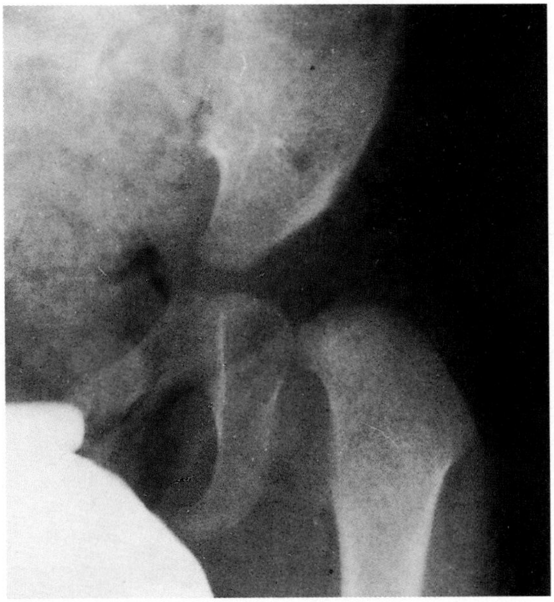

Abb. 10.165. Röntgenbild zu Abb. 10.163
Deutliche Flachpfanne mit Sklerosierung im Pfannenerkerbereich. Die Shenoton-Menart-Linie ist zart unterbrochen

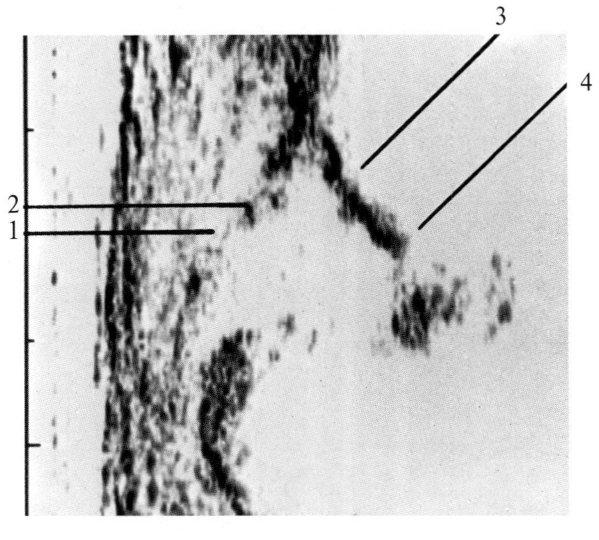

Abb. 10.166. W. B., 11 Wochen, linkes Hüftgelenk
Stark abgeflachter knöcherner Pfannenerker bei schlechter knöcherner Formgebung. Der Hüftkopf steht bereits leicht dezentriert. Das knorpelige Pfannendach ist bereits leicht nach oben außen aufgebogen. Noch keine Kopfkernentwicklung.

1 Gelenkkapsel
2 Labrum acetabulare
3 Umschlagpunkt
4 Unterrand des Os ilium

Typ IIIa

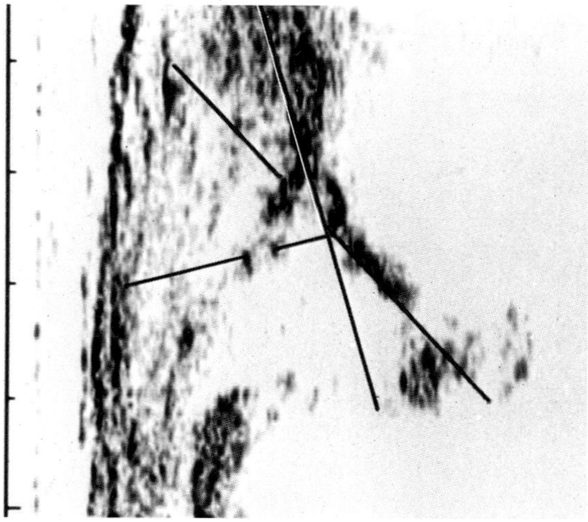

Abb. 10.167. Derselbe Patient wie in Abb. 10.166, linkes Hüftgelenk
Gleiches Hüftsonogramm wie Abb. 10.166 mit eingezeichneten Meßlinien. Der knöcherne Erker wurde falsch identifiziert, daher ist die Ausstellinie falsch eingezeichnet.

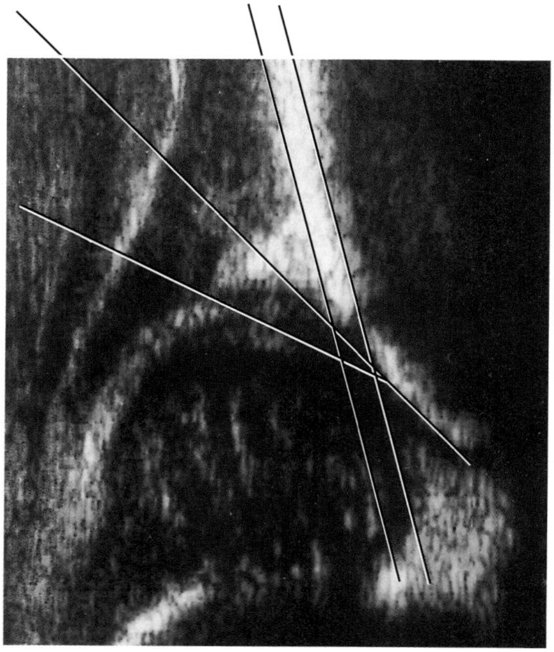

Abb. 10.168. S. D., 6 Wochen, rechtes Hüftgelenk
Die knöcherne Formgebung ist schlecht, der knöcherne Erker flach, das knorpelige Pfannendach nach kranial verdrängt. Die Meßlinien sind eingezeichnet, auch die Hilfslinie durch die dorsale Schallauslöschung.
Hüfttyp III a
Die Echovermehrung im proximalen Anteil des nach kranial verdrängten Knorpelerkers darf nicht als Strukturstörung bezeichnet werden. Sie ist ein Artefakt und entspricht Reverberationen.

Abb. 10.169. G M., 4,5 Monate, linkes Hüftgelenk
Im Sonogramm ist deutlich zu erkennen, daß der Hüftkopf dezentriert steht und die Gelenkkapsel bereits nach außen abgedrängt hat. Der knöcherne Pfannenerker ist abgeflacht, die knöcherne Hüftkopfüberdachung ist schlecht. Das hyalinknorpelige Pfannendach ist mit dem Labrum acetabulare durch den Druck des luxierenden Hüftkopfes abgedrängt, die Echostruktur ist normal.
$\alpha = 35°$
$\beta = 122°$
Hüfttyp III a

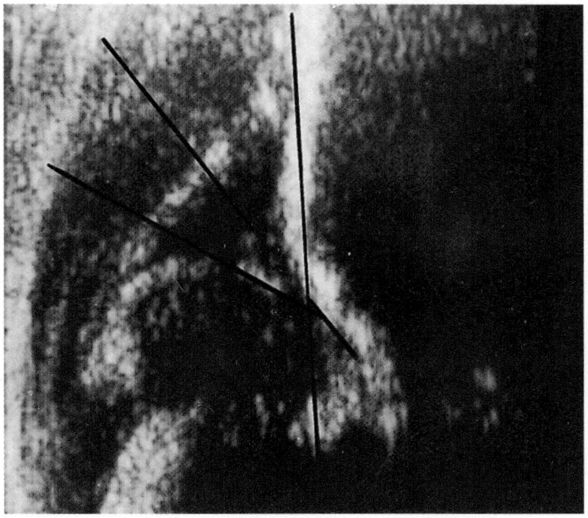

Abb. 10.170. U. C., 4 Monate, linkes Hüftgelenk, Monitorbild
Der knöcherne Erker ist flach, die knöcherne Formgebung schlecht, der knorpelige Erker ist breit und verdrängt, die Struktur des Knorpeldaches echoarm.
$\alpha = 35°$
$\beta = 115°$
Hüfttyp III a

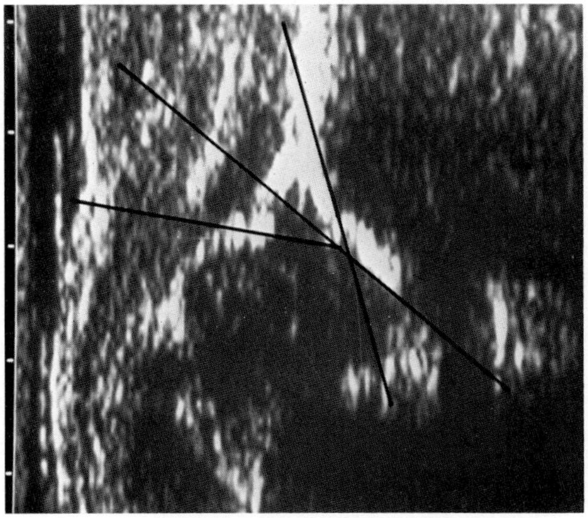

Abb. 10.171. K. B., 2,5 Monate, linkes Hüftgelenk, Monitorbild
Der knöcherne Erker ist flach, die knöcherne Formgebung schlecht, das knorpelige Pfannendach verbreitert und nach kranial verdrängt. Die Ausstellungslinie fällt beinahe mit der Pfannendachlinie zusammen und ist nicht völlig korrekt durch die Mitte des Labrum acetabulare gelegt.
$\alpha = 28°$
$\beta = 145°$
Hüfttyp III a

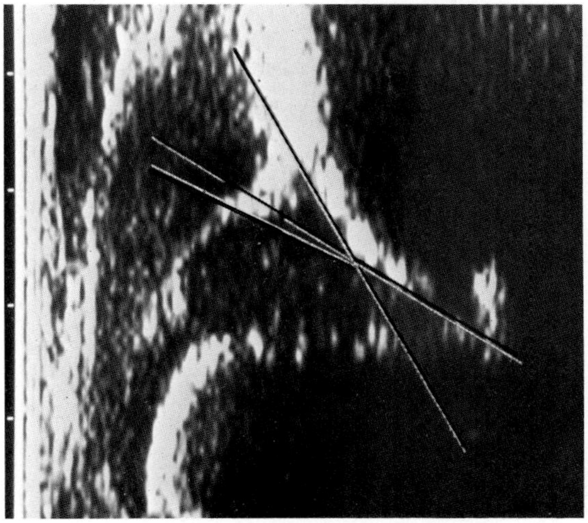

10.3.2 Hüfttyp III b und IV
(Abb. 10.172–10.198)

Der Hüfttyp III b zeichnet sich durch Strukturstörungen im knorpelig präformierten und verdrängten Pfannendach aus, die sich in vermehrter Echogenität im Sonogramm niederschlagen. Von vermehrter Echogenität im Knorpelerker darf nur gesprochen werden, wenn als Referenzpunkt der hyaline Hüftkopf mit seinen Echos herangezogen wird und deutlich mehr Echos im Pfannendachknorpel als im Hüftkopf sind.

Der Hüfttyp IV ist dadurch charakterisiert, daß das knorpelig präformierte Pfannendach vom nach kranial luxierenden Hüftkopf nach medial und medial-kaudal verdrängt wird. Der Hüftkopf steht höher als das knorpelig präformierte Pfannendach.

Das dem hyalinknorpelig präformierten Pfannendach anliegende Perichondrium zieht mehr oder weniger horizontal, manchmal auch muldenförmig von der Gelenkkapsel zum Echo der abgeflachten knöchernen Pfanne (Abb. 10.173).

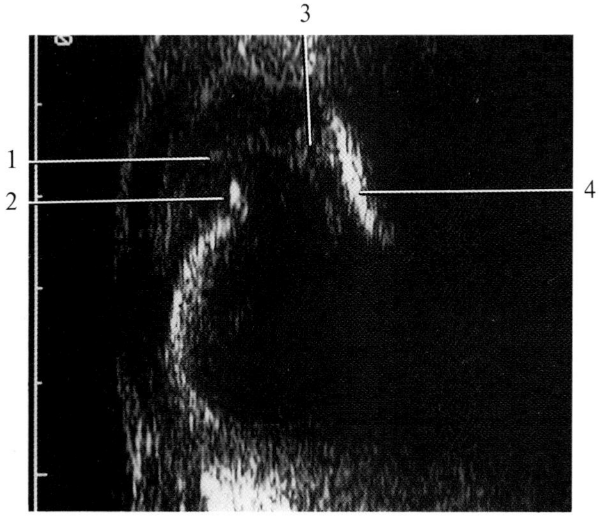

Abb. 10.172. M. S., 5 Monate, linkes Hüftgelenk, Monitorbild
Die knöcherne Formgebung ist schlecht, es besteht eine Flachpfanne. Der Hüftkopf hat sein Knorpeldach zwischen sich und dem Os ilium eingequetscht. Proximal des Hüftkopfes kann kein Knorpelerker mehr identifiziert werden.
1 Gelenkkapsel
2 Hüftkopfkern
3 Reste des Pfannendachknorpels mit leichten Umbaustörungen
4 Os ilium
Hüfttyp IV mit zusätzlichen Knorpelumbaustörungen, kenntlich an der Echogenität des Knorpeldachrestes im Vergleich zum hyalinen Hüftkopf.

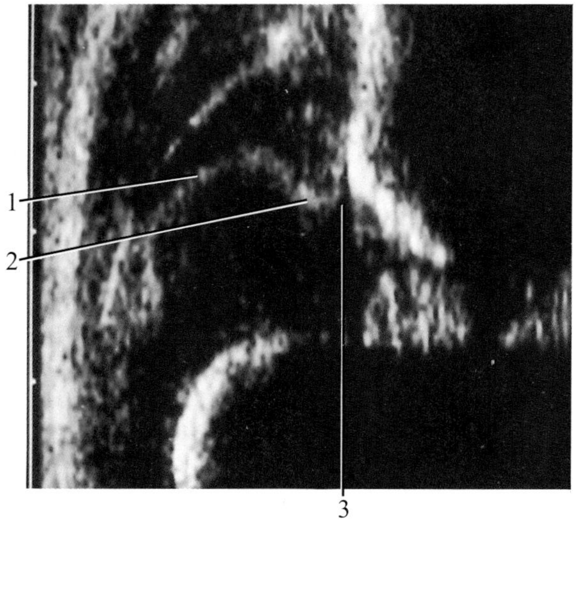

Abb. 10.173. W. D., 6 Monate, linkes Hüftgelenk
Der Hüftkopf mit der abgedrängten Kapselhaube (1) steht deutlich dezentriert und in den Weichteilen. Auch der Musculus gluteus minimus erscheint bereits verdrängt. Das Perichondrium (2) ist muldenförmig eingezogen. Das deformierte knorpelige Pfannendach (3) steht zwischen Hüftkopf und knöcherner Pfanne. Deutliche Echogenitätsvermehrung in der Tiefe der Fossa acetabuli als Ausdruck der Hypertrophie des Fett- und Bindegewebes.
Klassisches Typ-IV-Gelenk

Abb. 10.174. P. S., 3,5 Monate, rechtes Hüftgelenk
Der Hüftkopf steht deutlich dezentriert, gut markiert durch die Kapselhaube (3). Die Kapselhaube geht deutlich sichtbar in das Perichondrium über, dieses zieht nach cranial. Die Echogenität (1) im Pfannendach ist dieselbe wie im Hüftkopf → Typ III a (!)
(2) Labrum acetabulare

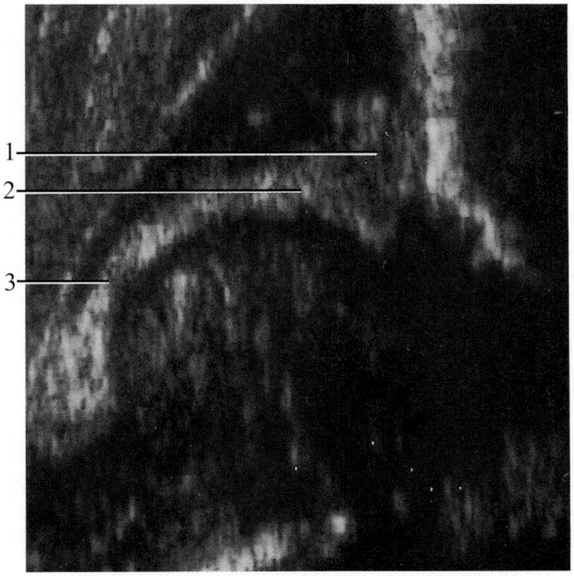

Abb. 10.175. Derselbe Patient wie in Abb. 10.174, jedoch linkes Hüftgelenk
Der Hüftkopf steht deutlich dezentriert, die Kapselhaube (1) ist abgedrängt, das Labrum acetabulare als Echoverdichtung deutlich sichtbar (2). Das hyalinknorpelig präformierte Pfannendach befindet sich zwischen Hüftkopf und knöcherner Pfannendachanlage.
Hüfttyp IV

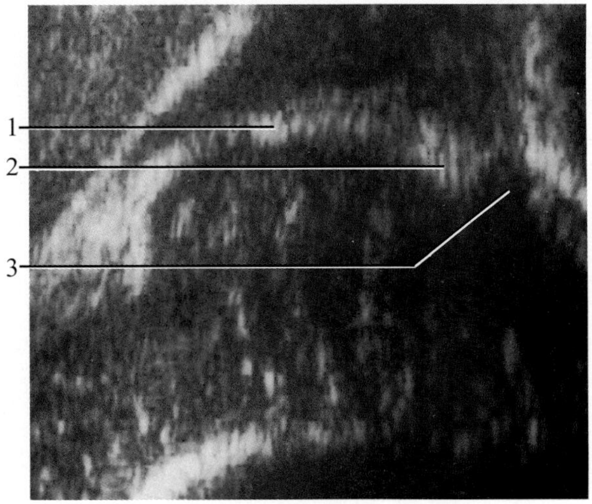

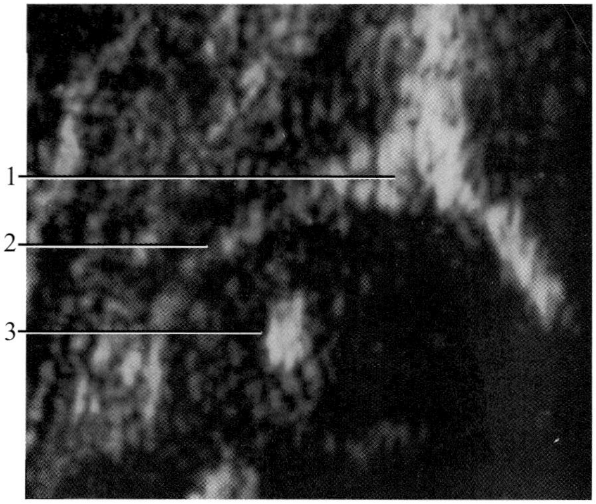

Abb. 10.176. S. S., 6 Monate, linkes Hüftgelenk
Die knöcherne Formgebung ist schlecht, der knöcherne Erker abgeflacht, das knorpelige Pfannendach nach kranial abgedrängt und gegenüber den Echos im Hüftkopf deutlich mit einer Echozunahme zu erkennen (1).
2 Gelenkkapsel
3 Hüftkopfkern
Hüfttyp IIIb

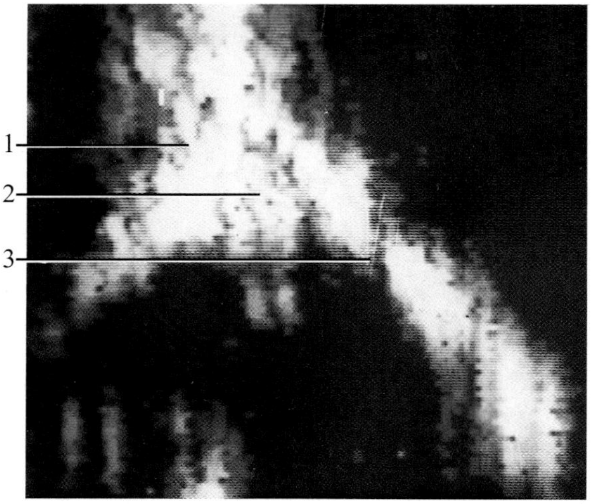

Abb. 10.177. S. D., 4 Monate, linkes Hüftgelenk
Im Vergleich mit dem Hüftkopf stark vermehrte Echogenität des nach oben abgedrängten knorpeligen Pfannendachs. Bei mangelhafter knöcherner Hüftkopfüberdachung und bei fehlendem knöchernem Erker steht der Hüftkopf deutlich dezentriert. Noch keine Kopfkernentwicklung.
Hüfttyp IIIb
Beachte die starke Vergrößerung
1 Perichondrium
2 Stark echogener Knorpelerker
3 Knöcherner Erker

Abb. 10.178. M. S., 5 Monate, linkes Hüftgelenk
Die knöcherne Pfanne ist deutlich abgeflacht, der Hüftkopf steht dezentriert, das knorpelige Pfannendach ist nach kranial abgedrängt und echogen (1).
1 Echogenes, verdrängtes Knorpeldach
2 Labrum acetabulare
Hüfttyp III b

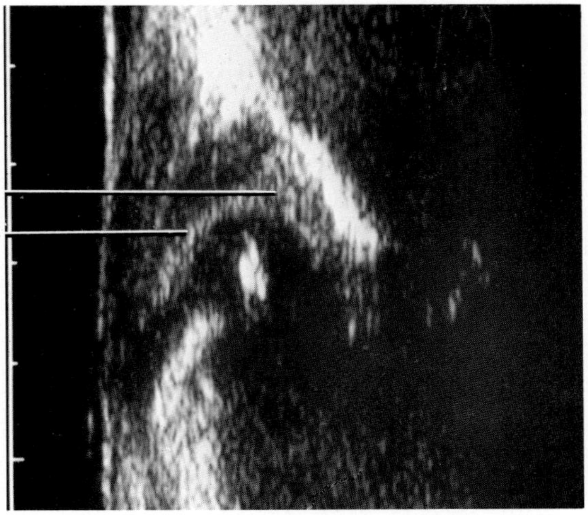

Abb. 10.179. W. P., 5 Wochen, linkes Hüftgelenk
Die knöcherne Pfanne ist flach. Das knorpelige Pfannendach ist verbreitert, nach kranial verdrängt und echogen.
1 Echogener, verdrängter Pfannendachknorpel
2 Labrum acetabulare
3 Gelenkkapsel
4 Umschlagfalte
5 Knorpel-Knochengrenze
Hüfttyp III b

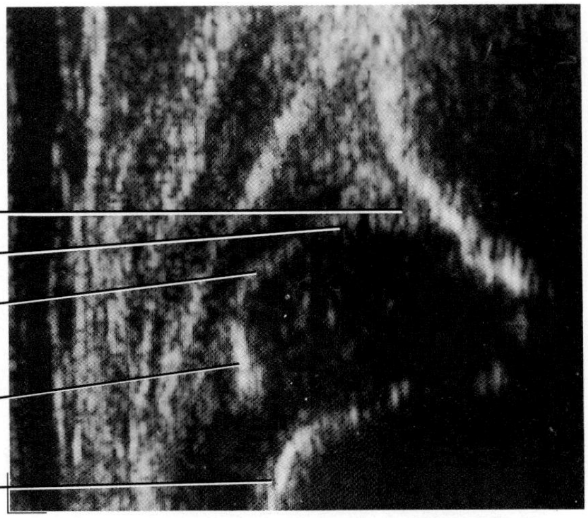

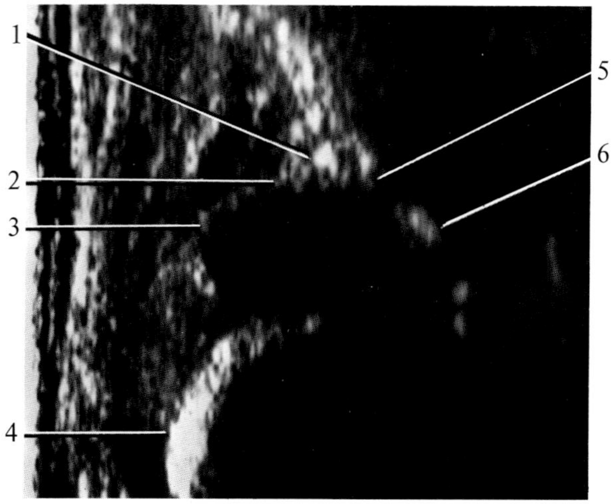

Abb. 10.180. F. R., 4 Monate, rechtes Hüftgelenk, Monitorbild
Die knöcherne Formgebung ist schlecht, der knöcherne Pfannenerker flach, das knorpelige Pfannendach nach kranial verdrängt und echogen. Vergleiche in Abb. 10.181 den mit Strichen markierten knöchernen Pfannendachdefekt.
1 Echogenes knorpeliges Pfannendach
2 Labrum acetabulare
3 Gelenkkapsel
4 Knorpel-Knochen-Grenze
5 Knöcherner Erker
6 Unterrand des Os ilium

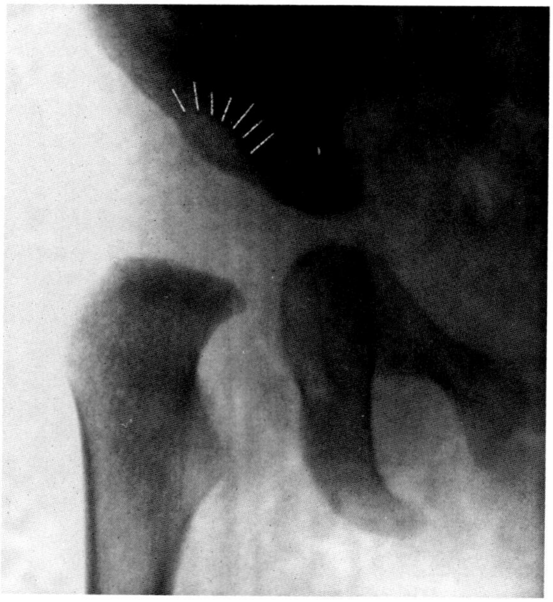

Abb. 10.181. Röntgenbild zu Abb. 10.180

Abb. 10.182. G. M., 3,5 Monate, rechtes Hüftgelenk, Monitorbild
Vergleiche die Echogenität des verdrängten knorpeligen Pfannendachs mit Abb. 10.180.
Der knöcherne Erker ist flach, die knöcherne Formgebung mangelhaft, das knorpelige Pfannendach nach kranial verdrängt mit echoarmer Struktur. Keine Echogenitätsvermehrung im Vergleich zur Echogenität des hyalinen Hüftkopfes.
1 Perichondrium im proximalen Anteil
2 Perichondriumloch
3 Gelenkkapsel
4 Flüssigkeitsfilm
5 Knöcherner Erker
Hüfttyp III a

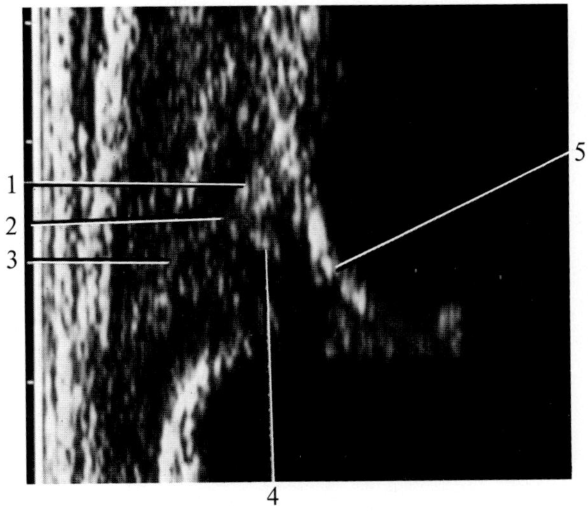

Abb. 10.183. Röntgenbild zu Abb. 10.182

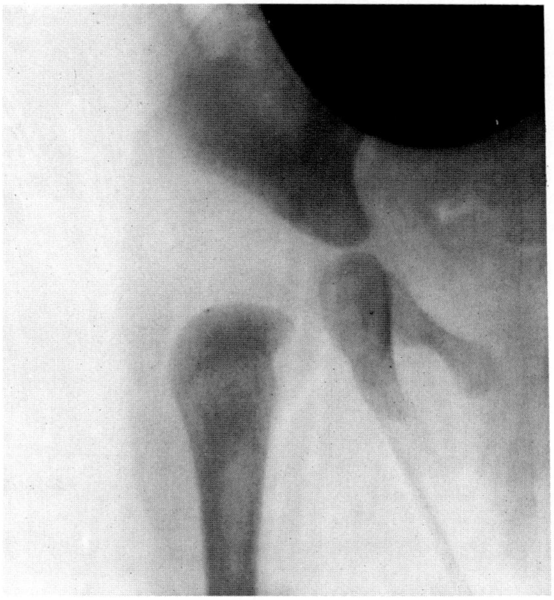

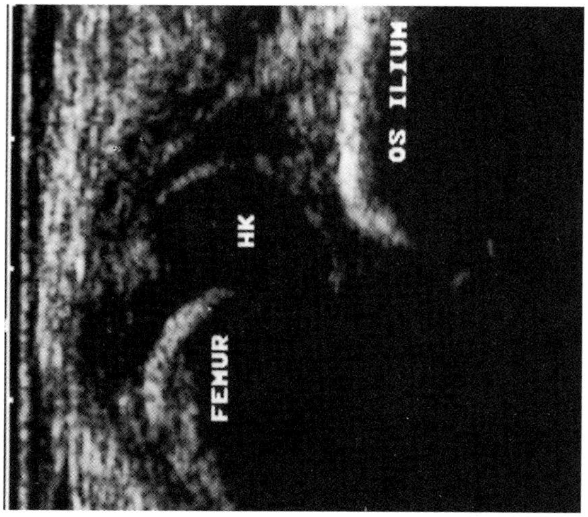

Abb. 10.184. O. M., 6 Wochen, rechtes Hüftgelenk
Der Hüpftkopf steht deutlich dezentriert, gut abgegrenzt gegenüber den Weichteilen durch die Kapselhaube. Zwischen dem Hüftkopf und der stark abgeflachten knöchernen Pfanne befindet sich das knorpelige Pfannendach, das deutliche Echogenitätsvermehrungen gegenüber dem Hüftkopf aufweist. Von der Gelenkkapsel zieht das Perichondrium horizontal zur knöchernen Pfanne. Proximal des Hüftkopfes befindet sich der M. gluteus minimus. Das Perichondrium zieht horizontal, daher Hüfttyp IV. Durch die Echogenitätsvermehrung entspricht dieses Hüftgelenk einem Hüfttyp IVb. Die Urpfanne kann nicht mehr eingesehen werden, daher ist der Unterrand des Os ilium nicht dargestellt, da sich der Hüftkopf in einer anderen Ebene als die Urpfanne befindet.

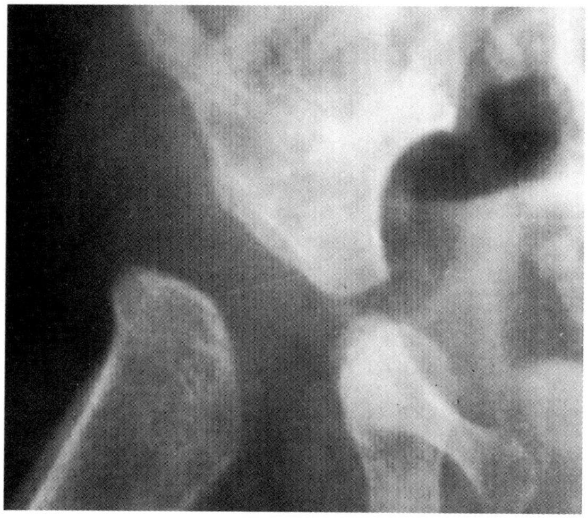

Abb. 10.185. Röntgenbild zu Abb. 10.184

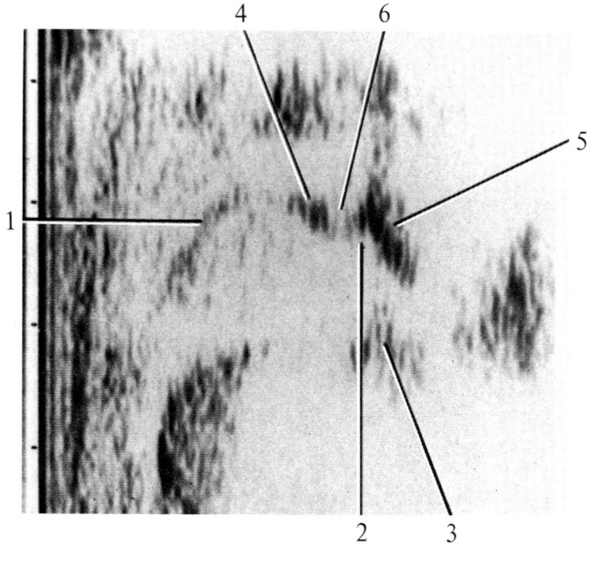

Abb. 10.186. K. T., 4 Wochen, rechtes Hüftgelenk
Der knöcherne Erker ist flach, die knöcherne Formgebung schlecht (Flachpfanne). Das knorpelige Pfannendach ist nach medial-kaudal bereits verdrängt. Der Hüftkopf steht deutlich höher als das von ihm nach medial-kaudal verdrängte knorpelige Pfannendach. Das Perichondrum liegt muldenförmig zwischen Gelenkkapsel und knöcherne Pfanne. Hüfttyp IV

1 Gelenkkapsel
2 Pfannendachknorpel
3 Gewebe der Fossa acetabuli
4 Labrum acetabulare
5 Os ilium
6 Perichondriumloch

Abb. 10.187. M. S., 5 Monate, rechtes Hüftgelenk, Monitorbild
Knöcherner Erker eckig, knöcherne Formgebung gut, der knorpelige Erker etwas verbreitert, aber übergreifend.
Vergleiche rechte Seite in Abb. 10.189.
Der sonographische Schnitt wurde etwas zu weit nach ventral gelegt.
Hüfttyp I

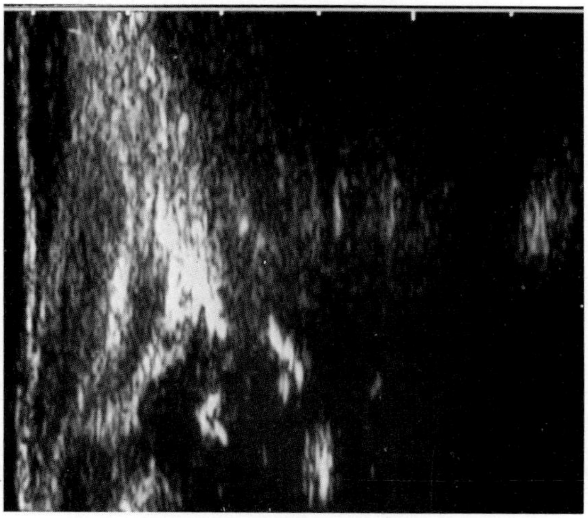

Abb. 10.188. Derselbe Patient wie in Abb. 10.187, linkes Hüftgelenk, Monitorbild
Der knöcherne Erker ist flach bei schlechter knöcherner Formgebung, der knorpelige Pfannendachanteil ist nach medial vom nach kranial luxierenden Hüftkopf verdrängt, der Hüftkopf steht höher als das von ihm nach medial-kaudal verdrängte knorpelige Pfannendach.
Vergleiche linkes Hüftgelenk in Abb. 10.189.
Hüfttyp IV
1 Gelenkkapsel
2 Knöcherner Erker
3 Primärpfanne
4 Muldenförmige Gelenkkapsel und Perichondrium

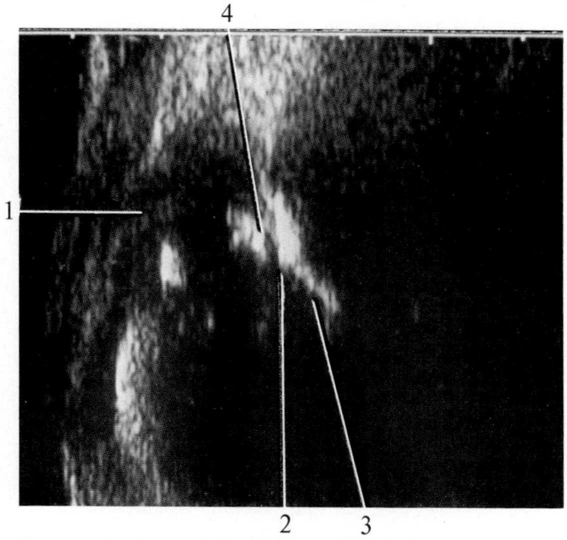

Abb. 10.189. Röntgenbild zu Abb. 10.187 und 10.188

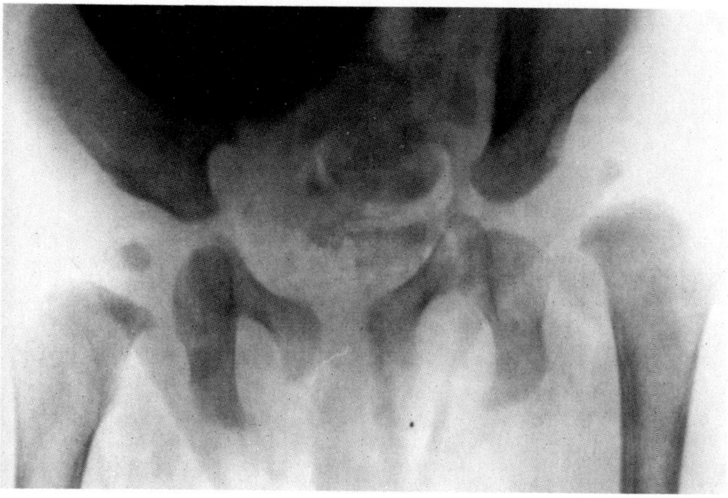

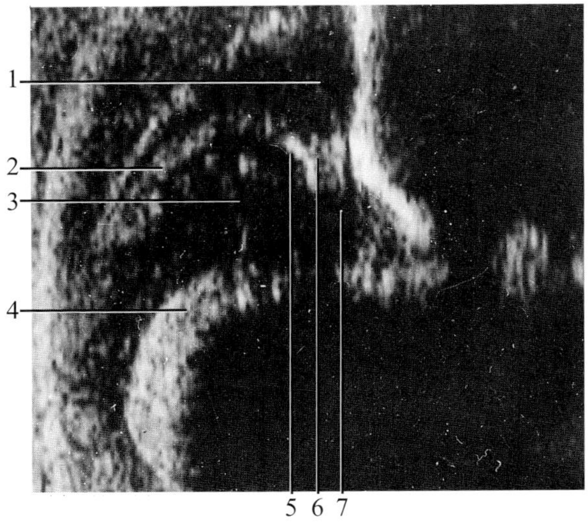

Abb. 10.190. W. S., 10,5 Monate, rechtes Hüftgelenk
Der Hüftkopf steht mit der Kapselhaube deutlich abgegrenzt, lateral-kranial der Urpfanne. Zwischen dem Hüftkopf und der knöchernen Pfannendachanlage befindet sich das knorpelige Pfannendach. Die Gelenkkapsel setzt sich in das muldenförmige Perichondrium fort. Die Urpfanne ist mit Vakatgewebe ausgefüllt.
1 M. gluteus minimus
2 Gelenkkapsel
3 Hüftkopf
4 Knorpel-Knochen-Grenze
5 Labrum acetabulare
6 Perichondrium
7 Verdrängter Pfannendachknorpel

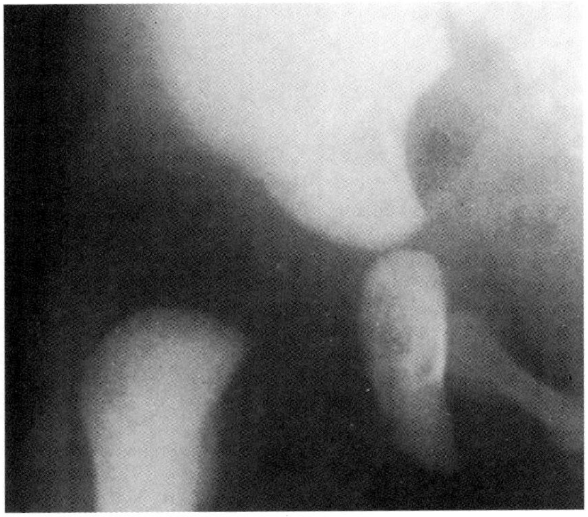

Abb. 10.191. Röntgenbild zu 10.190

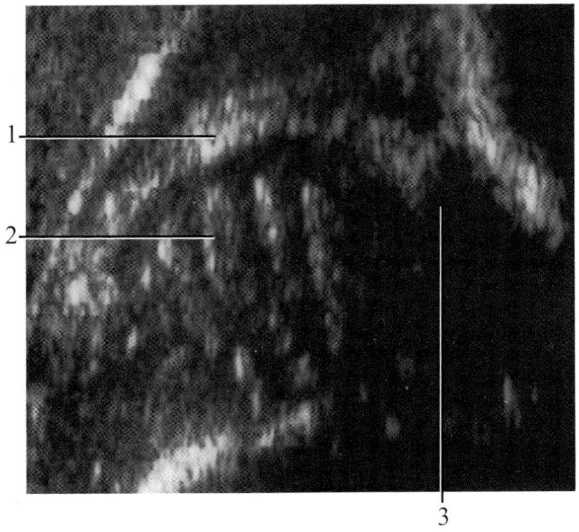

Abb. 10.192. W. D., 5,5 Monate, linkes Hüftgelenk
Die knöcherne Urpfanne ist nicht mehr einsehbar, der Hüftkopf (2) durch die Gelenkkapsel (1) deutlich abgegrenzt, die Gelenkkapsel zieht mit dem Perichondrium muldenförmig zur knöchernen Pfanne. Der Pfannendachknorpel (3) ist zwischen Hüftkopf und der knöchernen Pfannendachanlage komprimiert und verdrängt.

Abb. 10.193. B. E., 4 Monate, rechtes Hüftgelenk
Sonographisch ist eine Hüftreifungsstörung Typ IV dargestellt. Der Hüftkopf hat das Azetabulum vollständig verlassen und ist in die Weichteile luxiert. In dieser Schnittebene kann der echoarme Hüftkopf in den Weichteilen lokalisiert werden. Weniger gut dargestellt ist das zerdrückte, echoarme knorpelige Pfannendach.
1 Echoarmer, in die Weichteile luxierter Hüftkopf
2 Kapselhaube mit Septum intermusculare
3 Darmbeinsilhouette
4 Primärpfanne

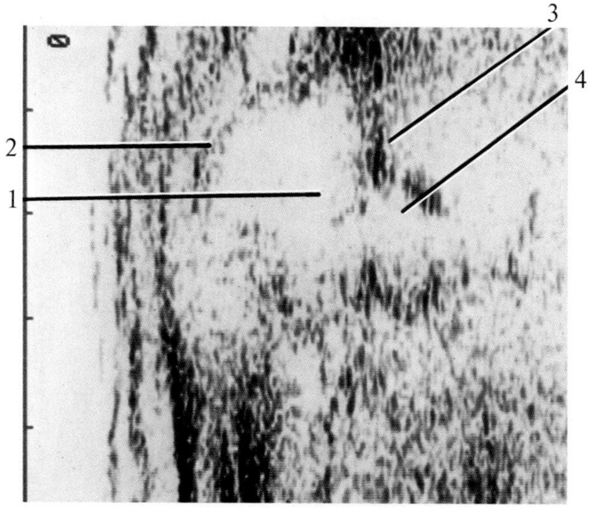

Abb. 10.194. Derselbe Patient wie in Abb. 10.193, rechtes Hüftgelenk
In einer mehr ventral gelegenen Schnittebene kommt soeben das zerdrückte, echoreiche knorpelige Pfannendach zur Darstellung. Dieses liegt zwischen Hüftkopf und Luxationsrinne. Lateral wird der Hüftkopf durch die Gelenkkapsel und das intermuskuläre Septum begrenzt. Beide Strukturen liegen eng beieinander.
1 Knorpel-Knochen-Grenze
2 Gelenkkapsel und intermuskuläres Septum
3 Zerdrücktes, echoreiches knorpeliges Pfannendach
4 Primärpfanne

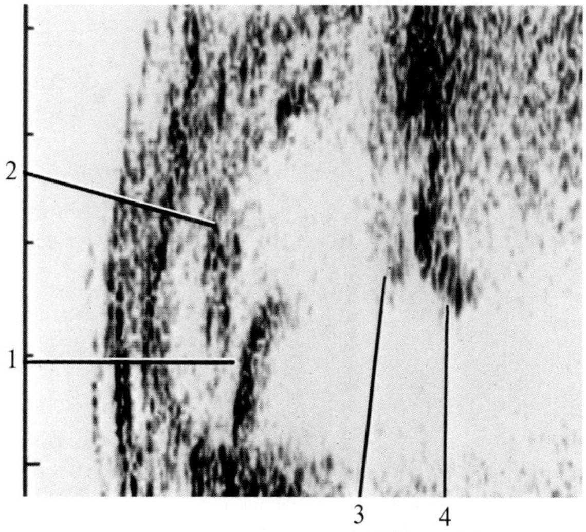

Abb. 10.195. Derselbe Patient wie in Abb. 10.193, rechtes Hüftgelenk
In dieser Aufnahme ist das echoreiche, zerdrückte Pfannendach in der Luxationsrinne deutlich zu erkennen. Der Hüftkopf wird kranial durch die Kapselhaube begrenzt. Es ist lediglich die ventrale Kalotte des Hüftkopfes angeschnitten, da der Hüftkopf mit der größten Zirkumferenz weiter dorsal liegt. Zwischen Hüftkopf und Eingang in das Azetabulum findet sich bereits angedeutet die Umschlagfalte des Kapselisthmus.
1 Knorpel-Knochen-Grenze
2 Trochanter major
3 Kopfkalotte, echoarm
4 Kapselhaube
5 Intermuskuläres Septum
6 Pfannendachknorpel
7 Angeschnittener Kapselisthmus

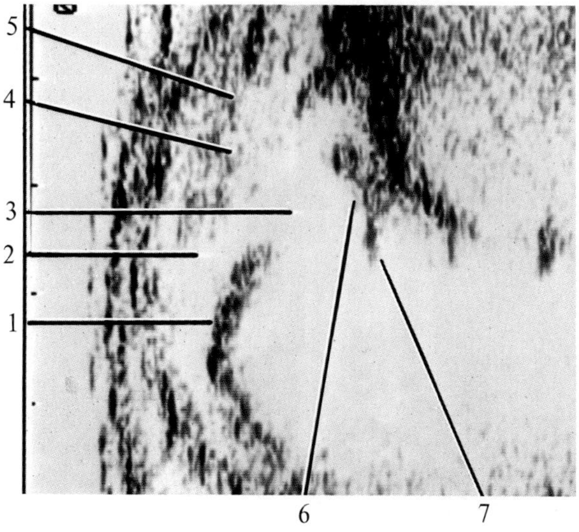

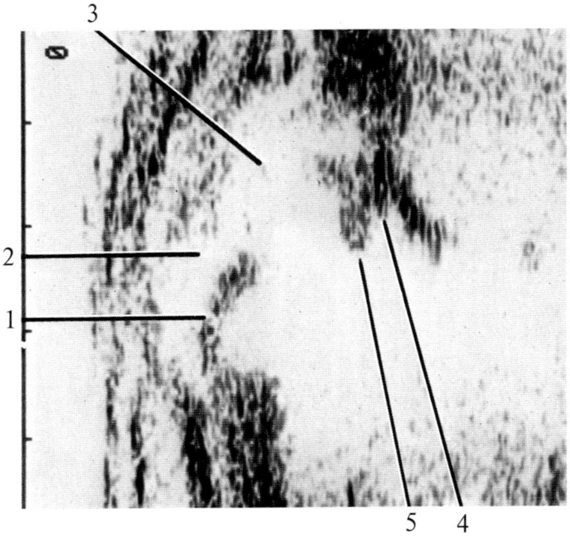

Abb. 10.196. Derselbe Patient wie in Abb. 10.193, rechtes Hüftgelenk
In dieser Aufnahme ist der Hüftkopf noch weiter ventral angeschnitten. Unverändert findet sich das Bild eines leeren Azetabulums mit einem komplett luxierten Hüftkopf.
1 Knorpel-Knochen-Grenze
2 Schalloch des Trochanter major
3 Gelenkkapsel
4/5 Echogene Anteile des deformierten Knorpelerkers

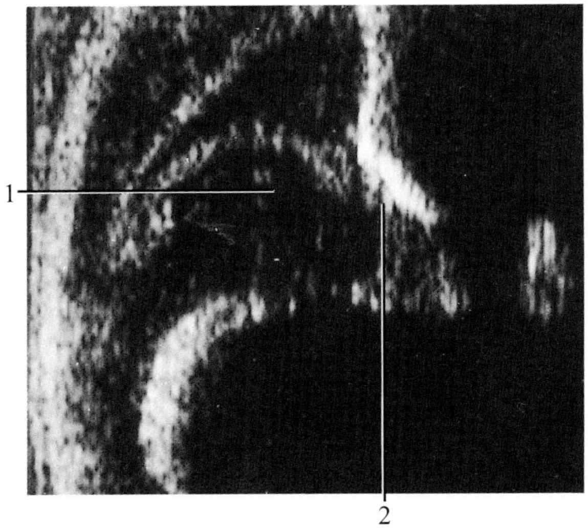

Abb. 10.197. H. V., 4 Wochen, linkes Hüftgelenk, Hüfttyp IV
Der Hüftkopf steht deutlich lateralisiert (1) und ist durch die Kapselhaube vom hochgedrängten Musculus gluteus minimus gut abgrenzbar. Die Urpfanne (2) ist leer, zarte Echoverdichtung in der Tiefe der Fossa acetabuli.

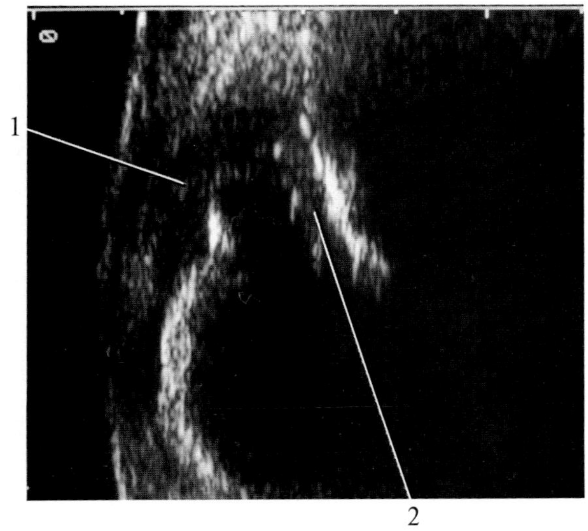

Abb. 10.198. S. N., 5 Monate
Die knöcherne Formgebung ist bis auf eine schiefe Ebene reduziert. Das knorpelig präformierte Pfannendach ist vom luxierten Hüftkopf nach medial verdrängt. Nur ein geringer Teil des knorpeligen Pfannendachs befindet sich kranial des Hüftkopfes. Hüfttyp III am Übergang zu Typ IV
1 Gelenkkapsel
2 Nach medial verdrängter Pfannendachknorpel

11 Dynamische Untersuchung

Bei der sonographischen Untersuchung kann am Monitor der Bewegungsablauf des Hüftkopfes im Azetabulum direkt mitverfolgt werden. Auch die Veränderungen des knorpelig präformierten Pfannendachs unter Zug und Druck können studiert werden. Wird ein Druck auf den Hüftkopf von kaudal nach kranial während der Untersuchung ausgeübt, kann in diesen Fällen bei schlechter knöcherner Ausformung der knorpelig präformierte Pfannendachanteil nach kranial geschoben und die Instabilität sichtbar gemacht werden.

Dezentrierte Gelenke sind definitionsgemäß von Haus aus instabil. Unter sonographischer Kontrolle simulierte Repositionsmanöver können wichtige Aufschlüsse über das weitere therapeutische Vorgehen geben. Noch wichtiger ist die Beantwortung der Frage nach dem Beginn der Instabilität. Hüftgelenke im Typ-II-c-Bereich sind definitionsgemäß instabil, wenn es gelingt, diese Gelenke unter Druck zu dezentrieren und meßtechnisch in einen Typ D überzuführen.

Die sonographische Instabilität, die meßtechnisch exakt definiert ist, darf nicht mit dem Phänomen der elastischen Federung verwechselt werden (5).

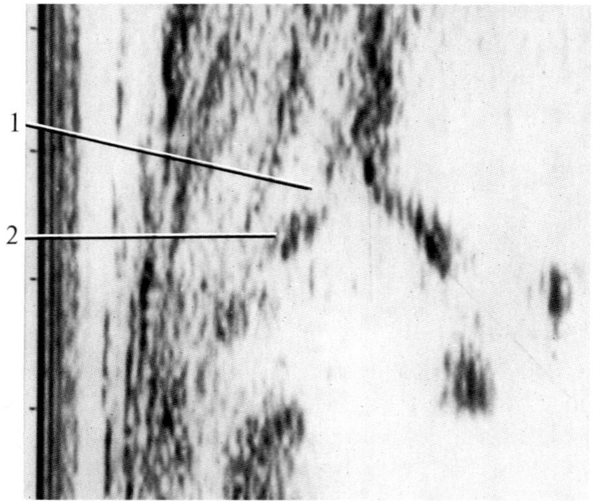

Abb. 11.1. W. E., 3 Monate, dynamische Untersuchung des linken Hüftgelenks, Ausgangsposition
Die knöcherne Pfanne ist hochgradig mangelhaft, der knöcherne Erker stark gerundet, das knorpelige Pfannendach breit übergreifend.
$\alpha = 45°$
$\beta = 70°$
Hüfttyp II c
1 Perichondriumloch
2 Labrum acetabulare

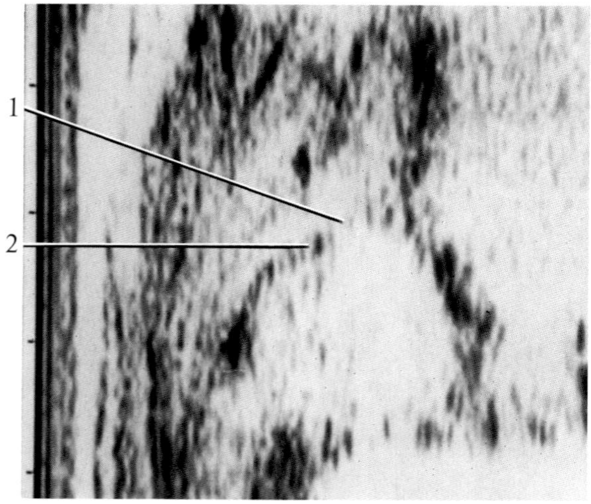

Abb. 11.2. Derselbe Patient wie in Abb. 11.1, bei Druckausübung
Hier tritt der Hüftkopf nach kranial, das knorpelige Pfannendach wird breit und verdrängt.
1 Perichondriumloch
2 Labrum acetabulare
Dg: Hüfttyp II c-instabil

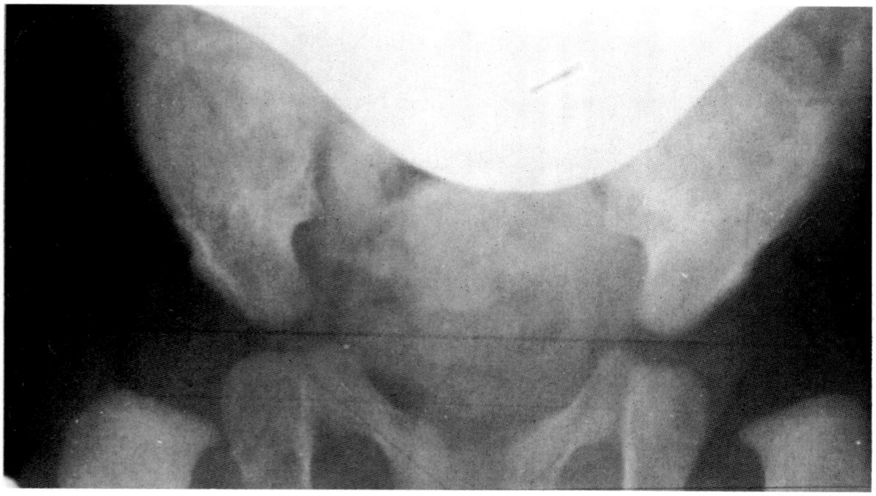

Abb. 11.3. Röntgenbild zu Abb. 11.1 und 11.2
Das linke Hüftgelenk entspricht den Sonogrammen 11.1 und 2.

Abb. 11.4. F. A., 6 Wochen, linkes Hüftgelenk
Die knöcherne Pfanne ist schlecht, der knöcherne Erker abgeflacht, das knorpelige Pfannendach nach kranial verdrängt und echoarm.
Hüfttyp IIIa
Der Unterrand des Os ilium ist nicht dargestellt, da sich der Hüftkopf aufgrund seiner Luxation in einer anderen Ebene als der Unterrand des Os ilium befindet. Dieses Sonogramm wurde ohne Streß, d. h. ohne Zug oder Druckauswirkung angefertigt.

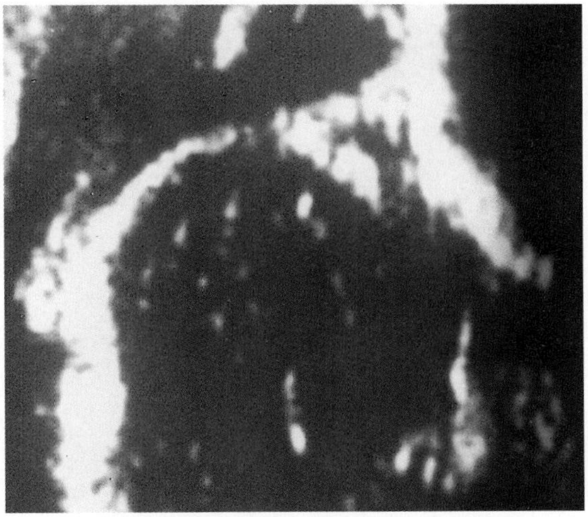

Abb. 11.5. Derselbe Patient wie in Abb. 11.4, jedoch unter Zug
Es zeigt sich, daß der Hüftkopf reponiert werden kann. Er tritt deutlich tiefer und in die Urpfanne ein. Hüftkopf und Os ilium befinden sich nun wieder in derselben Ebene, dadurch kann der Unterrand des Os ilium ebenfalls gut dargestellt werden. Das vormals in Abb. 11.4 nach kranial abgedrängte knorpelige Pfannendach mit dem Labrum übergreift nun den Hüftkopf wieder.

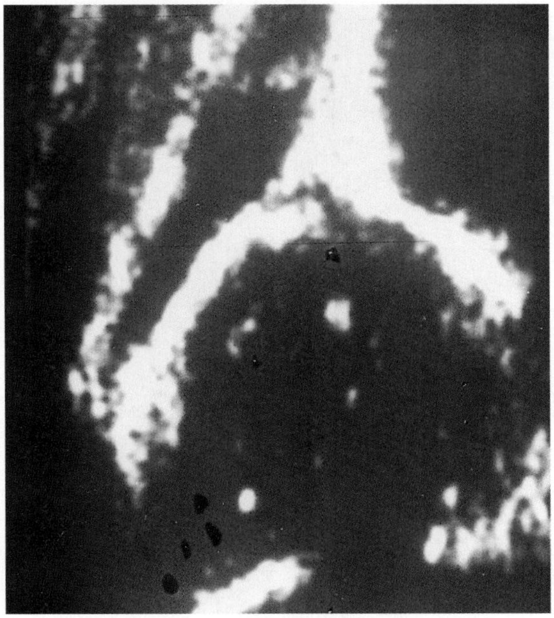

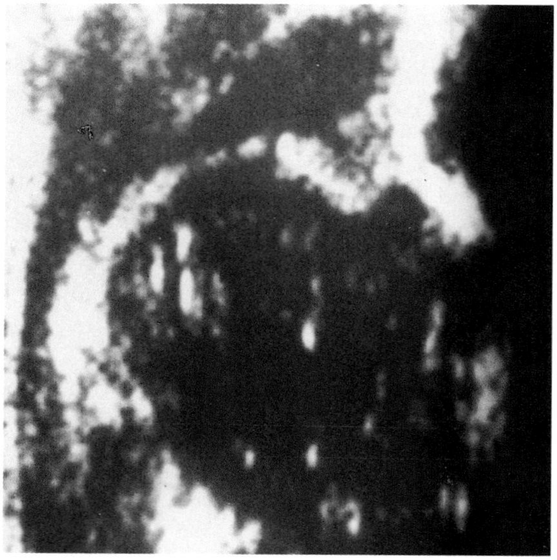

Abb. 11.6. Derselbe Patient wie in Abb. 11.4 und Abb. 11.5
Der Hüftkopf wird unter Druck untersucht. Er tritt dabei deutlich aus der Urpfanne heraus, sodaß ein Typ-IV-Gelenk entsteht.

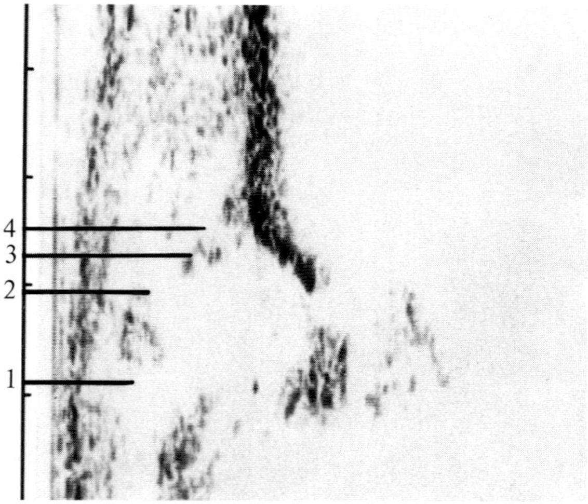

Abb. 11.7. S. N., 2 Tage, linkes Hüftgelenk
Abgeflachter knöcherner Pfannenerker und schlechte Ausformung des knöchernen Pfannendachs. Leicht nach oben außen aufgebogenes Labrum acetabulare als Zeichen einer beginnenden Dezentrierung.
1 Schalloch des Trochanter major
2 Gelenkkapsel
3 Labrum acetabulare
4 Perichondriumloch

Abb. 11.8. Derselbe Patient wie in Abb. 11.7, linkes Hüftgelenk, dynamische Untersuchung
Im Vergleich mit Abb. 11.7 ist es bei unveränderter knöcherner Pfannenanlage zu einer weiteren Aufbiegung des Labrum acetabulare und der angrenzenden knorpeligen Pfannendachanteile gekommen. Der Hüftkopf steht deutlich dezentriert, die Stellungsänderung des Hüftkopfes ist auch am veränderten Verlauf der Gelenkkapsel zu erkennen.
1 Schalloch des Trochanter major
2 Gelenkkapsel
3 Labrum acetabulare
4 Perichondriumloch

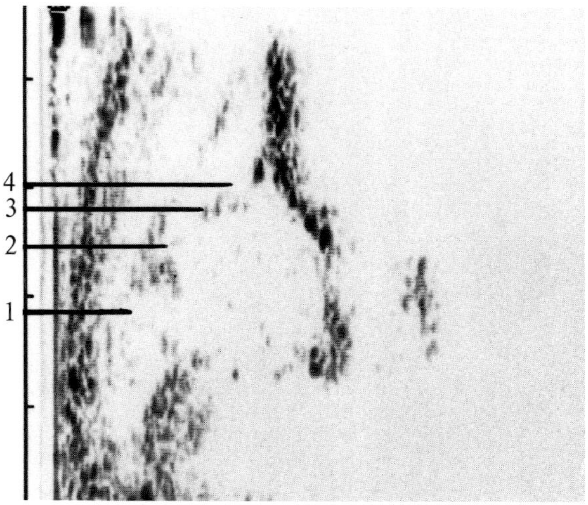

Abb. 11.9. Derselbe Patient wie in Abb. 11.7, rechtes Hüftgelenk
Ausreichende knöcherne Formgebung bei abgerundetem knöchernem Erker. Die knorpelige Überdachung ist übergreifend. Der Hüftkopf steht zentriert. Noch keine Kopfkernentwicklung.
1 Schalloch des Trochanter major
2 Gelenkkapsel
3 Labrum acetabulare
4 Perichondriumloch

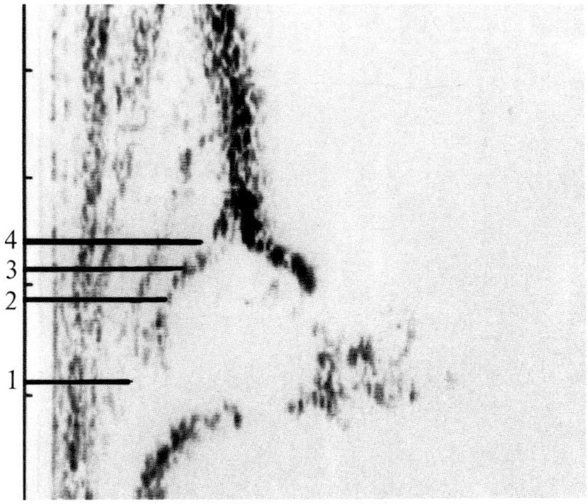

Abb. 11.10. M. P., 7 Wochen, linkes Hüftgelenk
Abrundung des knöchernen Pfannenerkers bei mangelhafter Ausformung des Azetabulums. Das knorpelige Pfannendach umgreift den Hüftkopf nach lateral distal. Der Hüftkopf steht zentriert, noch keine Kopfkernentwicklung. Im Sonogramm sind die Grund- und Pfannendachlinie zur Ermittlung des Knochenwinkels α eingezeichnet.

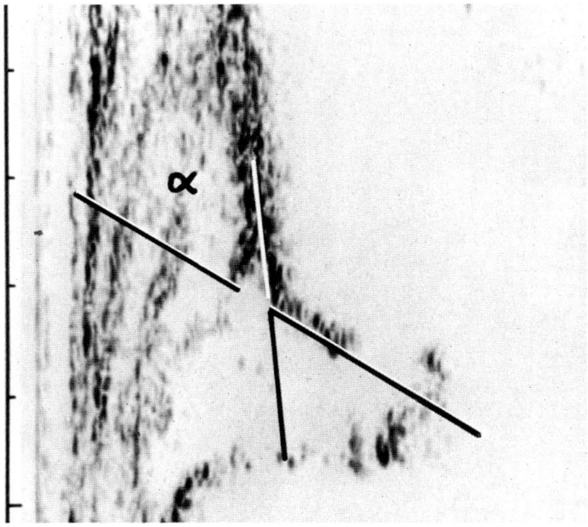

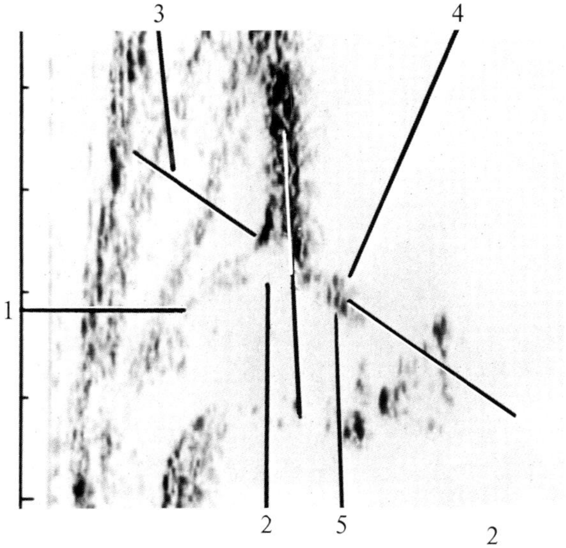

Abb. 11.11. Derselbe Patient wie in Abb. 11.10, linkes Hüftgelenk, dynamische Untersuchung
Die Aufnahme zeigt bei unveränderter knöcherner Formgebung das Hochfedern des Labrum acetabulare bei einer noch nicht vollkommen ausgereiften Hüftpfannenanlage. Das Labrum acetabulare steht jetzt nahezu horizontal, die Gelenkkapsel wurde ebenfalls bei der dynamischen Untersuchung durch den Druck des Hüftkopfes leicht vorgewölbt.
1 Gelenkkapsel
2 Knorpeliges Pfannendach, nach oben aufgebogen
3 Pfannendachlinie
4 Unterrand des Os ilium
5 Flüssigkeitsfilm, bzw. lig. cap. fem.

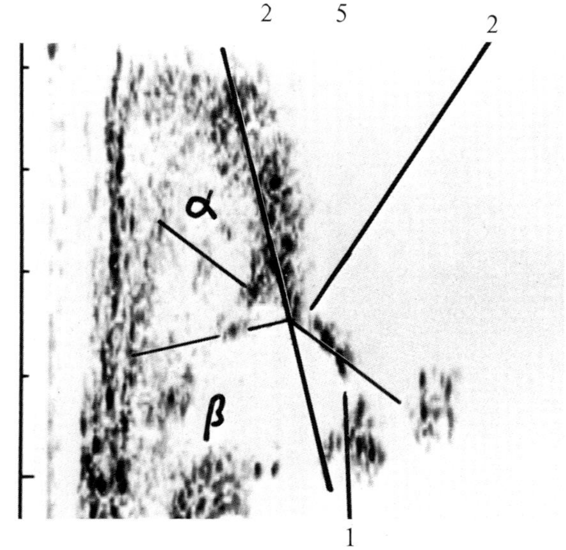

Abb. 11.12. G. N., 7 Wochen, linkes Hüftgelenk
Abgeflachter knöcherner Pfannenerker und schlechte knöcherne Formgebung. Das verbreiterte knorpelige Pfannendach kompensiert den Defekt, es ist bereits leicht nach oben außen abgedrängt als Zeichen der beginnenden Dezentrierung.
$\alpha = 45°$
$\beta = 90°$
1 Abgeschnittene Echos der Fossa acetabuli
2 Schallschatten des Umschlagpunktes
Hüfttyp D

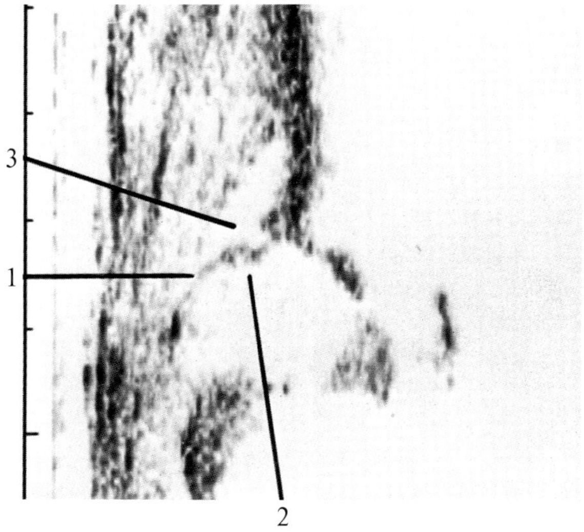

Abb. 11.13. Derselbe Patient wie in Abb. 11.12, linkes Hüftgelenk, dynamische Untersuchung
Bei der dynamischen Untersuchung konnte der Hüftkopf weiter nach dorsokranial dezentriert werden. Die zunehmende Dezentrierung ist an der weiteren Vorwölbung der Gelenkkapsel sowie an der Aufbiegung des Labrum acetabulare im Sonogramm zu erkennen. Die Schnittebene erfaßt hier den dorsalen Pfannendachanteil mit dem dorsalen Pfannenrandwulst. Die dorsale Schnittebene ist an der Konkavität der Darmbeinkontur zu erkennen.
1 Abgedrängte Gelenkkapsel
2 Nach oben außen aufgebogenes Labrum acetabulare
3 Perichondriumloch

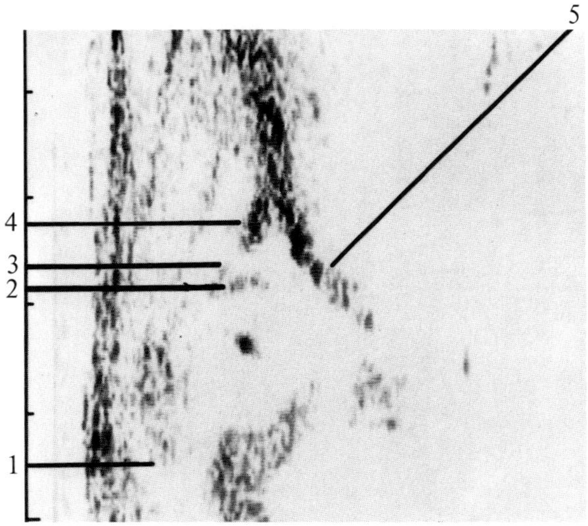

Abb. 11.14. G. M., 4 Monate, linkes Hüftgelenk
Abgeflachter knöcherner Pfannenerker, schlechte knöcherne Formgebung, verbreitertes, nach oben außen abgedrängtes knorpeliges Pfannendach, das sonographisch echoarm ist. Die Gelenkkapsel ist leicht nach oben außen vorgewölbt. Beginnende Kopfkernentwicklung.

1 Schalloch des Trochanter major mit den Reflexen der einstrahlenden Gelenkkapsel sowie der ansetzenden Sehnen
2 Labrum acetabulare
3 Perichondriumloch
4 Proximaler Anteil des Perichondriums und Übergang in das Periost
5 Schallschatten am Umschlagpunkt

Dezentriertes Gelenk: ob Typ D oder Typ III a, muß die Meßtechnik entscheiden. Als dezentriertes Gelenk ist die Hüfte auf jeden Fall instabil.

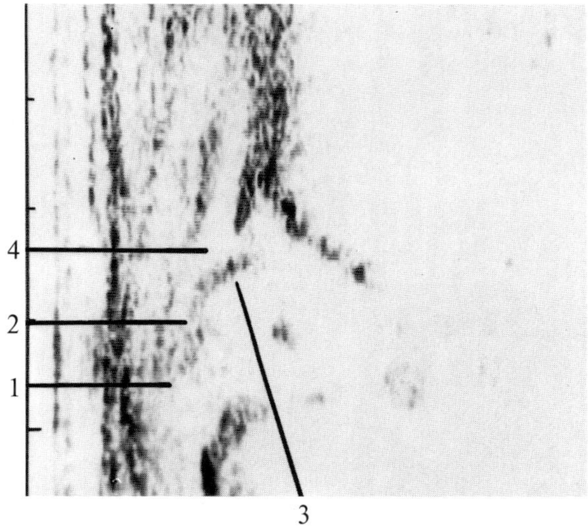

Abb. 11.15. Derselbe Patient wie in Abb. 11.14, linkes Hüftgelenk, dynamische Untersuchung
Im Sonogramm ist zu erkennen, wie bei reiner Längsextension eine deutlich bessere Einstellung des Hüftkopfes in die Pfannenanlage zu erzielen ist. Das knorpelige Pfannendach mit dem Labrum acetabulare zieht wieder nach unten, die Gelenkkapsel ist nicht mehr ausgebuchtet. Die Stellungsänderung läßt sich auch an der Position des Hüftkopfkernes verfolgen.

1 Trochanter major
2 Gelenkkapsel
3 Labrum acetabulare
4 Perichondriumloch

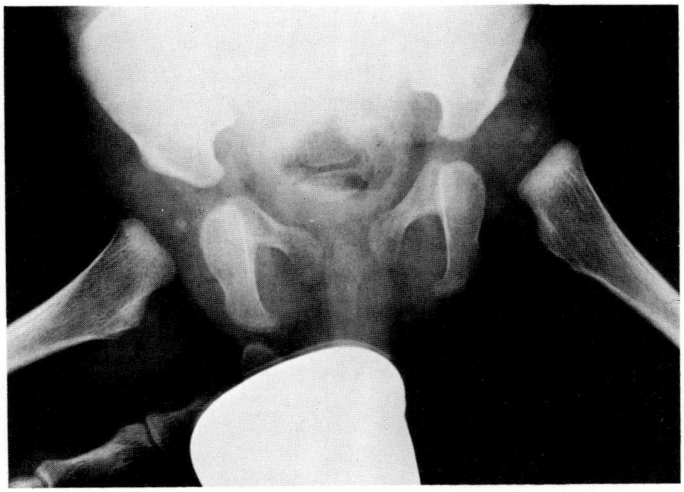

Abb. 11.16. Röntgenbild zu Abb. 11.14 und 11.15
Zur sonographischen Untersuchung mitgebrachte Beckenübersichtsaufnahme, die eine dysplastische knöcherne Pfannenanlage mit subluxiert stehendem Hüftkopf zeigt. Keine Aussage über die knorpelige Hüftkopfüberdachung, keine dynamische Untersuchung.

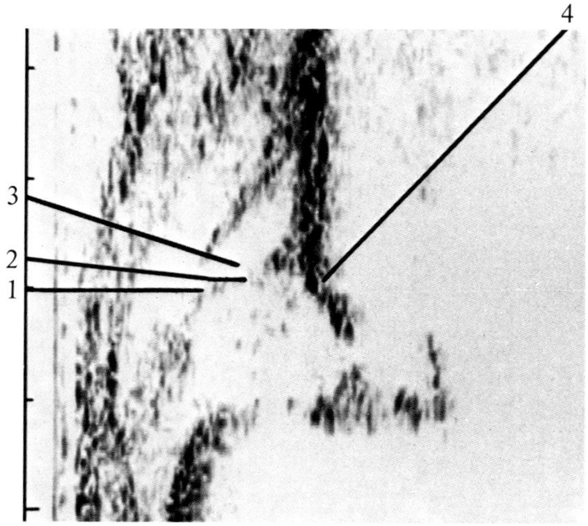

Abb. 11.17. K. L., 10 Tage, linkes Hüftgelenk
Abgeflachter knöcherner Pfannenerker mit schlechter knöcherner Formsicherung. Dezentriert stehender Hüftkopf, erkennbar an der Kapselhaube und am nach oben außen abgedrängten knorpeligen Pfannendach, noch keine Kopfkernentwicklung.
1 Vorwölbung der Gelenkkapsel durch den luxierenden Hüftkopf
2 Labrum acetabulare
3 Perichondriumloch
4 Umschlagpunkt

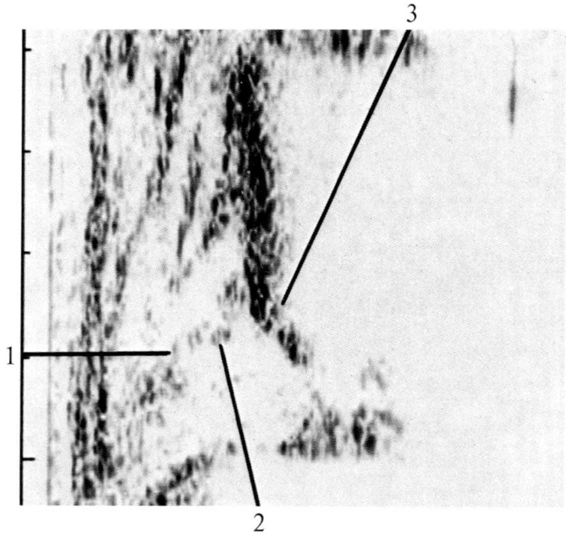

Abb. 11.18. Derselbe Patient wie in Abb. 11.17, linkes Hüftgelenk, dynamische Untersuchung
Durch Aduktion und Extension läßt sich nahezu eine vollständige Reposition des Hüftkopfes herbeiführen. Das knorpelige Pfannendach ist nur noch gering nach oben außen abgedrängt, der Verlauf der Gelenkkapsel hat sich nahezu normalisiert.
1 Gelenkkapsel
2 Labrum acetabulare
3 Schallschatten am Umschlagpunkt

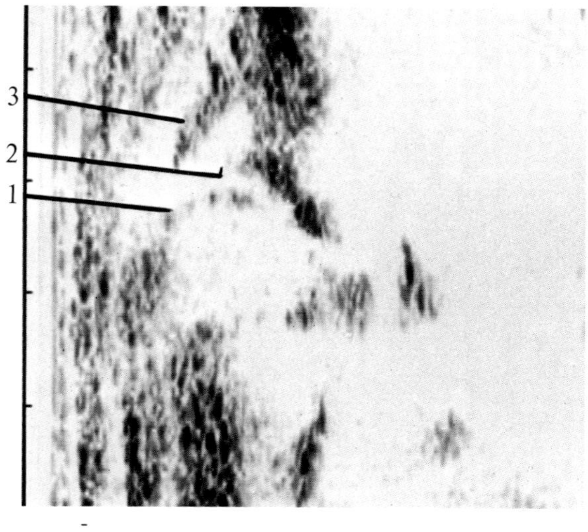

Abb. 11.19. K. L., 10 Tage, rechtes Hüftgelenk
Abgeflachter knöcherner Pfannenerker, schlechte Ausformung des Azetabulums, nach oben außen aufgebogenes knorpeliges Pfannendach, haubenförmige Ausstülpung der Gelenkkapsel. Der Hüftkopf steht dorsokranial in Luxationsstellung. Im Sonogramm wurde der hintere Pfannendachanteil erfaßt, erkennbar an der Konkavität der Darmbeinkontur in der Fossa glutaealis. Das Labrum acetabulare ist mit Hilfe des Perichondriumlochs zu suchen und eindeutig zu identifizieren.
1 Abgedrängte Gelenkkapsel
2 Perichondriumloch
3 Abgedrängtes Septum intermusculare

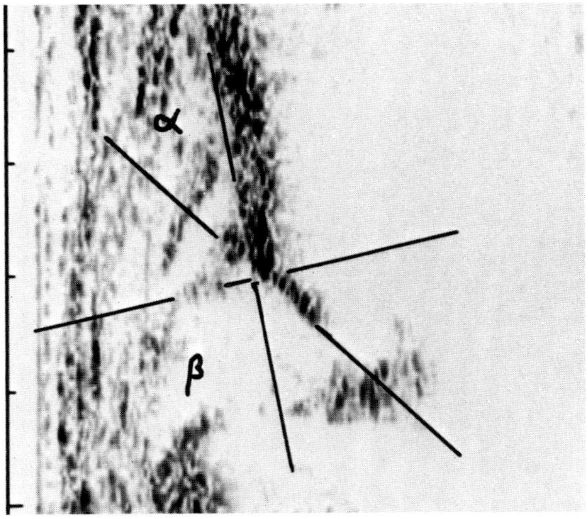

Abb. 11.20. Derselbe Patient wie in Abb. 11.19, rechtes Hüftgelenk, dynamische Untersuchung
Durch Längsextension und leichte Abduktion deutlich bessere Einstellung des Hüftkopfes in die Pfannenanlage. Das Labrum acetabulare und die angrenzenden knorpeligen Pfannenanteile sind noch leicht nach oben außen aufgebogen als Zeichen dafür, daß der Hüftkopf noch leicht dezentriert steht.
$\alpha = 40°$
$\beta = 90°$
Ein Ausmessen sollte eher unterbleiben, da die Schnittführung nicht korrekt ist.

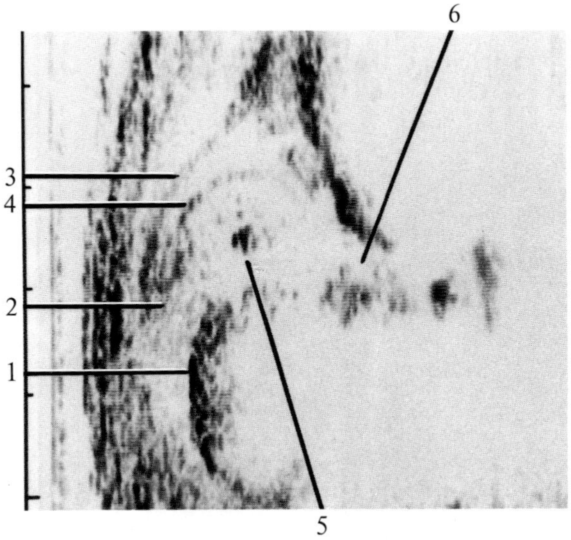

Abb. 11.21. K. J., 6 Wochen, linkes Hüftgelenk
Stark abgeflachter knöcherner Pfannenerker mit fließendem Übergang in das Azetabulum. Der Hüftkopf steht luxiert, erkennbar an der Kapselhaube, an der Abdrängung des intermuskulären Septums sowie an der wulstförmigen Deformierung des knorpeligen Pfannendachs. Die Einsicht in die Fossa acetabuli ist durch den Hochstand des koxalen Femurendes und die Schallschattenbildung der Knorpel-Knochen-Grenze weitgehend verwehrt.
1 Knorpel-Knochen-Grenze
2 Schalloch des Trochanter major
3 Septum intermusculare, 4 Gelenkkapsel,
5 Hüftkopfkern, 6 Urpfanne
Typ IV

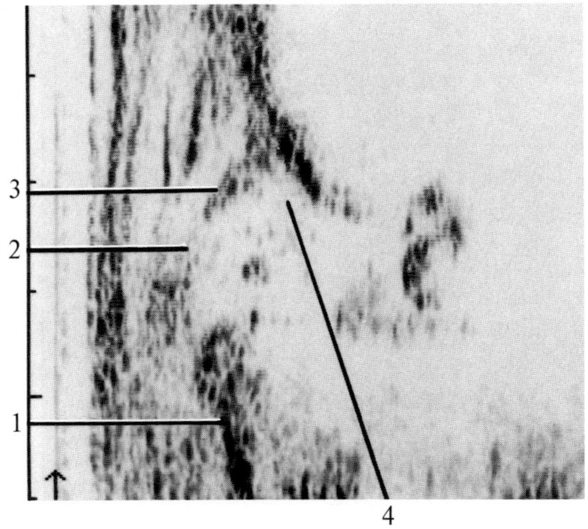

Abb. 11.22. Derselbe Patient wie in Abb. 11.21, linkes Hüftgelenk, dynamische Untersuchung
Durch reine Längsextension läßt sich der Hüftkopf vor die Pfanneneingangsebene bringen. Dies führt zu einer weitgehenden Normalisierung im Verlauf der Gelenkkapsel und des Septum intermusculare. Das knorpelige Pfannendach ist als Zeichen einer nicht vollständigen Reposition noch nach oben außen aufgebogen.
1 Knorpel-Knochen-Grenze
2 Gelenkkapsel
3 Labrum acetabulare
4 Knorpeliges Pfannendach
Typ III a

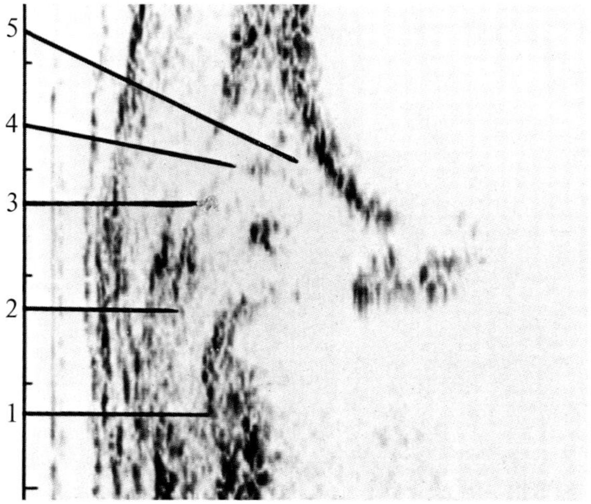

Abb. 11.23. Derselbe Patient wie in Abb. 11.21, rechtes Hüftgelenk
Schlechte knöcherne Formgebung mit fließendem Übergang des Azetabulums in das Os ilium. Dezentriert stehender Hüftkopf mit Abdrängung der Gelenkkapsel, Aufbiegung des Labrum acetabulare under knorpeligen Pfannendachanteile.
1 Knorpel-Knochen-Grenze
2 Trochanter major
3 Kapselhaube
4 Labrum acetabulare
5 Hyalinknorpeliges Pfannendach
Hüfttyp III a

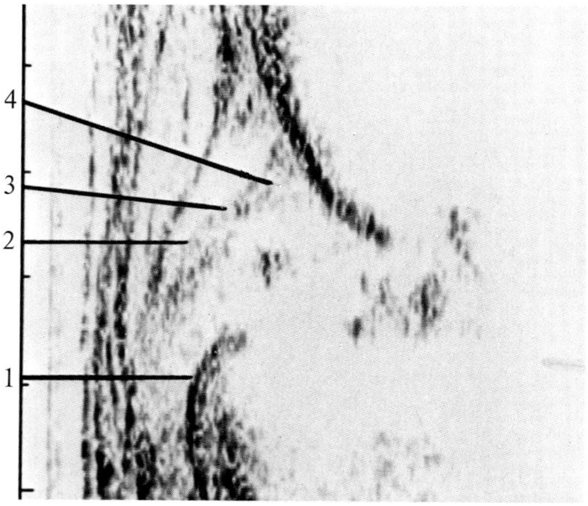

Abb. 11.24. Derselbe Patient wie in Abb. 11.23, rechtes Hüftgelenk, dynamische Untersuchung
Durch reine Längsextension ist bei der dynamischen Untersuchung erwartungsgemäß keine vollständige Reposition zu erreichen. Die Aufnahme zeigt jedoch eine bessere Einstellung des Hüftkopfes in die Pfanne. Dies wird sichtbar durch die Stellungsänderung des Hüftkopfkernes und durch den Verlauf der Gelenkkapsel. Das Labrum acetabulare und das knorpelige Pfannendach sind jedoch noch deutlich nach oben aufgebogen als Zeichen dafür, daß der Hüftkopf noch dezentriert steht.
1 Knorpel-Knochen-Grenze
2 Gelenkkapsel
3 Labrum acetabulare
4 Hyalinknorpeliges Pfannendach

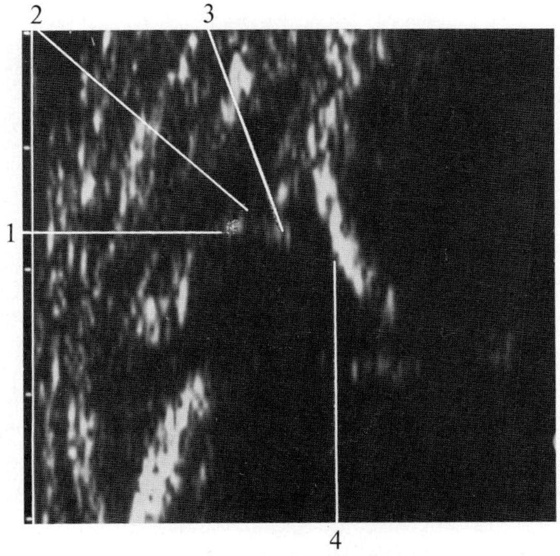

Abb. 11.25. H. N., 5 Monate, linkes Hüftgelenk, dynamische Untersuchung, Hüfte unter Druck, Monitorbild
Der knöcherne Erker ist flach, die knöcherne Formgebung hochgradig mangelhaft, das knorpelige Pfannendach nach kranial verdrängt.
Hüfttyp III a
1 Labrum acetabulare
2 Perichondriumloch
3 Flüssigkeitsfilm
4 Knöcherner Erker
Dadurch, daß die Schnittführung dem dorsokranial luxierenden Hüftkopf folgt, ist der sonographische Schnitt ebenfalls dorsal.

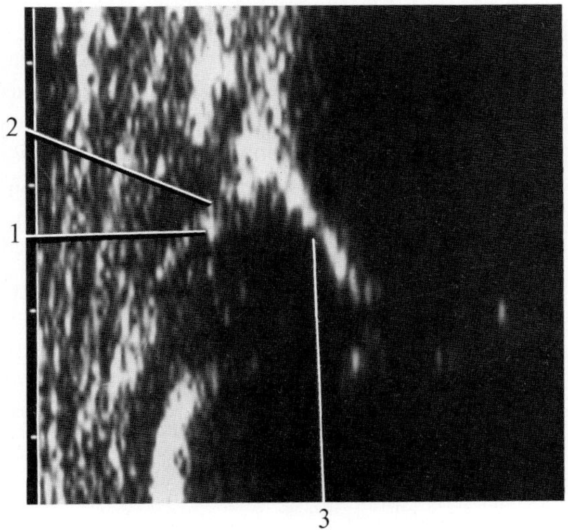

Abb. 11.26. Derselbe Patient wie in Abb. 11.25, Hüfte unter Zug, Monitorbild
Die knöcherne Formgebung ist weiterhin hochgradig mangelhaft, das knorpelige Pfannendach folgt jedoch dem nach kaudal heruntergezogenen Hüpftkopf. Die Situation ist gegenüber Abb. 11.25 deutlich besser.
1 Labrum acetabulare
2 Perichondriumloch
3 Schallschatten am Umschlagpunkt

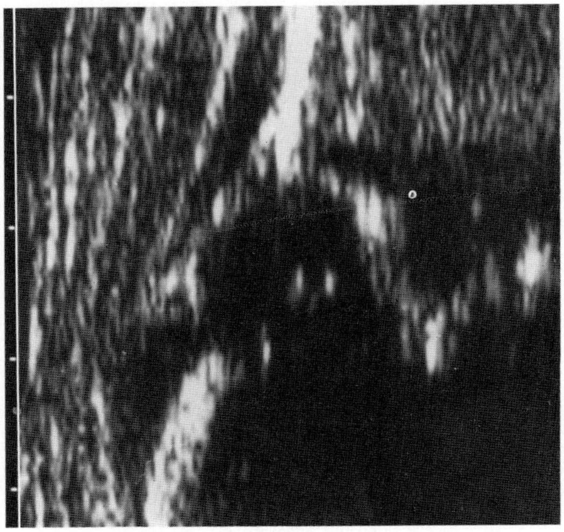

Abb. 11.27. Zum Vergleich zu Abb. 11.26 und 11.27 das rechte Hüftgelenk, Monitorbild
Der knöcherne Erker ist eckig, die knöcherne Formgebung gut, der knorpelige Erker schmal übergreifend.
Hüfttyp I

12 Nachverknöcherung und physiologisches „U“

Bei Verknöcherungsverzögerung kommt es beim Ausheilen zur zunehmenden Verknöcherung des breiten knorpeligen Pfannendachanteils. Es entstehen dadurch echogene Strukturen im Knorpelerker, die von proximal nach distal zunehmen, so daß das knorpelige Pfannendach aufgebraucht wird.

Im Bereich des knöchernen Erkers bleibt der Rest der Wachstumszone bis Wachstumsende als kleine Aufhellungszone, die als physiologisches „U“ bezeichnet wird, bestehen. Die Nachverknöcherung ist besonders häufig bei Verlaufskontrollen zu beobachten. Sie ist als prognostisch günstiges Zeichen zu bewerten.

Eine besondere Art der Nachverknöcherung ist auch die zunehmende Erkerkonturierung. So kann es beim Hüfttyp II, der eine mangelhafte oder ausreichende knöcherne Formgebung aufweist, durch den Ossifikationsprozeß zur zunehmenden Erkerkonturierung kommen, so daß letzterer als eckiger knöcherner Erker beschrieben werden muß. Es ist somit bei ausreichender oder mangelhafter knöcherner Formgebung ein eckig konturierter knöcherner Erker immer ein Zeichen, ähnlich wie im Röntgenbild, eines fortschreitenden Ossifikationsprozesses mit zunehmender Ausformung der knöchernen Pfanne.

Abb. 12.1. W. A., 11 Monate, rechtes Hüftgelenk
Eckiger knöcherner Pfannenerker, gute Ausformung der Pfannenanlage. Das knorpelige Pfannendach ist übergreifend. Der kraniale Anteil des hyalinknorpeligen Pfannendachs ist in der Echostruktur deutlich verdichtet. Dem Alter entsprechend ist noch ein kleines u-förmiges Schalloch erkennbar, das den Resten des hylinen Pfannendachknorpels entspricht.
1 Gelenkkapsel
2 Labrum acetabulare
3 Physiologisches U

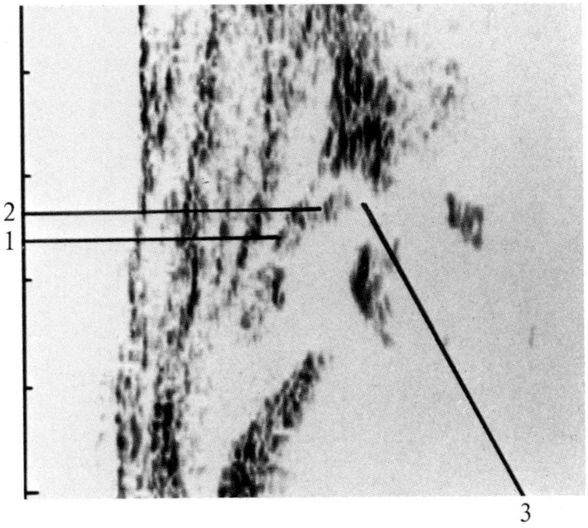

Abb. 12.2. N. B., 6 Monate, linkes Hüftgelenk
Das Sonogramm entstand im Rahmen einer Verlaufsbeobachtung einer Dysplasiebehandlung. Der knöcherne Erker ist schon scharf konturiert mit bereits deutlicher Schallschattenbildung. Labrum acetabulare und Unterrand des Os ilium stellen sich gut dar.
Der kraniale Anteil des Knorpeldreiecks zeigt an der Kontaktstelle von Perichondrium mit Periost eine erhebliche Verdichtung.
1 Labrum acetabulare
2 Knorpeliges Pfannendach
3 Echoverdichtung im kranialen Pfannendachbereich als Zeichen der Nachverknöcherung

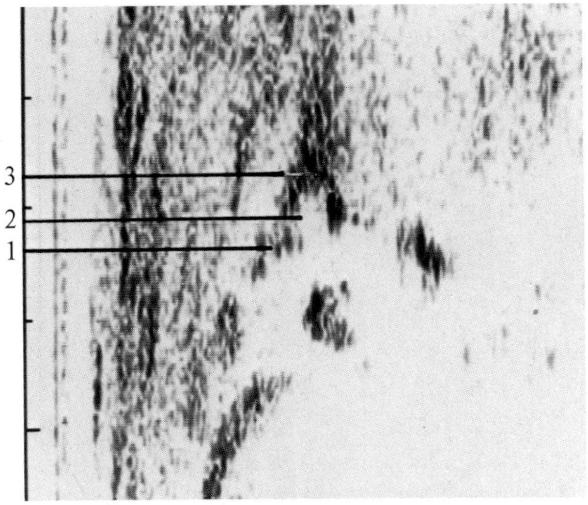

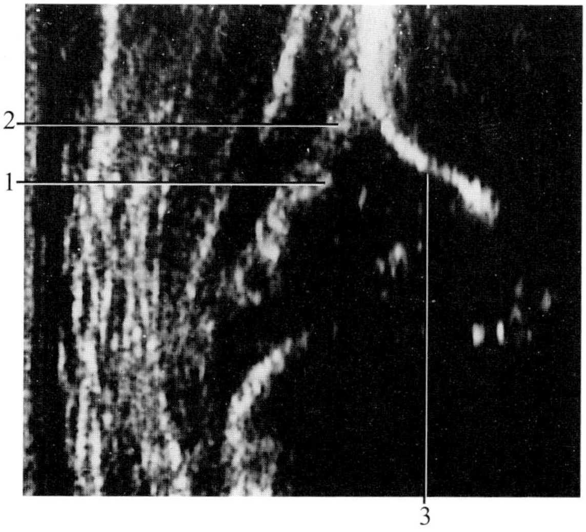

Abb. 12.3. W. B., 6 Monate, linkes Hüftgelenk
Im Vergleich mit den Sonogrammen in Abb. 12.1 und 12.2 findet sich ein sehr großes und breites knorpeliges Pfannendach, das noch keine Tendenzen für eine Nachverknöcherung aufweist. Die knöcherne Formgebung ist mangelhaft, der knöcherne Erker rund, das knorpelige Pfannendach ist sehr breit und den Hüftkopf übergreifend.
1 Labrum acetabulare
2 Proximales Perichondrium
3 Knöcherner Erker (Umschlagpunkt)
Vergleiche auch Abb. 12.4

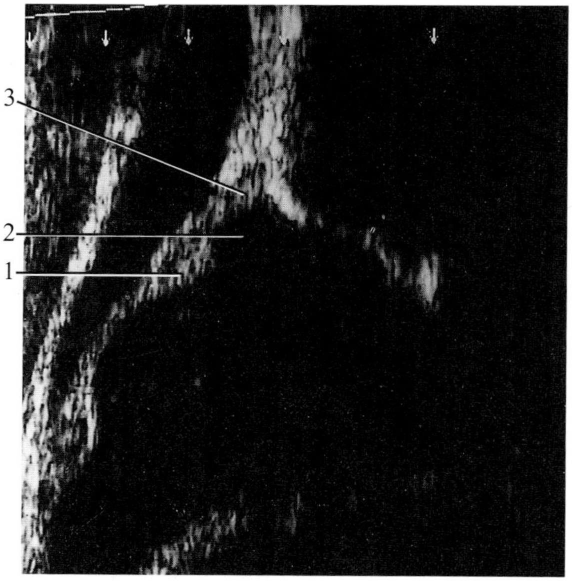

Abb. 12.4. D. S., 6,5 Monate, linkes Hüftgelenk
Der knöcherne Erker ist bereits deutlich konturiert, die knöcherne Formgebung ist mangelhaft. Das knorpelige, breite Pfannendach zieht übergreifend über den Hüftkopf hinweg und ist im kranialen Anteil als Zeichen der Nachverknöcherung in der Struktur deutlich verdichtet.
1 Labrum acetabulare
2 Breites, übergreifendes knorpeliges Pfannendach
3 Nachverknöcherung
Zum Vergleich Abb. 12.4

Abb. 12.5. S. M., 4 Monate, rechtes Hüftgelenk
Die knöcherne Formgebung ist gut bei abgestumpftem knöchernem Erker, das knorpelige Pfannendach bereits sehr schmal, den Hüftkopf gut übergreifend. Es ist im proximalen Anteil bereits weitgehend aufgebraucht.

1 Proximaler, bereits echogener Anteil des Knorpeldaches
2 Physiologisches „U“
3 Labrum acetabulare
4 Hüftkopfkern

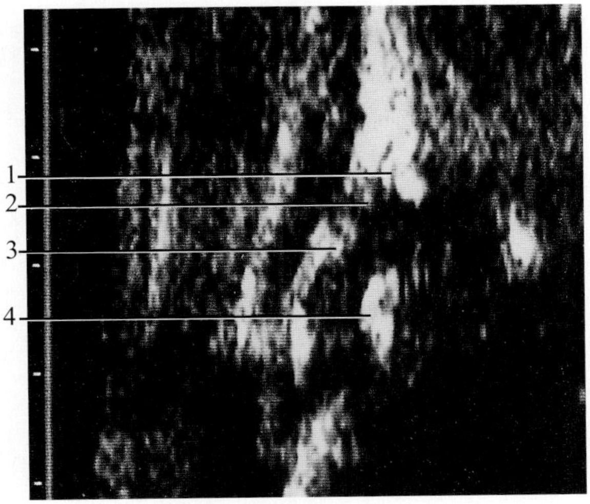

Abb. 12.6. E. I., 4 Monate, linkes Hüftgelenk
Die knöcherne Formgebung ist gut, der knöcherne Erker geschweift, das knorpelige Pfannendach den Hüftkopf übergreifend. Der Hüftkopfkern ist bereits gut sichtbar. Hüfttyp I. Ob Hüfttyp Ia oder Ib vorliegt, ist nicht morphologisch, sondern ausschließlich meßtechnisch zu unterscheiden. Das hyalin-knorpelig präformierte Pfannendach ist weitgehend aufgebraucht und erscheint daher relativ schmal und klein.

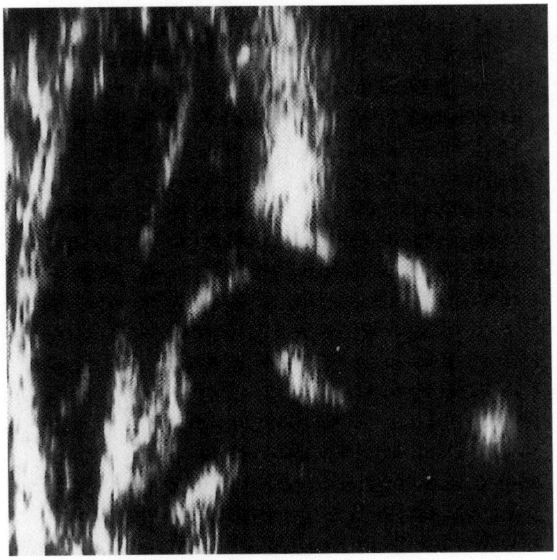

13 Verlaufskontrollen

Durch die Verlaufskontrolle der Sonographie bei Verlaufskontrollen können viele Röntgenbilder eingespart werden. Röntgenbilder werden lediglich dann eingesetzt, wenn bei dezentrierten Gelenken nach Ende der Behandlung eine Kopfnekrose ausgeschlossen werden soll. Hüftkopfnekrosen können sonographisch nicht sicher dargestellt werden.

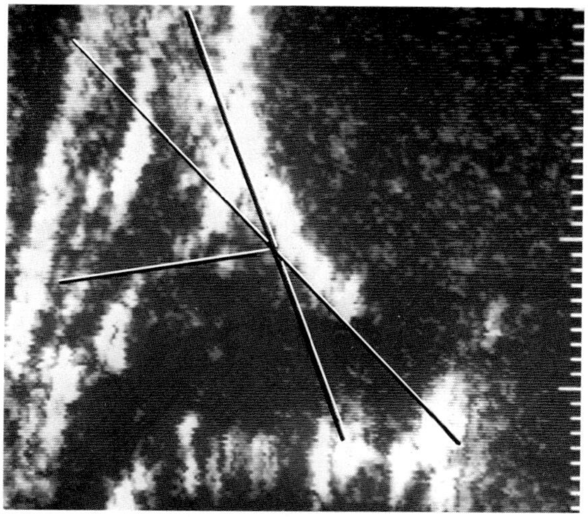

Serie 13.1 W. G., Verlaufsbeobachtung beider Hüftgelenke, Rö Abb. 13.3

Abb. 13.1. Im Alter von 2 Monaten, rechtes Hüftgelenk, Compoundbild
Der knöcherne Erker ist flach, die knöcherne Formgebung schlecht, das knorpelige Pfannendach verbreitert und nach kranial verdrängt. Die Meßlinien sind eingetragen.
$\alpha = 24°$
$\beta = 110°$
Hüfttyp IIIa
Vergleiche auch Abb. 13.3

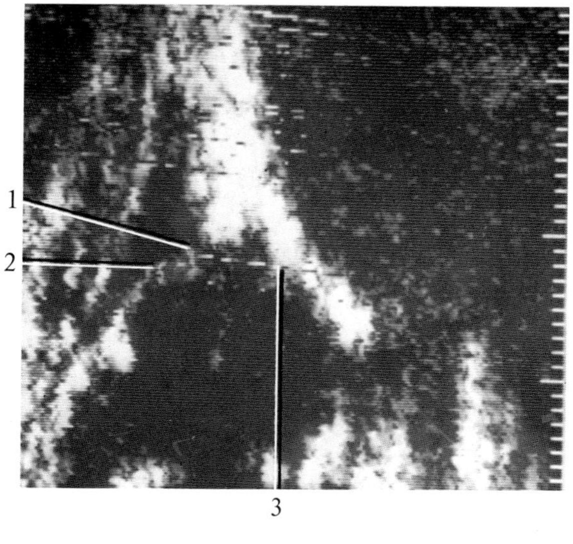

Abb. 13.2. Im Alter von 2 Monaten, linkes Hüftgelenk, Compoundbild
Die knöcherne Formgebung ist schlecht bei flachem knöchernem Erker, das knorpelige Pfannendach verbreitert und nach kranial verdrängt.
1 Perichondriumloch
2 Labrum acetabulare
3 Knöcherner Erker
Hüfttyp IIIa
Vergleiche auch Abb. 13.3

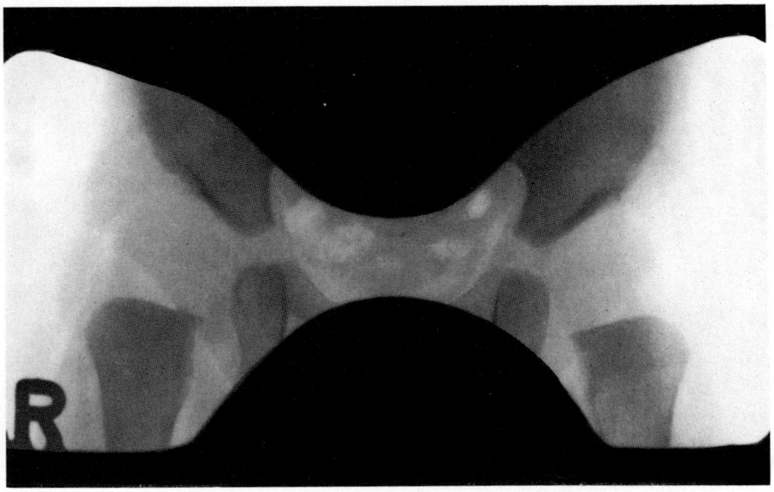

Abb. 13.3. Röntgenbild zu den Sonogrammen 13.1 und 13.2

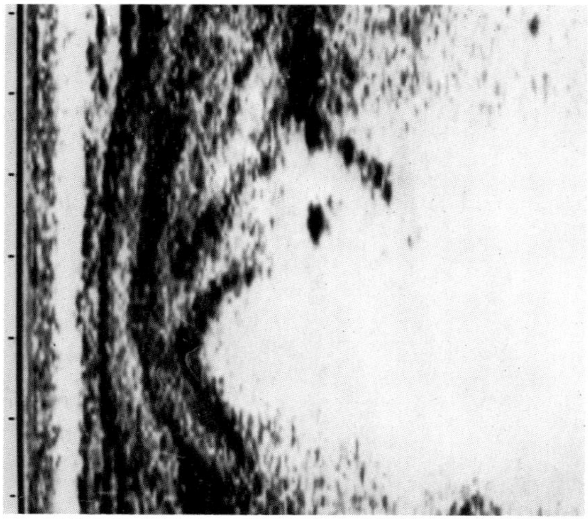

Abb. 13.4. Im Alter von 9,5 Monaten, rechtes Hüftgelenk
Knöcherner Erker eckig, knöcherne Formgebung mangelhaft, knorpeliges Pfannendach breit, aber übergreifend.
Hüfttyp II b

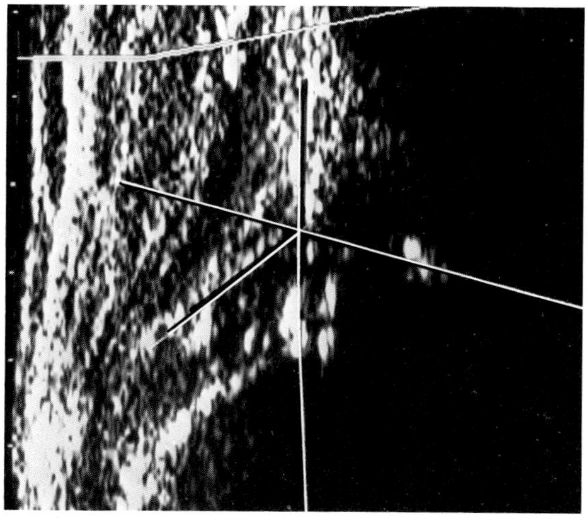

Abb. 13.5. Im Alter von 17 Monaten, rechtes Hüftgelenk, Monitorbild. Derselbe Patient wie in Abb. 13.4
Knöcherner Erker eckig bei guter knöcherner Formgebung, das knöcherne Pfannendach gut übergreifend. Die Bildqualität ist schlecht, die Ausstellungslinie nicht ganz richtig eingezeichnet; sie geht am Unterrand des Labrum acetabulare entlang und nicht wie definitionsgemäß festgelegt durch die Mitte des Labrum acetabulare.
Hüfttyp I

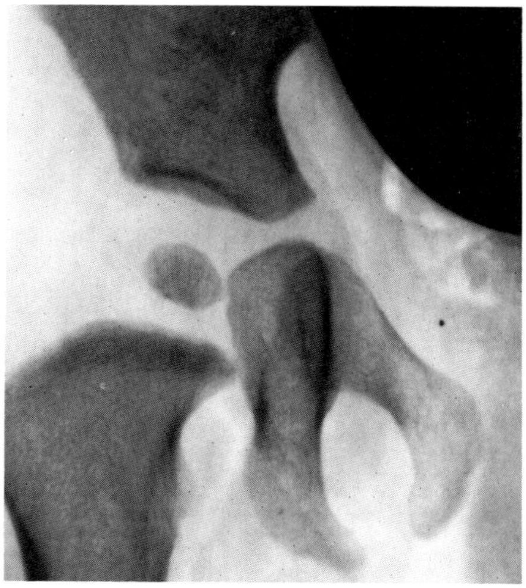

Abb. 13.6. Röntgenbild zu Abb. 13.5

Serie 13.2 G. A., Verlaufsbeobachtung des rechten Hüftgelenkes

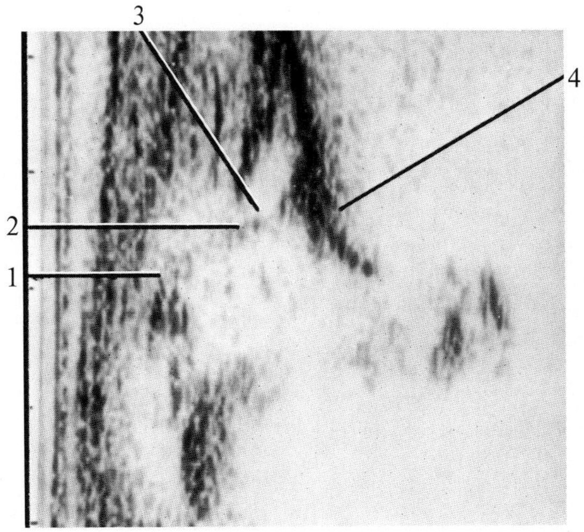

Abb. 13.7. Im Alter von 5 Tagen
Abgeflachter knöcherner Pfannenerker bei schlechter knöcherner Ausformung des Azetabulums. Dieses geht fließend in das Os ilium über. Das knorpelige Pfannendach ist nach oben außen abgedrängt. Distal des Perichondriumlochs ist als schwache Echoverdichtung das Labrum acetabulare zu erkennen. Die Gelenkkapsel wird durch den luxiert stehenden Hüftkopf abgedrängt. Hüfttyp III a.
1 Gelenkkapsel
2 Labrum acetabulare
3 Perichondriumloch
4 abgeflachter knöcherner Pfannenerker am Übergang zum Darmbein

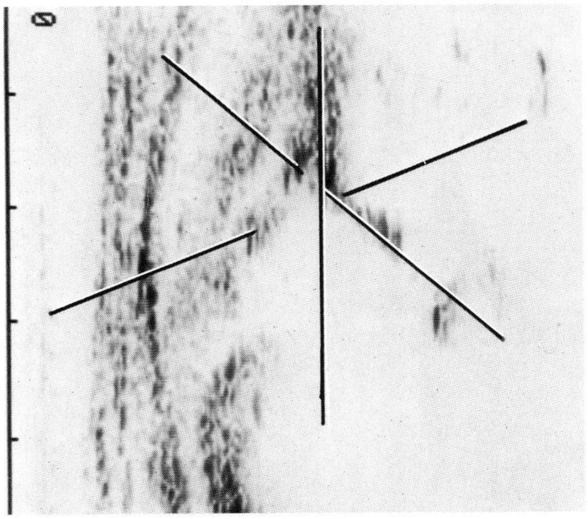

Abb. 13.8. Im Alter von 3,5 Wochen
Nach Einleitung der Therapie deutliche Besserung der Gelenkverhältnisse. Der knöcherne Pfannenerker ist noch abgerundet. Die Ausformung des knöchernen Pfannendachs ist jedoch im Vergleich mit der Voraufnahme deutlich gebessert. Das knorpelige Pfannendach ist verbreitert und echoarm. Es zieht übergreifend über den Hüftkopf hinweg. Noch keine Kopfkernentwicklung.
$\alpha = 50°$
$\beta = 68°$
Hüfttyp II a an der Grenze zum Typ II c

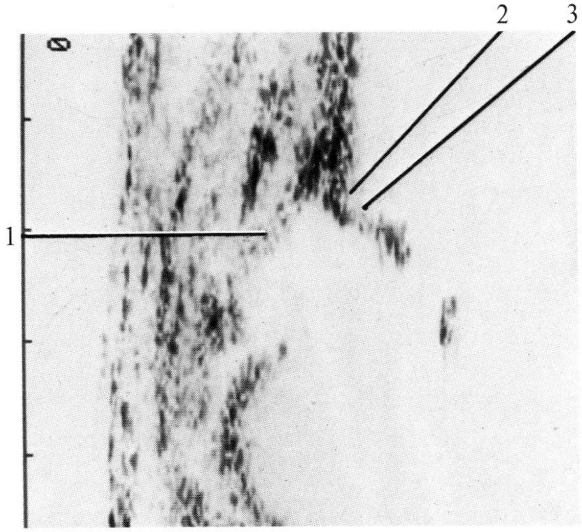

Abb. 13.9. Im Alter von 6 Wochen
Der knöcherne Pfannenerker ist geschweift, die knöcherne Überdachung des Hüftkopfes ist (gut) deutlich gebessert. Das hyalinknorpelige Pfannendach zieht übergreifend nach unten außen und sorgt für eine gute Gesamtüberdachung. Noch keine Kopfkernentwicklung.
1 Labrum acetabulare
2 Geschweifter knöcherner Pfannenerker
3 Umschlagpunkt
Hüfttyp I

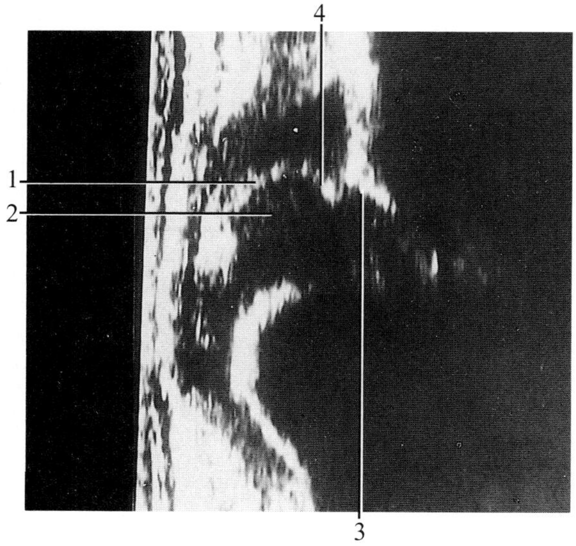

Serie 13.3 G. A., Verlaufsbeobachtung des linken Hüftgelenkes

Abb. 13.10. Im Alter von 5 Tagen
Der Hüftkopf steht deutlich dezentriert und ist mit der Kapselhaube gut gegenüber der Muskulatur abgrenzbar (1). Die Kapselhaube zieht muldenförmig zur knöchernen Pfanne (4).
1 Kapselhaube
2 Hüftkopf
3 Knöcherne Pfanne
4 Muldenförmiges Perichondrium
Hüfttyp IV

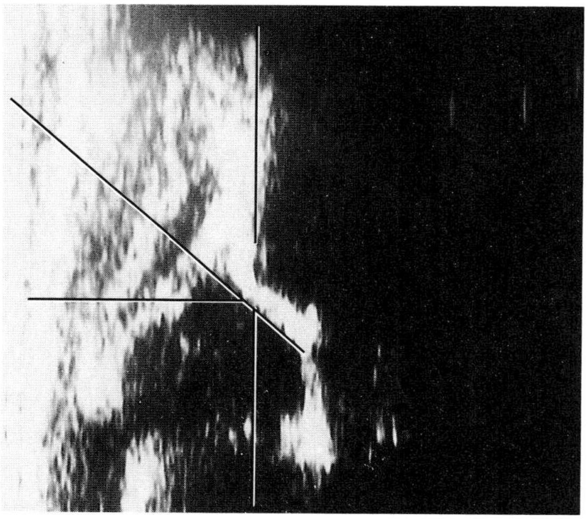

Abb. 13.11. Derselbe Patient wie in Abb. 13.10
Nach entsprechender Behandlung im Alter von 7 Wochen. Die knöcherne Pfanne ist mangelhaft, der knöcherne Erker rund, das knorpelige Pfannendach den Hüftkopf gerade noch übergreifend. Zentriert stehender Hüftkopf. Die Meßlinien sind eingezeichnet.
$\alpha = 50°$
$\beta = 90°$
Hüfttyp II a (–)

Abb. 13.12. S. P., 6 Wochen, rechts
Gute knöcherne Formgebung. Der knöcherne Erker weist noch eine Schweifung auf, das echoarme, hyalinknorpelige Pfannendach ist jedoch übergreifend und zieht nach außen. Die knöcherne Formsicherung ist gut. Noch keine Kopfkernentwicklung.
$\alpha = 64°$
$\beta = 75°$
Hüfttyp I b

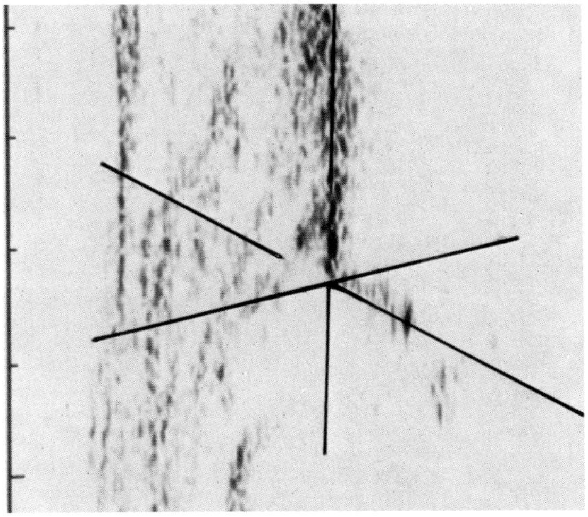

Abb. 13.13. S. P., 3 Monate
Im Vergleich mit der Voraufnahme unveränderte knöcherne Formgebung mit nahezu eckigem knöchernem Pfannenerker und guter knöcherner Formgebung. Das knorpelige Pfannendach zieht übergreifend nach unten außen und führt zu einer guten Gesamtüberdachung. Der Hüftkopf steht zentriert, fehlende Kopfkernentwicklung.
$\alpha = 63°$
$\beta = 68°$
Hüfttyp I b
(Typ I bleibt Typ I, auch wenn das Gelenk grenzwertig ist)

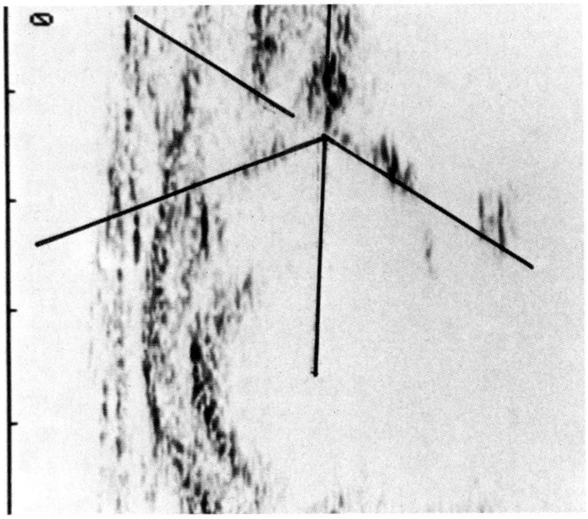

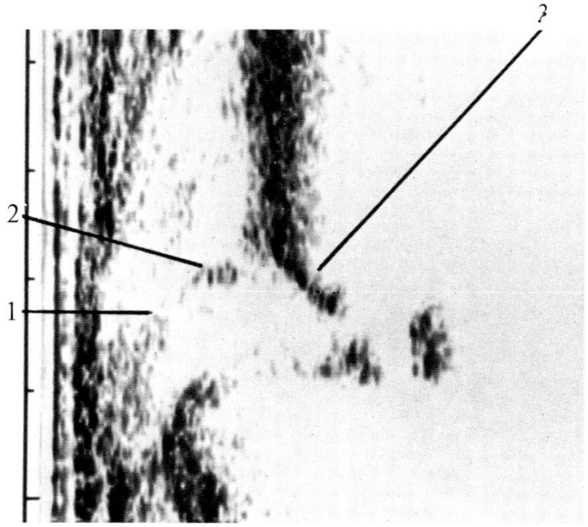

Serie 13.4 F. R., Verlaufsbeobachtung des linken Hüftgelenkes

Abb. 13.14. Im Alter von 3 Wochen
In der Aufnahme ist zu sehen, wie der luxierende Hüftkopf die Gelenkkapsel, das Labrum acetabulare und die hyalinknorpeligen Pfannenanteile nach oben außen aufbiegt. Der knöcherne Erker ist abgeflacht, die schlechte knöcherne Formgebung kann den Hüftkopf nicht zentriert in der Pfanne halten.
1 Gelenkkapsel
2 Labrum acetabulare
3 Umschlagpunkt
Hüfttyp III a

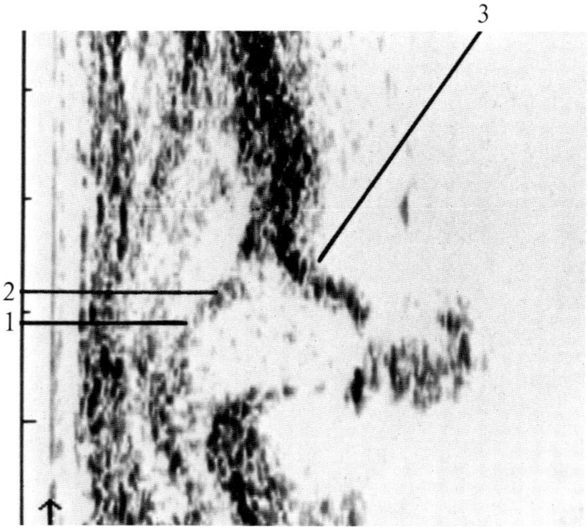

Abb. 13.15. Im Alter von 6 Wochen
Nach 3 Wochen Spreiztherapie sind die Gelenkverhältnisse deutlich gebessert. Der knöcherne Erker ist abgerundet, die knöcherne Formgebung ausreichend. Das knorpelige Pfannendach ist echoarm, in der Basis verbreitert und noch gering abgedrängt.
1 Gelenkkapsel
2 Labrum acetabulare
3 Umschlagpunkt

Abb. 13.16. Im Alter von 10 Wochen
Unter konsequenter Forführung der Spreiztherapie ist sonographisch die weitere Verbesserung der Hüftpfannenanlage zu erkennen. Der knöcherne Erker ist noch leicht gerundet, die knöcherne Formgebung hat sich weitgehend gebessert. Das knorpelige Pfannendach zieht jetzt ohne Abdrängung übergreifend über den Hüftkopf hinweg. Am Übergang von Gelenkkapsel zu Perichondriumloch ist das Labrum acetabulare zu erkennen. Die kraniale Verdichtung im knorpeligen Pfannendach ist Hinweis für die beginnende Nachverknöcherung. Noch keine Kopfkernentwicklung.
$\alpha = 58°$
$\beta = 70°$
Hüfttyp II a

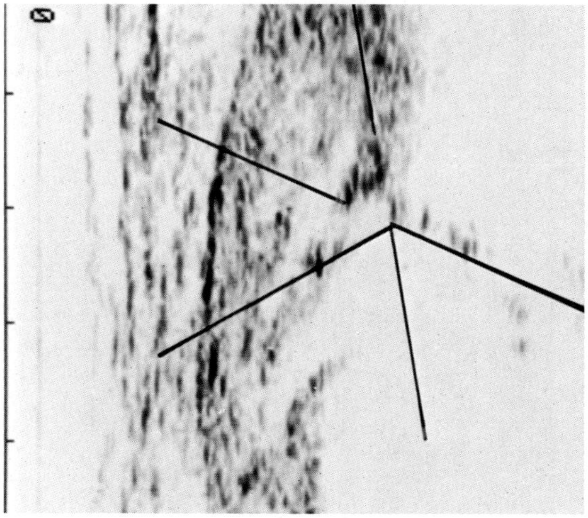

Abb. 13.17. Im Alter von 5,5 Monaten
Die Hüftpfannenanlage ist ausgereift. Der knöcherne Erker ist gut konturiert und eckig. Hinter dem knöchernen Pfannenerker findet sich eine breite Schallschattenbildung. Das knorpelige Pfannendach ist echoarm und zieht übergreifend über den Hüftkopf hinweg.
1 Gelenkkapsel
2 Labrum acetabulare
3 Perichondriumloch
Hüfttyp I

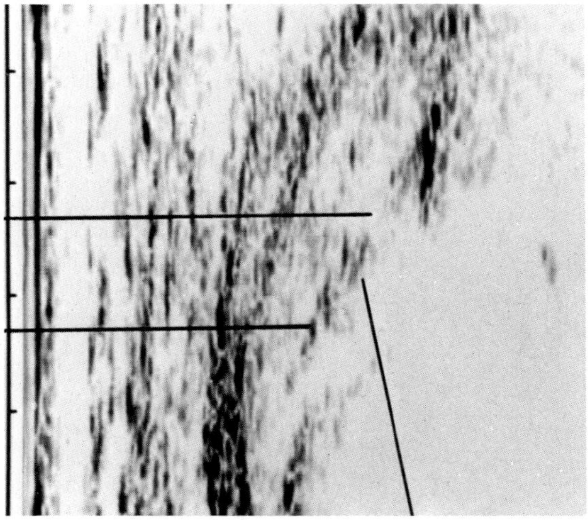

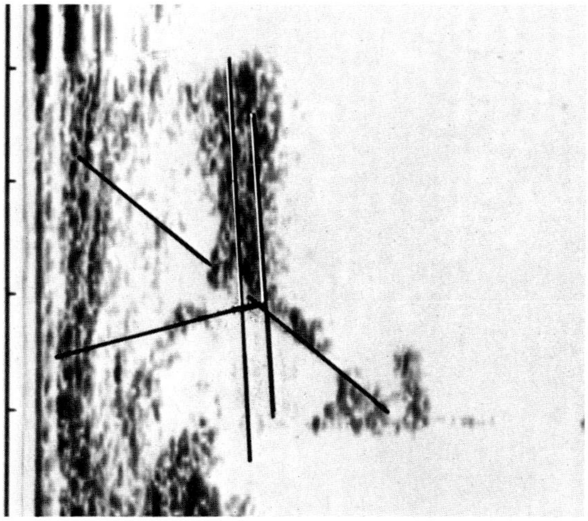

Serie 13.5 F. R., Verlaufsbeobachtung des rechten Hüftgelenkes

Abb. 13.18. Im Alter von 3 Wochen
Stark abgerundeter knöcherner Pfannenerker bei nicht ausreichender knöcherner Formgebung. das knorpelige Pfannendach ist echoarm, verbreitert und übergreifend.
$\alpha = 48°$
$\beta = 77°$
Die Hüftentwicklung liegt im Gefährdungsbereich, Hüfttyp II c

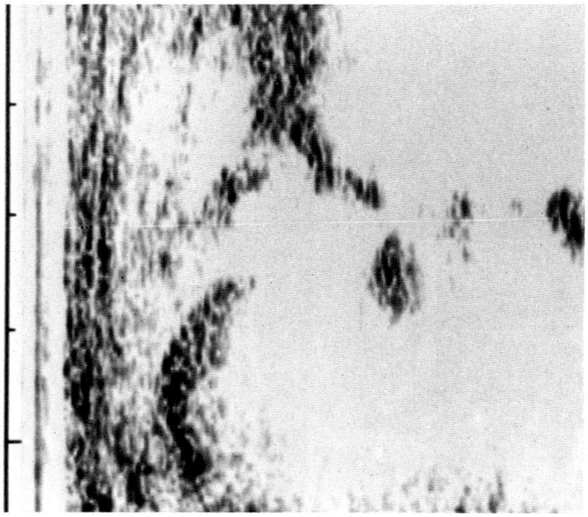

Abb. 13.19. Im Alter von 6 Wochen
Das Gelenk wurde, obwohl im Typ-II-c-Bereich liegend fälschlich (Abb. 13.18), nicht behandelt. Keine Besserung gegenüber dem Vorbefund in Abb. 13.18.

Abb. 13.20. Im Alter von 12 Wochen, nach Spreiztherapie
Nur noch minimale Schweifung des knöchernen Pfannenerkers bei insgesamt guter knöcherner Überdachung. Das knorpelige Pfannendach ist hinsichtlich Form und Struktur korrekt entwickelt. Der Hüftkopf steht zentriert, noch keine Kopfkernentwicklung. Im Bild ist die Grundlinie mit Hilfslinie durch die hintere Schallauslöschung eingezeichnet.
$\alpha = 65°$
$\beta = 67°$
Hüfttyp Ib
(Os ilium schlecht dargestellt)

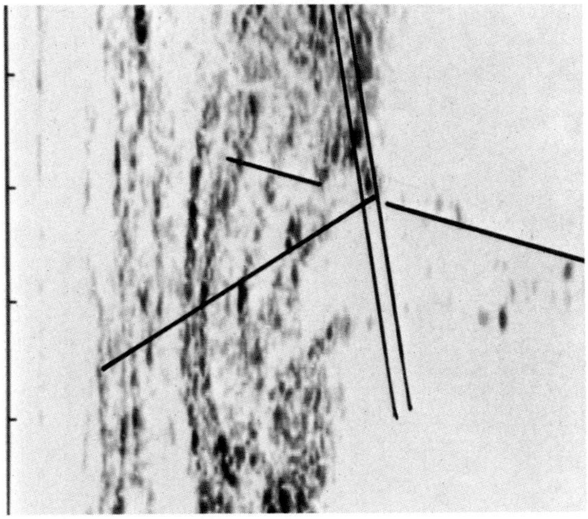

Abb. 13.21. Im Alter von 5,5 Monaten
Die Hüftpfannenanlage ist ausgereift. Der knöcherne Erker ist eckig und scharf konturiert. Die knöcherne Formgebung ist gut. Die knorpelige Überdachung ist hinsichtlich Form und Struktur korrekt. Noch keine Kopfkernentwicklung.
Hüfttyp I

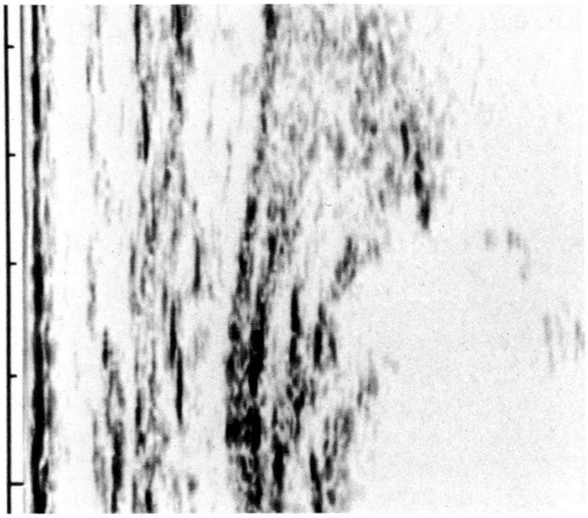

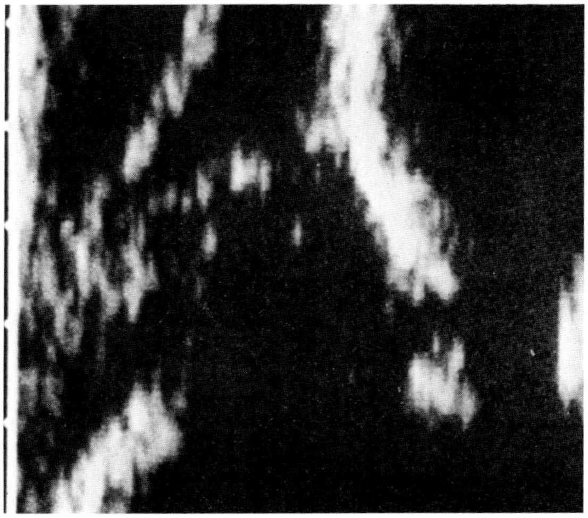

Serie 13.6 R. S., Verlaufsbeobachtung des linken Hüftgelenkes

Abb. 13.22. Im Alter von 1 Tag, Monitorbild
Im Rahmen der Neugeborenenuntersuchung klinisch und sonographisch aufgefallenes Hüftgelenk. Im Sonogramm ist der knöcherne Erker stark abgeflacht, der Übergang des Azetabulums in das Os ilium ist fließend. Das echoarme, hyalinknorpelige Pfannendach ist stark nach oben außen aufgebogen.
Die Gelenkkapsel ist vom luxiert stehenden Hüftkopf abgedrängt.
Hüfttyp III a

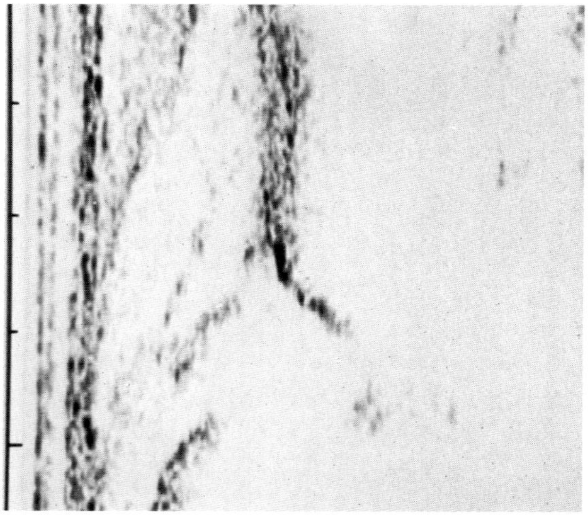

Abb. 13.23. Im Alter von 3 Wochen
Nach Einleitung der Therapie erste sonographische Verlaufskontrolle nach 3 Wochen. Es zeigt sich bereits eine deutliche Besserung in der Entwicklung des Hüftgelenkes. Insbesondere kann aus dem Sonogramm abgelesen werden, daß der Hüftkopf zentriert in der Hüftpfanne steht. Das knorpelige Pfannendach zieht nach unten außen und umschließt den Hüftkopf über die Hälfte hinweg. Die Voraussetzung für die Weiterentwicklung des knöchernen Pfannenerkers ist günstig. Dieser zeigt im Vergleich mit der Erstuntersuchung bereits eine beginnende Entwicklung. Die knöcherne Formgebung ist jedoch noch mangelhaft.
$\alpha = 48°$
$\beta = 80°$
Hüfttyp D

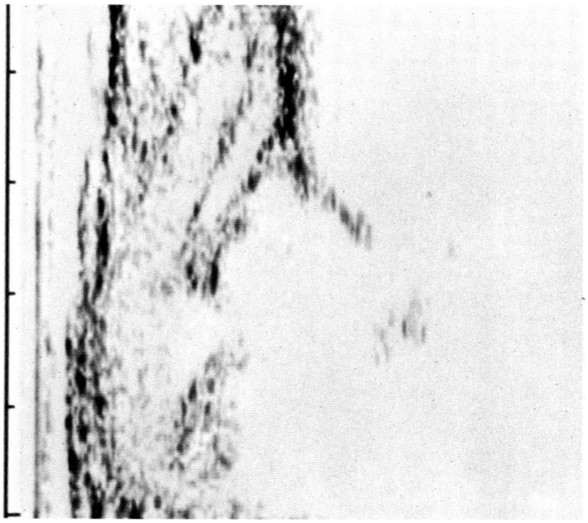

Abb. 13.24. Im Alter von 7 Wochen
Bei der nächsten sonographischen Verlaufskontrolle lediglich geringfügige Änderung der Pfannenverhältnisse. Der knöcherne Erker ist noch stark abgerundet bis abgeflacht. Das echoarme knorpelige Pfannendach ist verbreitert, zieht jedoch übergreifend über den Hüftkopf hinweg. Die Hüftgelenksentwicklung liegt immer noch im Gefährdungsbereich.

Abb. 13.25. Im Alter von 3,5 Monaten
Unter konsequenter Fortführung der Spreiztherapie läßt sich im Sonogramm die Weiterentwicklung des Hüftgelenkes ablesen. Der knöcherne Erker ist rund, die Ausformung des Pfannendachs ist noch mangelhaft. Unverändert zentriert stehender Hüftkopf mit guter knorpeliger Überdachung. Noch keine Kopfkernentwicklung.
Noch Hüfttyp II b

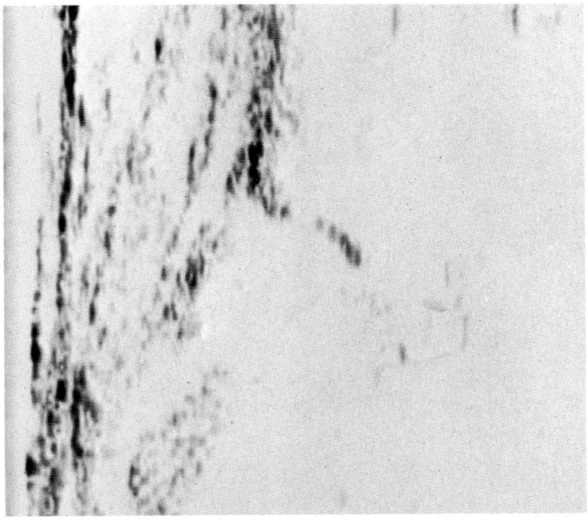

Abb. 13.26. Im Alter von 5 Monaten
Eckiger knöcherner Pfannenerker mit guter knöcherner Hüftkopfüberdachung. Übergreifendes normal strukturiertes knorpeliges Pfannendach. Noch fehlende Kopfkernentwicklung.

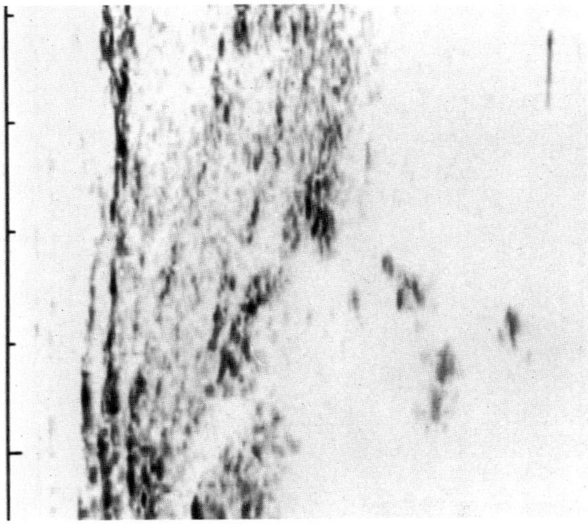

Abb. 13.27. Im Alter von 5 Monaten
Dieses Sonogramm entspricht der Abb. 13.26, jedoch sind die Meßlinien eingezeichnet.
$\alpha = 64°$
$\beta = 48°$
Hüfttyp I a

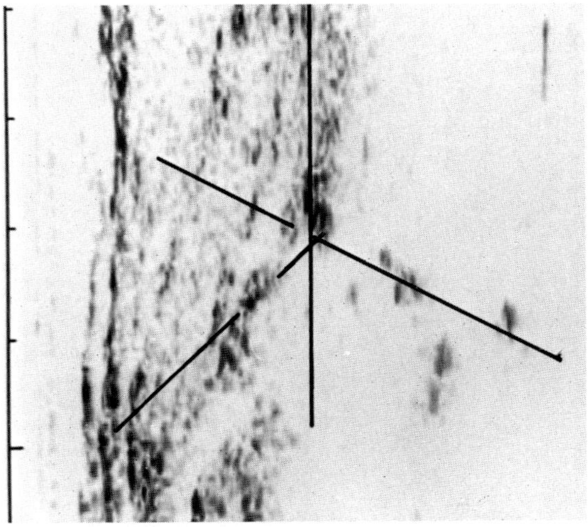

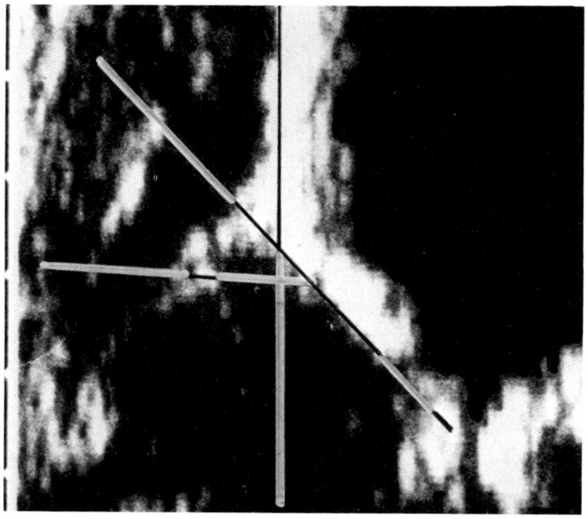

Serie 13.7 R. S., Verlaufsbeobachtung des rechten Hüftgelenkes

Abb. 13.28. Im Alter von 1 Tag, Monitorbild
Auch das rechte Hüftgelenk weist eine Hüftreifungsstörung auf. Die knöcherne Pfanne ist schlecht, der Erker abgeflacht, das Knorpeldach verdrängt, echoarm.
$\alpha = 42°$
$\beta = 95°$
Hüfttyp III a

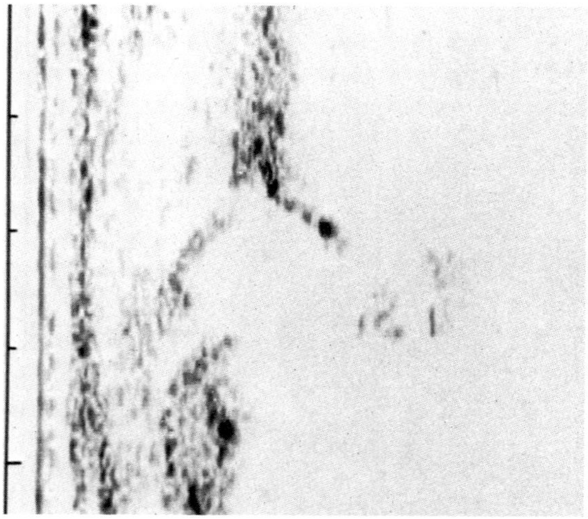

Abb. 13.29. Im Alter von 3 Wochen
Die Kontrollsonographie nach 3 Wochen Spreiztherapie läßt erkennen, daß als wesentlichste Änderung das hyalinknorpelige Pfannendach nicht mehr abgedrängt ist. Es zieht übergreifend nach unten außen und führt somit zu einer guten Gesamtüberdachung des Hüftkopfes. Dieser steht zentriert. Der knöcherne Erker ist abgerundet. Noch keine Kopfkernentwicklung.
$\alpha = 53°$
$\beta = 66°$
Hüfttyp II a

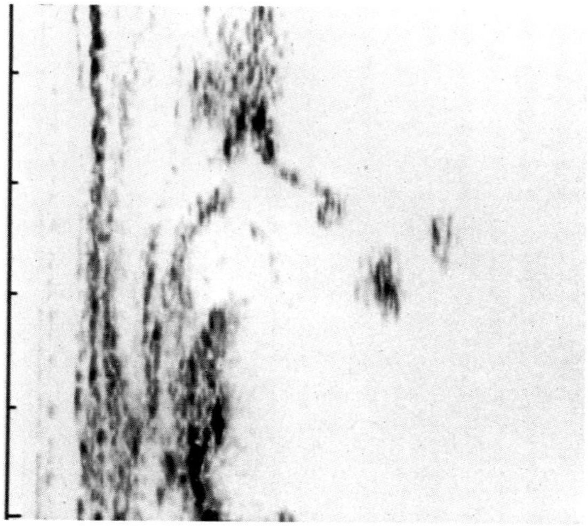

Abb. 13.30. Im Alter von 7 Wochen
Wie auf der Gegenseite ist auch rechts bei der zweiten Therapiekontrolle nur eine geringe Weiterentwicklung der Hüfte eingetreten. Der knöcherne Pfannenerker ist nach wie vor abgerundet, die knöcherne Formsicherung ist noch nicht ausreichend.
Hüfttyp II a

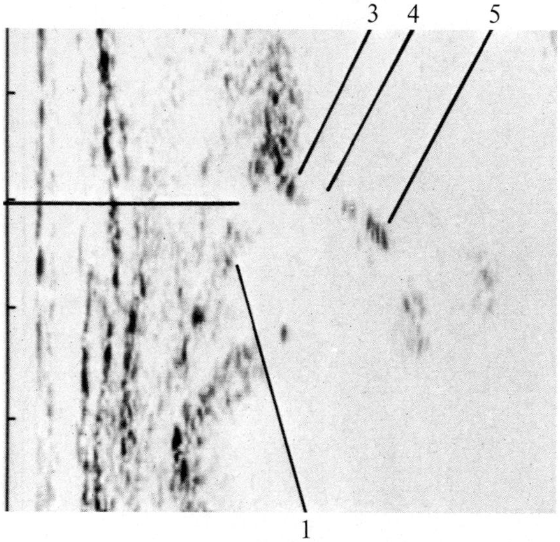

Abb. 13.31. Im Alter von 3,5 Monaten
Runder knöcherner Pfannenerker mit deutlicher Schallschattenbildung hinter dem knöchenen Erker. Die knöcherne Hüftkopfüberdachung ist stark gebessert. Das hyalinknorpelige Pfannendach umschließt ergänzend den Hüftkopf über die Hälfte hinweg. Noch keine Kopfkernentwicklung.
1 Labrum acetabulare
2 Perichondriumloch
3 Geschweifter knöcherner Erker
4 Schallschattenbildung
5 Unterrand des Os ilium
Hüfttyp II b

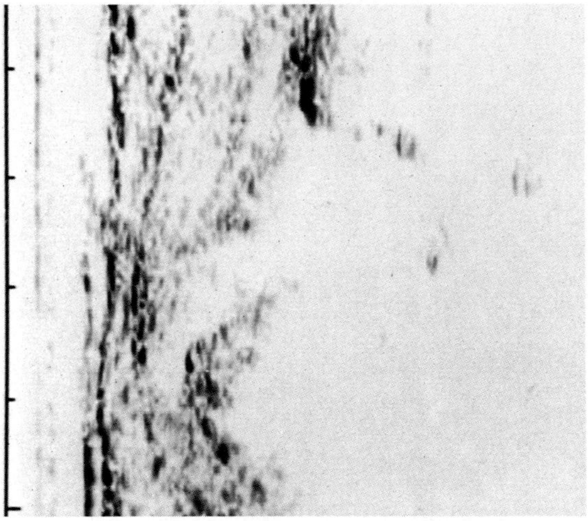

Abb. 13.32. Im Alter von 5 Monaten
Eckiger knöcherner Pfannenerker und gute Ausformung des knöchernen Pfannendachs. Das knorpelige Pfannendach ist hinsichtlich Form und Struktur korrekt. Zentriert stehender Hüftkopf. Noch keine Kopfkernentwicklung.
Hüfttyp I

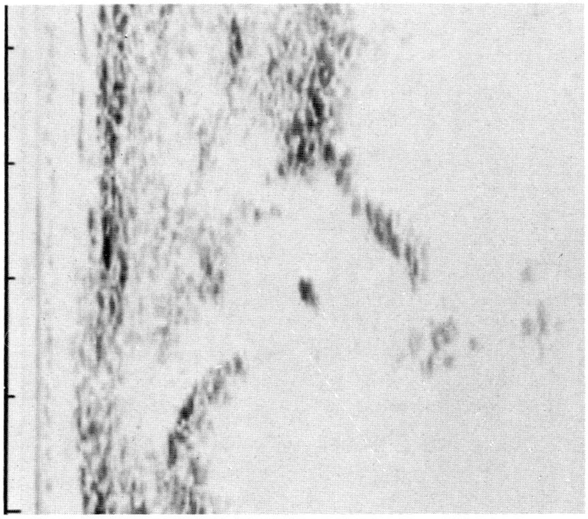

Serie 13.8 S. D., Verlaufsbeobachtung des rechten Hüftgelenkes

Abb. 13.33. Im Alter von 4 Monaten
Im Sonogramm ist ein dezentriert stehender Hüftkopf zu erkennen. Dieser hat das Labrum acetabulare und die angrenzenden knorpeligen Pfannendachanteile nach oben außen aufgebogen. Der knöcherne Erker ist abgeflacht, die knöcherne Formgebung ist schlecht. Im Zentrum des Hüftkopfes beginnende Kopfkernentwicklung.
$\alpha = 34°$
$\beta = 94°$
Hüfttyp III a

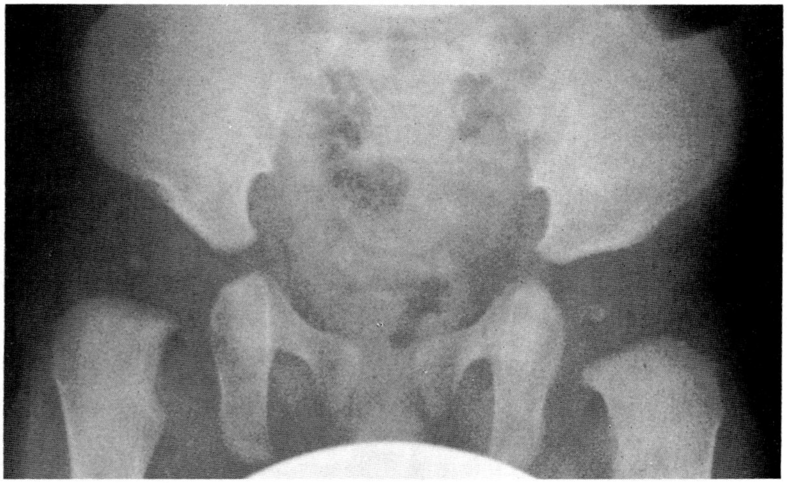

Abb. 13.34. Im Alter von 4 Monaten, Beckenübersichtsaufnahme bei Therapiebeginn
Auch röntgenologisch ist zu erkennen, daß der Hüftkopf nach lateral und kranial verlagert ist. Die knöcherne Pfannendachanlage ist schwer dysplastisch. Im Bereich der sich ausbildenden Luxationsrinne deutlich vermehrte Sklerosierung.

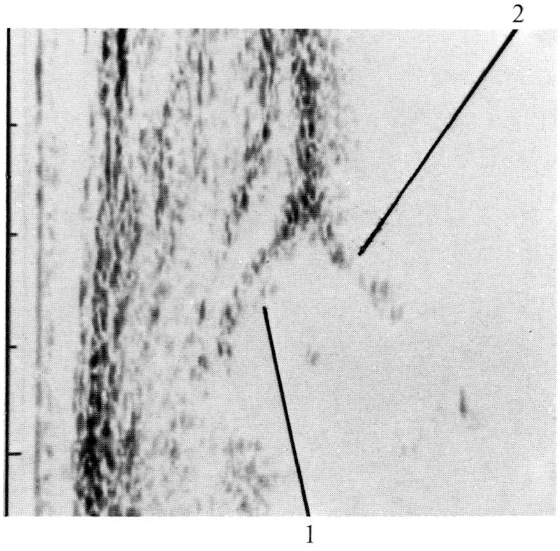

Abb. 13.35. Im Alter von 4,5 Monaten
Bei starker Abspreizhemmung wurde unter stationären Bedingungen die Extensionstherapie eingeleitet. 2 Wochen nach stationärer Aufnahme ist im Sonogramm bei liegender Extension zu erkennen, daß die knöcherne Formgebung nahezu unverändert gleich schlecht ist. Als wesentliche Änderung ist jedoch aus dem Sonogramm abzulesen, daß das hyalinknorpelige Pfannendach nach kaudal distal zieht und den Hüftkopf umschließt. Der Hüftkopf steht nahezu zentriert in der Pfannenanlage. Die Retentionstherapie kann eingeleitet werden.
1 Labrum acetabulare
2 Umschlagpunkt

Abb. 13.36. Im Alter von 5,5 Monaten
Nach Versorgung mit der Retentionsschiene ist die langsame Entwicklung des knöchernen Pfannenerkers zu erkennen. Dieser ist noch abgerundet und geht in eine mangelhafte knöcherne Hüftkopfüberdachung über. Das echoarme hyalinknorpelige Pfannendach ist stark verbreitert und zieht weit über den Hüftkopf hinweg.
1 Labrum acetabulare
2 Umschlagpunkt

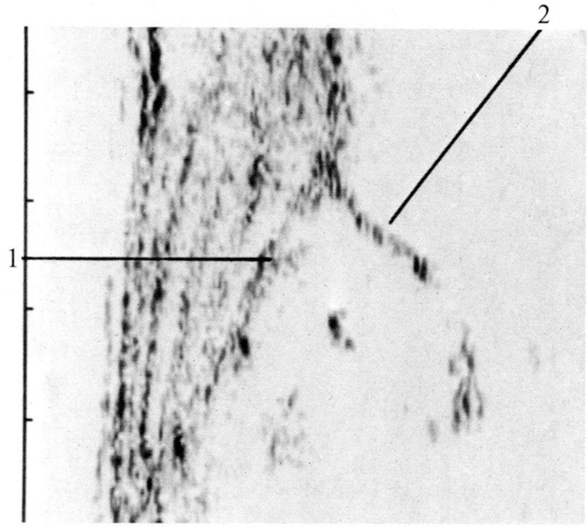

Abb. 13.37. Im Alter von 6,5 Monaten
Die Aufnahme zeigt im Bereich des knöchernen Erkers noch einen deutlichen Ossifikationsdefekt. Dieser wird durch das knorpelige Pfannendach ausgeglichen. Die knöcherne Hüftkopfüberdachung hat sich im Vergleich mit der Voraufnahme weiter entwickelt. Der Hüftkopf steht zentriert mit deutlicher Kopfkernentwicklung.
Hüfttyp II b

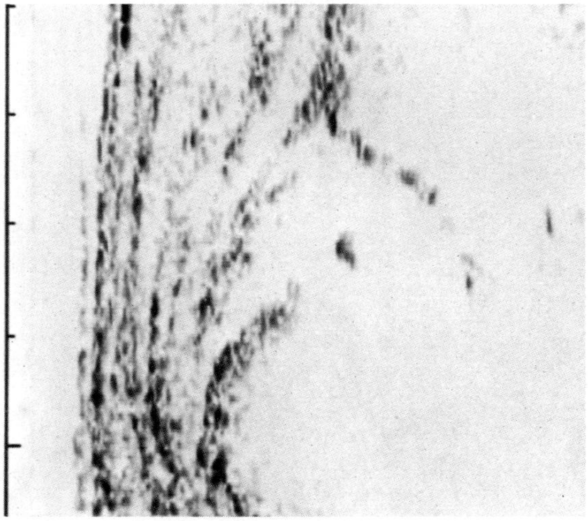

Abb. 13.38. Im Alter von 7,5 Monaten
Die Schiene wird weiter getragen. Unter dieser Behandlung ist die Hüftreifungsstörung schon nahezu ausgeheilt. Der knöcherne Erker ist nur noch leicht gerundet bei schon „ausreichender“ knöcherner Formgebung. Das knopelige Pfannendach zeigt als Hinweis für die Nachverknöcherung eine Strukturverdichtung im kranialen Pfannendachbereich.
$\alpha = 58°$
$\beta = 70°$
Hüfttyp II b

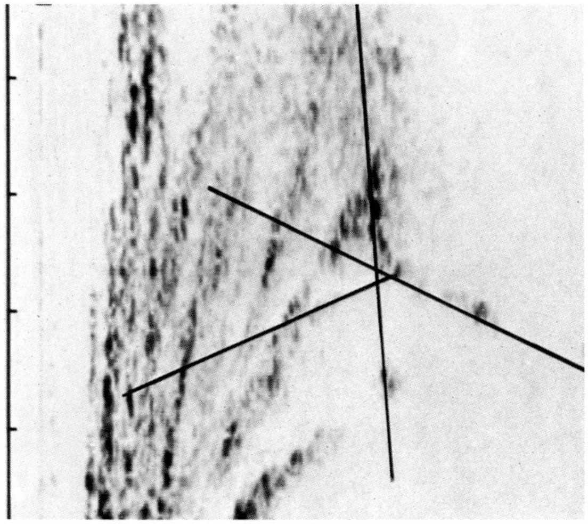

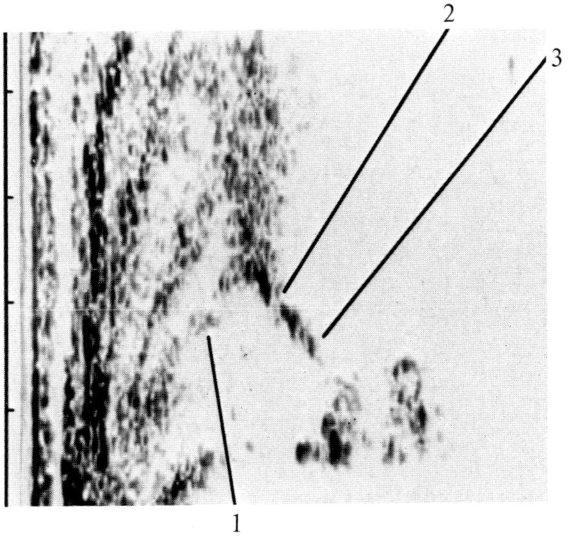

Serie 13.9 G. E., Verlaufsbeobachtung des linken Hüftgelenkes

Abb. 13.39. Im Alter von 3 Wochen
Bei der Neugeborenenuntersuchung zeigten beide Hüftgelenke sonographisch eine Unreife der Hüftpfannenentwicklung. Bei unauffälligem klinischem Befund wurde ohne Therapie zu einer frühzeitigen Verlaufskontrolle in der 3. Lebenswoche geraten. Dabei stellte sich links ein stark abgerundeter knöcherner Pfannenerker mit schlechter knöcherner Hüftkopfüberdachung dar. Das knorpelige Pfannendach ist leicht nach oben außen aufgebogen, der Hüftkopf kann gerade noch in der Pfannenanlage gehalten werden.
$\alpha = 45°$, $\beta = 72°$, Hüfttyp II c
1 Labrum acetabulare
2 Umschlagpunkt
3 Unterrand des Os ilium

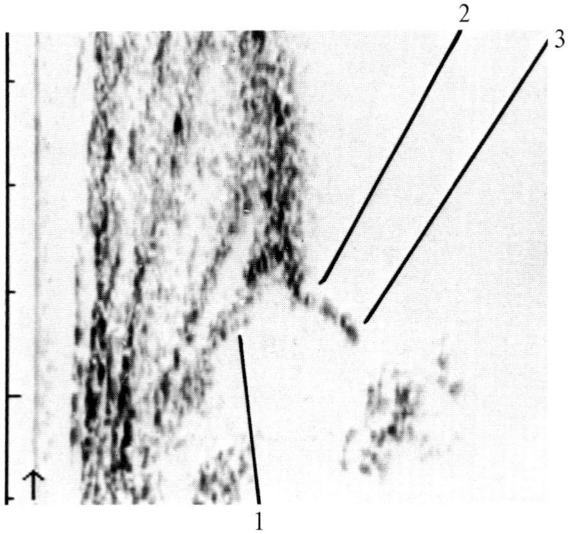

Abb. 13.40. Im Alter von 5,5 Wochen
Nach der Kontrolle in der 3. Lebenswoche wurde der Säugling mit einer Spreizhose versorgt. Unter dieser Therapie ist im Sonogramm die schnelle Besserung in der knöchernen und knorpeligen Hüftkopfüberdachung nachweisbar. Der knöcherne Erker ist noch gerundet, der pfannenergänzende knorpelige Anteil überdacht den Hüftkopf ausreichend. Noch keine Kopfkernentwicklung.
$\alpha = 53°$, $\beta = 68°$, Hüfttyp II a
1 Labrum acetabulare
2 Umschlagpunkt
3 Unterrand des Os ilium

Abb. 13.41. Im Alter von 3 Monaten
Noch runder knöcherner Pfannenerker bei deutlich gebesserter knöcherner Hüftkopfüberdachung. Der knorpelige Pfannenanteil ist hinsichtlich Form und Struktur korrekt. Der Hüftkopf steht zentriert, noch keine Kopfkernentwicklung.
1 Labrum acetabulare
2 Umschlagpunkt
3 Unterrand des Os ilium

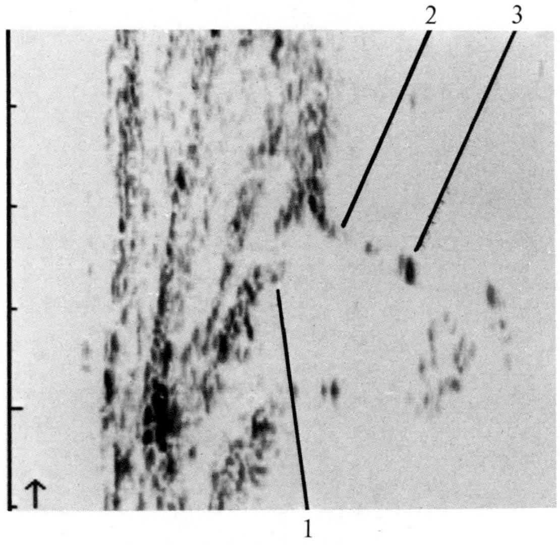

Abb. 13.42. Im Alter von 4 Monaten
Ausgereifte gute Hüftpfanne mit eckigem, gut konturiertem knöchernem Erker. Die knorpelige Überdachung des Hüftkopfes ist übergreifend. Beginnende Kopfkernentwicklung.
Hüfttyp I, damit Beendigung der Spreiztherapie

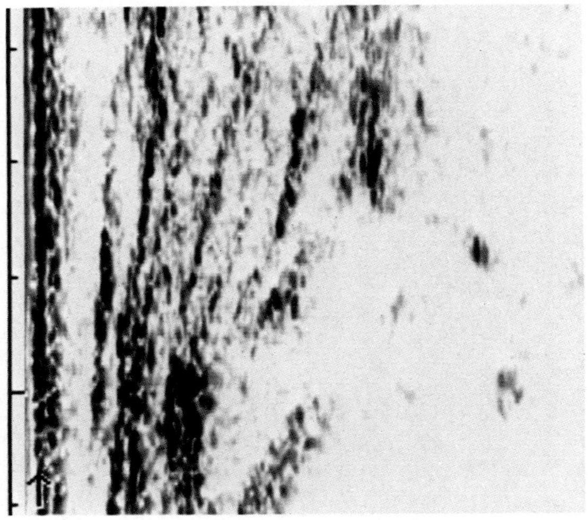

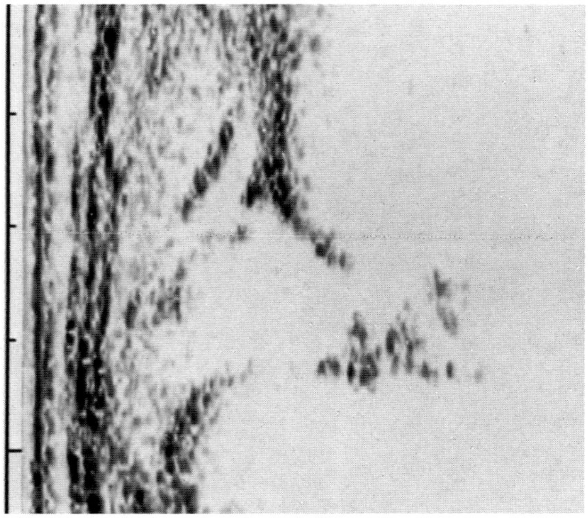

Serie 13.10 G. E., Verlaufsbeobachtung des rechten Hüftgelenkes

Abb. 13.43. Im Alter von 3 Wochen
Das Hüftgelenk befindet sich bereits am Dezentrieren. Der stark abgerundete knöcherne Pfannenerker geht in eine mangelhafte knöcherne Formgebung des Azetabulums über. Das knorpelige Pfannendach ist schon nach oben abgedrängt.
$\alpha = 45°$
$\beta = 90°$
Hüfte „am Dezentrieren"

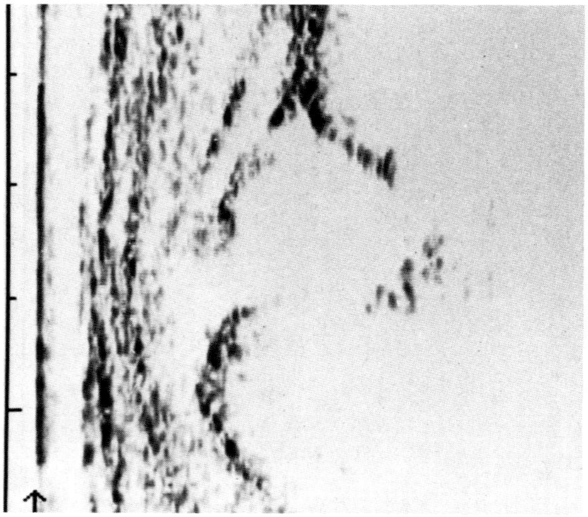

Abb. 13.44. Im Alter von 5,5 Wochen
Unter der Spreiztherapie beginnende Ausbildung eines knöchernen Pfannenerkers. Dieser ist sonographisch noch abgerundet. Das knorpelige Pfannendach zieht jetzt nach lateral distal und umfaßt den Hüftkopf in ausreichender Form im Vergleich zu Abb. 13.43.
$\alpha = 49°$
$\beta = 70°$
Hüfttyp II c

Abb. 13.45. Im Alter von 3 Monaten
Nahezu ausgereifte gute knöcherne Hüftpfanne. Der knöcherne Erker ist lediglich noch geschweift. Die knöcherne Überdachung des Hüftkopfes ist gut. Die ergänzende knorpelige Hüftkopfüberdachung zieht ohne Abdrängung und ohne Strukturverdichtung nach unten außen. Noch keine Kopfkernentwicklung.

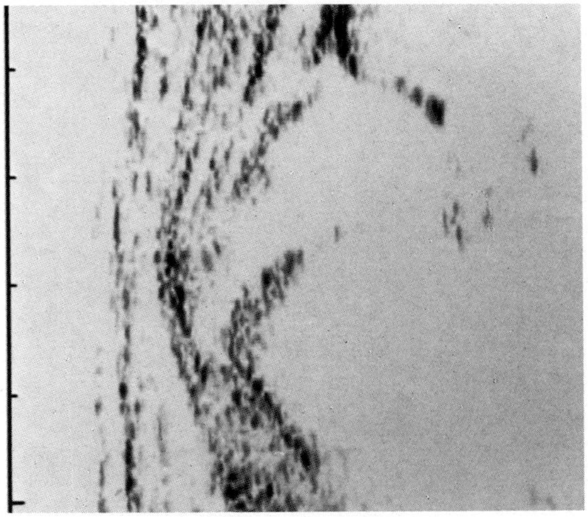

Abb. 13.46. Im Alter von 4 Monaten
Ausgereifte knöcherne Hüftpfannenanlage mit eckigem, gut konturiertem knöchernem Erker. Der Hüftkopf steht zentriert in einer guten knöchernen und knorpeligen Überdachung. Im Zentrum des Hüftkopfes findet sich eine Strukturverdichtung als Zeichen der beginnenden Kopfkernentwicklung. Hüfttyp I

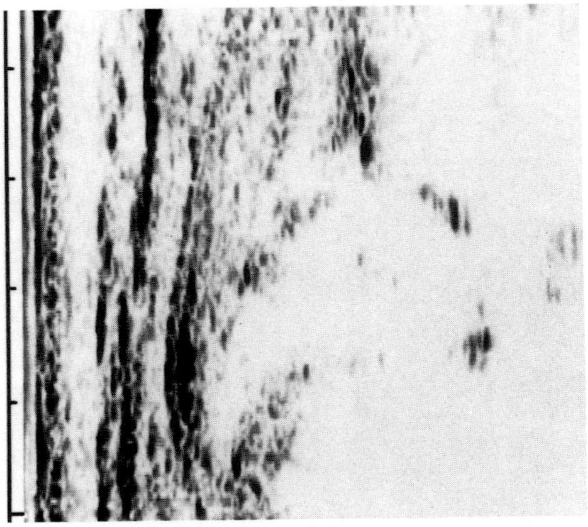

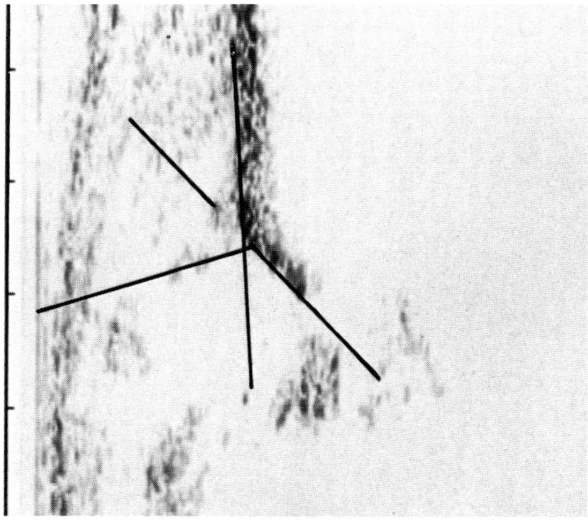

Serie 13.11 S. N., Verlaufsbeobachtung des linken Hüftgelenkes

Abb. 13.47. Im Alter von 2 Tagen
Bei der Neugeborenenuntersuchung sonographisch auffälliges Hüftgelenk mit abgeflachtem knöchernem Pfannenerker und schlechtem knöchernem Pfannendach. Der Knochenwinkel α beträgt 43°. Das echoarme, knorpelige Pfannendach ist schon nach oben außen aufgebogen. Der Knorpelausstellwinkel β beträgt 77°.
Entsprechend der Einteilung im Sonometer steht die Hüfte am Dezentrieren

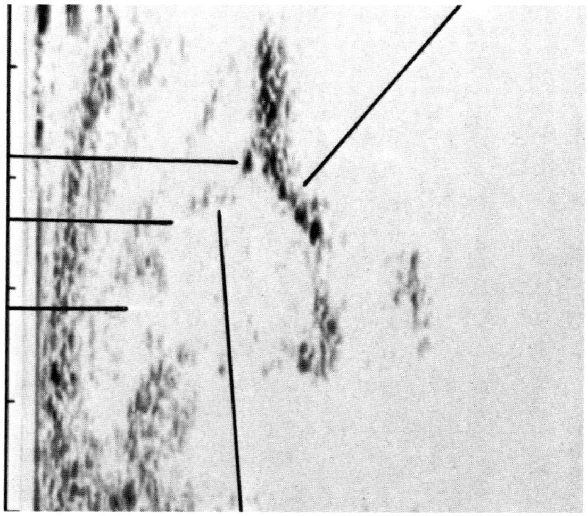

Abb. 13.48. Im Alter von 2 Tagen
Unter leichtem Druck nach kranial dorsal kann der Dezentrierungsvorgang sonographisch sichtbar gemacht werden. Bei unverändert schlechter knöcherner Formgebung sind die Gelenkkapsel und das Labrum acetabulare mit den knorpeligen Pfannenanteilen weiter nach oben außen abgedrängt.
1 Trochanter major
2 Gelenkkapsel
3 Labrum acetabulare
4 Proximaler Anteil des Perichondriums mit dem Übergang in das Darmbeinperiost
5 Umschlagpunkt

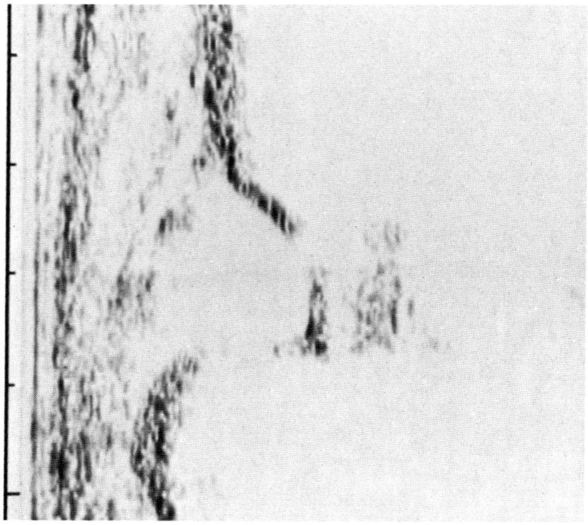

Abb. 13.49. Im Alter von 2 Wochen
Unter der Therapie rasche Weiterentwicklung der Pfannenanlage mit beginnender Erkerentwicklung. Dieser ist im Sonogramm noch deutlich gerundet. Das knorpelige Pfannendach ist verbreitert und übergreifend.
α = 47°
β = 69°
Hüfttyp II c

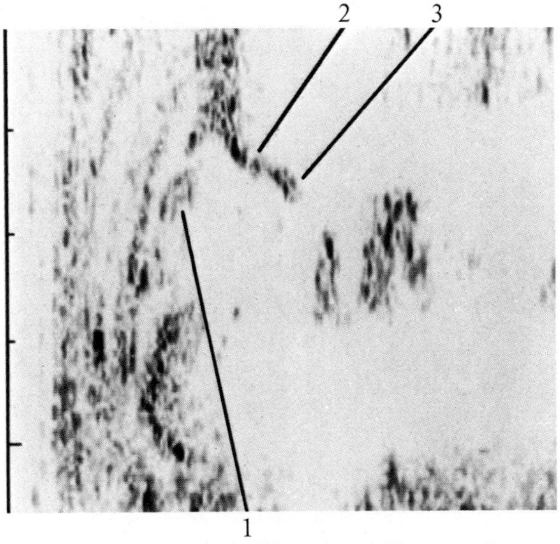

Abb. 13.50. Im Alter von 4 Wochen
Dieser Verlauf zeigt die guten Ausheilungsmöglichkeiten bei frühzeitiger Therapie. Der knöcherne Erker ist gerundet, die knöcherne Pfannendachentwicklung hat sich ebenfalls gebessert. Ergänzt wird die Überdachung durch ein breites, übergreifendes knorpeliges Pfannendach. Noch keine Kopfkernentwicklung.
$\alpha = 55°$
$\beta = 74°$
1 Labrum acetabulare
2 Umschlagpunkt
3 Unterrand des Os ilium
Hüfttyp II a

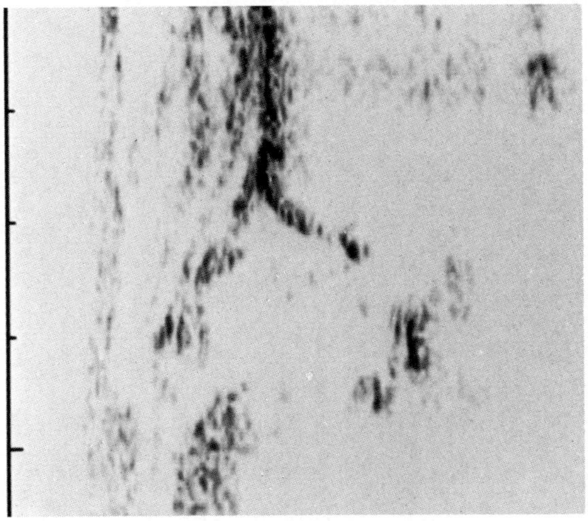

Abb. 13.51. Im Alter von 8 Wochen
Im Sonogramm stellt sich eine Verzögerung in der Ossifizierung des knöchernen Erkers dar. Dieser ist gerundet. Es kommt bereits zur beginnenden Schallschattenbildung hinter dem knöchernen Pfannenerker. Der Hüftkopf steht zentriert und ist in der Gesamtheit gut überdacht. Noch keine Kopfkernentwicklung.

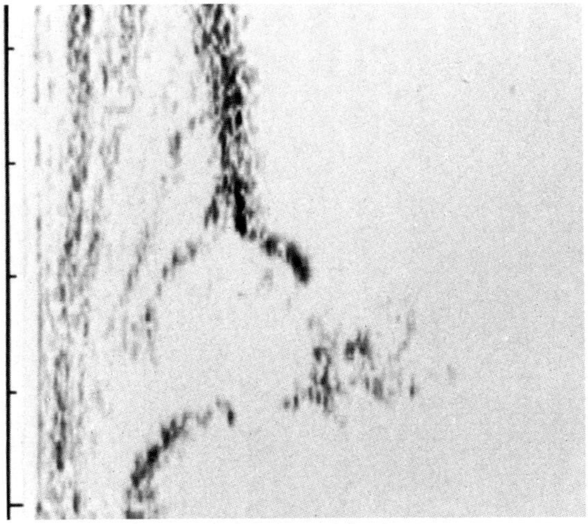

Abb. 13.52. Im Alter von 12 Wochen
Gegenüber den Vorbefunden in Abb. 13.51 konturiert sich der knöcherne Erker deutlich besser, das knorpelig präformierte Pfannendach wird schmäler und übergreift gut. Ebenfalls ist noch kein Hüftkopfkern sichtbar.
Befund:
Der knöcherne Erker ist gerundet bei mangelhafter knöcherner Formgebung und breit übergreifendem knorpeligem Erker.
Hüfttyp II b

Serie 13.12 K. L., Verlaufsbeobachtung des linken Hüftgelenkes

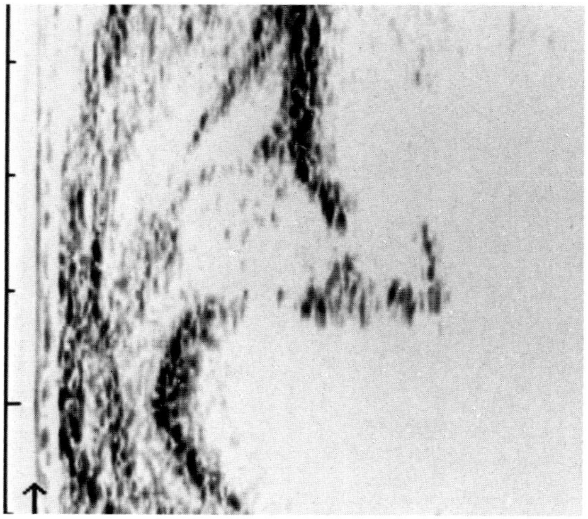

Abb. 13.53. Im Alter von 10 Tagen
Überweisung zur Therapie bei klinisch instabilem Hüftgelenk mit positivem Ortolani-Zeichen. Im Sonogramm Hüfttyp III a mit abgeflachtem knöchernem Pfannenerker bei schlechter knöcherner Formgebung. Luxiert stehender Hüftkopf mit Verdrängung der Gelenkkapsel, des Labrum acetabulare und der knorpeligen Pfannendachanteile. Noch keine Kopfkernentwicklung.
Hüfttyp III a

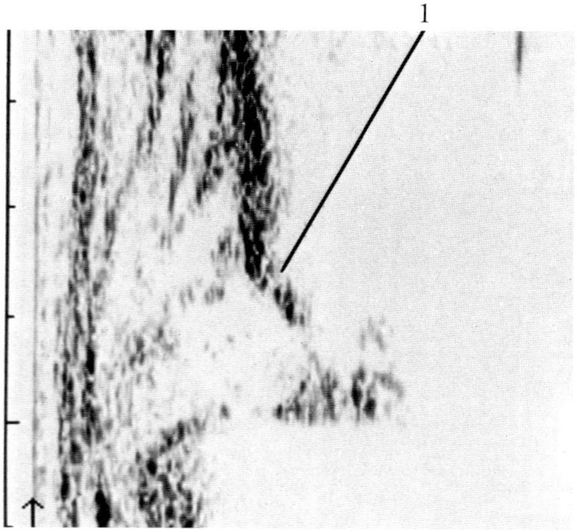

Abb. 13.54. Im Alter von 10 Tagen
Unter Beugung und Abduktion läßt sich der Hüftkopf leicht wieder in die Pfannenanlage einstellen.
Die bessere Zentrierung des Hüftkopfes äußert sich im geänderten Verlauf der Gelenkkapsel und in einer besseren knorpeligen Hüftkopfüberdachung.
Die knöcherne Formgebung ist unverändert schlecht geblieben.
$\alpha = 40°$
$\beta = 80°$
1 Schallschattenbildung am Umschlagpunkt
Hüfttyp III a

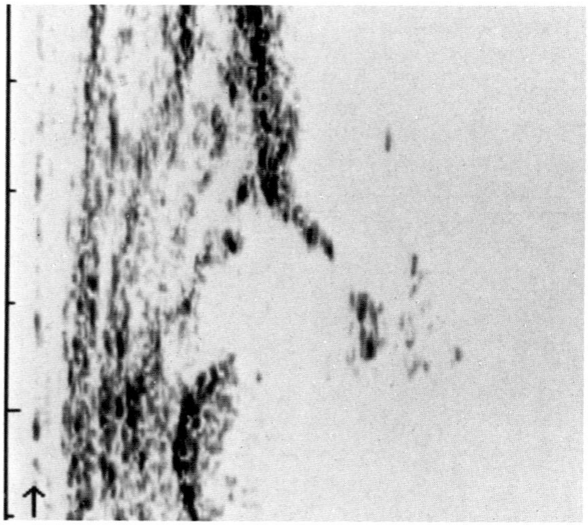

Abb. 13.55. Im Alter von 4 Wochen
Nach Einleitung der Therapie zeigt die sonographische Untersuchung bereits nach 2 Wochen einen gut zentriert stehenden Hüftkopf. Dies ist im Sonogramm erkennbar an der übergreifenden, nach unten ziehenden knorpeligen Hüftkopfüberdachung. Die Weiterentwicklung der knöchernen Hüftpfanne ist sonographisch zu erkennen, insgesamt ist die knöcherne Hüftkopfüberdachung bei abgerundetem knöchernen Erker noch mangelhaft.

Abb. 13.56. Im Alter von 6 Wochen
Unter konsequent durchgeführter Spreiztherapie zeigt sich im Sonogramm nach 6 Wochen ein abgerundeter knöcherner Pfannenerker und eine deutlich verbesserte knöcherne Hüftkopfüberdachung. Diese ist jedoch noch nicht ausreichend. Der Hüftkopf steht unverändert zentriert und ist knorpelig von einem echoarmen hyalinen Pfannendach umschlossen. Noch keine Kopfkernentwicklung.

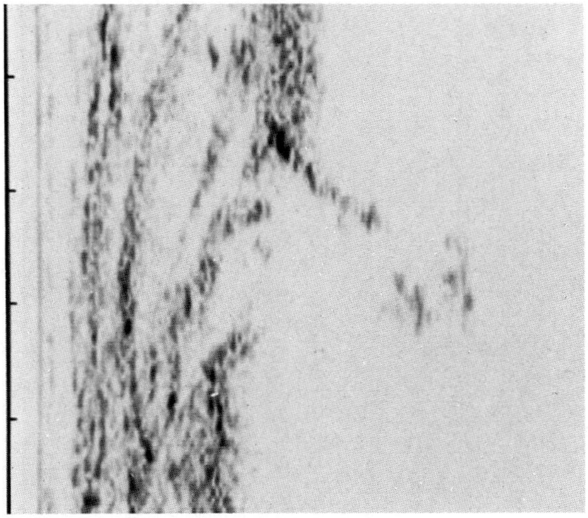

Abb. 13.57. Im Alter von 4 Monaten
Hinter dem sich jetzt deutlich abzeichnenden knöchernen Pfannenerker kommt es zur ersten Schallschattenbildung. Die Ausformung des knöchernen Pfannendachs ist im Vergleich mit den Voraufnahmen gebessert, aber noch nicht abgeschlossen. Als Zeichen der Nachverknöcherung ist der kraniale Anteil des hyalin-knorpeligen Pfannendachs in der Struktur verdichtet (?).

1 Unterrand des Os iliums mit Gewebe der fossa acetabuli

Messung wegen der falschen Schnittführung problematisch!

Hüfttyp II b

Die Spreiztherapie wird noch weitergeführt

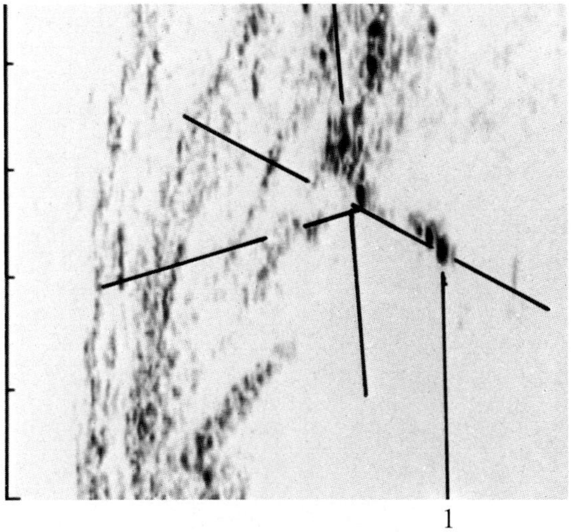

Abb. 13.58. Dasselbe Bild wie in Abb. 13.57, jedoch ohne Meßlinien
Die Aufnahmetechnik ist nicht korrekt, der Schnitt geht etwas zu weit nach dorsal in die Fossa glutaealis, kenntlich durch die Konkavität der Darmbeinkontur.

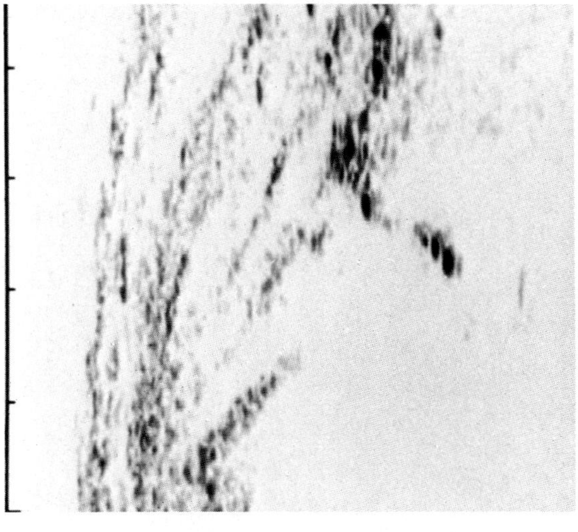

Serie 13.13 K. L., Verlaufsbeobachtung des rechten Hüftgelenkes

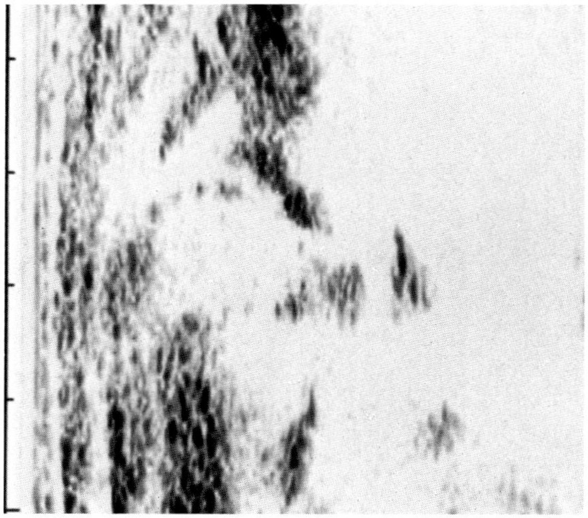

Abb. 13.59. Im Alter von 10 Tagen
Auch das rechte Hüftgelenk des Patienten K. L. ist bei der klinischen und sonographischen Untersuchung auffällig. Klinisch äußert sich die Instabilität in einem positiven Ortolani-Zeichen, im Sonogramm stellt sich ein luxiert stehender Hüftkopf dar. Dieser hat die Gelenkkapsel und das knorpelige Pfannendach nach oben außen abgedrängt. Nahezu fehlender knöcherner Pfannenerker und fließender Übergang des Azetabulums in das Os ilium.

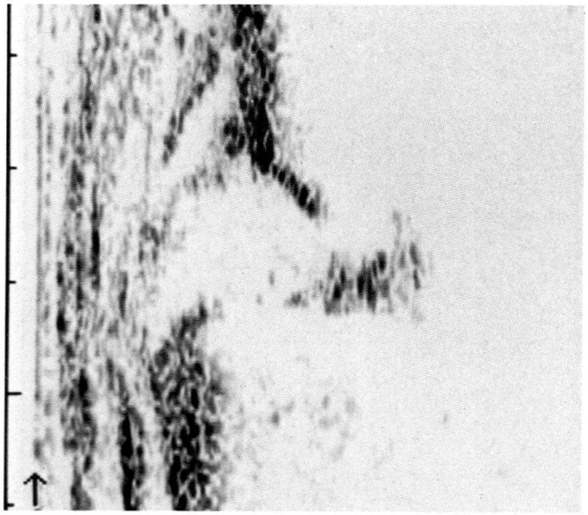

Abb. 13.60. Im Alter von 10 Tagen
Die Abbildung zeigt eine wesentlich verbesserte Einstellung des Hüftkopfes in die Hüftpfanne bei der dynamischen Untersuchung. Wird das Sonogramm ausgemessen, so liegen der Knochenwinkel α bei 40° und der Knorpelausstellwinkel β bei 90°, entsprechend einem Hüfttyp III a.
Das Hüftgelenk steht unter Zug. Es wird demonstriert, wie der Hüftkopf vor die Pfanne gebracht werden kann.

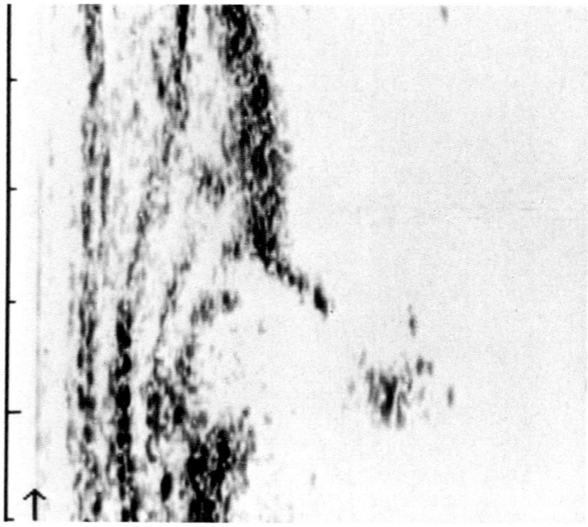

Abb. 13.61. Im Alter von 2 Wochen
Nach Behandluungsbeginn zeigt sich als erster Therapieerfolg im Sonogramm, daß der Hüftkopf zentriert steht. Die knorpelige Überdachung zieht nach außen unten und umschließt den Hüftkopf über die Hälfte hinweg. Der knöcherne Erker ist noch stark gerundet, die knöcherne Formgebung ist noch mangelhaft.

Abb. 13.62. Im Alter von 6 Wochen
Noch stark abgerundeter knöcherner Pfannenerker bei mangelhafter knöcherner Ausformung des Azetabulums. Breites, echoarmes übergreifendes knorpeliges Pfannendach. Noch keine Kopfkernentwicklung.
Hüfttyp II a (–)

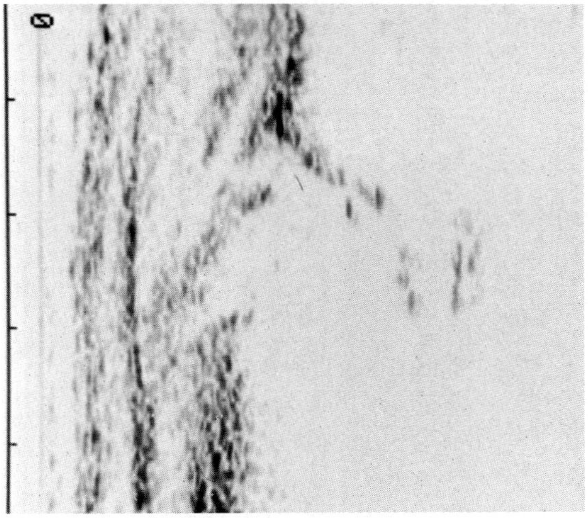

Abb. 13.63. Im Alter von 4 Monaten
Eckiger knöcherner Pfannenerker, der sich jetzt im Vergleich mit den Voraufnahmen deutlich abzeichnet. Hinter dem Erker kommt es erstmals zur Schallschattenbildung. Das knorpelige Pfannendach zieht übergreifend nach unten außen und ist echoarm. Zentriert stehender Hüftkopf mit fehlender Kopfkernentwicklung.
Hüfttyp I

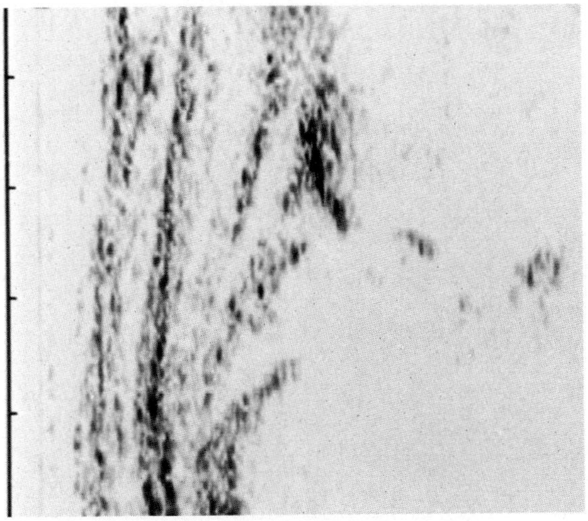

Abb. 13.64. Dasselbe Sonogramm wie Abb. 13.63 mit eingezeichneten Meßlinien
$\alpha = 51°$
$\beta = 90°$
Schlechte II-b-Hüfte
Die Meßlinien wurden in typischer Weise falsch eingezeichnet. (Grundlinienfehler!). Die beginnende Nachverknöcherung wurde mitgemessen, daher verläuft die Grundlinie zu schräg. In diesem Fall wäre die Hilfslinie durch die dorsale Schallauslöschung besser gewesen.

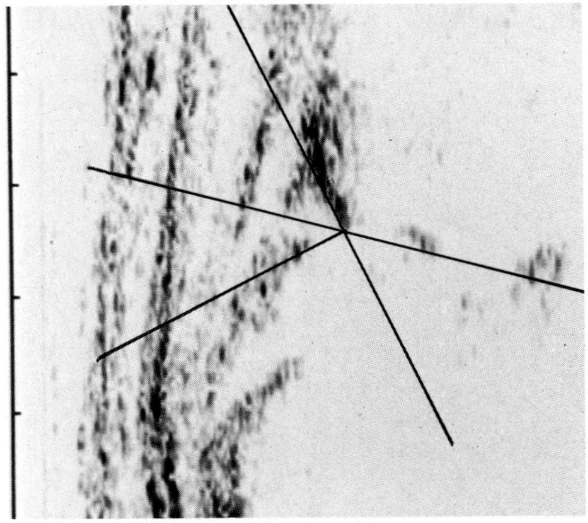

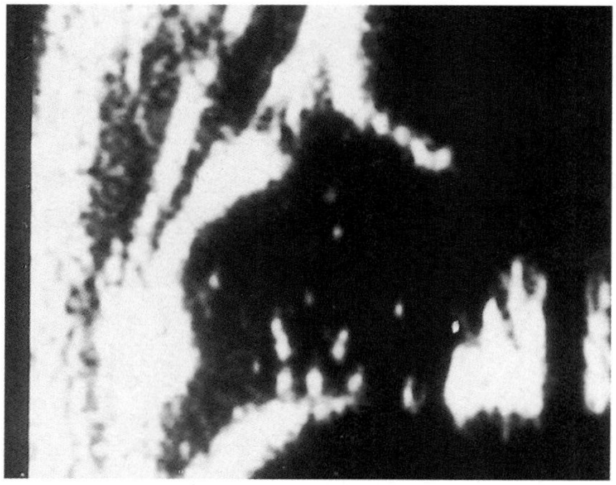

Serie 13.14 F. A., Verlaufsbeobachtung des linken Hüftgelenkes

Abb. 13.65. Im Alter von 6 Wochen
Die knöcherne Formgebung ist ausreichend, der knöcherne Erker noch abgerundet, das knorpelige Pfannendach breit den Hüftkopf übergreifend.

Hüfttyp II a

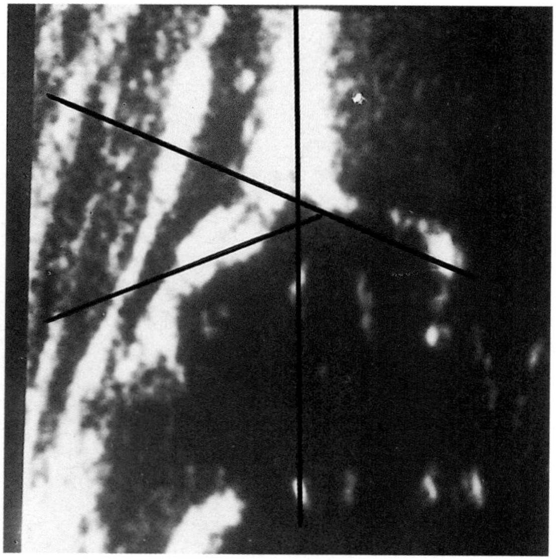

Abb. 13.66. Im Vergleich zur Abb. 13.65 dasselbe Hüftgelenk im Alter von 16 Wochen
Die knöcherne Formgebung hat sich deutlich verbessert, der knöcherne Erker ist abgestumpft, das knorpelige Pfannendach bis auf einen kleinen Anteil ossifiziert, den Hüftkopf gut übergreifend. Die Meßlinien sind korrekt eingezeichnet.
Hüfttyp I

Abb. 13.67. E. L. 8 Wochen, linkes Gelenk, Hüfttyp D
Nach Einleitung der Therapie mit einer Spreizhose war bei der ersten sonographischen Verlaufskontrolle als erster Therapieerfolg eine Besserung im Verlauf des knorpeligen Pfannendachs nachweisbar. Dieses zieht jetzt nach unten außen und führt zu einer guten knorpeligen Überdachung. Der Hüftkopf steht zentriert.
1 Labrum acetabulare
2 Umschlagpunkt

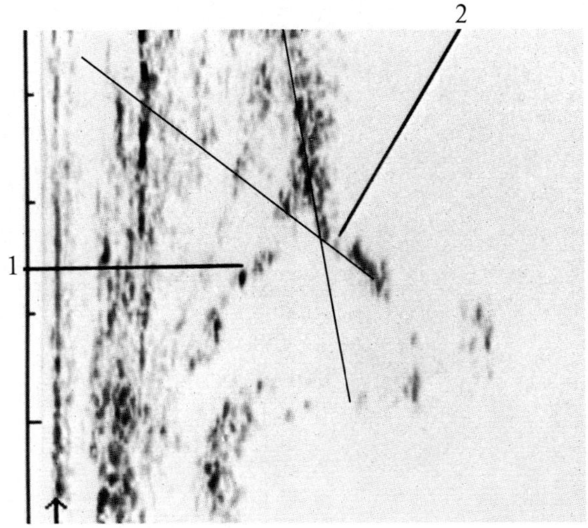

Abb. 13.68. Gleiches Sonogramm wie Abb. 13.67 mit eingezeichneten Meßlinien
$\alpha = 45°$
$\beta = 73°$
Hüfttyp II c

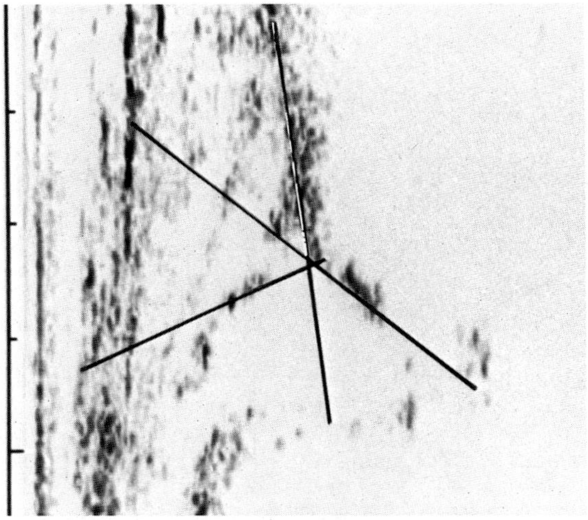

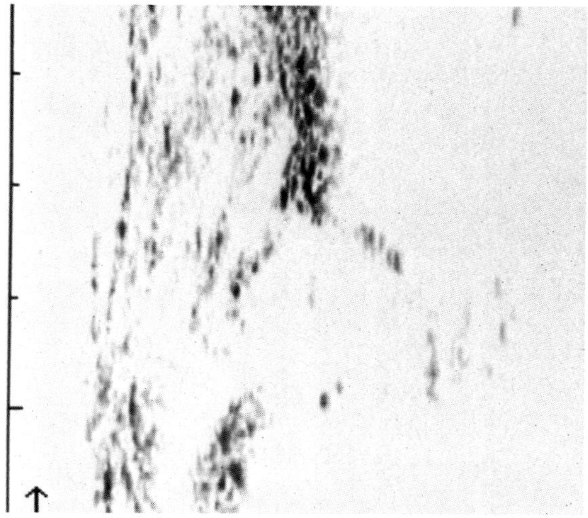

Abb. 13.69. Im Alter von 12 Wochen
Nach 6 Wochen dauernder Spreiztherapie kommt im Sonogramm die beginnende Erkerentwicklung zur Darstellung. Der knöcherne Erker ist noch geschweift, es kommt jedoch bereits zur zunehmenden Schallschattenbildung hinter dem knöchernen Erker als Ausdruck für eine zunehmende Ausformung des knöchernen Pfannendachs. Die knorpelige Überdachung ist unverändert übergreifend und echoarm. Der Hüftkopf steht zentriert und zeigt eine Echogenität im Kopfzentrum als Hinweis für eine beginnende Kopfkernentwicklung.

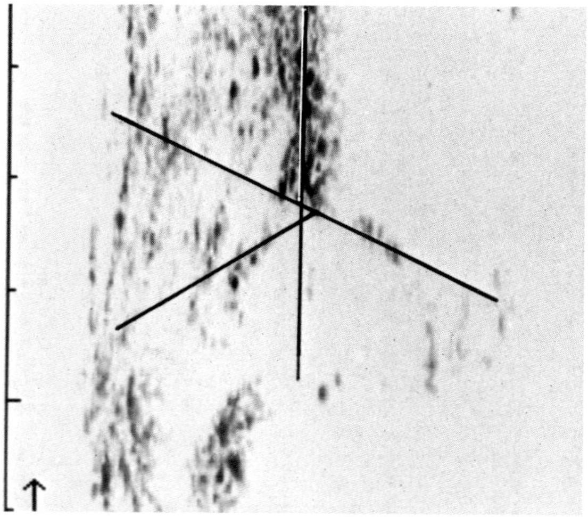

Abb. 13.70. Gleiches Hüftsonogramm wie Abb. 13.69 mit eingezeichneten Meßlinien
$\alpha = 64°$
$\beta = 60°$
Hüfttyp Ib
Der Unterrand des Os ilium ist fragmentiert, die Pfannendachlinie ist daher nicht optimal einzuzeichnen.

Serie 13.15 B. M., Verlaufsbeobachtung des linken Hüftgelenkes

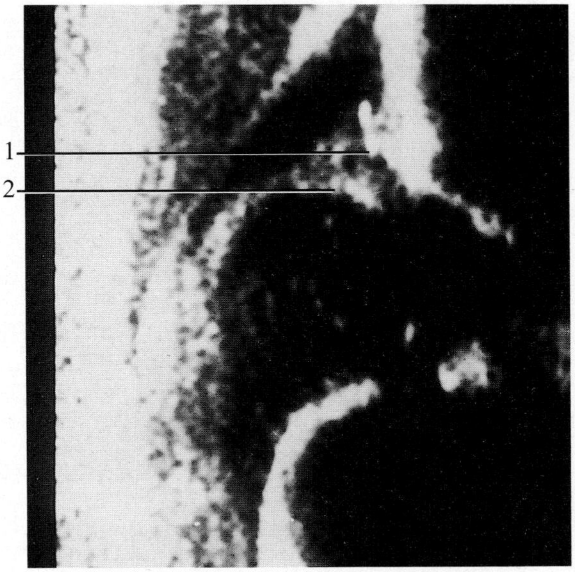

Abb. 13.71. 10 Tage altes Hüftgelenk
Der Hüftkopf steht deutlich dezentriert und hat das knorpelige Pfannendach nach kranial abgedrängt.
1 Proximales Perichondrium mit deformiertem Knorpeldach
2 Labrum acetabulare
Hüfttyp III a
Sofort einsetzende Repositionsbehandlung sowie Retentionstherapie!

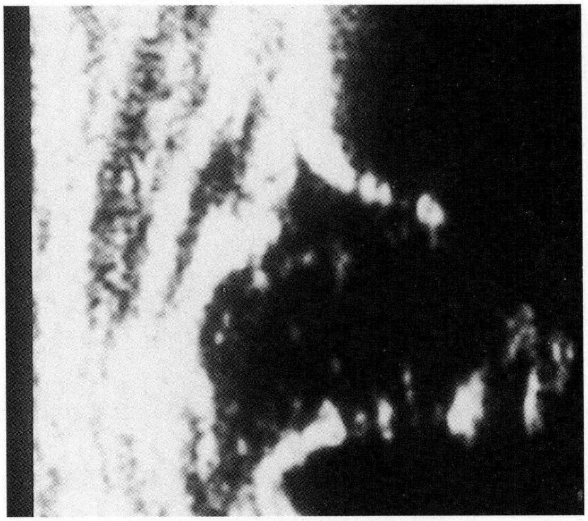

Abb. 13.72. Dasselbe Hüftgelenk wie in Abb. 13.71 6 Wochen nach Reposition und Retentionsbehandlung
Der Hüftkopf steht zentriert, das knorpelige Pfannendach ist noch mangelhaft ausgebildet, der knöcherne Erker noch stark gerundet. Das breite knorpelige Pfannendach übergreift den Hüftkopf gut. Der Hüftkopf steht zentriert.

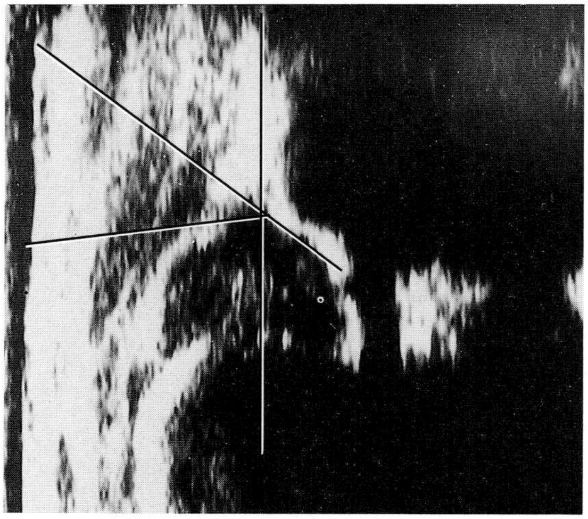

Serie 13.16 H. M., Verlaufsbeobachtung des linken Hüftgelenkes

Abb. 13.73. 3 Monate, linkes Hüftgelenk
Die knöcherne Formgebung ist mangelhaft, der knöcherne Erker rund, das knorpelige Pfannendach den Hüftkopf gut übergreifend. Die Meßlinien sind korrekt eingezeichnet.
$\alpha = 55°$
$\beta = 85°$
Hüfttyp II b
Es wurde eine Spreizbehandlung eingeleitet. Im Alter von 5 Monaten wurde eine Zwischenkontrolle durchgeführt, die einen Hüfttyp I ($\alpha = 60°$, $\beta = 67°$) zeigt.

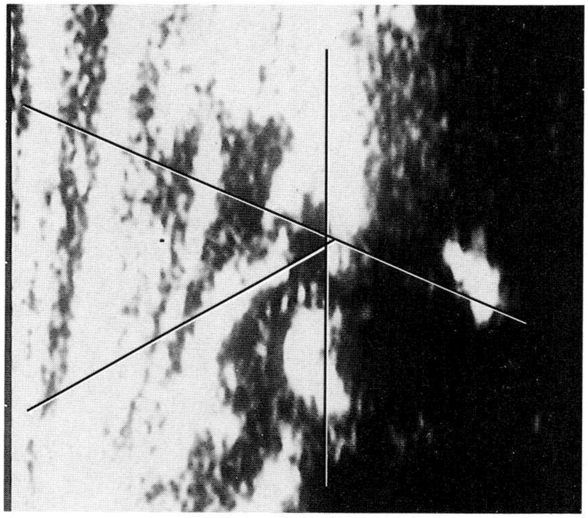

Abb. 13.74. Derselbe Patient wie in Abb. 13.73 im Alter von 10 Monaten. Hüfttyp I
Die Meßlinien sind schwierig einzuzeichnen, da das Sonogramm etwas überstrahlt ist, so daß der Unterrand des Os ilium nicht deutlich von dem Fettgewebe getrennt werden kann. Zusätzlich besteht ein Erkerartefakt.

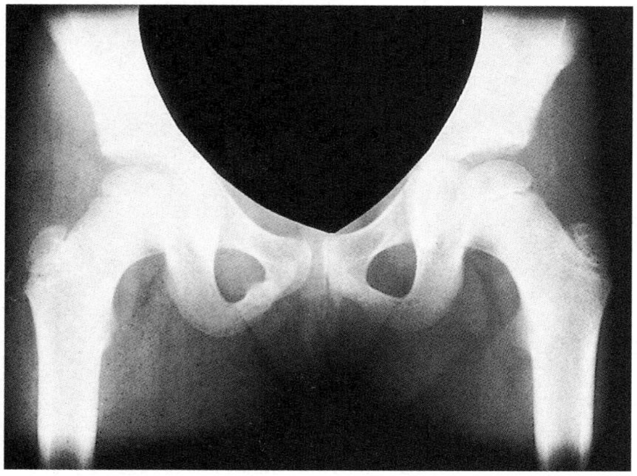

Abb. 13.75. Derselbe Patient im Alter von 6 Jahren
Das linke Hüftgelenk ist völlig ausgereift.

Serie 13.17 S. S., Verlaufsbeobachtung des linken Hüftgelenkes

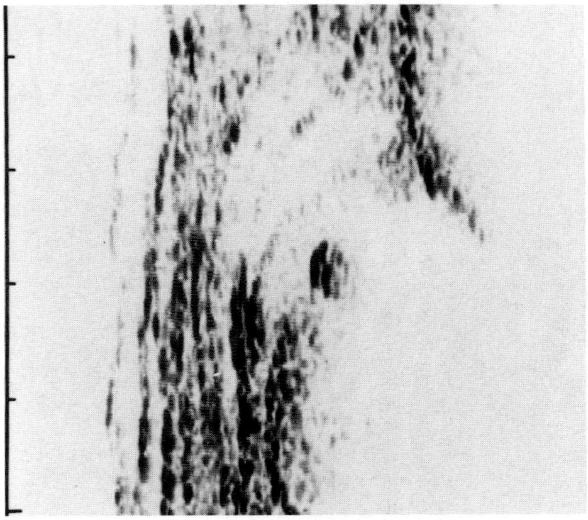

Abb. 13.76. Im Alter von 6 Monaten
Im Sonogramm deutlich dezentriert stehender Hüftkopf mit Abdrängung der Gelenkkapsel und Deformierung des knorpeligen Pfannendachs, das in der Struktur verdichtet ist. Die knöcherne Hüftkopfüberdachung ist schlecht, der knöcherne Erker ist stark abgeflacht.
Hüfttyp III b

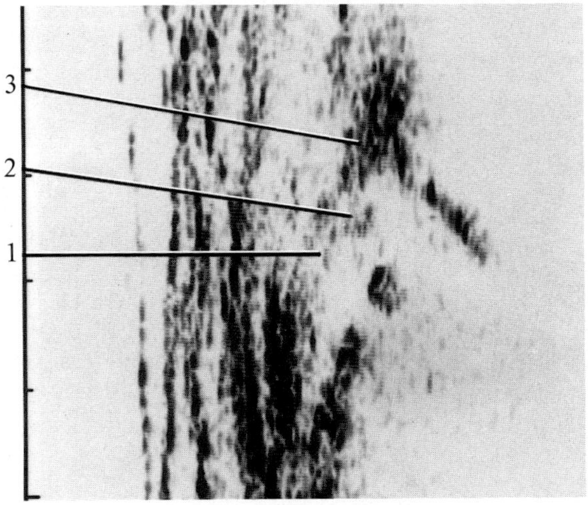

Abb. 13.77. Im Alter von 8,5 Monaten
Nach frustran verlaufender konservativer Behandlung wurde die Indikation zur offenen Hüfteinstellung gestellt. Das Sonogramm zeigt die Gelenkverhältnisse 6 Wochen postoperativ. Der Hüftkopf steht zentriert in der knöchernen Hüftpfannenanlage. Der Erker ist noch abgerundet, die knöcherne Überdachung mangelhaft. Sonographisch läßt sich das echoarme, knorpelige Pfannendach deutlich nachweisen. Das Labrum acetabulare ist an der starken Echogenität distal des Schallochs des knorpeligen Pfannendachs zu erkennen. Bei guter knorpeliger Hüftkopfüberdachung sind die Voraussetzungen für eine nachholende Erkerentwicklung in der Retentionsschiene günstig.
1 Verdickte Gelenkkapsel
2 Labrum acetabulare
3 Nachverknöcherung

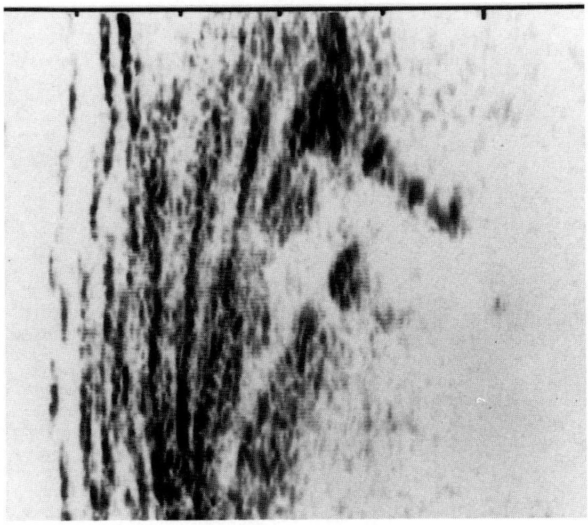

Abb. 13.78. Im Alter von 10 Monaten
Hüftsonogramm 12 Wochen postoperativ nach offener Einstellung. Noch deutlich abgerundeter knöcherner Pfannenerker. Im Vergleich mit Abb. 13.77 ist eine Verbesserung der knöchernen Hüftkopfüberdachung erkennbar. Unverändert zieht das knorpelige Pfannendach übergreifend über den Hüftkopf hinweg. Im kranialen Pfannendachbereich findet sich eine starke Echogenität als Hinweis für die Nachverknöcherung.

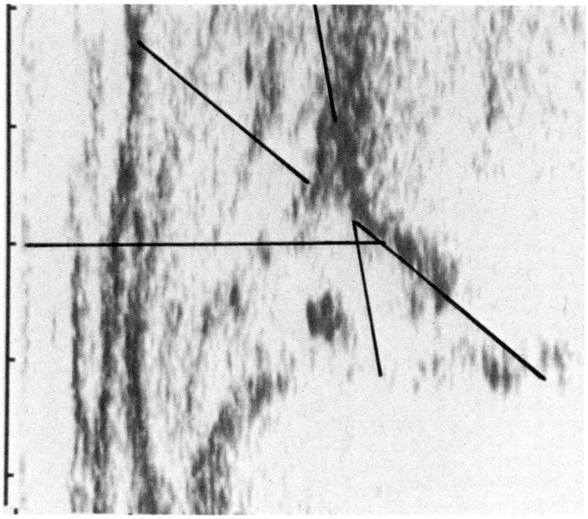

Serie 13.18 P. S., Verlaufsbeobachtung des linken Hüftgelenkes

Abb. 13.79. Im Alter von 4 Monaten
Stark abgeflachter knöcherner Pfannenerker mit schlechter Ausformung des knöchernen Pfannendachs. Das knorpelige Pfannendach ist echoarm und nach oben außen aufgebogen. Der Hüftkopf steht dezentriert. Kopfkernecho sichtbar.
$\alpha = 43°$
$\beta = 100°$
Hüfttyp III a

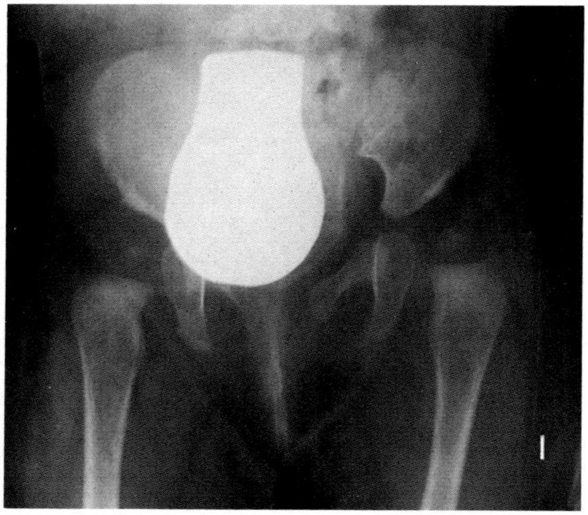

Abb. 13.80. Röntgenbild zu dem Sonogramm 13.79
Auf der Beckenübersichtsaufnahme zeigt sich eine dysplastische Pfannenanlage mit vermehrter Sklerosierung in der Kompressionszonee. Das koxale Femurende steht nach lateral und kranial verlagert.

Abb. 13.81. Im Alter von 5 Monaten
Nach Einleitung der Spreiztherapie zeigt sich bei der ersten Verlaufskontrolle als Zeichen der Besserung eine Änderung im Verlauf des knorpeligen Pfannendachs. Dieses zieht jetzt wieder nach außen unten über den Hüftkopf hinweg, der zentriert in der knöchernen und knorpeligen Pfannenanlage steht. Der knöcherne Erker ist noch gerundet, die knöcherne Überdachung ist mangelhaft. Beginnendes Halbmondphänomen des Hüftkopfkerns.
$\alpha = 55°$
$\beta = 76°$
Hüfttyp II b

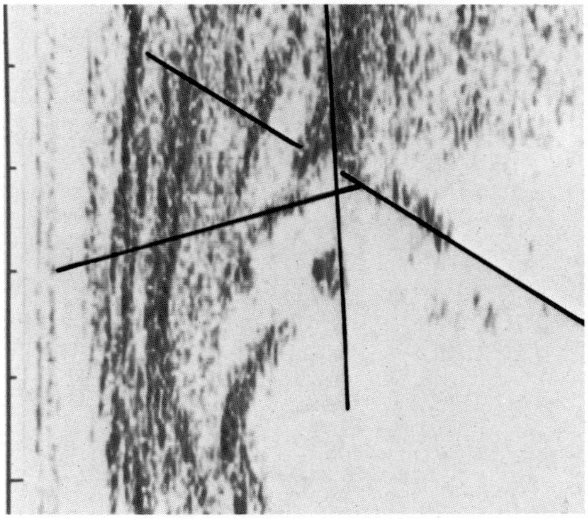

Abb. 13.82. Im Alter von 6 Monaten
Unter Fortführung der Therapie zeigt sich eine beginnende Erkerkonturierung, der jedoch noch geschweift ist. Hinter dem knöchernen Pfannenerker kommt es bereits zur deutlichen Schallschattenbildung. Das knorpelige Pfannendach zieht übergreifend über den Hüftkopf hinweg, dieser steht zentriert in der knöchernen und knorpeligen Pfannenanlage.
$\alpha = 62°$
$\beta = 78°$
Hüfttyp I b

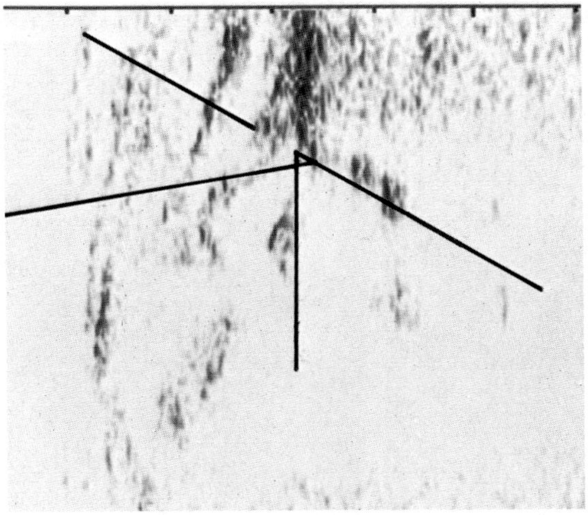

Abb. 13.83. Im Alter von 10 Monaten
Nicht optimal dokumentiertes Hüftsonogramm. Die Aufnahme läßt jedoch erkennen, daß die Hüfte in der Standardebene geschallt wurde. Die für die Beurteilung wesentlichen Kriterien sind im Bild zu erkennen. Der knöcherne Erker ist jetzt eckig und gut konturiert, das knöcherne Pfannendach ist gut ausgeformt. Pfannenergänzend zieht das knorpelige Dach übergreifend und echoarm über den Hüftkopf hinweg. Der Hüftkopfkern zeigt ein deutliches Halbmondphänomen.
1 Gelenkkapsel
2 Labrum acetabulare
3 Knöcherner Erker mit Schallschattenbildung
4 Unterrand des Os ilium
5 Hüftkopfkern mit Halbmondphänomen

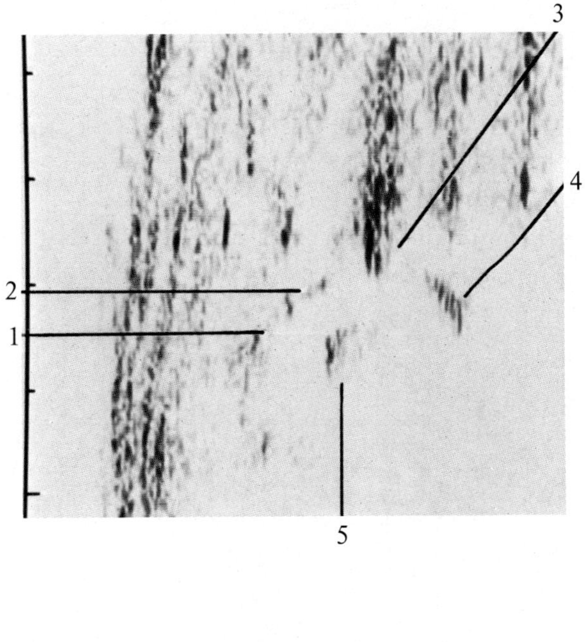

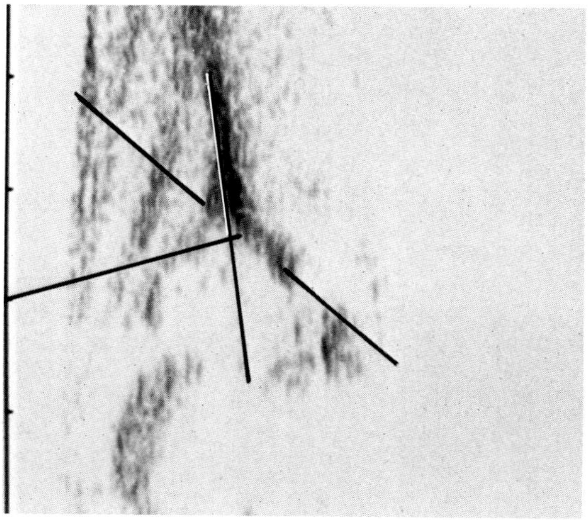

Serie 13.19 T. D., Verlaufsbeobachtung des linken Hüftgelenkes

Abb. 13.84. Im Alter von 5 Tagen
Deutlich flacher knöcherner Pfannenerker mit nicht ausreichender knöcherner Hüftkopfüberdachung. Der pfannenergänzende knorpelige Anteil zieht über den Hüftkopf noch hinweg.
$\alpha = 45°$
$\beta = 80°$
Hüfttyp D
Kommentar: Die Schnittebene ist nicht korrekt. Aufnahme mit 5-MgHz-Transducer ungenügend! Schlechtes Gelenk, aber nicht sicher Hüfttyp D

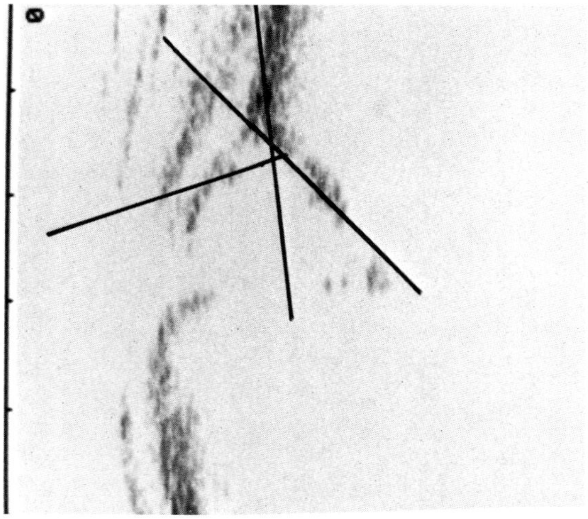

Abb. 13.85. Im Alter von 7 Wochen
Unbehandelt ist keine Besserung in der Hüftgelenksentwicklung eingetreten. Der knöcherne Pfannenerker ist abgeflacht, die knöcherne Formgebung bleibt schlecht. Die Gelenkkapsel und das knorpelige Pfannendach können den Hüftkopf soeben noch in der Gelenkanlage halten.
Beide Sonogramme zeigen deutlich die Problematik bei kleinen Gelenken bei Untersuchungen mit nur 5 MgHz. Die Auflösung ist ungenügend, die Präzision nimmt dramatisch ab. Ein Ausmessen der insuffizienten Sonogramme führt nur zur Pseudogenauigkeit!

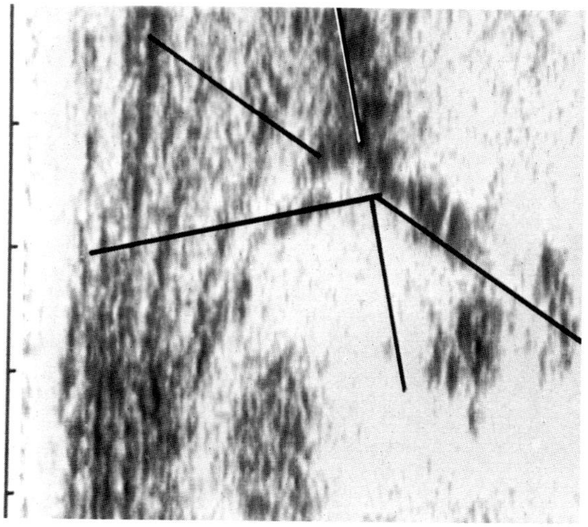

Abb. 13.86. Im Alter von 3 Monaten
Die verordnete Spreiztherapie wurde inkonsequent durchgeführt. Bei der Verlaufssonographie zeigt sich daher ein nahezu unveränderter Befund mit stark abgerundetem knöchernem Pfannenerker bei schlechter knöcherner Hüftkopfüberdachung und Abdrängung des knorpeligen Pfannendachs nach oben außen. Noch keine Kopfkernentwicklung.
$\alpha = 45°$
$\beta = 90°$
Das Hüftgelenk befindet sich am Dezentrieren
Hüfttyp D

Abb. 13.87. Im Alter von 4 Monaten
Bei jetzt konsequent durchgeführter Spreiztherapie ist im Sonogramm bereits nach 4 Wochen die Weiterentwicklung der Gelenkanlage zu erkennen. Der knöcherne Erker ist noch gerundet. Der Hüftkopf steht jedoch zentriert und ist ausreichend gut von der knöchernen und knorpeligen Gesamtpfanne umgeben.
$\alpha = 55°$
$\beta = 73°$
Hüfttyp II b
1 Abgeschnittene Echos der Fossa acetabuli
(Siehe auch Kommentar!)

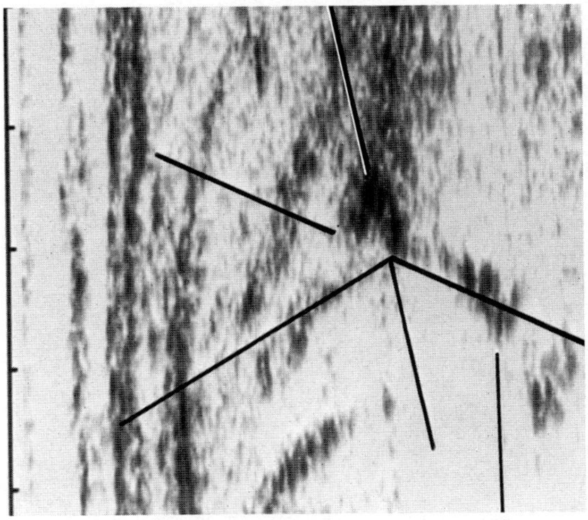

Abb. 13.88. Im Alter von 6,5 Monaten
Bei Therapieende liegt ein regelrecht entwickeltes Hüftgelenk vor. Dieses zeigt im Sonogramm einen eckigen, gut konturierten knöchernen Pfannenerker mit deutlicher Schallschattenbildung. Die knöcherne und knorpelige Überdachung ist gut. Der Hüftkopf steht zentriert mit Kopfkernentwicklung im Zentrum.
$\alpha = 66°$
$\beta = 55°$
Hüfttyp I a

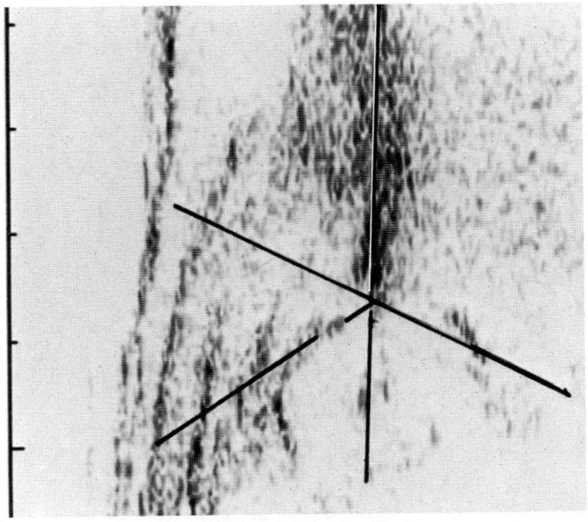

Kommentar: Sowohl Abb. 13.87 als auch 13.88 sind Beispiele von „Pseudosonogrammen“. Schlechte Aufnahmetechnik soll durch Meßtechnik ersetzt werden!!!

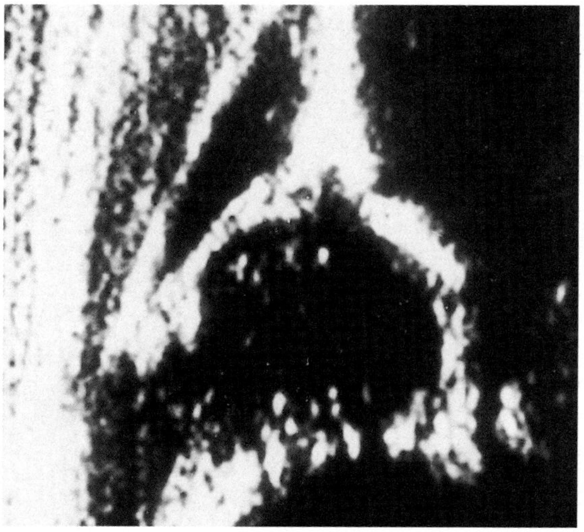

Serie 13.20 S. D., Verlaufsbeobachtung des linken Hüftgelenkes

Abb. 13.89. 3 Wochen altes Hüftgelenk
Die knöcherne Formgebung ist schlecht bei deutlich abgerundetem knöchernen Erker. Das knorpelige Pfannendach ist bereits eine Spur nach kranial verdrängt, echoarm. Dezentriert stehendes Hüftgelenk. Eine sofortige Repositions-Retentions-Behandlung wurde eingeleitet. Ergebnis siehe Abb. 13.90.

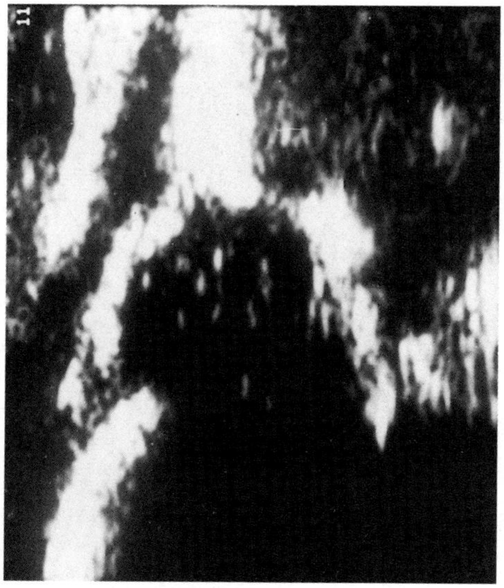

Abb. 13.90. Dasselbe Hüftgelenk wie in Abb. 13.89 nach erfolgreicher Repositions-Retensions-Behandlung
Völlig ausgereiftes Hüftgelenk. Eine weitere Therapie ist nicht erforderlich.

Literatur

[1] Batory I (1982) Ätiologie der pathologischen Veränderungen des kindlichen Hüftgelenkes. Enke, Stuttgart

[2] Braun B, Günther R, Schwerk W. (1983) Ultraschalldiagnostik, Lehrbuch und Atlas. Ecomed

[3] Götz AJ (1983) Kompendium der medizinisch-diagnostischen Ultrasonographie. Enke, Stuttgart

[4] Graf R (1983) Die sonographische Beurteilung der Hüftdysplasie mit Hilfe der „Erkerdiagnostik". Z Orthop 121: 693

[5] Graf R (1993) Sonographie der Säuglingshüfte u. therapeutische Konsequenzen 4. Auflage. Enke, Stuttgart

[6] Hill CR (1979) ICP/CEP 803, zit. nach: Braun B, Günther R, Schwerk W. (1984) Ultraschalldiagnostik, Lehrbuch und Atlas, 1. erg. Aufl. Ecomed

[7] Schuler P (1984) Die sonographische Differenzierung der Hüftreifungsstörungen. Orthop Prax 20: 218

[8] Susuki S, Yoshitaka K, Futami T (1991) Ultrasonography in Congenital Dislocation of the lip. BJS, Vol 73-13, 6, 879

Weiterführende Literatur

Castelein RM, AJM Sauter: Ultrasound Screening for congenital Dysplasie of the Hip in Newborn: It's value. J. Ped. Orthop. 8 (1988) 666–670

Clarke NMP: Sonographic classification of the problems of neonatal dislocation of the hip. J. Ped. Orthop. 6 (1986) 527–432

Clarke NMP, HT Harcke, P McHugh et al.: Real-time ultrasound in the diagnosis of congenital dislocation and dysplasie of the hip. J. Bone Joint Surg. 67-B (1985) 406–412

Clarke NMP: Real-time-Ultraschall in der Diagnose der kongenitalen Luxation und Dysplasie des Hüftgelenkes. In: Th Stuhler, A Feige, Ultraschalldiagnostik des Bewegungsapparates. 1987, S. 211–217

Dorn U, M Hattwich: Hüftsonographie bei Neugeborenen. Klinische und sonographische Befunde. Orthop. Praxis 34/39 (1986 b) (Beiheft)

Dorn U, M Hattwich: Sonographisches Hüftscreening bei Neugeborenen. Ultraschall. Klin. Prax. 2 (1987) 159

Dorn U, M Hattwich: Erste Erfahrungen mit der routinemäßig durchgeführten Hüftsonographie bei Neugeborenen. Wien. Klin. Wschr. 99 (1988) 3

Dunstmann HO, G Godolias: Wertigkeit der Hüftsonographie als generelle Screeninguntersuchung – eine prospektive klinische und sonographische Vergleichsstudie an 4 100 Säuglingen. 38. Jahrestagung. Nordwestdt. Orthopäden. Med. Lit. Verlagsgesellsch., Uelzen. 44 Nr. 7 (1988)

Eller K, BD Katthagen: Sonographische Verlaufskontrollen der Hüftdysplasie unter Spreizhosentherapie. Z. Orthop. 125 (1987) 534

Feltes E, P Schuler: Reichen die sogenannten Risikofaktoren als Indikation zur Hüftsonographie aus? Ultraschall Klin. Prax. Suppl. 1/Nr. 264 (1987) 75

Graf R: The diagnosis of hip dislocation by the ultrasonic compound treatment. Arch. Orthop. Traumat. Surg. 97 (1980) 117

Graf R: The Ultrasonic image of the acetabular rim in infants. An experimental and clinical investigation. Arch. Orthop. Traumat. Surg. 99 (1981) 35

Graf R: Die anatomischen Strukturen der Säuglingshüfte und ihre Darstellung. Morphologica Medica 2 (1982 a) 29

Graf R: Welche Möglichkeiten bietet die Sonographie bei Säuglingshüften? Wien. Med. Z. 21 (1982 b) 499

Graf R: Ultraschalldiagnostik bei Säuglingshüften. Orthop. Praxis 18 (1982) 583–624

Graf R: Die Bedeutung der Sonographie bei der Untersuchung der Säuglingshüfte. Biomed. Technik 28 (1983) 257–263

Graf R: Grundprinzipien der sonographischen Hüftgelenksdysplasie bei Säuglingen. Orthop. Praxis 19 (1983) 933–941

Graf R: Die sonographische Beurteilung der Hüftdysplasie mit Hilfe der „Erkerdiagnostik". Z. Orthop. 121 (1983 a) 693

Graf R: New possibilities for the diagnosis of congenital hip joint dislocation by ultrasonography. J. Ped. Orthop. 3 (1983 b) 354–359

Graf R: Fundamentals of sonographic diagnosis of infant hip dysplasie. J. Ped. Orthop. 4/6 (1984 a)

Graf R: Classification of hip joint dysplasieas by means of ultrasonography. Arch. Orthop. Traumat. Surg. 102 (1984 b) 248–255

Graf R: Möglichkeiten, Probleme und derzeitiger Stand der Hüftsonographie bei Säuglingshüften. Radiologe 25 (1985 a) 127

Graf R, I Heuberer: Zur Problematik der Hüftsonographie. Z. Orthop. 123 (1985) 127–135

Graf R: Zum Problem der Hüftsonographie (standardisierte Aufnahmetechnik. Meßmethode und Meßfehler). Z. Orthop. 123/H. 2 (1985 b) 461–470

Graf R: Probleme und Neuerungen in der Hüftsonographie. Med. Orthop. Techn. 2 (1986 a) 34

Graf R: Sonographie der Säuglingshüfte, ein Kompendium. 2. Aufl. (Bücherei des Orthopäden, Bd. 43) Enke, Stuttgart 1986 b

Graf R: Kann die Hüftsonographie die an sie gestellten Anforderungen erfüllen? Ultraschall Klin. Praxis 1 (1986) 62–68

Graf R: Die sonographische Diagnose von Hüftreifungsstörungen. Ultraschall 8 (1987) 2–8

Graf R: Beurteilung und Klassifikation der Säuglingshüfte im Hüftsonogramm. In: Th Stuhler, A Feige: Ultraschalldiagnostik des Bewegungsapparates. 1987, S. 195–199

Graf R: Meßverfahren, Fehlermöglichkeiten und Verlaufsbeobachtungen bei Hüftreifungsstörungen im Sonogramm. In: Th Stuhler, A Feige: Ultraschalldiagnostik des Bewegungsapparates. 1987, S. 228–233

Graf R: Hüftsonographie beim Neugeborenen. Gynäkol. Praxis 13 (1989) 435–443

Graf R, R Tapisser: Neue Möglichkeiten der Bildverarbeitung und Dokumentation. Dtsch. Ärtzebl. 83/H. 23 (1986 c)

Graf R, P Schuler: Die Säuglingshüfte im Ultraschallbild – Ein Atlas, edition medizin. VCH Verlagsgesellschaft, Weinheim 1986 a

Graf R, P Schuler: Echographie de la hanche du nouveau-né et du nourrisson. Sauramps Médical. Montpellier 1986 b

Graf R, Ch Tschauner, P Schuler: Ist die Hüftsonographie notwendig und unter welchen Voraussetzungen kann sie eingesetzt werden? Pädiatr. Praxis 34 (1986) 129–139

Graf R, P Schuler: Sonographie am Stütz- und Bewegungsapparat bei Erwachsenen und Kindern. Edition Medizin. VCH Verlagsgesellschaft, Weinheim (1987)

Graf R, Ch Tschauner, M Steindl: Nachuntersuchungsergebnisse und Verlauf des sogenannten physiologisch unreifen Hüftgelenkes (Typ IIa nach Graf). In: W Frank, R Eyb: Die Sonographie in der Orthopädie 1988, S 136–140

Harcke HT, NMP Clarke, MS Lee, PF Borns, GD McEwen: Examination of the infant hip with real-time ultrasonography. J. Ultrasound Med. 3 (1984 a) 131–137

Harcke HT, NMP Clarke, MS Lee, PF Borns, GD McEwen: The developing ossification center of the hip: Sonographic observations. Abstr. of 27th Ann. Meet. of Soc. for Ped. Rad. Las Vegas, Nevada, April 6th–8th 1984 b

Hien N, P Richter, R Denk, H Brettel, W Aidelich: Transmissionssonographische Befunde am Beckenskelett des Säuglings. In: CR Otto, FX Jann (Hrsg.), Ultraschalldiagnostik. Bern 1982 Thieme, Stuttgart 1982

Hien N, P Richter, H Brettel: Transmissionssonographische Diagnostik an der Säuglingshüfte. Z. Orthop. 123 (1985) 136–140

Katthagen BD, H Mittelmeier, D Becker: Häufigkeit und stationärer Behandlungsbeginn veralteter Luxationshüften in der Bundesrepublik Deutschland. Orthop. Praxis 22 (1986) 887–888

Katthagen BD, H Mittelmeier, D Becker: Häufigkeit und stationärer Behandlungsbeginn kindlicher Hüftgelenksluxationen in der BR Deutschland. Z. Orthop. 126 (1988) 475–483

Merck H: Die Sonographie des Hüftgelenkes – eine Ergänzungsuntersuchung zur orthopädischen Neugeborenenuntersuchung. Pädiatr. Grenzgeb. 26 (1987) 343–353

Moppes FI van, RO de Jong: Experience using sonography for infant hip dysplasie after Graf's method. JBR-BTR 69 (1986) 247–257

Schuler P: Erste Erfahrung mit der Ultraschalluntersuchung von Säuglingshüftgelenken. Orthop. Praxis 19 (1983) 761

Schuler P: Die sonographische Differenzierung der Hüftreifungsstörung. Orthop. Praxis 20 (1984) 218

Schuler P: Möglichkeiten der sonographischen Hüftuntersuchung. Ultraschall 8 (1987) 9–13

Schuler P: Dynamische, sonographische Untersuchung der Säuglingshüfte. In: Th Stuhler, A Feige. Ultraschalldiagnostik des Bewegungsapparates. 1987, S. 218–221

Schuler P: Sonographische Diagnostik der Hüftdysplasie und Hüftluxation. Dtsch. Med. Wochenschr. 113 (1988) 428–431

Schuler P: Screeninguntersuchung der Hüfte durch Sonographie. 38. Jahrestagung Nordwestdt. Orthopäden. Med. Lit. Verlagsgesellsch.. Uelzen. 37/Nr. 1 (1988 a)

Schuler P: Die Ultraschalluntersuchung der Säuglingshüfte. Med. orthop. Techn. 108 (1988 b) 36–42

Schuler P, K Rossak: Sonographische Verlaufskontrollen von Hüftreifungsstörungen. Z. Orthop. 122 (1984) 136

Schuler P, E Feltes, P Griss: Ist die Hüftsonographie als Screening-Untersuchung sinnvoll? Fortschr. Röntgenstr. 148 (1988) 319–320

Schuler P, E Feltes, P Dörner: Indikation zur Hüftsonographie-Wertigkeit der Risikofaktoren. In W Frank, R Eyb: Die Sonographie in der Orthopädie. 1988. S. 147–153

Schultheiss H: Frühbehandlung der Hüftdysplasie durch atraumatische Spreizung. Stuttgart. Z. Orthop. 100 (1965). Beilagenheft

Schultz E: Ionisierende Strahlung – Strahlenquellen. Strahlenbelastung. Strahlenwirkungen. Teil I Röntgenpraxis 38 (1985) 235–241

Schulz RD, KD Parsch, H Moos: Die sonographisch mobile Säuglingshüfte. Beobachtungen und klinische Relevanz: In: Ultraschalldiagnostik in der Medizin. Dreiländertreffen Innsbruck 1984. Thieme. Stuttgart/New York 1984

Schulz RD, M Zieger: The Present Standard of Ultrasonography in Newborn and Young Infant Hips. Ann. Radiol. 29 (1986) 681–685

Sellier Th: Homburger Erfahrungen mit dem sonographischen Hüftscreening bei Neugeborenen. 34. Jahrestagung Vereinigung süddt. Orthopäden, Sonderausgabe Orthop. Praxis. Kurzreferate 1986

Sellier Th: Sonographisches Hüftscreening bei Neugeborenen – Ja! Sind Kontrolluntersuchungen zur lückenlosen Erfassung der Hüftdysplasie notwendig. 38. Jahrestagung nordwestdt. Orthopäden. Med. Lit. Verlagsgesellsch., Uelzen. 36 Nr. 5 (1983 a)

Sellier Th, B Mutschler: Sonographisches Hüftscreening bei Neugeborenen. Ergebnisse, Verlaufsbeobachtungen und therapeutische Konsequenz. Ultraschall Klin. Praxis. Suppl. 1/Nr. 261 (1987)

Stein V, H Merk, H Weickert: Neugeborenen-Hüftscreening mit Hilfe der Sonographie. Beitrag Orthop. Traumat. 35/H. 4 (1988) 137–143

Tschauner Ch, W Klapsch, R Graf: Das sonographische Neugeborenenscreening des Hüftgelenkes – Luxus oder Notwendigkeit? Monatsschr. Kinderheilkunde 138 (1990) 429–433

Tschauner Ch, W Klapsch, R Graf: Wandel der Behandlungsstrategien und Behandlungsergebnisse im Zeitalter des sonographischen Neugeborenenscreenings. Orthop. Praxis 26 (1990) 693–698

Tschauner Ch, W Klapsch, R Graf: Ermöglicht das sonographische Neugeborenenscreening merkbar bessere Behandlungsergebnisse? – Vergleich der Jahre 1982 und 1987. Orthop. Praxis 27 (1991) 351–352

Tschauner Ch, W Klapsch, R Graf: Läßt sich die Rate der Hüftkopfnekrosen durch ein sonographisches Screening beeinflussen? In Th Stuhler (Hrsg.): Hüftkopfnekrose. Springer, Berlin/Heidelberg 1991, S. 235–240

Tschauner Ch, W Klapsch, R Graf: 10 Jahre Sonographie der Säuglingshüfte – Fortschritte in der Behandlung sonographisch instabiler und dezentrierter Hüftgelenke. In J Walser, H Haselbach, W Brandtner (Hrsg.): Ultraschalldiagnostik '90. Springer, Berlin/Heidelberg 1991, S. 299–302

Tschauner Ch, R Graf: Sonographische Diagnostik von Hüftreifungsstörungen – derzeitiger Stand und Zukunftsperspektiven. Pädiatrie und Pädologie 27 (1992) A 19–A 22

Tönnis D: Frühdiagnose der angeborenen Hüftluxation durch Ultraschalluntersuchung. Dtsch. med. Wochenschr. 110 (1986) 881–882

Weickert H: Fortschritte in der Diagnostik und Behandlung der Luxationshüfte. Pädiatrie 14 (1975) 63–69

Weickert H, H Merk: Erfahrungen mit der Sonographie der Luxationshüfte. Beitr. Orthop. Traumatol. 32 (1985) 347–357

Weitzel D, Ch Humberg, H Peters: Hüftgelenkssonographie. Kinderarzt 9 (1985) 1191–1198

Zieger M, S Hilperts, RD Schultz: Ultrasound of the infant hip. Part. 1: Basin principles. Pediatr. Radiol. 16 (1986) 483–487

Zwierchowski H, P Garnzarek, M Synder: Die Beurteilung der positiven Hüftdysplasiezeichen im Vergleich mit ultrasonographischen Bildern bei Säuglingen. Orthop. Praxis 23 (1987) 238–242

Sachverzeichnis